Der Konzernabschluß nach HGB, IAS und US-GAAP

Von

Thomas Schildbach

unter Mitarbeit von

Patricia Feldhoff, Michael Feldhoff, Jens-Peter Kählert, Stefan Koenen und Bernd Lutter

5., überarbeitete und erweiterte Auflage

R. Oldenbourg Verlag München Wien

Die Deutsche Bibliothek - CIP-Einheitsaufnahme

Schildbach, Thomas:
Der Konzernabschluß nach HGB, IAS und US-GAAP / von Thomas Schildbach. Unter Mitarb. von Patricia Feldhoff ... – 5., überarb. und erw. Aufl. – München ; Wien : Oldenbourg, 1998
Bis 4. Aufl. u.d.T.: Schildbach, Thomas: Der handelsrechtliche Konzernabschluss
ISBN 3-486-24905-3

Rosenheimer Straße 145, D-81671 München
Telefon: (089) 45051-0, Internet: http://www.oldenbourg.de

Gedruckt auf säure- und chlorfreiem Papier
Gesamtherstellung: Druckhaus „Thomas Müntzer“ GmbH, Bad Langensalza

ISBN 3-486-24905-3

Vorwort

Durch das Bilanzrichtlinien-Gesetz vom 19.12.1985 wurden die Vorschriften zur Konzernrechnungslegung in zweifacher Hinsicht entscheidend verändert.

Die Pflicht zur Konzernrechnungslegung geht seit dem 1.1.1990 über den bisherigen engen Kreis solcher Aktiengesellschaften hinaus, die an der Spitze von Konzernen stehen. Einbezogen werden bereits entsprechende Gesellschaften mit beschränkter Haftung, und eine Erweiterung auch auf offene Handelsgesellschaften sowie Kommanditgesellschaften ohne vollhaftende natürliche Person ist seit der Verabschiedung der GmbH & Co-Richtlinie nur noch eine Frage der Zeit. Da außerdem Pflichten zur Aufstellung von Teilkonzernabschlüssen eingeführt wurden, steigt die praktische Bedeutung der Konzernrechnungslegung gewaltig. Sie muß dementsprechend von einem exklusiven Randgebiet des Rechnungswesens zum Standardgegenstand der Ausbildung verwandelt werden.

Zur Ausweitung des Kreises der konzernrechnungslegungspflichtigen Unternehmen kam eine Hinwendung zu aufwendigen Verfahren der Konzernrechnungslegung. Konzerneinheitliche Bewertung im Rahmen einer Handelsbilanz II und Währungsumrechnung aufgrund des Weltabschlußprinzips wurden ebenso zur Norm wie die erfolgswirksame Erstkonsolidierung, die Quotenkonsolidierung, die Equity-Methode, die Zwischenergebniseliminierung unabhängig vom Vorzeichen und die Abgrenzung durch latente Steuern.

Das vorliegende Lehrbuch ist als Reaktion auf diese Entwicklungen konzipiert worden. Es soll den Leser durch die problembezogene Gliederung in die Lage versetzen, sich die Grundsätze, Methoden und Zweifelsfragen der Konzernrechnungslegung selbständig zu erarbeiten. Nur so können begleitende Lehrveranstaltungen von der Vermittlung des umfangreichen Stoffes entlastet und auf Übung sowie Festigung desselben konzentriert werden.

Rechnungslegungsmethoden sollten besonders dann theoretisch gerechtfertigt werden, wenn sie einer großen Zahl von Wirtschaftssubjekten vorgeschrieben werden und zugleich schwierig sind. Am Anfang stehen daher Ansätze zur Rechtfertigung der Konzernrechnungslegung. Sie offenbaren allerdings Spannungen zwischen den Vorschriften, wie sie sind und wie sie sein sollten. Insoweit will das Buch über eine kritische Auseinandersetzung mit den neuen Vorschriften zu einem besseren Verständnis der gesamten Materie beitragen.

Das Buch ist in Gemeinschaftsarbeit entstanden. In diesem Zusammenhang habe ich meinen Mitarbeitern für die fruchtbare Zusammenarbeit ebenso zu danken wie dem Oldenbourg Verlag, der den aufwendigen Verfasserausweis ermöglichte. Dank schulde ich zudem besonders auch den beiden Sekretärinnen des Lehrstuhls, Frau Gudrun Reicheneder und Frau Ingrid Grübl, für die Hilfe bei der Erstellung von Reinschriften und Druckvorlagen. Zusammen mit den studentischen Mitarbeitern Ruth Beer, Stefanie Maier, Thomas Heidemann, Hans-Georg Kamann und Hermann Krämer haben sie außerdem dankenswerterweise bei der Erstellung von Schaubildern und beim Korrekturlesen geholfen.

Passau

Thomas Schildbach

Vorwort zur 5. Auflage

Mit dem Kapitalaufnahmeerleichterungsgesetz wurde in Deutschland auch offiziell der Weg für Konzernabschlüsse „nach international anerkannten Rechnungslegungsgrundsätzen" freigemacht. Die fünfte Auflage trägt dieser Entwicklung Rechnung, indem auch Konzernabschlüsse nach US-GAAP und IAS behandelt werden. Allerdings wird nur auf die Besonderheiten der Ableitung von Konzernabschlüssen aus Einzelabschlüssen und nicht auf Einzelabschlüsse nach US-GAAP oder IAS eingegangen. Auch wird die Tatsache genutzt, daß deutsche Konzernabschlüsse durch die Umsetzung der 7. EG-Richtlinie bereits in Grundzügen angelsächsischer Konzernrechnungslegung entsprechen. Der Leser erhält einen Überblick über die Konzernrechnungslegung nach US-GAAP und IAS, indem spezifische Grundlagen besonders in den Kapiteln zur Währungsumrechnung und zur Kapitalkonsolidierung gelegt und die Vorschriften dann geschlossen in einem eigenen Kapitel am Ende des Buches beschrieben werden. Der Titel des Buches wurde dem erweiterten Inhalt angepaßt. Bei den Autoren hat Patricia Feldhoff die Aufgaben von Stefan Hintze übernommen. Für die Hilfe bei der Erstellung der Druckvorlagen danke ich meinen Sekretärinnen Frau Ingrid Grübl und Frau Sabine Rettenberger sowie den studentischen Mitarbeitern Markus Braun, Silvia Hettich, Maria Labude, Michael Sauter und Martin Voss.

Passau

Thomas Schildbach

Inhaltsverzeichnis

A. Der Konzern im Spannungsfeld zwischen Unternehmen und Markt

1. Überblick

Warum es Konzernabschlüsse gibt und wie sie gestaltet werden sollten, läßt sich letztlich nur sagen, wenn man weiß, was Konzerne sind und warum es sie gibt. Mit den beiden zuletzt genannten Problemen werden allerdings ökonomische Grundfragen aufgeworfen, die Leser in einem Buch über den handelsrechtlichen Konzernabschluß nicht unbedingt vermuten. Die in diesem Kapitel näher zu untersuchenden Grundfragen sollen daher zunächst überblicksartig beleuchtet werden, um das Verständnis der späteren Details zu erleichtern. Die weltweit zunehmend wichtiger werdenden Konzerne sind den jeweiligen Bedürfnissen angepaßte Instrumente zur Bewältigung des grundlegenden Koordinationsproblems in der Wirtschaft. Diese Aussage wird erst verständlich, wenn erläutert wird

- worin das Koordinationsproblem in der Wirtschaft besteht,
- welche in Transaktionskosten zum Ausdruck kommenden Schwierigkeiten den Markt als klassisches Instrument daran hindern, das Koordinationsproblem zu lösen,
- inwieweit Unternehmen alternative Ansätze zur Lösung des Koordinationsproblems darstellen und warum Koordination in Unternehmen billiger sein kann als über den Markt,
- warum Markt und Unternehmen nur die Extreme in einer Welt vielfältigster Mischformen sind sowie
- welche Gründe Konzerne als spezifische Mischformen in die Lage versetzen, Transaktionskosten zu senken.

Die soeben kurz umrissene Argumentationskette wird im vorliegenden Kapitel ausführlich dargestellt. Das dadurch entworfene ökonomische Bild vom Konzern, das die Vielfalt an Konzernen wirtschaftlich wertvoll erscheinen läßt, dient als Basis für die späteren Untersuchungen zu Konzernrecht und Konzernrechnungslegung.

2. Koordination als Grundproblem in arbeitsteiligen Wirtschaften

Die Wirtschaft bemüht sich um die Lösung eines elementaren Problems. Menschen haben einerseits eine Fülle von Bedürfnissen, zu deren Befriedigung sie Güter oder Dienstleistungen benötigen, und andererseits höchst unterschiedliche Fähigkeiten und Begabungen, aber auch Bestände an Grundvermögen oder anderen Gütern, die direkt oder indirekt nach einer Umformung zur Bedürfnisbefriedigung beitragen können. Verschiedene Argumente sprechen dafür, die Lösung nicht darin zu suchen, daß jeder Mensch sämtliche von ihm benötigten Güter und Dienstleistungen selbst erzeugt. Dieser Weg verspricht angesichts der Vielfalt an Bedürfnissen, der Fülle der technisch immer aufwendiger werdenden Produkte und der immer diffiziler werdenden Dienstleistungen einerseits sowie der beschränkten Fähigkeiten der einzelnen andererseits nur ein geringes Maß an Zielerreichung. Ein höheres Maß an Zielerreichung ist zu erwarten, wenn sich die Menschen spezialisieren können und innerhalb einer arbeitsteiligen Wirtschaft eine Detailaufgabe im Rahmen eines Prozesses zur Bereitstellung bestimmter Güter oder Dienstleistungen übernehmen.

Dieser Weg einer arbeitsteiligen Wirtschaft, in der die Menschen spezifische Beiträge bei der Erstellung von Gütern und Dienstleistungen anbieten, um im Austausch für ihr Angebot Anrechte auf die von anderen Menschen bereitgestellten Güter und Dienstleistungen zu erhalten, vervielfacht allerdings den Koordinationsbedarf. Ein Mensch, der alle von ihm benötigten Güter selbst erzeugt, muß nur seine eigenen Bedürfnisse und Produktionsmöglichkeiten nach Zeit und Umfang aufeinander abstimmen ("Robinson-Wirtschaft"). In der arbeitsteiligen Wirtschaft dagegen müssen die Angebote aller Menschen an Beiträgen zur Erstellung von Gütern und Dienstleistungen abgestimmt werden mit den Wertordnungen aller dieser Menschen über die Wünschbarkeit der verschiedenen Güter und Dienstleistungen, so daß letztlich jeder sowohl möglichst viel zur Bedürfnisbefriedigung der Menschen beiträgt als auch - nicht zuletzt wegen dieses hohen Beitrags - selbst eine möglichst vorteilhafte Kombination von Gütern und Dienstleistungen erreicht.

Dem Ideal der Marktwirtschaft entspricht die Lösung dieses umfassenden Koordinationsproblems über den Markt. Aus den individuell geplanten Angeboten an Beiträgen zur Erstellung von Gütern und Dienstleistungen einerseits und der Nachfrage andererseits ergeben sich Wertrelationen zwischen den Beiträgen, Gütern und Dienstleistungen, die sich in einer Geldwirtschaft in Preisen niederschlagen. Im Idealfall erwartet man letztlich Gleichgewichtspreise, die die angebotenen und nachgefragten Mengen an Produktionsbeiträgen, Gütern und Dienstleistungen zum Ausgleich bringen.

3. Transaktionskosten als Hemmnisse der Koordination über den Markt

Die Koordination der individuellen Pläne und Wertschätzungen der Menschen über den Markt gelingt nur im Ideal des vollkommenen Marktes kostenlos. Unter realistischen Bedingungen wird die Koordination über den Markt durch verschiedene Hindernisse beeinträchtigt, die "Kosten" verursachen, weil es zusätzlicher Anstrengungen bedarf, um trotz der Hindernisse die Pläne über den

Markt abzustimmen, oder weil wegen der Hindernisse eine nur unvollkommene Koordination mit Nachteilen für die einzelnen Menschen im Vergleich zu der ohne solche Hindernisse erreichbaren Lösung gelingt. Diese in den vielfältigsten Formen entstehenden, meist nicht leicht quantifizierbaren und auch hinsichtlich aller ihrer Entstehungsursachen noch nicht voll zu übersehenden sogenannten Transaktionskosten kommen zu den Kosten der Produktion hinzu. Nur auf der Grundlage der Summe aus Produktions- und Transaktionskosten kann entschieden werden, ob sich Arbeitsteilung lohnt und wie Produktion und Koordination organisiert werden sollten, um ein Höchstmaß an Bedürfnisbefriedigung zu erreichen.

Transaktionskosten erwachsen zunächst etwa aus der Notwendigkeit, Informationen über die Angebote am Markt hinsichtlich Preis und Qualität zu sammeln und zu verarbeiten. Sie resultieren aber beispielsweise auch aus Hemmnissen für Transaktionen, die durch Informationsunterschiede bei individuellrationalem Verhalten aller Beteiligten hervorgerufen werden.

Wenn zum Beispiel ein Gut in unterschiedlichen Qualitäten auf dem Markt angeboten werden kann, nur die Anbieter, nicht aber die Nachfrager, die individuellen Qualitäten der einzelnen angebotenen Exemplare des Guts jeweils genau kennen, alle rational handeln sowie die Informationsverteilung und das rationale Verhalten aller anderen Beteiligten richtig einschätzen, dann kommt es zu Transaktionshemmnissen, sofern die Nutzenschätzungen der Nachfrager für das betreffende Gut nicht sehr viel höher als diejenigen der Anbieter sind (vgl. Akerlof, QJE 1970, S. 488 ff.). Unter den beschriebenen Bedingungen können die Nachfrager als ihr Gebot zunächst einen Preis in Erwägung ziehen, der der mittleren Qualität aller verfügbaren Exemplare entspricht, weil sich bei diesem Preis die Vorteile aus dem Kauf der überdurchschnittlich guten und die Nachteile aus dem Kauf der unterdurchschnittlich guten Exemplare in etwa ausgleichen würden. Bei rationalem Verhalten der Anbieter und einer Nutzenschätzung, die nicht viel niedriger als die der Nachfrager ist, werden die Anbieter allerdings zu dem gebotenen Preis nur die Exemplare konkret anbieten, deren Wert nicht höher ist als dieser Preis, wodurch ein großer Teil der überdurchschnittlich guten Exemplare aus dem Angebot ausscheiden müßte. Ein Teil der Chance der Nachfrager auf gute Produkte entfällt somit. Weil die Nachfrager dieses rationale Verhalten der Anbieter absehen werden, können sie auch nur einen niedrigeren Preis bieten. Bei diesem niedrigeren Preis werden die Anbieter erneut die jeweils besten Stücke aus dem Angebot nehmen, und die Nachfrager werden das wiederum durch ein noch niedrigeres Preisgebot antizipieren, bis sich schließlich nach konsequenter Fortsetzung dieses Prozesses am Schluß ein minimaler Preis ohne Angebot ergibt. Obwohl die Transaktionen vorteilhaft wären, weil die Nachfrager das Gut höher schätzen als die Anbieter, kommt angesichts der Informationsunterschiede der wünschenswerte Austausch über den Markt nicht zustande. Die Wirtschaftssubjekte stehen schlechter da als bei reibungslos möglichem Handel, und der gesamte Nachteil aus der Verhinderung der Transaktionen kann als Beispiel für Transaktionskosten am Markt angesehen werden.

Beim Versuch, die Transaktionskosten entsprechend ihren verschiedenen Komplexen von Entstehungsursachen zu gliedern, um zumindest ihren wichtigsten Bestandteilen Rechnung tragen zu können, bietet sich folgender Katalog an (vgl. Picot, DBW 1982, S. 270):

- Anbahnungskosten umfassen Kosten der Suche nach möglichen Transaktionspartnern sowie der Beurteilung der von diesen gebotenen Konditionen.

- Vereinbarungskosten entstehen aus der Notwendigkeit, die genauen Konditionen der Transaktion mit dem Partner auszuhandeln, eindeutig zu formulieren und sich schließlich mit ihm auf dieser Basis zu einigen.

- Kontrollkosten decken die Kosten ab, die entstehen, um die Einhaltung der vereinbarten Termine, Qualitäten, Mengen, Preise und Nebenverpflichtungen wie z.B. Geheimhaltungspflichten sicherzustellen.

- Anpassungskosten entstehen bei längerfristigen Vereinbarungen aus der Unmöglichkeit, allen künftig möglichen Entwicklungen schon bei Vertragsschluß angemessen und justiziabel in bedingten Verträgen Rechnung zu tragen. Die unvermeidlichen Unzulänglichkeiten längerfristiger Verträge machen bei unerwarteten Entwicklungen der Bedingungen Anpassungen der Konditionen erforderlich, die zusätzlichen Verhandlungs- und Kontrollbedarf, aber auch Risiken unzulänglicher Anpassungen auslösen.

4. Das Unternehmen als Alternative zur Koordination über den Markt

Die in bestimmten Fällen nicht unbeträchtlichen Kosten der Koordination über den Markt legen die Suche nach anderen und billigeren Instrumenten der Koordination nahe. Eine solche Alternative kann das Unternehmen sein. Es ersetzt die Koordination von Angebot und Nachfrage nach den für die sachzielbezogene Produktion benötigten Arbeitsleistungen und Eigenkapitalbeträgen über den Markt durch langfristig angelegte, in Grenzen kündbare Verträge. Diese Verträge übertragen Anordnungsgewalt auf die Eigenkapitalgeber (Eigner) bzw. auf die von diesen ausgewählten Manager. Die Anordnungsgewalt ermöglicht es diesen dann, die mit den Arbeitnehmern in längerfristigen Verträgen nur grob vereinbarten Pflichten zur Arbeitsleistung in den vertraglichen und gesetzlichen Grenzen im Detail zu spezifizieren, so daß der Arbeitseinsatz der Mitarbeiter durch zentrale Planung und daraus abgeleitete Weisungen im Blick auf das unternehmerische Sachziel koordiniert werden kann. Im Kern wird also Koordination mit Hilfe des Marktes ersetzt durch Koordination auf der Grundlage von hierarchischer Planung und Anweisung von oben.

Verschiedene Gründe sprechen dafür, daß diese Koordination durch Hierarchie billiger sein kann als eine Koordination über den Markt.

Das Streben nach niedrigen Produktionskosten, aber auch der Wunsch der Kunden nach hochwertigen Produkten machen vielfach vor Beginn der Produktion umfangreiche Investitionen in langfristig nutzbare Anlagen erforderlich, die sich nur für die spezielle, ins Auge gefaßte Produktion eignen. Zu den Investitionen in materielle Sachanlagen kommen in zunehmendem Umfang weitere Investitionen in die Entwicklung des zur Produktion benötigten Wissens und in die Ausbildung der an der Produktion beteiligten Mitarbeiter hinzu. Derartige Vorleistungen der Kapitalgeber sind allerdings praktisch nur im Rahmen langfristig angelegter vertraglicher Zusammenarbeit mit den Arbeitnehmern verantwortbar (vgl. Williamson, JLE 1979, S. 240 f.). Solange die Vorleistungen nicht erbracht sind, kommt das Projekt nur zustande, wenn die vertraglich vereinbarten Konditionen den Kapitalgebern die Investition vorteilhaft erscheinen lassen. Wenn der Vertrag aber nur eine kurze Frist gilt und dann erneut verhandelt werden muß, kann die Kapitalseite in diesen neuerlichen Verhandlungen nicht mehr ohne Verluste zurück in ihre anfängliche Position: Sie hat eine weitgehend irreversible Vorleistung erbracht. Um zumindest einen Teil des investierten Geldes zurückzugewinnen, können die Kapitalgeber gezwungen sein, Konditionen zuzustimmen, die zwar besser sind als eine sofortige Liquidierung der Investition, die sie aber trotzdem für die erbrachten Vorleistungen nicht voll entschädigen. Die Kapitalgeber werden diese Gefahr antizipieren und nur noch dann Vorleistungen erbringen, wenn sich diese innerhalb der Laufzeit des ersten kurzfristigen Vertrages amortisieren. Viele vorteilhafte Investitionen lassen sich auf der Grundlage rein kurzfristiger Verträge am Markt nicht realisieren; die Transaktionskosten sind zu hoch.

Natürlich liegt es nahe, nach anderen, billigeren Koordinationsformen zu suchen, welche die langfristig vorteilhaften Investitionen durchführbar machen. Das Unternehmen, das die Arbeitskräfte längerfristig vertraglich bindet und einem Weisungsrecht unterwirft, ihnen zugleich aber kontinuierliche Arbeitsmöglichkeit und Einkünfte verspricht, löst dieses Problem.

Die aufgrund der angestrebten längerfristigen Verbindung zwischen Kapital und Arbeit zu erwartenden Transaktionskosten in Form von Vereinbarungs-, Kontroll- und Anpassungskosten halten sich beim Unternehmen aufgrund verschiedener Ursachen in Grenzen. Zunächst kann bei der Vertragsgestaltung auf umfangreiche Erfahrungen aus der Vergangenheit zurückgegriffen werden, die sich zu einem großen Teil auch in gesetzlichen Rahmenvorgaben für mögliche vertragliche Gestaltungen niedergeschlagen haben. Vorbilder, die sich in den verschiedensten

Wechselfällen des Lebens vielfach bewähren mußten, sind vielleicht am ehesten geeignet, Parteien Vertrauen einzuflößen, die vor einer unsicheren Zukunft stehen. Weiteres Zutrauen mag davon ausgehen, daß der Gesetzgeber die Rahmenvorgaben der Vertragsgestaltung im Gesellschafts- und Betriebsverfassungsrecht z.B. nicht nur gebilligt und damit aufgewertet hat, sondern diese auch allgemein vorgibt. Verbliebene versteckte Mängel bedrohen somit eine große Zahl von Vereinbarungen gleichermaßen, und das Risiko, bei ungünstigen Entwicklungen schlechter als die anderen dazustehen, wird vermindert. Zusätzlich kann in Zweifelsfragen auf eine breite Basis an Kommentierungen und Urteilen zurückgegriffen werden.

Unternehmen begründen zwar nicht unauflösliche, aber dennoch langfristige, nur unter Schwierigkeiten auflösbare und daher besonders risikobehaftete vertragliche Bindungen zwischen Kapital und Arbeit. Sie ermöglichen solche Bindungen, ohne daß alle Elemente im Detail festgelegt werden müssen. Die grob vereinbarten Arbeitspflichten können mit abnehmender Unsicherheit von der Hierarchie spezifiziert werden. Die Anpassung des Arbeitsentgelts kann den Tarifvertragsparteien überlassen oder an deren Vorgaben zumindest orientiert werden.

Unternehmen überlagern mehr oder weniger stark die individuellen Interessen der Beteiligten durch Gemeinschaftsbindungen; die Individuen machen sich zumindest zum Teil die Interessen und Ziele der Gemeinschaft zu eigen. Ein derart eingeschränkter Egoismus der einzelnen mindert Risiken und Anpassungskosten, weil wenigstens in Grenzen die Bereitschaft besteht, bei unvorhergesehenen Schwierigkeiten Lösungen auch dann mitzutragen, wenn diese Einbußen an individueller Zielerreichung bescheren. Daß solche Gemeinschaftsbindungen schwerlich von alleine entstehen, sondern Grundlagen etwa in Form sozialer Absicherungen oder der Sorge um Entwicklungs- und Entfaltungsmöglichkeiten der Mitarbeiter voraussetzen, darf dabei nicht vergessen werden.

Was als Bindung von alleine zu wachsen vermag, kann auf der Grundlage des individuellen Erfolgsstrebens auch durch vertragliche Erfolgsbeteiligung (durch Kapital- bzw. Gewinnanteile oder durch Optionen zum Erwerb von Anteilen) ganz gezielt geschaffen werden. Solche Erfolgsbeteiligungen führen zu einer gewissen Interessenangleichung zwischen den Eigenkapitalgebern als den ursprünglichen Erfolgsempfängern und den zusätzlich am Erfolg beteiligten Managern oder Mitarbeitern beispielsweise. Dadurch lassen sich mögliche Spannungen aus langfristigen, unerwarteten Entwicklungen mildern. Außerdem wird das jetzt gemeinsame Erfolgsziel bei allen am Erfolg Beteiligten fest verankert und demzufolge bei sämtlichen Entscheidungen dieser Personen zumindest mitbeachtet.

Unternehmen reduzieren auch den Bedarf an Unternehmerqualifikation und Risikobereitschaft auf seiten der Mitarbeiter. Bei einer Koordination über den Markt wäre jeder Mitarbeiter hinsichtlich seines Arbeitsangebots Unternehmer. Er müßte sich ständig selbst um die Anpassung seines Angebots an die Bedürfnisse des Markts bemühen, mögliche Vertragspartner suchen, Konditionen aushandeln, die Einhaltung dieser Konditionen überwachen und Risiken insbesondere aus vorübergehender Nichtbeschäftigung tragen.

5. Unternehmen mit Anweisungen und der Markt mit Preisen als bloße Extreme einer Fülle von Zwischenformen der Koordination

Die Koordination der Pläne etwa von gelegentlichen Nachfragern und Anbietern von "Altertümchen" allein über den Flohmarkt oder der Aktivitäten von Mitarbeitern in einem Unternehmen ausschließlich durch hierarchische unternehmerische Planung und durch Anweisungen von oben sind nur die beiden Extremfälle aus einer mehrdimensionalen Vielfalt von Koordinationsmöglichkeiten. Die oft beachtliche Höhe der Transaktionskosten zwingt zu Versuchen, diese Vielfalt der Möglichkeiten auf der Suche nach einer billigen Koordinationsform voll auszuschöpfen.

So muß Koordination im Unternehmen nicht auf hierarchischen Planungen und Anweisungen basieren. Sie kann sich vielmehr auch auf Abstimmungen von Wünschen, Informationen und Aufgabenverteilungen in geeigneten Gruppen stützen oder - bei einer dezentralen Organisation mit Kapital- und Erfolgsverantwortung der Sparten als den einzelnen Elementen - auf individuelles Erfolgsstreben der einzelnen Sparten und damit auf die Institutionalisierung marktähnlicher Verhältnisse innerhalb des Unternehmensgeschehens.

Auch auf dem Markt ist der nicht zumindest auf Erfahrungen mit dem Marktpartner gestützte, sondern ausschließlich auf einen möglichst umfassenden Vergleich der angebotenen Qualitäten und Preise beruhende Kauf nicht die einzige Möglichkeit. Zwischen den Marktparteien können sich vielmehr beispielsweise suchkostensparende Vertrauensverhältnisse entwickeln, die auf der Erfahrung wiederholter günstiger Geschäfte fußen, oder es kann sich herausstellen, daß die Verständigung mit einem Partner besonders leicht fällt, so daß Vereinbarungs- und Kontrollkosten eingespart werden. An die Stelle einer Folge von unabhängigen, allein auf jeweiligen Konditionenvergleich gestützten Käufen vermag schließlich ein langfristiger Vertrag über die wiederholte Lieferung von Produkten zu treten, der die beiden Parteien aneinander bindet. Dabei können die Produkte gemeinsam erarbeitet und den sich ändernden Anforderungen des Marktes angepaßt werden; die Vertragstreue beider Seiten läßt sich durch vorab vereinbarte Sanktionen absichern.

6. Konzerne als Koordinationsformen zwischen Markt und Unternehmen

Zusätzlich zu den beiden zuvor dargestellten Ansatzpunkten, um Koordinationsformen zwischen Unternehmen und Markt zu finden, gibt es noch einen dritten Ansatz, der den Konzern zwischen die beiden Extreme stellt.

Den Ausgangspunkt reiner Koordination über den Markt bildet dabei der Leistungsaustausch zwischen Unternehmen auf dem Markt, die nicht über Beteiligungen oder Unternehmensverträge miteinander verbunden sind. Ein erster Schritt hin zu hierarchischer Koordination wird getan, wenn eines der Unternehmen eine Beteiligung an dem anderen erwirbt, weil mit dieser Beteiligung Stimm- und Einflußrechte, aber auch Ansatzpunkte zum Interessengleichklang über den Anspruch auf einen Teil des Erfolges verbunden sind. Die Bedeutung der Hierarchie wächst, wenn die beiden Unternehmen durch einen Unternehmensvertrag oder mehrere verbunden werden, die vom Betriebspachtvertrag bzw. Betriebsüberlassungsvertrag über eine Gewinngemeinschaft, einen Teilgewinnabführungsvertrag und einen Gewinnabführungsvertrag bis zum Beherrschungsvertrag reichen. Die engste Bindung zwischen rechtlich noch eigenständigen Unternehmen und damit das Höchstmaß an hierarchischer Einflußmöglichkeit bei mehreren Unternehmen wird durch die Eingliederung erreicht. Die Verschmelzung schließlich hebt die rechtliche Eigenständigkeit der Unternehmen auf und bildet somit innerhalb der hier entwickelten Systematik das andere Extrem rein hierarchischer Koordination.

Zwei Kategorien von Vorteilen machen Konzerne als Zwischenformen der Koordination interessant, die Reduktion von Transaktionskosten und Unsicherheiten einerseits sowie die Erweiterung der Handlungsspielräume speziell der Manager andererseits, wobei die Vorteile der beiden Kategorien teilweise zusammenwirken und sich dementsprechend nicht immer streng trennen lassen.

Transaktionskosten- und Unsicherheitsreduktionen ergeben sich zunächst aus den auf Beteiligung oder sogar Beherrschungsvertrag gegründeten Mitentscheidungsrechten in Tochterunternehmen. Die zur Verhinderung ausbeutungsoffener Positionen wirtschaftlich vorteilhaften längerfristigen Vereinbarungen zwischen Unternehmen unterliegen dem Risiko, daß über solche Fristen die Umweltentwicklungen nicht vorhergesehen und daher im Vertrag auch nicht angemessen berücksichtigt werden können. Mitentscheidungsrechte der Mutter bei der Tochter verringern dieses Risiko und damit auch die Anpassungskosten, weil sie Schlichtungen im Sinne der Mutter wahrscheinlich machen. Derartige Reduktionen von Risiko und Anpassungskosten durch Mitentscheidungsrechte sind im Konzern nicht nur bei Beteiligungsquoten von 51 % oder zumindest der Mehrheit der auf der Hauptversammlung vertretenen Stimmen, sondern auch schon bei faktisch geringeren Beteiligungsquoten dann möglich, wenn die

Beteiligung indirekt über mehrere Stufen von knappen, etwa 51 % umfassenden Mehrheitsbeteiligungen gehalten wird (Pyramideneffekt).

Der Konzern kann Suchkosten senken, indem er Bezugsquellen oder Abnehmer an den Konzern bindet - allerdings zu Lasten eines zusätzlichen Risikos. Die Bindung wird nämlich dann zur Belastung, wenn der Partner unattraktiv wird und zu vergleichsweise ungünstigen Konditionen oder zu verlustbringender Beteiligungsveräußerung zwingt. Verglichen mit dem bloßen Unternehmen aber, das seine Produktionstiefe vergrößert hat, ist die Flexibilität des Konzerns im Sinne der Reversibilität einer einmal getroffenen Entscheidung größer, weil sich Beteiligungen leichter als Teilkapazitäten veräußern bzw. abbauen lassen.

Die Kosten der Vereinbarung eines angemessenen Preises bei Austausch nicht marktgängiger Leistungen werden insoweit reduziert und der Situation bei einem bloßen Unternehmen angenähert, als mit zunehmendem Beteiligungsumfang die Höhe des vereinbarten Preises eine immer geringere Rolle spielt. Was der Mutter durch einen eventuell zu geringen Preis entgeht, gewinnt sie zumindest entsprechend ihrem Anteil durch die Beteiligung an der Tochter zurück.

Risiken aus langfristigen, aktuell noch nicht absehbaren Entwicklungen und die daraus erwachsenden Kosten der Vertragsanpassung lassen sich auf dem Weg der Konzernbildung auch durch eine Vergrößerung der Marktmacht vermindern. Da Vorteile für den Konzern in diesem Falle allerdings aus einer Beschränkung des Wettbewerbs mit Nachteilen für die übrigen Wirtschaftssubjekte resultieren, versucht der Gesetzgeber, Konzernbildungen mit dieser Zielrichtung zu verhindern oder wenigstens zu erschweren, so daß Marktmacht durch internes Wachstum sicherer als durch Konzernbildung erreichbar sein kann.

Der Konzern schafft die Grundlagen für verschiedene Formen der Koordination von Aktivitäten der Konzernunternehmen, so daß diejenige mit den niedrigsten Transaktionskosten gewählt werden kann. Einerseits ermöglichen die Mitentscheidungsrechte der Mutter die Einführung einheitlicher Informationssysteme bei allen Töchtern als Basis einer zentralen Informationsauswertung und - zumindest bei Vorliegen von Beherrschungsverträgen - auch einer zentralen Planung und Steuerung. Andererseits sind im Konzern sämtliche Voraussetzungen für eine dezentrale Führung mit Koordination der Pläne über den Markt erfüllt. Die rechtlich eigenständigen Konzerngesellschaften haben eigene Führungsgremien und Rechnungssysteme, die auf die jeweilige Gesellschaft bezogen sind. Auf diesen Grundlagen können im Vergleich zum Gesamtkonzern kleine überschaubare Entscheidungseinheiten mit großen Freiräumen für Kreativität und unternehmerisches Handeln geschaffen werden, deren Erfolgsstreben nicht nur anhand der Einzelerfolgsrechnungen durch die Konzernzentrale überwacht, sondern auch durch Erfolgsbeteiligung angespornt werden kann.

Die Handlungsspielräume insbesondere der Unternehmensführung erweitert der Konzern in vielerlei Hinsicht. Grundlagen für verschiedene Formen der Koordination - wie sie zuvor als beim Konzern gegeben beschrieben wurden - können auch in einem bloßen Unternehmen geschaffen werden. Allerdings erweitert der Konzern die Möglichkeiten insoweit, als er den Führungskräften auch auf unteren Ebenen die prestigeträchtigen Titel von Geschäftsführern oder sogar Vorstandsmitgliedern zugesteht. Der Konzern ermöglicht durch Kauf von Beteiligungen Wachstumsraten, wie sie von einem bloßen Unternehmen durch internes Wachstum oder durch volle Verschmelzung schwerlich erreicht werden können. Durch Konzernbildung werden einem interessierten Unternehmen fremdes Know-how, fremde Patente, Markennamen oder Firmennamen zugänglich, die ansonsten nur unter größten Schwierigkeiten erworben und genutzt werden könnten. Die rechtliche Eigenständigkeit der Konzernunternehmen sichert dabei die Möglichkeit zum Fortbestand traditionsreicher Firmennamen, des Goodwills und des akquisitorischen Potentials der übernommenen Gesellschaften unabhängig von den Firmen der übrigen Konzernunternehmen ab. Die Expansion ins Ausland, die angesichts der weltweit zusammenwachsenden Märkte und dem sich verschärfenden Wettbewerb immer wichtiger wird, der sich aber auf dem Wege der ausländischen Betriebsstätte große Probleme entgegenstellen können, wird durch Konzernbildung ebenso erleichtert wie die grenzüberschreitende Kooperation, nicht zuletzt weil der Konzern länderspezifischen Restriktionen hinsichtlich der Höchstbeteiligungsquoten von Ausländern flexibel Rechnung tragen kann. Vor dem Hintergrund der Vielfalt an Unternehmensverträgen und der Differenzierungsmöglichkeiten zwischen Anteilen und Stimmrechten ist die Beteiligungshöhe nämlich nur ein Parameter der Konzernbindung.

Konzerne erschließen besondere Dimensionen unternehmerischer Risikopolitik. Zu den Aktionsparametern, mit deren Hilfe der Umfang der Haftung der Eigner für die Risiken eines einzelnen Unternehmens gesteuert werden kann (etwa Rechtsform, Gesellschafterdarlehen, Anmietung von Gebäuden oder Anlagen der Gesellschafter) kommt im Konzern ein konzernspezifischer Parameter hinzu. Im Konzern können auf Basis der rechtlichen Grenzen zwischen den Konzernunternehmen Haftungswälle innerhalb einer Gesamtheit von Unternehmen errichtet werden, die durch einheitliche Führung miteinander verbunden sind - zumindest versprechen Versuche dazu Erfolg. Diese Haftungssegmentierung erlaubt es, Risiken der Forschung, der Produktion oder des Absatzes allgemein oder speziell bezogen auf bestimmte Produkte, Produktbereiche oder Absatzmärkte beispielsweise jeweils auf gesonderte Konzernunternehmen zu übertragen, so daß bei Eintritt des Risikos im Notfall nur das jeweils betroffene Unternehmen "geopfert" werden muß, ohne daß dem Konzern insgesamt gefährlicher Schaden entsteht. Haftungssegmentierung muß allerdings nicht Ausdruck unternehmerischer Risikopolitik sein. Sie kann vielmehr auch hoheitlichen Auflagen entsprechen, wie das in der Versicherungswirtschaft gilt, wo die einzelnen Versicherungssparten gemäß einer Anordnung des Bundesaufsichtsamts für das Versicherungswesen jeweils verschiedenen Konzerngesellschaften zuzuordnen sind.

Konzerne bieten schließlich Ansatzpunkte zur Modifikation der vom Gesetzgeber vorgegebenen strengen Verfassungen von Kapitalgesellschaften, insbesondere von Aktiengesellschaften. Anders als bei den Personengesellschaften nämlich, wo der Gesetzgeber die Einigung der verschiedenen Gruppen nur erleichtern wollte, ihre Autonomie aber nicht beschneiden zu müssen meinte und daher ein weitgehend dispositives und nachgiebiges Recht schuf, glaubte er insbesondere bei den Aktiengesellschaften an die Notwendigkeit eines detaillierten und im wesentlichen unbeeinflußbaren, zwingenden Rechts. Starre Verfassungen mögen zwar schwachen Unternehmensbeteiligten einen vergleichsweise großen Schutz bieten, sie beinhalten aber in jedem Fall die Gefahr, wirtschaftlichen und sozialen Entwicklungen nicht ausreichend oder nicht schnell genug Rechnung zu tragen und deshalb unbrauchbar zu werden. Bemühungen um eine Weiterentwicklung der Verfassung von Kapitalgesellschaften, die darauf abzielen, ein solches "Unbrauchbarwerden" zu verhindern, dienen der Sicherung einer ausreichenden Menge an Organisationsformen der Wirtschaft und nutzen der Gesamtwirtschaft. Sie lassen sich allerdings auch kaum von solchen Verfassungsänderungen trennen, die nur auf die Lockerung der Schutzregeln ausgerichtet und daher eher skeptisch zu beurteilen sind.

7. Der Konzern im Widerstreit der Urteile

Wie bereits an verschiedenen Stellen anklang, müssen die im vorigen Abschnitt dargestellten Argumente für den Konzern als Koordinationsform zwischen Unternehmen und Markt nicht durchweg als positiv empfunden werden. Was aus der Sicht speziell der Manager der Obergesellschaft, aber auch meist der Eigner der Obergesellschaft als Vorteil erscheint, kann aus der Perspektive der Eigner der Tochtergesellschaften, der Gläubiger oder der Gesamtwirtschaft unvorteilhaft sein.

Besonders bedroht sind die konzernfremden "Minderheitseigner" und Gläubiger der Tochtergesellschaften. Zwar können die Mitentscheidungsrechte der Mutter bei der Tochter allgemein und speziell bei der Festlegung von Verrechnungspreisen oder bei der Nutzung von Know-how sowie die Ansätze zur Haftungssegmentierung und zur Änderung der Unternehmensverfassung vom Management des Mutterunternehmens so zum Nutzen des Gesamtkonzerns eingesetzt werden, daß auch die Töchter und damit deren konzernfremde "Minderheitseigner" und Gläubiger daraus Vorteile erlangen, die Vorgehensweise ist aber weder zwingend noch wahrscheinlich. Das Management der Mutter ist - abgesehen von den eigenen Zielen - primär den Interessen der Eigner der Muttergesellschaft verpflichtet. Daher liegt es nahe, daß Mitentscheidungsrechte bei der Tochter im Zweifel so ausgeübt werden, wie es den Interessen der Eigner des Mutterunternehmens entspricht, Verrechnungspreise folglich für die Mutter eher günstig ausfallen, Know-how und Markennamen eher großzügig oder zu günstigen Konditionen genutzt werden, Haftungsgrenzen so gezogen werden, daß sie die Risiken für die Mutter verringern, und auch Verfassungsänderungen tendenziell zum Vorteil der Mutter erfolgen.

Hinsichtlich der Beurteilung der Gefahren ist allerdings zu unterscheiden zwischen Minderheitsaktionären und Gläubigern, die ihr Kapital in Kenntnis der Konzernbindung gewährten, und solchen, die handelten, bevor die Konzernbindung bekannt war. Die ersteren werden dem Risiko Rechnung getragen haben. Betroffen sind nur die letzteren, soweit es den Gläubigern unter ihnen nicht gelang, ihre Ansprüche durch Sicherheiten wirksam zu schützen.

Negative Folgen kann die Konzernbildung aber nicht nur für Minderheitseigner, Gläubiger der Tochtergesellschaft und - über die Beeinträchtigung des Wettbewerbs - für die Wirtschaftssubjekte allgemein, sondern auch für die Eigner der Obergesellschaft haben. Ihre Interessen sind durch die Möglichkeiten zu Verfassungsänderungen bedroht. Der Konzern vergrößert die Handlungsspielräume der Manager der Obergesellschaft, die bei den Tochtergesellschaften etwa in der Hauptversammlung die Rolle des jeweiligen Mehrheitseigners spielen und die durch Transaktionen zwischen Mutter und Töchtern zumindest versuchen können, Gewinne zu den Tochterunternehmen zu verlagern und so der Ausschüttung an die Eigner zu entziehen. Da die Eigner der Obergesellschaft aber letztlich die Manager bestimmen, haben sie ein wirksames Gegenmittel, wenn sie allgemein ihre Interessen bedroht sehen und sich daher gegen die Manager einigen können. Und zur Disziplinierung der Manager kann ihnen der Konzern wiederum helfen. Wenn nämlich die bisherigen Manager eine Politik zum Nachteil der Eigner verfolgen, gibt es für andere Manager einen Anreiz, eine Übernahme der Obergesellschaft etwa auf dem Wege der Einbindung in einen übergeordneten Konzern zu versuchen. Sie versprechen, den Wert der Obergesellschaft für die neuen Eigner durch eine eignerfreundliche Politik zu erhöhen, so daß die alten Eigner mit einem Preis oberhalb des Wertes des ursprünglichen Konzerns unter der eignerunfreundlichen Politik abgefunden werden könnten.

Literaturhinweise

Akerlof, George A.: The Market for "Lemons": Quality Uncertainty and the Market Mechanism, in: Quarterly Journal of Economics, Vol. 84, 1970, S. 488-500.

Bössmann, Eva: Unternehmungen, Märkte, Transaktionskosten: Die Koordination ökonomischer Aktivitäten, in: WiSt, 12. Jg., 1983, S. 105-111.

Coase, Ronald H.: The Nature of the Firm, in: Economica, New Series, Vol. 4, 1937, S. 386-405.

Druey, Jean Nicolas (Hrsg.): Das St. Galler Konzernrechtsgespräch, Konzernrecht aus der Konzernwirklichkeit, Bern und Stuttgart 1988.

Laux, Helmut/Liermann, Felix: Grundformen der Koordination in der Unternehmung: Die Tendenz zur Hierarchie, in: ZfbF, 39. Jg., 1987, S. 807-828.

Ordelheide, Dieter: Der Konzern als Gegenstand betriebswirtschaftlicher Forschung, in: BFuP, 38. Jg., 1986, S. 293-312.

Picot, Arnold: Transaktionskostenansatz in der Organisationstheorie: Stand der Diskussion und Aussagewert, in: DBW, 42. Jg., 1982, S. 267-284.

Schubert, Werner: Konzern als Zusammenschlußform, in: Küting/Weber (Hrsg.), Handbuch der Konzernrechnungslegung, Stuttgart 1989, S. 151-188.

Theisen, Manuel René: Der Konzern. Betriebswirtschaftliche und rechtliche Grundlagen der Konzernunternehmung, Stuttgart 1991.

Williamson, Oliver E.: Markets and Hierarchies: Analysis and Antitrust Implications, New York 1975.

Williamson, Oliver E.: Transaction-Cost Economics: The Governance of Contractual Relations, in: The Journal of Law and Economics, Vol. 22, 1979, S. 233-261.

B. Konzernrechnungslegung und Konzernrecht

1. Grundüberlegungen zur Konzernrechnungslegung

1.1 Konzernrechnungslegung als Informationsinstrument

Rechnungslegungsinstrumente lassen sich nur auf der Grundlage ihrer Zwecke gestalten und beurteilen. Anders als Steuerbilanzen, die fast ausschließlich Steuerbemessungsaufgaben erfüllen, oder als handelsrechtliche Einzelbilanzen, die zumindest bei Kapitalgesellschaften auch den aus dem Jahresergebnis maximal an die Eigner ausschüttbaren Betrag festlegen (Ausschüttungsbemessungsfunktion), dient der handelsrechtliche Konzernabschluß bislang in der Bundesrepublik Deutschland ausschließlich der Information externer Interessenten (zur fraglichen Eignung des Konzernabschlusses als Ausschüttungsbemessungsgrundlage vgl. Schildbach WPg 1993, S. 53 ff. und 94 ff.). Entsprechend der obigen These ist er auf diese Informationsaufgabe auszurichten.

Wer an einem Unternehmen als Eigner, als Gläubiger, als Arbeitnehmer, als Kunde oder als Lieferant "beteiligt" ist oder eine solche Beteiligung erwägt, hat im Hinblick auf diese Beteiligung Entscheidungen zu treffen. So ist beispielsweise zu entscheiden, ob das Management im Amt bestätigt werden soll, ob ein Kredit gewährt werden soll oder ob die weitere Mitarbeit in dem Unternehmen noch lohnt. Unabhängig von der Art der Beteiligung werden solche Entscheidungen im Blick auf ihre Konsequenzen für den Entscheidungsträger bzw. - im Fall eines Bankmanagers als Gläubiger - für die vom Entscheidungsträger zu vertretenden Interessen gefällt. Jeder Entscheidungsträger wird sich bemühen, die für ihn subjektiv relevanten Konsequenzen für alle ihm erwägenswert erscheinenden Handlungsalternativen abzuschätzen, um die Alternative mit den besten Konsequenzen wählen zu können.

Aus dieser Perspektive sind die Kosten für die Erstellung und Offenlegung von Jahresabschlüssen Transaktionskosten im Sinne der am Anfang des Buches angeführten Anbahnungs- oder Kontrollkosten. Ohne Kenntnisse über ein Unternehmen wird niemand Anteile an diesem Unternehmen erwerben wollen oder dem Unternehmen Kredit geben. Will daher ein Unternehmen neue Kapitalgeber und Mitarbeiter gewinnen oder bisherige behalten, muß es Informationen bereitstellen. Die Umformung der wirtschaftlichen Verpflichtung zur Information Außenstehender in eine gesetzliche Verpflichtung durch den Gesetzgeber kann dabei speziell im Fall von Publikums-Kapitalgesellschaften der Senkung der Transaktionskosten dienen. Statt nach Lösungen für das schwierige Problem suchen zu müssen, wie für die Vielzahl unterschiedlichster Interessenten jeweils geeignete Informationen bereitgestellt werden können, wird ein normiertes, allgemein anerkanntes Informationsinstrument verwendet.

Speziell für Außenstehende ist es schwierig, die Konsequenzen von Entscheidungen abzuschätzen, die sich auf eine Beteiligung an einem Unternehmen beziehen. Diese Schwierigkeit soll durch den handelsrechtlichen Jahresabschluß verringert werden. Im Rahmen der Informationsfunktion ist es seine Aufgabe, die Außenstehenden bei der Abschätzung der Konsequenzen von Entscheidungen zu unterstützen, die ihre Beteiligung an dem jeweiligen Unternehmen betreffen.

Wie der traditionelle Jahresabschluß diese angesichts der unterschiedlichen Beteiligungsformen, Beteiligungsumfänge und Vorbildungsstände der Beteiligten äußerst vielschichtige Aufgabe tatsächlich löst, ist allerdings unklar, weil es keine eindeutigen ökonomischen Gesetze gibt, die künftiges Geschehen mit Sachverhalten verbinden, die in traditionellen Jahresabschlüssen ausgewiesen werden. Auch liegt dem handelsrechtlichen Jahresabschluß nicht das Ziel möglichst umfassender Information zugrunde, denn vieles spricht dafür, daß er durch eindeutigere Ansatz- und Bewertungsvorschriften sowie durch stärkere Aufgliederungen aussagefähiger gemacht werden könnte. Der handelsrechtliche Jahresabschluß ist also im Grunde Ausdruck eines nicht genau durchschaubaren Kompromisses zwischen Informationsinteressen einerseits und Geheimhaltungsinteressen andererseits.

Für Personen, die nicht mehr an einem unabhängigen "Einzel"-Unternehmen, sondern an einem konzerngebundenen Unternehmen beteiligt sind oder die eine solche Beteiligung erwägen, ändert sich hinsichtlich ihrer Informationsinteressen im Grundsatz nichts. Auch sie möchten die für sie subjektiv relevanten Konsequenzen ihrer Beteiligung an dem konzerngebundenen Unternehmen abschätzen.

Die weiterhin verfügbaren Einzelabschlüsse der konzerngebundenen Unternehmen stehen in dem Verdacht, daß sie die Beteiligten nicht in die Lage versetzen können, die Konsequenzen ihrer auf ihre Beteiligung bezogenen Entscheidungen im Falle konzerngebundener Unternehmen annähernd so gut abzuschätzen wie im Fall unabhängiger Unternehmen. Der Konzernabschluß soll dieses Defizit beseitigen. Wenn sich Externe nur auf der Basis von mit Einzelabschlüssen vergleichbaren Informationen über den Konzern an diesem beteiligen oder ihre Beteiligung aufrechterhalten, sind die Kosten für die Aufstellung und Offenlegung von Konzernabschlüssen spezifische Transaktionskosten des Konzerns.

1.2 Anforderungen an den Konzernabschluß als Informationsinstrument

Im folgenden wird davon ausgegangen, daß bei der Gestaltung des Konzernabschlusses als Informationsinstrument drei Anforderungen zu beachten sind.

1.2.1 Informationsinstrument nach dem Vorbild des Einzelabschlusses

Der Konzernabschluß soll bei konzerngebundenen Unternehmen wie der Einzelabschluß bei unabhängigen Unternehmen helfen, die Konsequenzen von Beteiligungsentscheidungen abzuschätzen (vgl. Busse von Colbe/Ordelheide, Konzernabschlüsse, 1993, S. 19 ff.). Die Tatsache allein, daß es um andersartige Unternehmen geht, ist kein Grund für ein prinzipiell abweichendes Informationsinstrument und eine neuartige Beurteilung des Konflikts zwischen Information und Geheimhaltung. Unterschiede zum Einzelabschluß können bzw. müssen sich nur insoweit ergeben, als der Konzernabschluß nicht der Ausschüttungsbemessung dient. Das macht ihn zwar weniger informativ, weil er nicht Auskunft über den ergebnisabhängig ausschüttbaren Betrag geben kann, erhöht aber die Möglichkeit zur Information insoweit, als der Konzernabschluß anders als der Einzelabschluß voll auf die Informationsfunktion ausgerichtet werden kann.

1.2.2 Wirtschaftlichkeitsprinzip

Die Aufstellung von Konzernabschlüssen muß dem Wirtschaftlichkeitsprinzip entsprechen. Daraus folgt, daß Konzernabschlüsse soweit wie möglich und mit ihrer Aufgabe verträglich auf vorhandene, gesetzlich vorgeschriebene Rechnungslegungsinstrumente, wie etwa die Einzelabschlüsse der einzubeziehenden Unternehmen, gestützt werden sollten. Sofern ein begründetes Interesse an zusammenfassenden Abschlüssen besteht, die nur bestimmte Konzernunternehmen berücksichtigen, darf Wirtschaftlichkeit solchen Teilabschlüssen aber auch nicht entgegenstehen.

1.2.3 Berücksichtigung der Besonderheiten des Konzerns

Konzernabschlüsse müssen den spezifischen Einflüssen Rechnung tragen, die sich aus der Konzernbindung eines Unternehmens auf die Konsequenzen von Beteiligungsentscheidungen ergeben, im Einzelabschluß aber nicht deutlich werden. Diese spezifischen Einflüsse wiederum liegen auf verschiedenen Ebenen.

Wie bereits dargestellt wurde, verspricht die Konzernbildung Vorteile etwa in Form von Senkungen der Transaktionskosten. Derartige Vorteile schlagen sich allerdings schon in den Einzelabschlüssen der konzerngebundenen Unternehmen nieder und bedürfen als solche keiner besonderen Erfassung.

Nicht in den Einzelabschlüssen erfaßt werden dagegen die andersartigen Perspektiven, aus denen die auch in unabhängigen Unternehmen üblichen oder die für Konzernunternehmen spezifischen Vorgänge im Konzern zu sehen sind. Zwei Perspektiven, in denen sich rechtliche und ökonomische Überlegungen vereinigen, erscheinen wichtig.

Soweit Konzernunternehmen einheitlich geleitet werden, stellen sich Transaktionen zwischen ihnen aus der Sicht des Konzerns als einheitlich geleitetem Gebilde anders dar als aus der Sicht der rechtlich eigenständigen Unternehmen. Aus der zuletzt genannten Sicht sind sie nicht von den Transaktionen mit nicht konzerngebundenen Unternehmen zu unterscheiden und daher genau wie diese anderen Transaktionen zu erfassen. Aus der Sicht des Konzerns als einheitlich geleitetem Gebilde dagegen sind es Geschäfte des Konzerns mit sich selbst, Geschäfte einer Abteilung mit der anderen. Die Interpretation, wonach im Konzernabschluß das Geschehen im Konzern aus der Perspektive eines einheitlich geleiteten Gebildes (Perspektive einheitlicher Leitung) darzustellen ist, prägt die Konzernrechnungslegung derzeit. Das Konzernrecht ist dabei insoweit tangiert, als es die Rechte zur einheitlichen Leitung regelt.

Die Einbeziehung eines Unternehmens in einen Konzern kann Einfluß darauf nehmen, gegen wen sich der Anspruch der Aktionäre auf Ausschüttungen in Zukunft richtet, an welchen Erfolgen die Aktionäre also künftig beteiligt sein werden, oder wer den Gläubigern für ihre Ansprüche haftet. Für Aktionäre und Gläubiger kann es dabei bleiben, daß das einzelne Unternehmen weiterhin für ihre Ansprüche maßgeblich ist. Wegen der unveränderten Rechtsansprüche benötigen sie dann zur Abschätzung der Konsequenzen ihrer Beteiligungsentscheidungen weiterhin nur den Einzelabschluß, und ein Konzernabschluß erübrigt sich insoweit. Im Konzern können die Unternehmen aber auch zu einer Anspruchs- und Haftungseinheit verschmelzen, so daß die Aktionäre nicht mehr am Erfolg ihres Konzernunternehmens, sondern zusammen mit Aktionären anderer Konzernunternehmen am Erfolg mehrerer Konzernunternehmen beteiligt sind, und die Ansprüche der Gläubiger nicht mehr nur gegenüber ihrem Schuldner Konzernunternehmen, sondern gemeinsam mit den Ansprüchen von Gläubigern anderer Konzernunternehmen gegenüber einer Gesamtheit aus mehreren Konzernunternehmen bestehen.

Wollen Aktionäre oder Gläubiger solcher Konzerne die Konsequenzen ihrer Beteiligungsentscheidungen abschätzen, ist zunächst wichtig, welche Unternehmen innerhalb des Konzerns zu einer Anspruchseinheit verschmelzen und welche unabhängig bleiben. Bezogen auf diejenigen Unternehmen, die zu einer

Anspruchseinheit verschmelzen, benötigen Aktionäre und Gläubiger einen Konzernabschluß, weil ein solcher Abschluß am ehesten Rückschlüsse auf die für sie relevanten Entwicklungen zuläßt. Diese zweite Interpretation, wonach Konzernabschlüsse aus der Perspektive der Anspruchseinheiten aufzustellen sind, hat für die Konzernrechnungslegungsvorschriften derzeit keine unmittelbare Bedeutung. Das Konzernrecht ist für sie von allergrößter Bedeutung, weil es die Fragen regelt, gegen wen Aktionäre und Gläubiger im Konzern Ansprüche haben.

2. Grundzüge des Konzernrechts

2.1 Einführung

Aus der Konzernbindung der Unternehmen ergeben sich - wie bereits beschrieben wurde - Rückwirkungen nicht nur auf die möglichen Ansprüche von Eignern, Gläubigern und Arbeitnehmern, sondern auch auf die Leitungs- und Kontrollbefugnisse in den betroffenen Unternehmen allgemein. Insbesondere wenn der Gesetzgeber dabei helfen möchte, die Rechte und Pflichten der verschiedenen, an konzerngebundenen Unternehmen beteiligten Gruppen abzugrenzen, um Verhandlungskosten einsparen zu helfen, aber auch um ihm schützenswert erscheinende Interessen abzusichern, wird er ein Konzernrecht schaffen, das nicht nur einzelnen Bedrohungen im Konzern entgegentritt. Zusätzlich zu Vorschriften über den Schutz der Minderheitsaktionäre und Gläubiger sowie über die ergänzende Konzernrechnungslegung wird es um die Verfassung des Konzerns insgesamt gehen.

Obwohl angesichts der weltweit steigenden Bedeutung konzerngebundener Unternehmen die Relevanz eines solchen Konzernrechts stetig zunimmt, gibt es ein gesetzlich kodifiziertes und über Konzernrechnungslegungsvorschriften hinausgehendes Konzernrecht, außer in Brasilien, Portugal und Ungarn, nur noch in Deutschland (vgl. Lutter, AG 1990, S. 179). Dieses kodifizierte Konzernrecht bezieht sich zudem zumindest in Deutschland bisher nur auf Aktiengesellschaften. Ansätze zur Kodifizierung eines Konzernrechts auch für die GmbH in Deutschland sind bislang ebenso gescheitert wie die Ansätze zur Begründung eines Konzernrechts in den EU-Mitgliedstaaten durch entsprechende Richtlinien. Das heißt allerdings nicht, daß es über die Ausnahmefälle der Konzernrechnungslegungsvorschriften sowie des in wenigen Staaten kodifizierten Konzernrechts hinaus kein Konzernrecht gibt. Konzernrecht wird vielmehr im Regelfall nicht kodifiziert. Es gründet sich überwiegend auf allgemeine Grundsätze des Gesellschaftsrechts, die meist durch als richtungweisend angesehene Urteile auf Probleme von Konzernen übertragen wurden.

Im folgenden wird ein auf die zentralen Grundlinien beschränkter Überblick über das deutsche Konzernrecht gegeben, wobei die Konzernrechnungslegungsvorschriften aber unbeachtet bleiben. Diese werden weitgehend unabhängig vom Kern des Konzernrechts im HGB geregelt und später eingehend erörtert. Im Mittelpunkt der Ausführungen dieses Abschnittes stehen die beiden Lösungsansätze zur Konzernproblematik im deutschen Aktienrecht - faktischer Konzern und Vertragskonzern - sowie die Grundzüge des Richterrechts zum GmbH-Konzern.

2.2 Der Konzernbegriff im Aktienrecht

Die aktienrechtliche - weil rechtsformneutral formuliert, aber auch auf Unternehmen anderer Rechtsformen übertragbare - Definition des Konzerns in § 18 Abs. 1 AktG stellt diesen im Grunde an einen zumindest grob definierten Platz innerhalb des früher beschriebenen Kontinuums zwischen hierarchie- und marktbezogener Koordination. Mehrere Unternehmen, von denen eines die Möglichkeit besitzt, unmittelbar oder mittelbar einen beherrschenden Einfluß auf die übrigen Unternehmen auszuüben (herrschendes Unternehmen und abhängige Unternehmen nach § 17 AktG) bilden dann einen Konzern, wenn sie tatsächlich *"unter der einheitlichen Leitung des herrschenden Unternehmens zusammengefaßt"* (§ 18 Abs. 1 Satz 1 AktG) sind. In der Begründung zum Regierungsentwurf des AktG 1965 wurde eine gesetzliche Definition der einheitlichen Leitung noch als unmöglich angesehen, da sie in der Praxis höchst unterschiedliche Formen annehmen könne, die auch lockere Formen gemeinsamer Beratungen etwa einschließe (vgl. Kropff, Aktiengesetz, 1965, S. 33). In der aktuellen Literatur dagegen werden die Anforderungen höher angesetzt. Danach werden im Konzern zumindest ein wichtiger Unternehmensbereich, insbesondere etwa die Finanzierung, sowie die langfristige Geschäftspolitik und die grundsätzlichen Fragen der Geschäftsführung zentral geplant und hierarchisch koordiniert (vgl. etwa Scheffler, FS Goerdeler, 1987, S. 469 ff.).

Aus der Sicht der anfänglichen allgemeinen Überlegungen zum Konzern bedeutet das folgendes. Im Konzern stellt sich anders als bei nicht konzerngebundenen Unternehmen die spezifische Frage, inwieweit die Aktivitäten der Konzernunternehmen hierarchisch und inwieweit sie über den Markt koordiniert werden sollen. Diese Frage muß von der Konzernleitung beantwortet werden. Dabei ist allerdings völlige Koordination über den Markt mit einheitlicher Leitung unvereinbar. Nach derzeit herrschender Meinung sind zentraler Planung und Koordination vorzubehalten

- die langfristige Geschäftspolitik, wie etwa die Vorgabe der Ziele, der anzubietenden Produkte und der zu bedienenden Märkte sowie die Entscheidungen zu Erwerb oder Veräußerung von Beteiligungen,

- grundsätzliche Fragen der Geschäftsführung, wie etwa die Art der Koordination der einzelnen Aktivitäten im Konzern, die Gestaltung des Informations- und Kontrollsystems im Konzern und die Besetzung der Führungspositionen bei den abhängigen Unternehmen sowie

- ein wichtiger Unternehmensbereich, insbesondere die für die Verteilung der Ressourcen auf die verschiedenen Aktivitäten wichtige Finanzierung, aber auch der Absatz oder die Beschaffung beispielsweise.

2.3 Der faktische Konzern im Aktienrecht

Im faktischen Konzern des Aktienrechts bleiben die einzelnen konzerngebundenen Unternehmen als eigenständige Anspruchseinheiten erhalten. Die Aktionäre sind weiterhin nur an dem Erfolg ihres konzerngebundenen Unternehmens beteiligt, und den Gläubigern haftet weiterhin nur ihr Schuldnerunternehmen. Das Festhalten an den einzelnen Unternehmen als Anspruchseinheiten wird mit dem Versuch verbunden, diese durch verschiedene Maßnahmen gegen nachteilige Eingriffe speziell der Konzernspitze zu schützen. Die Rechtsvorschriften zum faktischen Konzern (§ 311 - 318 AktG) zielen darauf ab, zu verhindern, daß Vermögen zu Lasten der Eigner und Gläubiger eines konzerngebundenen Unternehmens von diesem auf ein anderes Konzernunternehmen übertragen wird.

Ob entsprechend dieser Grundlinie der faktische Konzern ein Konzern mit einheitlicher Leitung sein kann, ist schon umstritten. Eine gewichtige Minderheit bestreitet im Blick auf den notwendigen Schutz der einzelnen Haftungseinheiten und damit der Ansprüche von Eignern und Gläubigern abhängiger Gesellschaften das Recht des herrschenden Unternehmens zu einheitlicher Leitung im faktischen Konzern (vgl. Mestmäcker, FS Kronstein, 1967, S. 141) oder sieht dieses Recht auf die Schaffung sehr lockerer Konzernformen beschränkt (vgl. WP-Handbuch, Band I, R Tz. 227). Nach herrschender Meinung dagegen nimmt der Gesetzgeber in § 311 Abs. 1 AktG das Recht des Vorstands des herrschenden Unternehmens hin, die Konzernunternehmen im faktischen Konzern einheitlich zu leiten. Dabei darf das abhängige Unternehmen sogar zu aus seiner Sicht zunächst nachteiligen Geschäften veranlaßt werden, solange diese im Konzerninteresse liegen und jeder Nachteil bis spätestens zum Ende des Geschäftsjahrs ausgeglichen wird. Der Nachteilsausgleich ist dann die von dem herrschenden Unternehmen zu erbringende Mehrleistung, die erforderlich ist, um Leistung und Gegenleistung aus einem unausgewogenen Geschäft zwischen herrschendem und abhängigem Unternehmen so zum Ausgleich zu bringen, daß auch unabhängige Gesellschaften auf das Geschäft eingegangen wären.

Der theoretisch haltbar erscheinende Ansatz über den Nachteilsausgleich stößt praktisch allerdings auf unlösbare Probleme. Nachteile können auszugleichen sein, wenn das abhängige vom herrschenden Unternehmen veranlaßt wurde, Rechtsgeschäfte vorzunehmen, Maßnahmen zu treffen oder diese zu unterlassen. Da solche Veranlassungen in den verschiedensten Formen erfolgen können und ein unabsehbar großer Bereich von Rechtsgeschäften und Maßnahmen betroffen sein kann, läßt sich schwerlich sicherstellen, daß jede Pflicht zum Nachteilsausgleich erkannt wird.

Hinzu kommt das Problem, den Umfang des Nachteils zu bestimmen. Speziell bei konzernverbundenen Unternehmen spielen Rechtsgeschäfte oder Maßnahmen mit nur kurzfristigen Folgen, wie etwa bei einem einmaligen Barkauf, eine eher untergeordnete Rolle. Regelmäßig werden längerfristige Bindungen, etwa durch Zulieferung nicht marktgängiger Teile oder Nutzung einer gemeinsamen Einkaufsabteilung, eingegangen. Bei derartigen mehrperiodigen und - weil größtenteils erst in Zukunft eintretend - auch unsicheren Konsequenzen fällt der Vergleich von Leistung und Gegenleistung schwer. Die in der Literatur propagierten vereinfachenden Maßstäbe zur Bemessung von Nachteilen, die Marktpreise und die Selbstkosten, finden schon aus diesem Grund ihre Grenze. Weitere Unklarheiten ergeben sich aus dem Verhalten eines ordentlichen und gewissenhaften Geschäftsleiters einer unabhängigen Gesellschaft (§ 317 Abs. 2 AktG) als Nullpunkt der Nachteilsmessung. Offen bleibt, ob damit optimales Verhalten oder gerade noch pflichtgemäßes Verhalten gemeint ist und wie derartiges Verhalten konkretisiert werden kann. Zudem besteht die Gefahr, daß durch die Einbindung eines Unternehmens in einen Konzern der Charakter dieses Unternehmens derart verändert wird - es hat sein Produktionsprogramm auf den Konzern abgestimmt und verkauft nur über die konzerneigene Vertriebsgesellschaft -, daß schwerlich gesagt werden kann, wie eine unabhängige Gesellschaft gehandelt hätte. Jedenfalls erscheint aus dieser Perspektive das in der Literatur verschiedentlich genannte entscheidende Kriterium für das Vorliegen eines Konzerns, wonach das Einzelinteresse des Tochterunternehmens dem Konzerninteresse tatsächlich untergeordnet werden müsse (vgl. ADS, 6. Aufl., § 18 AktG Tz. 20; Siebourg in: Küting/Weber, Konzernrechnungslegung, § 290 Rn. 18; Schnicke/Kilgert in: Beck Bil-Komm., 3. Aufl., § 290 Anm. 21) äußerst problematisch (vgl. Hommelhoff, DB 1992, S. 309 ff.). Es beschwört die Gefahr herauf, daß das Eigeninteresse als Maßstab für den Nachteilsausgleich systematisch verschüttet und der Minderheitenschutz im faktischen Konzern aus den Angeln gehoben wird.

Zur Durchsetzung des Nachteilsausgleichs sieht der Gesetzgeber einen vom Vorstand der abhängigen Gesellschaft aufzustellenden "*Bericht über die Beziehungen der Gesellschaft zu verbundenen Unternehmen*" (Abhängigkeitsbericht, § 312 AktG) vor, der vom Aufsichtsrat (§ 314 AktG) und - soweit die abhängige Gesellschaft prüfungspflichtig ist - vom Abschlußprüfer dieser Gesellschaft (§

313 AktG) zu prüfen ist. In diesem Bericht sind vollständig und klar gegliedert aufzuführen

- alle Rechtsgeschäfte der abhängigen Gesellschaft, die im vergangenen Geschäftsjahr mit dem herrschenden Unternehmen oder einem mit ihm verbundenen Unternehmen, auf Veranlassung oder im Interesse dieser Unternehmen vorgenommen wurden und

- alle anderen Maßnahmen der abhängigen Gesellschaft, die im vergangenen Geschäftsjahr auf Veranlassung oder im Interesse dieser Unternehmen getroffen oder unterlassen wurden.

Damit die Angemessenheit beurteilt werden kann, sind zu jedem Rechtsgeschäft Leistung und Gegenleistung, zu jeder Maßnahme Vor- und Nachteile sowie die Gründe für die Vorgehensweise ausführlich und detailliert zu beschreiben.

Der Bericht und seine Prüfung dienen indirekt dem Schutz der Minderheitseigner und Gläubiger der abhängigen Gesellschaft. Wenn nämlich entweder der den Bericht erstellende Vorstand feststellt, daß Nachteile entstanden und nicht ausgeglichen wurden, oder der Aufsichtsrat Einwendungen gegen die Erklärung des Vorstandes erhebt, wonach Nachteile nicht entstanden bzw. stets ausgeglichen wurden, oder der Abschlußprüfer den Bestätigungsvermerk zum Abhängigkeitsbericht einschränkt oder versagt, kann jeder Aktionär der abhängigen Gesellschaft, nicht aber ein Gläubiger, eine Sonderprüfung beantragen (§ 315 AktG).

In der Sonderprüfung werden die Beziehungen zwischen der abhängigen Gesellschaft und demjenigen herrschenden oder verbundenen Unternehmen umfassend analysiert, dem der Vorteil zufloß, welcher die Sonderprüfung letztlich auslöste. Der Bericht über die Sonderprüfung, der anders als der Abhängigkeitsbericht und der Bericht über dessen Prüfung den Aktionären zugänglich ist, soll die Minderheitsaktionäre der abhängigen Gesellschaft in die Lage versetzen, Schadensersatzansprüche geltend zu machen. Wurde nämlich die abhängige Gesellschaft vom herrschenden Unternehmen veranlaßt, ein nachteiliges Rechtsgeschäft vorzunehmen oder Maßnahmen zu ihrem Nachteil zu treffen oder zu unterlassen, ohne daß der Nachteil ausgeglichen wurde, so bestehen Schadensersatzansprüche der abhängigen Gesellschaft und - für darüber hinausgehende Schäden - auch solche der Minderheitseigner (§ 317 AktG). Der Prüfungsbericht der Sonderprüfung liefert den Aktionären das für die Schadensersatzansprüche erforderliche Beweismaterial.

Zum Ersatz des Schadens gesamtschuldnerisch verpflichtet sind das herrschende Unternehmen, die gesetzlichen Vertreter dieses Unternehmens, soweit sie das Rechtsgeschäft oder die Maßnahme veranlaßt haben, und die Vorstandsmitglieder der abhängigen Gesellschaft, soweit sie das nachteilige Rechtsgeschäft oder die nachteilige Maßnahme nicht im Abhängigkeitsbericht aufgeführt haben oder nicht darauf hinwiesen, daß es insoweit zu Nachteilen kam, die nicht ausgeglichen wurden.

Das auf Abhängigkeitsbericht und Sonderprüfung aufbauende Schutzsystem im faktischen Konzern wird allerdings zusätzlich zu den früher beschriebenen Problemen bei der Feststellung und Messung der Nachteile dadurch in Frage gestellt, daß der Gesetzgeber zweifelhafte Garanten für die Interessen der Minderheit eingesetzt hat.

Der Vorstand der abhängigen Gesellschaft, der den Abhängigkeitsbericht erstattet, steht in einem Konflikt. Einerseits ist er den Interessen der abhängigen Gesellschaft und damit auch denjenigen der Minderheitseigner und Gläubiger dieser Gesellschaft verpflichtet. Andererseits hängt seine Zukunft von den Entscheidungen des herrschenden Unternehmens ab, so daß das Eigeninteresse ein Handeln im Sinne des herrschenden Unternehmens und damit nur des Mehrheitseigners nahelegt. Dieser Konflikt wird durch Vorstands-Doppelmandate beim abhängigen und herrschenden Unternehmen weiter erheblich verschärft. Vorstandsmitglieder wären in diesem Fall unmittelbar zur Wahrung der zum Teil widersprüchlichen Interessen von Mehrheits- und Minderheitseignern verpflichtet.

Der Aufsichtsrat der abhängigen Gesellschaft wird in der Regel von Vertretern des herrschenden Unternehmens dominiert sein, die im Falle von Interessenkonflikten zwischen abhängigem und herrschendem Unternehmen schwerlich ein Interesse an einem Schutz der Minderheitseigner und Gläubiger der abhängigen Gesellschaft haben.

Der Abschlußprüfer der abhängigen Gesellschaft wird von der Hauptversammlung dieser Gesellschaft auf Vorschlag des Aufsichtsrats bestellt. Sowohl die Hauptversammlung als auch der Aufsichtsrat der abhängigen Gesellschaft werden von Vertretern des herrschenden Unternehmens dominiert. In dieser Situation wird es dem Prüfer insbesondere dann sehr schwerfallen, den Interessen des herrschenden Unternehmens entgegenzutreten, wenn sich sein Widerspruch nur auf kaum belegbare Vermutungen über eine Veranlassung durch das herrschende Unternehmen oder zwangsläufig ungenaue Maße für Nachteile aus Geschäften oder Maßnahmen stützen läßt. Unter den beschriebenen Umständen droht nämlich bei Widerspruch Streit mit den Vertretern des herrschenden Unternehmens und Verlust des Mandats, während Verzicht auf Widerspruch Wiederwahl bei geringen Risiken in der Sache verspricht, weil Veranlassung und Nachteil auch von anderen kaum nachgewiesen werden können.

2.4 Der Vertragskonzern im Aktienrecht

Im Vertragskonzern des Aktienrechts bleiben die einzelnen Konzernunternehmen zwar vordergründig als Anspruchseinheiten für die jeweiligen Eigner und

Gläubiger erhalten, tatsächlich aber wird letztlich der Konzern die gemeinsame Anspruchseinheit für alle Eigner und Gläubiger der Unternehmen des Vertragskonzerns. Die Rechtsvorschriften zum Vertragskonzern erfüllen dementsprechend mehrere Aufgaben.

2.4.1 Umfang der Weisungsbefugnis im Vertragskonzern

Zunächst schaffen die Rechtsvorschriften eine klare Grundlage für die einheitliche Leitung im Vertragskonzern, denn eine Bündelung der Ansprüche ohne einheitliche Leitung ist nicht verantwortbar. In diesem Sinne führt von den verschiedenen möglichen Unternehmensverträgen nur der Beherrschungsvertrag zum Vertragskonzern. Soweit im Vertrag keine Grenzen vereinbart sind, verschafft dieser Beherrschungsvertrag dem herrschenden Unternehmen eine weitgehend unbeschränkte Leitungsmacht über die abhängige Gesellschaft (§§ 291 Abs. 1, 308 bis 310 AktG). Zulässig sind alle Weisungen, soweit sie nicht den geltenden Gesetzen - insbesondere § 299 AktG - , dem Konzerninteresse oder der Satzung der abhängigen Gesellschaft widersprechen und soweit sie nicht auf die Gewinnabführung hinauslaufen, für die das Gesetz einen eigenen Unternehmensvertrag vorsieht, der allerdings in der Praxis meist zusammen mit dem Beherrschungsvertrag geschlossen wird. Der Vorstand der abhängigen Gesellschaft ist verpflichtet, diesen Weisungen zu folgen, auch wenn sie für die Gesellschaft nachteilig sind, ja sogar wenn sie auf eine verdeckte Gewinnausschüttung hinauslaufen, denn die Vorschriften der §§ 57, 58 und 60 AktG zum Schutz des Vermögens der abhängigen Gesellschaft sind aufgehoben (§ 291 Abs. 3 AktG).

Der isolierte Gewinnabführungsvertrag führt, wenn er zulässig ist, nicht zum Vertragskonzern, obwohl die wichtigsten Schutzvorschriften des Vertragskonzerns (§§ 300 - 307 AktG) auch in diesem Fall gelten. Beim faktischen Konzern mit Gewinnabführungsvertrag entfallen allerdings Abhängigkeitsbericht und Sonderprüfung.

2.4.2 Abschluß, Änderung und Beendigung des Beherrschungsvertrags

Da ein wirksamer Beherrschungsvertrag die Ansprüche speziell der Eigner und Gläubiger der betroffenen Unternehmen entscheidend beeinflußt, bedürfen die Bedingungen einer genauen Regelung, unter denen dieser Vertrag und der mit ihm praktisch meist verbundene Gewinnabführungsvertrag abgeschlossen, geändert und beendigt werden können.

Damit ein Beherrschungs- oder ein Gewinnabführungsvertrag wirksam zustandekommt (Abschluß), sind mehrere Bedingungen zu erfüllen. Im Fall von Aktiengesellschaften muß der Vertrag von den Vorständen der beiden Gesellschaften in schriftlicher Form abgeschlossen und - bei entsprechenden Satzungsbestimmungen oder bei mitbestimmten Unternehmen - von den Aufsichtsräten der beiden Gesellschaften genehmigt werden. In jedem Falle zustimmen müssen die Hauptversammlungen der beiden Gesellschaften, und dies jeweils mit drei Vierteln des bei der Beschlußfassung vertretenen Grundkapitals oder einer in der Satzung vorgesehenen größeren Mehrheit. Um ihre Entscheidungen auf solider Basis treffen zu können, haben die Aktionäre ein Recht auf umfassende Information. Bei beiden Gesellschaften sind die wesentlichen Inhalte des Vertrags im Rahmen der Einberufung der über den Vertrag beschließenden Hauptversammlung mitzuteilen. Vom gleichen Zeitpunkt an ist der Vertrag in den Geschäftsräumen der Gesellschaften zur Einsicht auszulegen und jedem Aktionär auf Verlangen und auf seine Kosten eine Abschrift zu erteilen. In den Hauptversammlungen selbst haben die Aktionäre ein Recht auf Auskunft über alle für die Einschätzung des Vertrags und die Beurteilung des Vertragspartners wichtigen Sachverhalte.

Eine Änderung liegt vor, wenn der Vertrag in seiner Art beibehalten, in einigen mehr oder weniger wichtigen Details aber modifiziert wird. Damit durch nachträgliche Änderungen die Vorschriften über den Abschluß des Vertrags nicht unterlaufen werden können, müssen die dort aufgestellten Bedingungen insbesondere hinsichtlich der Zustimmungs- und Informationserfordernisse auch hier erfüllt werden. Von Änderungen besonders betroffen sind in der Regel die außenstehenden Minderheitsaktionäre. Zu ihrem Schutz wird daher zusätzlich verlangt, daß in einem Sonderbeschluß nur der Minderheitsaktionäre diese der Änderung zustimmen, wobei zwar keine Einstimmigkeit, aber doch eine Mehrheit von drei Vierteln oder mehr laut Satzung erforderlich ist.

Das Gesetz sieht verschiedene Formen der Beendigung von Unternehmensverträgen vor. Anders als bei Abschluß und Änderung des Vertrags wird hier allerdings nicht die Zustimmung der Aktionäre insgesamt, sondern allenfalls diejenige der beschriebenen Mehrheit der Minderheitsaktionäre in Sonderbeschlüssen verlangt, und das auch nicht in jedem Fall. Beachtet wird also neben dem Schutz der Gläubiger durch § 303 AktG, wenn überhaupt, nur der Schutz der Minderheitseigner. Dies gilt etwa im Falle der Aufhebung, in dem beide Seiten das Ende des Vertrags einvernehmlich wünschen und in dem der Sonderbeschluß erforderlich ist.

Bei der Kündigung als der Beendigung des Vertrags durch einseitige Willenserklärung müssen vier Varianten unterschieden werden. Sie zeichnen sich einerseits durch die kündigende Partei - herrschende oder abhängige Gesellschaft - und andererseits durch die Art der Kündigung aus - ordentlich ohne wichtigen Grund oder außerordentlich mit wichtigem Grund.

Gesetzlich gewährleistet durch das Erfordernis eines Sonderbeschlusses ist der Schutz der Minderheitsaktionäre nur im Fall der ordentlichen Kündigung durch den Vorstand der abhängigen Gesellschaft. Wenn dieser Vorstand dagegen aus wichtigem Grund, wie etwa der voraussichtlichen Nichterfüllung der Vertragspflichten durch den anderen Vertragsteil, kündigt, bedarf es keines Sonderbeschlusses der Minderheit. Ob das Erfordernis eines wichtigen Grundes zum Schutz der Minderheit ausreicht oder die Vorteile aus der Möglichkeit zu raschem Handeln des Vorstands die Gefahren des fehlenden Erfordernisses eines Sonderbeschlusses überkompensieren, kann unterschiedlich beurteilt werden.

Die herrschende Meinung geht davon aus, daß eine ordentliche Kündigung durch das herrschende Unternehmen, die ebenfalls per Gesetz keinen zustimmenden Sonderbeschluß voraussetzt, nur zulässig ist, wenn ein entsprechendes Recht dazu im Vertrag ausdrücklich vorgesehen wurde. Die Minderheitsaktionäre werden dann durch diese Kündigungsvariante nur in dem Fall bedroht, in dem sie im Vertrag vorgesehen werden soll und es nicht gelingt, das Kündigungsrecht an die Bedingung der Zustimmung durch die Minderheitsaktionäre in einem Sonderbeschluß zu binden. Sofern entgegen der herrschenden Meinung eine ordentliche Kündigung durch das herrschende Unternehmen möglich ist, auch wenn sie nicht vertraglich vereinbart wurde, kann sich die Minderheit auf zwei Wegen schützen. Zunächst kann sie versuchen durchzusetzen, daß die ordentliche Kündigung durch das herrschende Unternehmen im Unternehmensvertrag von einem zustimmenden Sonderbeschluß der Minderheit abhängig gemacht wird. Damit würde ein Sicherungsansatz gewählt, auf den die Begründung zum Regierungsentwurf ausdrücklich verweist (vgl. Kropff, Aktiengesetz, 1965, S. 386). Eine zweite Möglichkeit, den Minderheitenschutz wiederherzustellen, könnte darin bestehen, ein Einvernehmen des Vorstands der abhängigen Gesellschaft mit der Kündigung durch das herrschende Unternehmen nachzuweisen, so daß die Vorschriften über die Aufhebung zur Anwendung kommen, die einen Sonderbeschluß vorsehen (§ 296 AktG).

Die Kündigung durch das herrschende Unternehmen aus wichtigem Grund, die wiederum keinen Sonderbeschluß der Minderheitsaktionäre erfordert, bedroht die Interessen der Minderheitseigner ebenfalls, weil das Recht zu einer solchen Kündigung vertraglich nicht ausgeschlossen werden kann - zwei konkrete Fälle werden im Gesetz in §§ 304 Abs. 5 und 305 Abs. 5 Satz 4 AktG sogar genannt - und weil es nicht leicht sein wird, durch restriktive Kommentierung des erforderlichen wichtigen Grundes einen Mißbrauch dieses Rechts auszuschließen.

2.4.3 Gläubigerschutz im Vertragskonzern

Die Gläubiger der abhängigen Gesellschaft werden im Vertragskonzern durch verschiedene Vorschriften geschützt, von denen die wichtigste erst mit der Beendigung des Beherrschungs- oder Gewinnabführungsvertrags wirksam wird.

Zunächst wird versucht, eine rasche Dotierung der gesetzlichen Rücklage zu erreichen (§ 300 AktG). Zusammen mit der Kapitalrücklage soll sie durch Thesaurierung in den ersten fünf Geschäftsjahren nach Vertragsschluß auf 10 % oder den höheren, in der Satzung festgelegten Anteil des Grundkapitals gebracht werden. Zusätzlich wird die Möglichkeit zur Gewinnausschüttung an das herrschende Unternehmen beschränkt. Ausschüttungen sind erst möglich, nachdem zusätzlich zur Dotierung der gesetzlichen Rücklage auch ein Verlustvortrag abgedeckt wurde. Andere Gewinnrücklagen dürfen nur aufgelöst werden, soweit sie während der Laufzeit des Vertrags dotiert wurden. Endlich ist das herrschende Unternehmen verpflichtet, jeden innerhalb der Laufzeit des Vertrags bei der abhängigen Gesellschaft entstandenen Jahresfehlbetrag auszugleichen, soweit dieser nicht durch Auflösung anderer Gewinnrücklagen aufgefangen werden kann, die während der Laufzeit des Vertrags gebildet wurden (§ 302 AktG).

Insgesamt wird durch diese Vorschriften nur ein auf vergangenheitsorientierter Basis bewertetes Reinvermögen in Höhe des um die Mindestrücklage erweiterten Grundkapitals gesichert. Offen bleibt, ob mit dem vergangenheitsbezogen bewerteten Vermögen auch die Erfolgskraft oder der Zerschlagungswert erhalten wird, zumal das heute wichtige originäre immaterielle Vermögen (Know-how, Personalausbildung, Stellung auf dem Markt) nicht gesichert wird, der Abwicklungsverlust bei Auflösung der abhängigen Gesellschaft (Verlust, der erkennbar wird, wenn von der Annahme der Unternehmensfortführung auf Unternehmenszerschlagung umgestellt wird) nach überwiegender Meinung nicht ausgleichspflichtig ist und auch keine Pflicht des herrschenden Unternehmens besteht, die Liquidität der abhängigen Gesellschaft jederzeit zu gewährleisten.

Mit der Beendigung des Vertrags und damit nicht nur mit Aufhebung oder Kündigung, sondern vor allem auch mit der Eröffnung des Konkursverfahrens über das Vermögen der abhängigen Gesellschaft ändert sich die Position der Gläubiger entscheidend. Praktisch wird das herrschende Unternehmen zum zusätzlichen Schuldner, denn die Gläubiger der abhängigen Gesellschaft, deren Forderungen aus der Zeit vor dem Ende des Vertrags stammen und die nicht durch Ansprüche auf vorzugsweise Befriedigung aus der Haftungsmasse der abhängigen Gesellschaft privilegiert sind, erwerben Ansprüche auf Sicherheitsleistung durch das herrschende Unternehmen (§ 303 AktG). Die Beendigung des Vertrags kann dementsprechend die Gläubiger der abhängigen Gesellschaft nicht schrecken. Im Gegenteil eröffnet ihnen dieses Ende erst das Recht auf

Absicherung durch das herrschende Unternehmen und damit in dem für sie kritischen Fall, in dem sie von der abhängigen Gesellschaft keine Befriedigung erlangen können, auf Leistungen durch dieses herrschende Unternehmen.

2.4.4 Schutz der Minderheitsaktionäre im Vertragskonzern

Durch den Abschluß von Beherrschungs- und gegebenenfalls auch Gewinnabführungsvertrag werden die zentralen Rechte derjenigen Aktionäre ausgehöhlt, die neben dem herrschenden oder den mit ihm eng verbundenen Unternehmen noch an der abhängigen Gesellschaft beteiligt sind (außenstehende Aktionäre oder Minderheitsaktionäre). Der Vorstand ihrer Gesellschaft ist nicht mehr den Interessen aller Aktionäre dieser Gesellschaft verpflichtet, sondern den Weisungen des herrschenden Unternehmens unterworfen, die sich primär, wenn nicht ausschließlich, an den Interessen der Eignermehrheit orientieren. Der Gewinnanspruch der Minderheit kann schon bei Vorliegen nur eines Beherrschungsvertrags dadurch ins Leere laufen, daß die Entstehung von Gewinnen durch ungünstige Konditionen bei Geschäften mit dem herrschenden Unternehmen verhindert wird. Im Falle der Existenz eines Gewinnabführungsvertrags ist der Bilanzgewinn, dessen Ausschüttung allenfalls verlangt werden könnte, voll an das herrschende Unternehmen abzuführen und damit den Minderheiten auch anteilig nicht mehr zugänglich. Die notwendige Kompensation für diesen fast vollständigen Verlust ihrer zentralen Rechte besteht darin, daß den Minderheitsaktionären bei Abschluß sowohl eines Beherrschungs- als auch eines Gewinnabführungsvertrags ein angemessener Ausgleich und eine angemessene Abfindung angeboten werden müssen. Jeder Minderheitsaktionär kann sich für eines der beiden Angebote entscheiden.

Bei Wahl des Ausgleichs (§ 304 AktG) bleibt der Aktionär an der abhängigen Gesellschaft beteiligt, was für den Fall der Beendigung des Vertrags wichtig wird. Der Ausgleich selbst besteht aus wiederkehrenden Geldleistungen in Höhe eines konstanten Betrags (fester Ausgleich), in Höhe der Dividenden, die auf einen vergleichbaren Anteil am herrschenden Unternehmen gezahlt werden (variabler Ausgleich), oder in Höhe eines Maximums aus einem festen und einem variablen Ausgleich. Im Falle des Gewinnabführungsvertrags tritt mangels eines verbleibenden Gewinns der Ausgleich an die Stelle der Gewinnbeteiligung. Im Falle des bloßen Beherrschungsvertrags dagegen kann die abhängige Gesellschaft weiterhin Gewinne erzielen und an ihre Aktionäre ausschütten. Der Anspruch der Minderheitsaktionäre auf solche Gewinnausschüttungen ist zu respektieren. Folglich darf in diesem Fall der Ausgleich unabhängig von seiner Form nur eine zusätzliche Untergrenze darstellen, die den Mindestausschüttungsanspruch definiert, der den Minderheitsaktionären zusteht, eventuell höhere Ausschüttungen aus dem Gewinn der abhängigen Gesellschaft aber nicht ausschließt.

Bei Wahl der Abfindung (§ 305 AktG) scheidet der Minderheitsaktionär als Eigner der abhängigen Gesellschaft aus. Als Abfindung sind ihm für sein Ausscheiden Bargeld oder Aktien anzubieten.

Wenn der andere Vertragsteil des Beherrschungs- oder Gewinnabführungsvertrags eine nicht abhängige oder nicht in Mehrheitsbesitz stehende inländische Aktiengesellschaft oder Kommanditgesellschaft auf Aktien ist, müssen Aktien dieser Gesellschaft angeboten werden.

Wenn der andere Vertragsteil dagegen seinerseits von einer inländischen Aktiengesellschaft oder Kommanditgesellschaft auf Aktien abhängig ist oder in deren Mehrheitsbesitz steht, sind entweder Aktien dieses übergeordnet herrschenden bzw. mit Mehrheit beteiligten Unternehmens oder eine Barabfindung anzubieten. Welches Angebot von diesen beiden unterbreitet werden soll, steht im Ermessen des anderen Vertragsteils oder seiner Konzernmutter.

Wenn die zuvor genannten Bedingungen nicht zutreffen, der andere Vertragsteil also oder das diesen beherrschende Unternehmen keine Aktiengesellschaft oder Kommanditgesellschaft auf Aktien ist oder seinen Sitz im Ausland hat, muß eine Barabfindung angeboten werden.

Sofern die Minderheitsaktionäre nicht durch eine Barabfindung aus ihrer Beteiligungsposition gänzlich ausscheiden, werden ihre Interessen durch Ausgleich und Abfindung eng an das Wohlergehen des herrschenden Unternehmens und der mit ihm im Vertragskonzern eng verbundenen Unternehmen gebunden. Bei der Abfindung in Aktien liegt das auf der Hand. Die Minderheiten werden Aktionäre des anderen Vertragsteils des Beherrschungs- oder Gewinnabführungsvertrags oder der diesem übergeordneten herrschenden Gesellschaft. Beim Ausgleich ist der Zusammenhang nicht ganz so eng. Obwohl das Gesetz diese Frage nicht explizit regelt, ist nach herrschender Meinung die abhängige Gesellschaft nur vordergründig zum Ausgleich verpflichtet. Die herrschende Gesellschaft muß ihr den Ausgleich ermöglichen und damit letztlich für den Ausgleich einstehen. Zumindest beim variablen Ausgleich richtet sich auch die Höhe dieses Ausgleichs nach einem Kriterium für das Wohlergehen des herrschenden Unternehmens, nämlich nach dessen Dividende. Im Falle des festen Ausgleichs sind die Minderheiten wie Gläubiger an der Entwicklung des herrschenden Unternehmens interessiert. Allerdings kann bei Ausgleich der weitgehende Interessengleichklang auch wieder unterbrochen werden. Durch Beendigung des Vertrags endet der Ausgleichsanspruch, und die Minderheitsaktionäre sind mit ihren Ansprüchen wieder auf die Gewinne der zuvor abhängigen Gesellschaft beschränkt. Bei der Wahl zwischen Ausgleich und Abfindung ist diese Möglichkeit zu berücksichtigen. Ein zusätzliches begrenztes Interesse an der Entwicklung alleine des abhängigen Unternehmens besteht beim isolierten Beherrschungsvertrag insofern, als der Ausgleich nur eine Untergrenze markiert. Angesichts der umfassenden Weisungsrechte des herrschenden Unternehmens aber läßt sich diese Entwicklung kaum absehen.

Die zentralen und allenfalls näherungsweise lösbaren Probleme von Ausgleich und Abfindung entstehen bei der Bestimmung ihrer Umfänge. Ausgleich und Abfindung müssen laut Gesetz angemessen sein, sollen die Minderheitsaktionäre also zumindest voll für den entgehenden Gewinn bzw. die aufgegebenen Anteile entschädigen. Dabei ist völlig unumstritten, daß ein derartiger Ausgleich und eine derartige Abfindung beide nach den Grundsätzen der Unternehmensbewertung bestimmt werden müssen. Diesen Grundsätzen entsprechend sind für den Unternehmenswert letztlich allein die zum Bewertungszeitpunkt - hier also zum Augenblick der Beschlußfassung der Hauptversammlung der abhängigen Gesellschaft über den Vertrag - für die Zukunft zu erwartenden Erfolgsaussichten maßgebend. Diese lassen sich aber nur ungenau abschätzen, weil sie von einer großen Zahl ihrerseits häufig noch unbekannter oder zumindest ebenfalls zu prognostizierender Einflußfaktoren abhängen. Die Erfolgsentwicklung in der Vergangenheit liefert, wenn überhaupt, nur grobe Anhaltspunkte. Dementsprechend kann ein Unternehmenswert allenfalls auf mehr oder weniger fundierte subjektive Erwartungen gestützt und schon aus diesem Grunde nicht allgemein verbindlich oder gar absolut richtig ermittelt werden.

Dabei sind zur Bemessung von Ausgleich und Abfindung in der Regel mehrere Unternehmen zu bewerten.

Wenn zunächst vom Problem der Synergieeffekte aus der Verbindung und der möglichen Beteiligung der Minderheiten auch an diesen Effekten abgesehen wird, reicht bei festem Ausgleich oder bei Barabfindung die Bewertung alleine der abhängigen Gesellschaft aus. In diesen beiden Fällen geht es nämlich nur darum, den Wert dieser Gesellschaft in Form eines einmalig zu zahlenden Geldbetrags oder eine zu diesem Wert äquivalente, konstante, jährlich zu zahlende, ewige Rente zu finden und dann auf eine Aktie der abhängigen Gesellschaft zu beziehen, weil auch Ausgleichs- und Abfindungsangebote regelmäßig pro Aktie unterbreitet werden.

Beim variablen Ausgleich und bei der Abfindung in Aktien müssen sowohl die abhängige Gesellschaft als auch die Gesellschaft bewertet werden, die zum Vergleich herangezogen wird. Beim Ausgleich geht es um die schwierige, weil von der künftigen Gewinnverwendungspolitik des herrschenden Unternehmens abhängige Suche nach demjenigen Anteil an dem herrschenden Unternehmen, der eine Dividende verspricht, deren Wert den Ausschüttungserwartungen aus einer Aktie des abhängigen Unternehmens vor Vertragsabschluß gleicht. Im Falle der Abfindung in Aktien ist der Anteil an dem Unternehmen, mit dessen Aktien abgefunden werden soll, zu suchen, dessen Wert dem Wert einer Aktie der abhängigen Gesellschaft entspricht.

Sollen die Minderheitsaktionäre an den Synergieeffekten partizipieren, muß auch bei festem Ausgleich und Barabfindung das herrschende Unternehmen oder gegebenenfalls dessen übergeordnetes Mutterunternehmen bewertet werden. Der Synergieeffekt kann sich nämlich in einer Wertsteigerung eines dieser Unternehmen niederschlagen, so daß ein Wertvergleich erforderlich wird. Soweit sich der Synergieeffekt bei der abhängigen Gesellschaft auswirkt und dazu führt, daß ihr Wert vor der Verbindung von ihrem Wert nach der Verbindung abweicht, wäre auch diese Differenz zu bestimmen. Hinzu käme schließlich das Problem der angemessenen Beteiligung der Minderheiten an diesen Effekten.

Die schwierigen Probleme der Unternehmensbewertung bei Ausgleich und Abfindung gewinnen für die Minderheiten durch das vom Gesetzgeber vorgesehene Verfahren zusätzliche Brisanz. Ausgleich und Abfindung werden als gesetzlich geforderte Bestandteile im Rahmen des Vorschlags zu einem Beherrschungs- oder Gewinnabführungsvertrag von dem anderen Vertragsteil angeboten. Werden diese Angebote als nicht angemessen beurteilt, kann jeder Minderheitsaktionär beantragen, daß das zuständige Landgericht einen angemessenen Ausgleich und eine angemessene Abfindung bestimmt.

Der gesetzlich vorgesehene Weg bürdet die Risiken weit überwiegend den Minderheitsaktionären auf. Angesichts der Unsicherheiten über die wertbeeinflussenden Parameter und über die zu verwendenden Verfahren der Unternehmensbewertung wird es dem anderen Vertragsteil möglich sein, das von ihm zu unterbreitende Angebot von solchen Sachverständigen errechnen zu lassen, die diese unvermeidlichen Spielräume in seinem Interesse nutzen. Die so drohende Gefahr läßt sich durch Versuche zur Verhinderung des angebotenen Vertrags schwerlich bannen, denn einerseits fehlt den Minderheitsaktionären regelmäßig die dazu erforderliche Sperrminorität und andererseits bleiben sie bei dieser Strategie in der für sie bedrohlichen Konstellation des faktischen Konzerns. Nur begrenzten Erfolg verspricht auch die gerichtliche Bestimmung von Ausgleich und Abfindung. Die Rechtsprechung orientierte sich lange an vergangenheits- und substanzwertorientierten Verfahren der Unternehmensbewertung, die zumindest bei erfolgskräftigen und expandierenden Unternehmen den Interessen der Minderheitsaktionäre nicht entsprechen. Inzwischen gibt es zwar Anzeichen für eine Umorientierung hin zum zielbezogenen Zukunftserfolgswert, unklar ist aber noch, ob diese Neuorientierung über einzelne Spezialfälle hinausgeht und ob sie stets bis in die wichtigen Details hinein konsequent vollzogen wird. Die Minderheitsaktionäre bleiben insoweit mit einem Risiko belastet, dem sie nicht ausweichen können. Das korrespondierende Risiko des anderen Vertragsteils und damit der Eignermehrheit gibt es nicht. Sollte das Gericht nämlich zu einem für sie untragbar hohen Betrag als Ausgleich oder Abfindung gelangen, was ohnehin auf Basis der vergangenheits- und substanzwertorientierten Verfahren unwahrscheinlich ist, so kann der Vertrag von dieser Seite innerhalb von zwei Monaten ohne Kündigungsfrist gekündigt werden

(§§ 304 Abs. 5, 305 Abs. 5 Satz 4 AktG). Das Verfahren lädt also zum Versuch ein, auf Basis niedrigen Ausgleichs und geringer Abfindung "einzusteigen". Dem möglichen Erfolg steht als Risiko schlimmstenfalls ein verlustloser Rückzug gegenüber.

2.5 Die GmbH als abhängige Gesellschaft im Konzern

Von wenigen Fragen abgesehen - speziell der Konzernrechnungslegung in §§ 290-315 HGB - ist das GmbH-Konzernrecht nicht gesetzlich kodifiziert, sondern durch einige richtungweisende Urteile der Rechtsprechung begründet worden (Überblick bei Lutter, AG 1990, S. 180 f.). Dabei werden nur partiell Überlegungen des Konzernrechts für Aktiengesellschaften aufgegriffen. Um die Probleme zu bewältigen, die sich ergeben, wenn GmbH abhängige Konzerngesellschaften sind, werden drei Lösungswege beschritten, der des einfachen faktischen Konzerns, der des qualifizierten faktischen Konzerns und der des Vertragskonzerns.

Im faktischen Konzern, der sich bei der GmbH angesichts der im Vergleich zur Aktiengesellschaft sehr starken Stellung der Gesellschafter und damit der Gesellschaftermehrheit auf Basis der §§ 37, 45 - 47 GmbHG anbietet, werden Minderheiten und Gläubiger durch die besondere Treuepflicht der Gesellschafter geschützt (Das Schutzsystem im faktischen GmbH-Konzern beruht nicht auf einer Analogie zum Aktienrecht. Vgl. Lutter, AG 1990, S. 184; Emmerich/Sonnenschein, Konzernrecht, 1997, S. 384). Das herrschende Unternehmen muß "*die abhängige Gesellschaft als Trägerin eigener unternehmerischer Interessen intakt*" halten (Rowedder/Koppensteiner, GmbHG, 2. Aufl., Anh § 52 RdNr. 29) und darf die abhängige Gesellschaft sowie die Minderheit durch ihre Einflußmöglichkeiten in keiner Weise schädigen. Bei Verstößen gegen das Schädigungsverbot gilt zum Schutz von Minderheiten und Gläubigern eine Schadensersatzpflicht. Die daraus resultierenden Schadensersatzansprüche stehen zunächst zwar nur der abhängigen Gesellschaft zu, dürfen unter bestimmten Umständen aber auch von einzelnen Gesellschaftern für alle betroffenen Gesellschafter geltend gemacht werden. Dabei wird davon ausgegangen, daß den Gesellschaftern die zur Wahrnehmung dieses Rechts erforderlichen Informationen aufgrund ihrer umfassenden Rechte in der Gesellschafterversammlung sowie ihrer Auskunfts- und Einsichtsrechte zur Verfügung stehen. Ob den Minderheitsgesellschaftern zusätzlich ein Recht zum Austritt aus wichtigem Grund gegen volle Abfindung zusteht, ist umstritten.

Insbesondere bei der Beurteilung von GmbH-Konzernen - inzwischen aber auch von AG-Konzernen - wird neben dem einfachen der qualifizierte faktische Konzern diskutiert. Unter einem qualifizierten faktischen Konzern wird ein Konzern verstanden, bei dem das zulässige Ausmaß der Konzernleitung überschritten wird, das mangels Zustimmung der Eigner zu der Konzernbindung durch einen entsprechenden Vertrag allgemein als beschränkt angesehen wird. Dementsprechend ist der qualifizierte faktische Konzern im Grunde verboten (vgl. Hommelhoff, DB 1992, S. 309), und es geht nur darum zu regeln, was bei Verstoß gegen dieses Verbot geschehen soll.

Bei noch weitgehender Übereinstimmung im Grundsatz gehen allerdings die Meinungen darüber weit auseinander, welches Kriterium zur Definition des qualifizierten faktischen Konzerns heranzuziehen ist und wo dann genau die Grenze liegt. Das zuletzt angesprochene Problem ergibt sich daraus, daß es bisher nur sehr wenige Urteile als Orientierungshilfe für diese Frage gibt, in diesen Urteilen aber über extrem enge Konzernbindungen entschieden wurde. Aus solchen Extremfällen sind keine Schlüsse auf die Grenze zwischen einfachem und qualifiziertem faktischem Konzern möglich.

Die in der Literatur (vgl. Kropff, FS Goerdeler, 1987, S. 264; Hoffmann-Becking, ZHR, Beiheft 62, 1989, S. 73 ff.; Scheffler, AG 1990, S. 173 ff.; Rowedder/Koppensteiner, GmbHG, 2. Aufl., Anh § 52 RdNr. 16) im Blick sowohl auf den AG-Konzern als auch auf den GmbH-Konzern diskutierten Definitionsansätze laufen im wesentlichen auf die drei folgenden Kriterien hinaus, die unterscheiden

- nach der Art der Einwirkung, die sachlich so umfassend und zeitlich andauernd erfolgt, daß das Eigeninteresse des abhängigen Unternehmens nachhaltig beeinträchtigt wird,
- nach der betriebsorganisatorischen Einbindung, bei der das abhängige Unternehmen wie eine Betriebsabteilung des herrschenden Unternehmens geführt wird, oder
- nach der Kontrollierbarkeit der Einwirkungen, die angesichts der Breite und Häufigkeit der Beziehungen zwischen den Konzernunternehmen so unübersichtlich geworden sind, "*daß die rechtliche Ordnung im Wege des Einzelausgleichs unmöglich ist*" (Lutter, AG 1990, S. 182) bzw. daß speziell bei Aktiengesellschaften das Schutzsystem der §§ 311 ff. AktG funktionsunfähig wird.

Alle drei Kriterien sind insoweit problematisch, als sie entweder unklar bleiben oder schwerlich mehr als eine äußerst lockere Bindung im einfachen faktischen Konzern zulassen. Das Eigeninteresse im Sinne des Zielsystems der abhängigen Gesellschaft, das diese hätte, wäre sie noch unabhängig, wird schon bei fühlbarem Leistungsaustausch, bei Abstimmung des Produktionsprogramms oder bei Konzentration einzelner Funktionen im Konzern in dem Sinne beeinträchtigt, daß es seine ursprüngliche Form als Grundlage des Schutzsystems verliert. Ein Schutzsystem etwa nach dem Vorbild von Nachteilsausgleich und Abhängigkeitsbericht kann angesichts der Erfassungs- und Bewertungsprobleme beim Nachteil und angesichts der Interessenkonflikte, in die die für den Nachteilsausgleich verantwortlichen Personen gestürzt werden, schon bei lockeren

Konzernbindungen keinen ausreichenden Schutz bieten. Das Kriterium der betriebsorganisatorischen Einbindung schließlich ist unklar, denn eine Betriebsabteilung kann zentral oder dezentral und im Blick auf die Ziele der Abteilung oder im Blick auf die Ziele der Zentrale geführt werden. Die Frage nach den Grenzen zwischen einfachem und qualifiziertem faktischem Konzern erscheint also auf diesen Wegen schwerlich beantwortbar.

Nicht vollständig geklärt sind auch die Rechtsfolgen des qualifizierten faktischen Konzerns (vgl. Emmerich/Sonnenschein, Konzernrecht, 1997, S. 397 ff.; Rowedder/Koppensteiner, GmbHG, 2. Aufl., Anh § 52 RdNr. 59 ff.; WP-Handbuch, Band I, R Tz. 234 ff.). Unbestritten ist das Recht der Minderheitsgesellschafter, aus wichtigem Grund auszutreten und dafür volle Abfindung analog zu § 305 AktG zu verlangen. Die qualifizierte Konzernbindung ohne Zustimmung der Minderheiten bildet unzweifelhaft einen solchen wichtigen Grund. Nicht ganz unumstritten ist dagegen, ob den Minderheitsgesellschaftern auch ein Anspruch auf angemessenen Ausgleich wie in § 304 AktG zusteht. Hinsichtlich des Gläubigerschutzes wird weit überwiegend davon ausgegangen, daß sowohl eine Verlustausgleichspflicht vergleichbar zu § 302 AktG als auch ein Anspruch auf Leistung von Sicherheiten analog zu § 303 AktG besteht. Sollten diese Ansichten von den Gerichten bestätigt werden, gliche der qualifizierte faktische Konzern aus der Sicht seiner Rechtsfolgen für Minderheitseigner und Gläubiger dem Vertragskonzern im Aktienrecht: letztlich verschmelzen die in dieser Form verbundenen Unternehmen für Minderheitseigner und Gläubiger zu einer Anspruchseinheit.

Der Fall, daß eine GmbH als abhängige Gesellschaft in einen Vertragskonzern eingebunden werden soll, scheint zumindest im Ergebnis ähnlich wie ein aktienrechtlicher Vertragskonzern beurteilt zu werden. Die Weisungsbefugnisse sind vergleichbar. Auch bei der abhängigen GmbH müssen die Gesellschafter zustimmen, damit ein Beherrschungs- und/oder Gewinnabführungsvertrag wirksam zustandekommt. Umstritten ist nur, ob für diese Zustimmung eine Dreiviertelmehrheit ausreicht oder ob Einstimmigkeit erforderlich ist. Die Grundsätze der aktienrechtlichen Regelungen zur Änderung und Beendigung von Unternehmensverträgen einschließlich des Erfordernisses von Sonderbeschlüssen lassen sich ebenfalls auf die GmbH übertragen.

Die Rechtsfolgen für Gläubiger und Minderheitsgesellschafter entsprechen im Kern denjenigen des Aktienrechts. Zwar fehlt eine vergleichbare Verpflichtung zur Dotierung von Rücklagen, völlig unumstritten ist aber die Pflicht des herrschenden Unternehmens zum Verlustausgleich wie in § 302 AktG. Auch der Anspruch der Gläubiger auf Absicherung analog zu § 303 AktG wird zumindest überwiegend anerkannt. Bei den Minderheitsgesellschaftern wird der Anspruch auf angemessene Abfindung nach dem Vorbild von § 305 AktG nicht bezweifelt. Etwas unsicher ist dagegen, ob auch ein angemessener Ausgleich analog zu § 304 AktG angeboten werden muß. Da der Ausgleich aber im Blick auf die mögliche

Vertragsbeendigung ohnehin das schwächere Band für die Anspruchseinheit bildet, ist diese Unsicherheit weniger wichtig. Bedeutsam ist vielmehr die Bestätigung des Vertragskonzerns als letztliche Anspruchseinheit auch bei abhängigen Gesellschaften mit beschränkter Haftung.

3. Zur Ausrichtung des Konzernabschlusses auf seine Informationsfunktion

3.1 Einleitung

Als Leitlinien für die Ausrichtung des Konzernabschlusses auf seine Informationsfunktion sind die unter B. 1. beschriebenen Anforderungen an den Konzernabschluß als Informationsinstrument und dabei speziell die Forderung nach Berücksichtigung der Besonderheiten des Konzerns noch zu vage. Sie bedürfen vor dem Hintergrund des Konzernrechts der Präzisierung. Vor allem muß untersucht werden, welche Bedeutung den beiden besonderen Perspektiven des Konzerns - der Perspektive einheitlicher Leitung und der Perspektive der Anspruchseinheiten - für die Ausrichtung des Konzernabschlusses auf seine Informationsfunktion zukommt.

Allerdings dürfen die Grenzen einer solchen Untersuchung nicht übersehen werden. Sie ergeben sich vor allem aus dem unzulänglichen Wissen darüber, wie traditionelle Jahresabschlüsse informieren, wie sie die Erwartungen der außenstehenden Eigner und Gläubiger über die relevanten Konsequenzen aus ihrer Beteiligung an dem jeweiligen Unternehmen oder Konzern beeinflussen. Das Problem der insoweit unzureichenden Grundlagen wird im folgenden dadurch zu lösen versucht, daß der Untersuchung explizite Annahmen zugrunde gelegt werden. Diese Annahmen betreffen die für die außenstehenden Eigner und Gläubiger zentralen Inhalte eines traditionellen Jahresabschlusses und bestimmte Eigenschaften, die diese Größen haben müssen, um informativ zu sein.

Im Anschluß an die Diskussion der grundlegenden Annahmen soll für die verschiedenen, als zentral angesehenen Jahresabschlußinhalte geprüft werden, ob sie aus der Sicht von vier Gruppen von Interessenten in den Einzelabschlüssen von Konzernunternehmen ungeeignet abgebildet werden und daher einer verbesserten Abbildung im Konzernabschluß bedürfen. Dabei werden als Gruppen die Eigner und Gläubiger des herrschenden Konzernunternehmens als der Muttergesellschaft (M-Eigner, M-Gläubiger) sowie die außenstehenden, nicht konzerngebundenen Eigner und Gläubiger von abhängigen Konzernunternehmen als Tochtergesellschaften (T-Eigner, T-Gläubiger) betrachtet. Die Vielfalt möglicher Konzernformen wird, gestützt auf die Grundlinien des Konzernrechts, auf nur zwei wichtige Alternativen reduziert, den (einfachen) faktischen Konzern mit seiner Vielfalt der Anspruchs- und Haftungseinheiten und den Vertragskonzern, bei dem im Ergebnis letztlich die Anspruchs- und Haftungsgrundlagen zu einer Einheit verschmelzen. Der Vertragskonzern in diesem Sinne steht auch stellvertretend für den qualifizierten faktischen Konzern.

3.2 Zentrale Inhalte des traditionellen Jahresabschlusses als Informationsinstrument und ihre wichtigsten Eigenschaften

Eigner und Gläubiger von Unternehmen sind im Grunde zunächst an zwei Sachverhalten eines Unternehmens interessiert, an den in Zukunft aus dem Unternehmen an die Eigner voraussichtlich fließenden Dividenden (Erfolgskraft) und an der Wahrscheinlichkeit, mit der das Unternehmen in Zukunft in der Lage sein wird, seinen fälligen Zahlungsverpflichtungen nachzukommen (Liquidität). Beide Eigenschaften hängen - durch heterogene Information gegebenenfalls gestört - zusammen, denn nachhaltige, künftige Erfolgskraft signalisiert den Gläubigern zugleich die Erfüllung ihrer Ansprüche und damit eine Kreditwürdigkeit. Für den Fall, daß das Unternehmen insolvent zu werden droht, richtet sich insbesondere das Interesse der Gläubiger zusätzlich auf die Höhe des bei Insolvenz noch verfügbaren Vermögens, auf den Umfang der diesem Vermögen gegenüberstehenden Gläubigeransprüche und auf eventuelle Prioritäten innerhalb der Gläubigeransprüche (Zerschlagungsfolgen).

Unmittelbar sagt der traditionelle Jahresabschluß allerdings weder über Erfolgskraft noch über künftige Liquidität oder künftige Zerschlagungsfolgen etwas aus. Er informiert vielmehr nur über vergangene Erfolge und Komponenten, aus denen sie sich ergeben, sowie über Strukturen bei Vermögen und Kapital, die allenfalls vage Schlüsse auf die Liquidität und die Folgen einer eventuellen Zerschlagung eines Unternehmens erlauben. Wird davon ausgegangen, daß Erwartungen über die zukünftige Erfolgskraft - soweit sie sich überhaupt auf traditionelle Jahresabschlüsse stützen lassen - gebildet werden, indem vergangene Erfolge auf ihre Nachhaltigkeit analysiert und entsprechend dem Ergebnis dieser Analyse differenziert in die Zukunft projiziert werden, und daß trotz aller Unzulänglichkeiten Prognosen zu Liquidität und Zerschlagungsfolgen auf Strukturuntersuchungen von Vermögen, Eigenkapital und Schulden gestützt werden, dann sind Eigner und Gläubiger, bezogen auf den traditionellen Jahresabschluß, an drei Größen interessiert,

- dem Gewinn, einschließlich der Komponenten, aus denen er sich ergibt, insbesondere Umsätzen und zentralen Aufwandspositionen,
- dem Vermögen und
- dem Kapital eines Unternehmens.

Hinsichtlich der besonderen Eigenschaften, die die aus traditionellen Jahresabschlüssen ableitbaren Gewinne, Vermögen und Kapitalien aufweisen sollten, um voraussichtlich für die externen Eigner und Gläubiger aussagefähig zu sein, erscheinen drei besonders wichtig.

Die Eigner und - soweit ihnen Erfolgskraft als Indikator für Kreditwürdigkeit dient - auch die Gläubiger werden sich nur für die für sie relevanten Gewinne interessieren. Das sind für die Eigner in erster Linie die Gewinne, an denen sie anteilig durch Ausschüttungen partizipieren, bzw. solche Gewinne, die zumindest wegen ihrer sachlichen Abgrenzung auf die Einheit, an deren Erfolg die Eigner durch Ausschüttungen beteiligt sind, am ehesten Schlüsse auf die von ihnen zu erwartenden Ausschüttungen zulassen. Für die Gläubiger gilt analog, daß sie sich für die Gewinne der Haftungseinheit interessieren, die für den von ihnen gewährten Kredit einzustehen hat. Vergleichbares gilt auch für Vermögen und Kapital, soweit diese als Grundlagen für die Abschätzung der Folgen einer eventuellen Zerschlagung dienen sollen. Vermögen und Kapital als Basis einer Liquiditätsbeurteilung dagegen können weiter zu ziehen sein, wenn Liquiditätshilfen zwischen den Unternehmen zu erwarten und möglich sind.

Gewinne, Vermögen und Kapital müssen aber nicht nur sachlich auf eine geeignete Bezugseinheit abgegrenzt sein, sondern sie müssen sich auch inhaltlich rechtfertigen lassen. In diesem Zusammenhang spielt sicher die Manipulierbarkeit eine große Rolle. Der traditionelle Jahresabschluß zeichnet sich sowohl durch unvermeidliche Ermessensspielräume als auch durch im Grunde vermeidbare, vom Gesetzgeber aber bewußt eingeräumte Wahlrechte aus. Insoweit sind von subjektivem Ermessen und bilanzpolitischen Überlegungen unabhängige Abbildungen der zentralen Größen nicht möglich. Im Konzern besteht aber zusätzlich der Verdacht, daß sich die zentralen Größen des Jahresabschlusses durch geeignete Transaktionen wie Käufe, Kreditgewährungen oder Kapitalveränderungen innerhalb des Konzerns gezielt und in erheblichem Umfang verändern lassen. Hinsichtlich des Informationsgehalts wird davon ausgegangen, daß insoweit von realen Transaktionen weniger beeinflußbare Jahresabschlußgrößen vorzuziehen sind.

Die Frage, inwieweit dem Vorsichtsprinzip gefolgt wird, ist ein weiteres inhaltliches Kriterium. Vorsicht findet seine Rechtfertigung in der Funktion der Ausschüttungsbegrenzung im Interesse der Sicherung eines Mindesthaftungspolsters für die Gläubiger. In einer reinen Informationsrechnung dagegen läßt sich Vorsicht nicht uneingeschränkt rechtfertigen, zumal dann, wenn sie im Verein mit Kongruenz und Wahlrechten genutzt werden kann, um in guten Zeiten stille Reserven zu sammeln, die dann bei Eintritt ungünstiger Entwicklungen unbemerkt aufgelöst werden.

3.3 Informationsdefizite von Einzelabschlüssen im Vertragskonzern

Beim Vertragskonzern weisen die beiden besonderen Perspektiven des Konzerns in die gleiche Richtung. Sowohl die einheitliche Leitung als auch die Anspruchseinheit greifen über das einzelne Unternehmen hinaus und liegen bei dem Vertragskonzern als neuer wirtschaftlicher Einheit. Dementsprechend sind erhebliche Informationsdefizite in den Einzelabschlüssen und eine hohe Dringlichkeit für einen Konzernabschluß zu erwarten.

Wenig vertrauenswürdig und zumindest als Basis für Ertragskraftprognosen irrelevant sind schon die Aufwands- und Ertragspositionen in den Erfolgsrechnungen der einzelnen Konzernunternehmen sowie die sich daraus ergebenden Einzelerfolge. Entsprechend den umfassenden Weisungsbefugnissen der Muttergesellschaft können Geschäfte mit den Tochtergesellschaften geschlossen werden, denen "*ein ordentlicher und gewissenhafter Geschäftsleiter einer unabhängigen Gesellschaft*" (§ 317 Abs. 2 AktG) nicht zugestimmt hätte. Sowohl die Volumina bestimmter Aufwendungen und Erträge als auch die Verteilung der Erfolge zwischen den Konzernunternehmen und sogar die Höhe der Erfolge aller Konzernunternehmen lassen sich durch Transaktionen innerhalb des Konzerns erheblich beeinflussen, letztere etwa durch den Kauf solcher Anlagegegenstände, in deren Wertansätzen stille Reserven verborgen sind, oder von immateriellen Anlagegegenständen, die der Verkäufer selbst geschaffen hat. Zugleich ist für die langfristige Zielerreichung aller Eigner und Gläubiger im Konzern die Ertragskraft des Gesamtkonzerns entscheidend. Für die T-Eigner gilt das nicht nur, weil die Muttergesellschaft letztlich für den Ausgleich einstehen muß, sondern zumindest beim variablen Ausgleich auch wegen des vom Erfolg der Mutter abhängigen Umfangs des Ausgleichs. Für die T-Gläubiger gilt es, weil die Muttergesellschaft Verluste bei den Tochtergesellschaften ausgleichen und im Insolvenzfall für die Verbindlichkeiten der Tochtergesellschaften Sicherheit leisten muß, weil die Muttergesellschaft für ihre Verpflichtungen den gesamten Konzern mobilisieren kann und weil damit letztlich die Bonität des Konzerns entscheidend wird. Eine Erfolgsrechnung für den Konzern, die die Erträge und Aufwendungen des gesamten Vertragskonzerns zusammenfaßt, die Transaktionen innerhalb des Konzerns aber und die daraus resultierenden Erfolge eliminiert, dürfte somit den Interessen der Eigner und Gläubiger des Vertragskonzerns eher als die Einzelerfolgsrechnungen entsprechen.

Das Desinteresse an Einzelerfolgen hat aber auch im Vertragskonzern Grenzen. Aus der Sicht des Konzerns als Einheit haben die Einzelerfolgsrechnungen den Charakter von Segment-Informationen, die Grundlage für eine differenzierte Projektion der Erfolgsentwicklung des Konzerns sein können. Auch bleiben die Bilanzgewinne der Einzelgesellschaften insoweit interessant, als sie für die unmittelbaren Ausschüttungsansprüche sowohl der M-Eigner als auch der T-Eigner bei variablem Ausgleich maßgeblich sind. Ein ähnliches Interesse kann bei bloßem Beherrschungsvertrag an den Bilanzgewinnen der Töchter bestehen, weil ein auf diese Gewinne gestützter Ausschüttungsanspruch dem Ausgleichsanspruch vorgeht, sofern er größer ist.

Zu den allgemeinen Zweifeln an der Aussagefähigkeit von Vermögen und Kapitalien, wie sie in traditionellen Jahresabschlüssen ausgewiesen werden, gibt es im Vertragskonzern weitere Argumente, die dafür sprechen, daß der Informationsgehalt dieser Größen in den Einzelabschlüssen der Unternehmen zusätzlich beeinträchtigt ist.

Angesichts des umfassenden Weisungsrechts der Muttergesellschaft erscheinen die Abgrenzungen der Vermögen und Kapitalien weitgehend willkürlich. Auf Basis dieses Weisungsrechts lassen sich nämlich die Vermögen der Gesellschaften beliebig verschieben, solange bei den Töchtern Reinvermögen in Höhe der um die Mindestrücklage erweiterten jeweiligen Grundkapitalien erhalten werden. Zusätzlich kann durch Kapitalerhöhungen bei den Töchtern und durch Kreditgewährungen innerhalb des Konzerns der Anschein eines veränderten Gesamtvolumens von Vermögen und Schulden geweckt werden, ein Anschein allerdings, den die Externen in einem reinen Vertragskonzern bei Vorliegen aller Einzelbilanzen der Unternehmen angesichts des gesonderten Ausweises von Forderungen und Verbindlichkeiten gegenüber verbundenen Unternehmen zumindest grob selbst bereinigen können.

Der mangelnden Verläßlichkeit der Einzelvermögen und -kapitalien steht ein begrenztes Interesse an diesen Größen gegenüber, weil die Zielerreichung aller Eigner und Gläubiger nicht von den Einzelunternehmen, sondern vom Vertragskonzern insgesamt abhängt. Soweit Vermögen und Kapitalien zur Abschätzung der Liquiditätsaussichten herangezogen werden sollen, ist zwar zu bedenken, daß auch im Vertragskonzern zumindest die einzelnen Tochterunternehmen für ihre Liquidität selbst verantwortlich sind, es also keine Pflicht der Mutter zur Sicherung ihrer Liquidität gibt, daß aber aus wirtschaftlichen Erwägungen heraus der Konzern die für ihn wichtigen Konzernunternehmen liquide erhalten und nicht zuletzt zu diesem Zweck die Finanzplanung zentralisieren wird. Insoweit ist weniger die Liquidität der Einzelunternehmen als die des Konzerns interessant. Sollte allerdings der Konzern die Illiquidität einzelner Tochterunternehmen hinzunehmen bereit sein, kommt es für deren ungesicherte Gläubiger weniger auf das Verhältnis von Haftungsmasse zu Verbindlichkeiten bei dem jeweiligen Tochterunternehmen, als vielmehr auf das entsprechende Verhältnis bei dem gesamten Vertragskonzern an, weil die Mutter für die Forderungen dieser Gläubiger Sicherheit leisten muß und zur Erfüllung dieser Verpflichtung notfalls den gesamten Konzern einspannen wird.

3.4 Informationsdefizite von Einzelabschlüssen im faktischen Konzern

Die Prüfung der Frage, ob Einzelabschlüsse, gemessen an den in Teil B. 3.2 beschriebenen Kriterien, gewichtige Informationsdefizite aufweisen, die sich gegebenenfalls durch eine Zusammenfassung der Einzelabschlüsse zu einem Konzernabschluß aufheben lassen, wird beim faktischen Konzern nicht so leicht fallen wie beim Vertragskonzern. Die Perspektive der einheitlichen Leitung und diejenige der Haftungseinheit führen im faktischen Konzern zu verschiedenen Grundaussagen, so daß eine nähere Analyse erforderlich ist. Zu diesem Zweck werden innerhalb dieses Abschnitts sowohl faktische Konzerne mit als auch solche ohne Minderheitseigner bei den Tochtergesellschaften betrachtet. Obendrein muß streng zwischen den Informationsinteressen der Eigner und Gläubiger der Muttergesellschaft und denjenigen der Gläubiger und gegebenenfalls auch der Minderheitseigner der Tochtergesellschaften unterschieden werden.

Für Gläubiger und Minderheitseigner der Tochtergesellschaften (T-Gläubiger und T-Eigner) werden - solange die Gläubiger nicht von der Muttergesellschaft zusätzlich abgesichert werden - allein die Einzelabschlüsse der Konzerngesellschaften relevant sein, an denen sie jeweils "beteiligt" sind. Selbst wenn es im faktischen Konzern möglich ist, die Tochterunternehmen in die Gesamtstrategie des Konzerns einzuordnen, bleibt es für diese Personen dabei, daß sich ihre Ansprüche auf Dividenden bzw. auf Verzinsung und Tilgung nur gegen ihre Tochtergesellschaften richten. T-Eigner und T-Gläubiger müssen insoweit auf den Nachteilsausgleich bauen. Gelingt es mit Hilfe dieses Schutzsystems nicht, die Muttergesellschaft daran zu hindern, daß sie sich zu Lasten der Tochtergesellschaft Vorteile durch Geschäfte mit dieser verschafft, so haben die T-Eigner und T-Gläubiger die Folgen zu tragen. Ein zusammenfassender Konzernabschluß, der den Vorteil der Mutter und den Schaden der Tochter aufrechnet, führt zumindest aus Sicht der Beteiligten des Tochterunternehmens zu falschen Eindrücken. Wird dagegen das Schutzsystem des Nachteilsausgleichs wirksam, dem Nachteil der Tochter also ein Anspruch an die Mutter auf Nachteilsausgleich gegenübergestellt, so bedarf es keines Konzernabschlusses mehr, um die Folgen dieser Transaktion innerhalb des Konzerns zu neutralisieren, denn das geschieht insoweit schon in den Einzelabschlüssen.

Soweit Vermögen und Kapital als Grundlagen für die Bildung von Erwartungen über die künftige Liquidität oder über die möglichen Zerschlagungsfolgen dienen sollen, werden für die T-Eigner und die T-Gläubiger ebenfalls in erster Linie die entsprechenden Größen des Unternehmens interessant sein, an dem sie beteiligt sind. Für die Liquidität des Tochterunternehmens hat primär dieses Unternehmen selbst zu sorgen, denn eine Verpflichtung des Mutterunternehmens gibt es nicht einmal im Vertragskonzern. Zur Abschätzung der Liquidität primär relevant ist somit der Einzelabschluß des jeweiligen Tochterunternehmens. Allerdings wird die Mutter - gegebenenfalls unter Mobilisierung von Liquiditätsreserven aus dem gesamten Konzern - Liquiditätshilfe leisten, wenn das in ihrem Interesse liegt und sie dazu in der Lage ist. Wer folglich davon ausgeht, daß die Mutter zur Hilfe bereit ist, wird sich für die Fähigkeit der Muttergesellschaft und des von ihr geleiteten Konzerns interessieren, Liquiditätshilfe zu leisten. Soweit er sich dazu auf einen traditionellen Jahresabschluß stützt, wird er einen zusammenfassenden Konzernabschluß benötigen. Schon bei der Beantwortung der Frage aber, ob sich die Liquiditätshilfe für die Mutter lohnt, geht es wieder um die Attraktivität der Tochter und diese zeigt sich - wenn überhaupt - im Einzelabschluß der Tochter. Zur Abschätzung der Folgen einer Insolvenz bei dem Tochterunternehmen eignet sich erneut allenfalls die Einzelbilanz dieses Tochterunternehmens, soweit das Mutterunternehmen oder andere Konzernunternehmen den T-Gläubigern nicht besondere Sicherheiten eingeräumt haben. Aufgrund der im faktischen Konzern weiterbestehenden Haftungsgrenzen zwischen den Konzernunternehmen hat ein T-Gläubiger nur Ansprüche gegen die jeweilige Konzerntochter, und in die Haftungsmasse dieses Unternehmens teilt er sich - den Prioritäten entsprechend - auch nur mit den anderen Gläubigern des betreffenden Tochterunternehmens.

Für die Eigner und Gläubiger der Konzernobergesellschaft (M-Eigner und M-Gläubiger) ergibt sich ein differenziertes Bild.

Am Erfolg des Einzelabschlusses der Obergesellschaft, der wegen der Ausschüttungsbemessungsfunktion dieses Abschlusses ohnehin von zentralem Interesse ist, sind nicht unbedingt Zweifel angebracht. Trotz einheitlicher Leitung, die nach herrschender, aber nicht unumstrittener Meinung auch im faktischen Konzern möglich ist, wird zumindest vom Gesetzgeber davon ausgegangen, daß die Schutzmechanismen im faktischen Konzern - insbesondere der Nachteilsausgleich und der Abhängigkeitsbericht - Erfolgsmanipulationen zu Lasten der abhängigen Gesellschaft verhindern. Selbst wenn gewisse Wirksamkeitsschranken dieses Schutzsystems berücksichtigt werden, sollte der Erfolg im faktischen anders als im Vertragskonzern nur in Grenzen beeinflußbar sein. Zugleich ist der Erfolg schon im Einzelabschluß der Obergesellschaft in dem Sinne umfassend, daß er die Erfolge der Tochtergesellschaften beinhaltet, soweit diese Erfolge den Beteiligungsquoten entsprechend der Obergesellschaft zustehen. Daß dabei die Erfolge der Tochterunternehmen meist nicht im Jahr ihrer Entstehung bei der Tochter, sondern erst in einem späteren Jahr bei Zufluß zur Mutter berücksichtigt werden, so daß sich im Erfolg des Einzelabschlusses der Obergesellschaft Komponenten aus verschiedenen Entstehungsjahren mischen, spricht eher gegen die bisher praktizierte Methode der Erfassung von Erfolgen der Tochterunternehmen in Einzelabschlüssen ihrer Mütter als gegen den Einzelabschluß generell. Ähnlich problematisch, aber durch Einsatz der Equity-Methode im Einzelabschluß überwindbar, ist die Tatsache, daß im Einzelabschluß der Obergesellschaft nur die an sie ausgeschütteten Gewinne, nicht aber ihr Anteil an den gesamten Gewinnen und an den Verlusten der Tochtergesellschaften erfaßt werden. Verluste bei den Tochtergesellschaften wirken sich im Einzelabschluß der Mutter nur dann aus, wenn sie zu Abschreibungen des Beteiligungsbuchwerts führen.

Allerdings gibt es auch im faktischen Konzern Argumente für ein Interesse der M-Eigner und M-Gläubiger an konsolidierten Erfolgsrechnungen des gesamten Konzerns. Selbst wenn sich in der Einzelerfolgsrechnung der Obergesellschaft die Erfolge aller Konzernunternehmen insoweit niederschlagen, wie sie den M-Eignern letztlich zustehen, so spiegelt diese Einzelerfolgsrechnung doch weder die gesamten Umsatzerlöse noch die Aufwendungen wieder, aus denen sich dieser Gesamterfolg ergeben hat. Die Einzelerfolgsrechnung der Obergesellschaft erlaubt also keine Schlüsse auf die Entstehung der Erfolge. Das dürfte besonders dann bedeutsam sein, wenn sich die Obergesellschaft im wesentlichen auf die Konzernleitung beschränkt, Produktion und Absatz dagegen fast ausschließlich bei den Tochtergesellschaften erfolgen. Die Erfolgsrechnung der Obergesellschaft weist dann kaum Umsatzerlöse und Kosten der Produktion aus.

Hinsichtlich der Höhe des Erfolges sind durch eine konsolidierte Erfolgsrechnung für den faktischen Konzern insoweit Verbesserungen zu erwarten, als die Einzelerfolge der Konzerngesellschaften durch bestimmte Transaktionen innerhalb des Konzerns beeinflußt werden können, die vom Schutzsystem des faktischen Konzerns nicht neutralisiert werden. Auch innerhalb des faktischen Konzerns können Gegenstände gehandelt werden, in deren Wertansätzen beim Veräußerer sich stille Reserven verbergen. Ferner können originäre immaterielle Anlagegegenstände durch Erwerb innerhalb des Konzerns scheinbar zu derivativen immateriellen Anlagen gewandelt und aktiviert werden, was den Erfolg des verkaufenden Konzernunternehmens und damit indirekt zumindest vorübergehend auch den Erfolg der Konzernobergesellschaft erhöht. Wieder darf aber nicht übersehen werden, daß solche Erfolgsbeeinflussungen etwa auf der Grundlage des Sale and Lease back auch nicht konzerngebundenen Einzelgesellschaften offenstehen, also ein Maßstab angelegt wird, dem die Einzelerfolge unabhängiger Unternehmen nicht unbedingt genügen.

Nicht eindeutig beantworten läßt sich die Frage, ob Vermögen und Kapital im Einzelabschluß der Obergesellschaft oder in einem Konzernabschluß so abgebildet werden, wie es den Informationsbedürfnissen von M-Eignern und M-Gläubigern im faktischen Konzern entspricht. Bezogen auf die Abschätzung der künftigen Liquidität verdient ein zusammenfassender Konzernabschluß den Vorzug, obwohl es dabei bleibt, daß im faktischen Konzern jedes Unternehmen selbst für seine Liquidität sorgen muß. Das Schutzsystem des faktischen Konzerns stellt nur auf das vergangenheitsorientiert gemessene Vermögen der abhängigen Konzerngesellschaften ab. Es läßt folglich Liquiditätsverschiebungen innerhalb des Konzerns zu, solange die Vermögen der Tochtergesellschaften nicht beeinträchtigt werden bzw. solange die Beeinträchtigungen der Vermögen der

Tochtergesellschaften mit dem Instrumentarium Nachteilsausgleich und Abhängigkeitsbericht nicht wirksam erfaßt und verhindert werden können. Für die Liquidität der Obergesellschaft sind dementsprechend im Notfall die Liquiditätsreserven aller Konzernunternehmen mobilisierbar, und es wäre weltfremd anzunehmen, daß eine Konzernleitung diese Möglichkeiten nicht nutzt. Wenn überhaupt, können die Liquiditätsreserven des Konzerns nur aus einem zusammenfassenden Konzernabschluß entnommen werden.

Zweifel an der Aussagefähigkeit von Vermögen und Kapitalien einzelner Unternehmen im faktischen Konzern ergeben sich auch aus der Beeinflußbarkeit dieser Größen durch die Konzernleitung. Insbesondere dann, wenn Tochtergesellschaften zu 100 % der Obergesellschaft gehören, steht es im Belieben der Konzernleitung, wo sie in den Grenzen des Schutzsystems des faktischen Konzerns die Investitionen bremst und wo sie im Gegenteil die Investitionen forciert. Die Verteilung des Konzernvermögens und der Kapitalien auf die verschiedenen Gesellschaften erscheint insoweit willkürlich und wenig informativ. Soweit andererseits aber Minderheitseigner an den Tochtergesellschaften beteiligt sind und die Konzernleitungsmacht im faktischen Konzern Grenzen hat, die Vorstände der Tochtergesellschaften also nicht allein den Interessen der Mehrheit, sondern den Interessen aller ihrer Eigner und Gläubiger verpflichtet sind, gewinnt die Trennung der einzelnen Vermögen und Kapitalien auch für die Eigner und Gläubiger der Obergesellschaft wieder an Bedeutung. Nur das in der Einzelbilanz der Obergesellschaft ausgewiesene Vermögen kann dann uneingeschränkt eingesetzt werden. Die Vermögen der anderen Konzerngesellschaften dagegen sind zumindest insoweit als eigenständig zu respektieren, als sie nicht voll in einen nur auf die Interessen der Mehrheit ausgerichteten Konzern integriert werden dürfen. Die Gesellschaften müssen ihre Eigenständigkeit bewahren, damit der Nachteilsausgleich seine zentrale Grundlage behält und ein Verhalten eines ordentlichen und gewissenhaften Geschäftsleiters einer unabhängigen Gesellschaft vorstellbar bleibt.

Einzelabschlüsse der Obergesellschaft verdienen schließlich den Vorzug, wenn insbesondere die M-Gläubiger die möglichen Folgen einer Insolvenz abschätzen wollen. Auch bei Insolvenz der Obergesellschaft hat im faktischen Konzern die Aufteilung der Vermögen und Kapitalien auf die verschiedenen Konzerngesellschaften Bestand. Die Gläubiger der Obergesellschaft haben nur Ansprüche gegen diese Gesellschaft, und sie teilen sich auch nur mit den anderen Gläubigern dieser Obergesellschaft in deren Haftungsmasse. Dabei wirken sich die Verbindungen der Obergesellschaft zu den übrigen Konzerngesellschaften allein dadurch aus, daß auch die Beteiligungen zur Masse gehören. Abgesehen von den wahrscheinlich problematischen Wertansätzen vermittelt der Einzelabschluß insoweit also ein geeignetes Bild. Problematisch wird es allerdings dann, wenn unterstellt wird, daß das Schutzsystem des faktischen Konzerns versagt. In diesem Fall kann der Vorstand der Obergesellschaft vor Eintritt der

Insolvenz in seinem Bestreben, diese Insolvenz zu vermeiden, die Vermögen innerhalb des Konzerns vor allem zugunsten der Obergesellschaft verschieben. Zumindest im Vorfeld der Insolvenz wären also die Grenzen zwischen den Vermögen der Konzerngesellschaften durchlässig, und der Wert des Einzelabschlusses der Obergesellschaft als Basis für eine Abschätzung von Zerschlagungsfolgen wäre beschränkt.

4. Zu den Grundlagen des Konzernabschlusses de lege lata

4.1 Leitlinien des Gesetzgebers zur Konzernrechnungslegung versus theoretische Überlegungen zum Bedarf an Konzernabschlüssen

Zwischen den im vorangegangenen Abschnitt präsentierten Überlegungen zur Zweckmäßigkeit von Konzernabschlüssen als Informationsinstrumenten einerseits und den Leitlinien andererseits, an denen sich der Gesetzgeber bei der Konzeption der neuen Konzernrechnungslegungsvorschriften orientiert, bestehen erhebliche Spannungen.

Die zuvor dargestellten theoretischen Überlegungen führten zu einem sehr differenzierten Ergebnis. Nur im Fall des Vertragskonzerns, wo sowohl einheitliche Leitung als auch Anspruchseinheit gegeben waren, besteht allenthalben Bedarf an einem Konzernabschluß. Im faktischen Konzern dagegen behalten insbesondere aus der Sicht der Gläubiger und Minderheitseigner der Tochtergesellschaften die Einzelunternehmen als Anspruchseinheiten und die von ihnen aufgestellten Einzelabschlüsse große Bedeutung. Der auf den Konzern als einheitlich geleitetem Gebilde bezogene Konzernabschluß dagegen findet allein aus der Sicht der Eigner und Gläubiger der Obergesellschaft und auch lediglich im Blick etwa auf Umsätze und Aufwendungen oder im Blick auf Anhaltspunkte für die Liquidität der Konzernunternehmen Interesse. Eine eindeutige Überlegenheit des Konzernabschlusses gegenüber den Einzelabschlüssen der Konzernunternehmen ließ sich für den faktischen Konzern nicht nachweisen.

Im Gesetz finden diese Probleme keinen Ausdruck. Der Gesetzgeber hat sich vielmehr entschieden, die Konzernrechnungslegungspflicht an das Kriterium der einheitlichen Leitung (§ 290 Abs. 1 HGB) oder an das Vorliegen konkret definierter Sachverhalte (§ 290 Abs. 2 HGB) zu knüpfen, die zwar eine einheitliche Leitung ermöglichen, wo aber noch nicht einmal sichergestellt ist, daß einheitliche Leitung tatsächlich ausgeübt wird. Damit wird die Bedingung für Konzernrechnungslegungspflicht nicht enger, sondern weiter gezogen, als es die einheitliche Leitung vorgibt.

Solange der Konzernabschluß die Einzelabschlüsse der Konzernunternehmen ergänzt, aber nicht ersetzt, scheint dieser Unterschied nur insofern Bedeutung zu haben, als die Pflichten zur Konzernrechnungslegung möglicherweise gemessen an den Kosten und Nutzen von Konzernabschlüssen etwas zu weit gehen. Tatsächlich aber hat der Unterschied größere Bedeutung. Wenn in einem Konzernabschluß sowohl faktische Konzernunternehmen als auch solche eines Vertragskonzerns zusammengefaßt werden, können aus der Einbindung derart unterschiedlicher Konzernunternehmen Beeinträchtigungen des Informationsgehalts resultieren. Aus der Sicht der Eigner und Gläubiger von Unternehmen des Vertragskonzerns interessieren auf jeden Fall die auf den Vertragskonzern als Anspruchseinheit bezogenen Daten. Die aber werden nicht geliefert. Verfügbar sind vielmehr Informationen über den Gesamtkonzern, in denen sich solche über den Vertragskonzern mit solchen über zusätzliche faktische Konzernunternehmen mischen. Mit den beschriebenen Einschränkungen werden vom Gesetzgeber zudem allenfalls die Informationsinteressen der Eigner und Gläubiger der Konzernobergesellschaft gesehen, soweit sich diese Interessen auf die Darstellung des Gesamtkonzerns beziehen. Interessen von Minderheiten bleiben unberücksichtigt.

Die gerade herausgearbeitete Problematik der gesetzlichen Regelung wird auch durch das grundsätzliche Recht entsprechender Minderheiten nicht beseitigt, Teilkonzernabschlüsse verlangen zu können (§ 291 Abs. 3 HGB). Teilkonzernabschlüsse sind nämlich innerhalb eines "gemischten" Konzerns nur in dem Spezialfall Lösungen des hier aufgeworfenen Problems, wenn der oder die Vertragskonzerne innerhalb des gemischten Konzerns sich genau mit einem bzw. mehreren Teilkonzernen decken. Das nachfolgende Schaubild B.1 mit zwei Konzernen dürfte diese Aussage verdeutlichen.

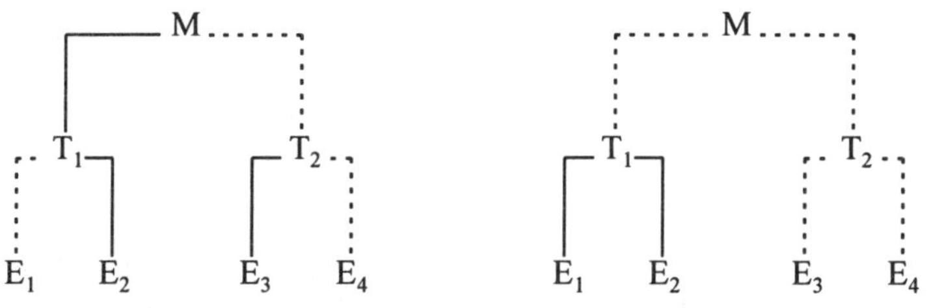

Lösung durch Teilkonzern-
abschluß nach HGB unmöglich

Lösung durch Teilkonzern-
abschluß nach HGB möglich

—— vertragliches Konzernverhältnis
.... faktisches Konzernverhältnis

M Mutter, T Tochter, E Enkel

Schaubild B.1: Teilkonzernabschluß und Haftungseinheit

4.2 Einheits- und Interessentheorie

Der Konzern, der sich dadurch auszeichnet, daß die in ihm zusammengefaßten Einzelunternehmen in der Regel einheitlich durch die Obergesellschaft geleitet werden, soll im Konzernabschluß so dargestellt werden, als ob er auch wirtschaftlich eine Einheit bilden würde (vgl. Busse von Colbe/Ordelheide, Konzernabschlüsse, 1993, S. 28; ADS, 6. Aufl., § 297 Tz. 40) bzw. als ob die einbezogenen "*Unternehmen insgesamt ein einziges Unternehmen wären*" (§ 297 Abs. 3 Satz 1 HGB). Diese Fiktion ist in der Literatur unter der Bezeichnung Einheitstheorie bekannt, und sie wird vom Gesetzgeber sehr weitgehend akzeptiert. Dementsprechend prägt sie nicht nur den größten Teil der in späteren Kapiteln dieses Buches noch im Detail zu erläuternden Vorschriften zur Konzernrechnungslegung, sondern sie ist auch die wichtigste Grundlage zur Ausfüllung von Gesetzeslücken, also zur Lösung solcher Detailprobleme, die im Gesetz nicht explizit geregelt wurden.

Der Einheitstheorie erscheint der Konzern als ein einheitliches Unternehmen, in dem die einzelnen Konzerngesellschaften Abteilungen oder Teilbetrieben dieses Unternehmens vergleichbar sind. Entsprechend diesem Vorbild müssen dann im Konzernabschluß als dem Abschluß der gesamten Einheit alle Vermögensgegenstände und Schulden sämtlicher "Abteilungen" zusammengefaßt werden. Beteiligungen zwischen den "Abteilungen" kann es ebensowenig geben wie Umsätze aus gegenseitigen Lieferungen oder Forderungen und Verbindlichkeiten untereinander. Gewinne dürfen nicht schon dann realisiert werden, wenn eine "Abteilung" an eine andere liefert, sondern erst dann, wenn die Produkte die wirtschaftliche Einheit Konzern verlassen, weil sie an Dritte verkauft wurden. Einheitlich zusammenzufassen ist auch das der Konzernobergesellschaft von ihren Eignern und das den Konzerntöchtern eventuell von Minderheiten bereitgestellte Kapital.

Obwohl die Einheitstheorie die Konzernrechnungslegung weltweit prägt, läßt sich schwerlich verheimlichen, daß sie die Verhältnisse im Konzern sehr einseitig interpretiert und drastisch vereinfacht. Sie hat eher den Charakter einer realitätsfremden Fiktion als den einer Theorie. Wie am Anfang der vorliegenden Untersuchung gezeigt wurde, gewinnt der Konzern seine Bedeutung aus dem Spannungsverhältnis zwischen Vielheit und Einheit. Nicht zuletzt durch die rechtlichen Regelungen verbleiben speziell im faktischen Konzern sehr heterogene Interessen und differenzierte Anspruchsgrundlagen, die eine unkritische Vermischung von Erfolgen, Vermögen, Schulden und Kapitalien nicht unbedingt sinnvoll erscheinen lassen. Diese Schwäche der Einheitstheorie ist auch dem Gesetzgeber bewußt. Er orientiert sich zwar weitgehend, aber nicht uneingeschränkt an der Einheitstheorie. Insbesondere beim Ausweis des Konzernkapitals wird gegen die besonders problematische Implikation der Einheitstheorie von einer Interessenhomogenität aller Eignergruppen verstoßen: Das Kapital der Obergesellschaft und die Minderheitenanteile an Tochtergesellschaften - sogenannte Anteile anderer Gesellschafter - werden gesondert ausgewiesen.

Als abzulehnende Alternative wird der Einheitstheorie üblicherweise die Interessentheorie gegenübergestellt. Die Besonderheit dieser Theorie zeigt sich bei Vorliegen von Minderheitsanteilen an Tochtergesellschaften. Statt der gesamten Einheit Konzern soll nur der Teil der Gesamtheit dargestellt werden, der den Eignern der Obergesellschaft zusteht. Der Konzernabschluß wird als vervollständigter Abschluß der Obergesellschaft angesehen. Deshalb müssen - sofern überhaupt das ganze Vermögen des Konzerns erfaßt wird - die Minderheitenanteile als Anteile anderer Gesellschafter gesondert ausgewiesen und streng vom Eigenkapital des Konzerns getrennt werden. Der Interessentheorie wird noch konsequenter gefolgt, wenn bei einer Tochtergesellschaft, an der der Konzern x % und die Minderheiten (100 - x) % halten, nur x % des Vermögens und der Schulden dieser Tochter in den Konzernabschluß übernommen werden, ein Gedanke, der übrigens bei der Quotenkonsolidierung Eingang in das geltende Recht zur Konzernrechnungslegung gefunden hat.

Daß die Interessentheorie trotz der ihr zugedachten Rolle als Negativbeispiel einen brauchbaren Kern hat, zeigt sich schon daran, daß der Gesetzgeber den Minderheitenausweis von ihr übernahm. Sie trägt im Ansatz der Interessenheterogenität weit besser Rechnung als die Einheitstheorie. Die Schwäche der Theorie liegt darin, daß sie bisher einseitig nur auf die Interessen der Eigner der

Obergesellschaft fixiert wurde, was letztlich zu der zweifellos unhaltbaren Überlegung der anteiligen Zurechnung von Vermögen und Schulden von Töchtern zum Konzern durch die angedeutete Quotenkonsolidierung führt. Eine Interessentheorie dagegen, die versuchen würde, der Vielfalt der Interessen der Beteiligten im Konzern Rechnung zu tragen und der Spannung zwischen Einheit und Vielheit im Konzern Ausdruck zu verleihen, würde sich zu einer gefährlichen Rivalin für die Einheitstheorie entwickeln.

4.3 Der ausgeweitete Konzern in den neuen Konzernrechnungslegungsvorschriften

Schon die Konzernrechnungslegungspflicht wird, wie beschrieben wurde, nach neuem Recht nicht eng an das Kriterium der einheitlichen Leitung, sondern zusätzlich auch an das Vorliegen konkreter Sachverhalte geknüpft, die einheitliche Leitung zwar ermöglichen, die tatsächliche Ausübung derselben aber nicht voraussetzen. Noch weiter geht der Gesetzgeber bei der Festlegung des Kreises der in den Konzernabschluß einzubeziehenden oder durch konsolidierungsähnliche Korrekturen besonders zu behandelnden Unternehmen. Dieser Kreis umfaßt neben den einheitlich geleiteten und den einheitlich leitbaren Konzernunternehmen auch Gemeinschaftsunternehmen sowie assoziierte Unternehmen.

Gemeinschaftsunternehmen (§ 310 HGB) sind dabei solche, an denen mehrere Gesellschaften meist mit gleichen, zumindest aber nicht mit derart unterschiedlichen Rechten beteiligt sind, daß eine allein das Gemeinschaftsunternehmen leiten kann. Vielmehr ist die Leitung nur gemeinschaftlich durch mehrere, teilweise nicht zum Konzernkreis gehörende Unternehmen möglich. Wie das Definitionsmerkmal der gemeinschaftlichen Leitung klarstellt, erfüllen Gemeinschaftsunternehmen nicht das Kriterium der einheitlichen Leitung. Trotzdem werden sie dem Kreis der zu konsolidierenden Unternehmen zugerechnet. Allerdings werden sie nach einem besonderen Verfahren - der schon angesprochenen Quotenkonsolidierung - einbezogen.

Unter assoziierten Unternehmen (§ 311 HGB) versteht der Gesetzgeber ein (noch) nicht in den Konzernabschluß einbezogenes Unternehmen, an dem ein Konzernunternehmen eine Beteiligung von im Zweifel mindestens 20 % hält und bei dem dieses Konzernunternehmen einen maßgeblichen Einfluß auf die Geschäfts- und Finanzpolitik hat. Was dabei genau einen maßgeblichen Einfluß auszeichnet, läßt sich nicht klar umschreiben, wichtig ist aber zunächst nur, daß dieser maßgebliche Einfluß schwächer als die einheitliche Leitung ist. Obwohl also damit wiederum keine einheitliche Leitung möglich ist, wurden auch assoziierte Unternehmen in Form der Equity-Methode vereinfacht in die Konsolidierung einbezogen.

Der beschriebene, weit gezogene Konzernkreis vergrößert die Spannungen zwischen den in vorangegangenen Abschnitten angestellten theoretischen Überlegungen und den Leitlinien des Gesetzgebers. Nach den theoretischen Überlegungen besteht die Gefahr, daß schon ein Konzernabschluß unter Einbeziehung aller einheitlich geleiteten Unternehmen mehrere Anspruchseinheiten vermischt und deshalb an Aussagefähigkeit verliert. Der Kreis der einzubeziehenden Unternehmen müßte im Zweifel also eher enger gezogen werden. Dem Gesetzgeber dagegen geht die einheitliche Leitung bereits bei der Frage der Aufstellungspflicht und erst recht bei der Frage des Konsolidierungskreises nicht weit genug. Damit müßte dem Gesetzgeber ein über die einheitlich geleiteten Unternehmen hinausgehender Konzernbegriff vorschweben. Ein solcher Begriff wirft über die Aufgabe des Nachweises der Nützlichkeit der mit seiner Hilfe zu gewinnenden Informationen zwei Probleme auf.

Zunächst müßte dieser Konzernbegriff definiert werden. Es reicht nicht aus, bestimmte Unternehmen als Einzubeziehende vorzugeben. Wie beim Leitbild der einheitlichen Leitung bedarf es der Angabe des allgemeinen Kriteriums, an dem sich der Gesetzgeber bei seiner Konzernabgrenzung orientiert und das etwa an die maßgebliche Beeinflussung durch das Management der Konzernobergesellschaft anknüpfen könnte.

Anschließend läge es nahe, sicherzustellen, daß alle Unternehmen, die das Kriterium erfüllen, unabhängig von der konkreten Grundlage, auf der die Erfüllung des Kriteriums beruht, in den Konzernabschluß einbezogen werden. Angesichts der Fülle möglicher Koordinationsformen zwischen Unternehmen und Markt - hier sei beispielhaft auf die interessanten Entwicklungen bei den Zulieferern der Automobilindustrie hingewiesen - und der vielfältigen Wirkungen, die insbesondere von den Entscheidungen großer oder aus anderen Gründen für bestimmte Marktpartner wichtiger Unternehmen ausgehen können, wird es allerdings sehr schwierig werden, eine solche Konzeption konsequent durchzusetzen. Auch ist fraglich, ob derartige Durchsetzungsversuche angesichts der mannigfachen Ansatzmöglichkeiten für Umgehungen nicht zu aufwendigen Regelungen führen müßten, die obendrein nur Informationsansprüche durchsetzen sollen, welche die Parteien in der Regel leichter vertraglich vereinbaren können. Andererseits würde es bei einem Verzicht auf Versuche zur Durchsetzung des dem Gesetzgeber offenbar vorschwebenden Konzepts einer Konzernabgrenzung bei der unsystematisch partiellen Erweiterung der einheitlichen Leitung bleiben.

Der weite Konzernkreis nach neuem Recht ist also keineswegs unproblematisch.

Literaturhinweise

Busse von Colbe, Walther/Ordelheide, Dieter: Konzernabschlüsse, 6. Aufl., Wiesbaden 1993.

Coenenberg, Adolf Gerhard unter Mitarbeit von Christian Federspieler, Susanne Gröner, Axel Haller, Georg Klein: Jahresabschluß und Jahresabschlußanalyse, Grundfragen der Bilanzierung nach betriebswirtschaftlichen, handelsrechtlichen, steuerrechtlichen und internationalen Grundsätzen, 16. Aufl., Landsberg am Lech 1997.

Druey, Jean Nicolas (Hrsg.): Das St. Galler Konzernrechtsgespräch, Konzernrecht aus der Konzernwirklichkeit, Bern und Stuttgart 1988.

Emmerich, Volker/Sonnenschein, Jürgen: Konzernrecht, 6. Aufl., München 1997.

Geßler/Hefermehl/Eckardt/Kropff: Aktiengesetz, Kommentar, 6. Lieferung, §§ 291-318, München 1976.

Großfeld, Bernhard: Aktiengesellschaft, Unternehmenskonzentration und Kleinaktionär, Tübingen 1968.

Hoffmann-Becking, Michael: Der qualifizierte faktische AG-Konzern - Tatbestand und Abwehransprüche - in: Probleme des Konzernrechts, ZHR, Beiheft 62, Heidelberg 1989, S. 68-86.

Hommelhoff, Peter: Die Konzernleitungspflicht, Köln/Berlin/Bonn/München 1982.

Hopt, Klaus J. (Hrsg.): Groups of Companies in European Laws, Legal and Economic Analyses on Multinational Enterprises, Vol. II, Berlin/New York 1982.

Kropff, Bruno: Aktiengesetz (Textausgabe), Düsseldorf 1965.

Kropff, Bruno: Konzerneingangskontrolle bei der qualifiziert konzerngebundenen Aktiengesellschaft, in: Bilanz- und Konzernrecht, Festschrift für Reinhard Goerdeler, hrsg. von Hans Havermann, Düsseldorf 1987, S. 259-278.

Lehertshuber, Bonaventura: Unternehmensvertragsrecht und Konzernhandelsbilanz, Frankfurt M./Bern/New York 1986.

Lutter, Marcus: Der qualifizierte faktische Konzern, in: AG, 35. Jg., 1990, S. 179-185.

Mestmäcker, Ernst-Joachim: Verwaltung, Konzerngewalt und Rechte der Aktionäre, Karlsruhe 1958.

Mestmäcker, Ernst-Joachim: Zur Systematik des Rechts der verbundenen Unternehmen im neuen Aktiengesetz, in: Das Unternehmen in der Rechtsordnung, Festgabe für Heinrich Kronstein, 1967, S. 129-159.

Moxter, Adolf: Offene Probleme der Rechnungslegung bei Konzernunternehmen, in: ZfhF, N.F., 13.Jg., 1961, S. 641-653.

Piltz, Detlev J.: Die Unternehmensbewertung in der Rechtsprechung, 3. Aufl., Düsseldorf 1994.

Pöppl, Franz: Aktienrechtlicher Minderheitenschutz durch den "Abhängigkeitsbericht", Stuttgart 1972.

Richardt, Harald: Der aktienrechtliche Abhängigkeitsbericht unter ökonomischen Aspekten, Wiesbaden 1974.

Rowedder/Fuhrmann/Koppensteiner/Rasner/Ritter/Zimmermann/Wiedmann: Gesetz betreffend die Gesellschaften mit beschränkter Haftung (GmbHG), Kommentar, 2. Aufl., München 1990.

Scheffler, Eberhard: Zur Problematik der Konzernleitung, in: Bilanz- und Konzernrecht, Festschrift für Reinhard Goerdeler, hrsg. von Hans Havermann, Düsseldorf 1987, S. 469-485.

Scheffler, Eberhard: Der qualifizierte faktische Konzern, in: AG, 35.Jg., 1990, S. 173-178.

Schildbach, Thomas: Jahresabschluß und Markt, Berlin u. a. 1986.

Schildbach, Thomas: Der handelsrechtliche Jahresabschluß, 5. Aufl., Herne/Berlin 1997.

Stimpel, Walter: "Durchgriffshaftung" bei der GmbH: Tatbestände, Verlustausgleich, Ausfallhaftung, in: Bilanz- und Konzernrecht, Festschrift für Reinhard Goerdeler, hrsg. von Hans Havermann, Düsseldorf 1987, S. 601-621.

Thoennes, Horst: Die Rechtsprechung zur Unternehmensbewertung aus der Sicht der Berufspraxis, in: 50 Jahre Wirtschaftsprüferberuf, Bericht über die Jubiläumsfachtagung vom 21. bis 23. Oktober 1981 in Berlin, Düsseldorf 1981, S. 265-275.

Uecker, Peter: Der Vorteils-Nachteils-Ausgleich beim Abhängigkeitsbericht, Düsseldorf 1972.

Zehner, Klaus: Unternehmensbewertung im Rechtsstreit, in: DB, 34.Jg., 1981, S. 2109-2117.

C. Konsolidierungsgrundsätze

1. Notwendigkeit und Aufgaben von Konsolidierungsgrundsätzen

Dem Konzernabschluß, bestehend aus Konzernbilanz, Konzern-Gewinn- und Verlustrechnung und Konzernanhang, kommt - wie schon erläutert wurde - nur eine Informationsfunktion zu. Er hat gem. § 297 Abs. 2 S. 2 HGB "*unter Beachtung der Grundsätze ordnungsmäßiger Buchführung ein den tatsächlichen Verhältnissen entsprechendes Bild der Vermögens-, Finanz- und Ertragslage des Konzerns zu vermitteln*". Dabei ist die Lage "*der einbezogenen Unternehmen so darzustellen, als ob diese Unternehmen insgesamt ein einziges Unternehmen wären*" (§ 297 Abs. 3 S. 1 HGB).

Der Konzern könnte die Informationsaufgabe grundsätzlich mittels einer eigenen Konzernbuchführung erfüllen. Dieser Weg würde aber hohe zusätzliche Aufwendungen verursachen und wird daher in der Praxis vermieden. Statt dessen wird ein konsolidierter Jahresabschluß für den Konzern erstellt, worunter eine "*Zusammenfassung der Einzelabschlüsse der einbezogenen Konzernunternehmen unter Aufrechnung der Ergebnisse aus dem innerkonzernlichen Geschäftsverkehr, die sich in Vermögens-, Kapital- und Erfolgsgrößen niederschlagen können*" (von Wysocki/Wohlgemuth, Konzernrechnungslegung, 1996, S. 3), verstanden wird.

Die gesetzlichen Regelungen für die Konsolidierung, die später erläutert werden, sind allerdings zum Teil lückenhaft und in der Regel auslegungsbedürftig, da der Gesetzgeber bewußt darauf verzichtet hat, alle Fragen und Details der Konsolidierung im Gesetz zu regeln. Der Grund dafür besteht darin, daß das Gesetz bei einer vollständigen Kodifizierung aller Regeln der Konzernrechnungslegung zu starr und unbeweglich und damit eine entsprechende Anpassung an die technische und wirtschaftliche Entwicklung der Praxis sehr umständlich wäre. Die unvollständigen gesetzlichen Regelungen bedingen aber die Notwendigkeit von Konsolidierungsgrundsätzen, die dazu beitragen sollen, daß im Konzern sinnvoll Rechnung gelegt wird. Sie sollen der Praxis gerade in den Fällen, in denen das Gesetz lückenhaft oder auslegungsbedürftig ist, Kriterien für eine zweckentsprechende Gestaltung der Konzernabschlüsse liefern und Anhaltspunkte für die Ausübung von Wahlrechten geben . Des weiteren können sie aber auch als Grundlage für die Beurteilung der gesetzlichen Konsolidierungsregelungen, der Konsolidierungspraxis und der Literaturvorschläge zu diesem Themenkomplex herangezogen werden (vgl. Busse von Colbe/Ordelheide, Konzernabschlüsse, 1993, S. 43; vgl. zum Problem der Divergenzen zwischen Regelungen der §§ 290 ff. HGB und den Grundsätzen ordnungsmäßiger Konzernrechnungslegung von Wysocki, WPg 1986, S. 177-181).

2. Entwicklung und Ableitung von Konsolidierungsgrundsätzen

Die Entwicklung und Ableitung von Konsolidierungsgrundsätzen, die zusätzlich zu den Grundsätzen ordnungsmäßiger Buchführung bei der Erstellung des Konzernabschlusses zu beachten sind und die mit der Umsetzung der 7. EG-Richtlinie zum Teil in den §§ 290-312 HGB gesetzlich kodifiziert wurden, bringen ähnliche Schwierigkeiten mit sich wie die Ermittlung der Grundsätze ordnungsmäßiger Buchführung (s. hierzu Schildbach, Jahresabschluß, 1997, S. 106 ff.).

Bei der induktiven Methode, bei der die Konsolidierungsgrundsätze aus der Konsolidierungspraxis ordentlicher und ehrenwerter Kaufleute abgeleitet werden sollen, besteht die Schwierigkeit, diese Kaufleute von den nicht ordentlichen und nicht ehrenwerten zu trennen. Erschwerend kommt bei dieser Beurteilung hinzu, daß die in- und ausländische Konsolidierungspraxis dabei berücksichtigt werden muß, da bei der Konzernrechnungslegung das Weltabschlußprinzip zu beachten ist, nach dem grundsätzlich Tochterunternehmen mit Sitz im Ausland in den Konzernabschluß einzubeziehen sind. Da es keine anderen Kriterien zur Beurteilung der Ordnungsmäßigkeit der Konsolidierungsgrundsätze gibt, kommt es bei dieser Methode zu der Gefahr eines Zirkelschlusses, denn es muß von Beginn an bekannt sein, was induktiv durch Beobachtung der Kaufleute abgeleitet werden sollte, nämlich wie ordentliche Konsolidierungsgrundsätze auszusehen haben.

Der andere Weg zur Entwicklung und Ableitung von Konsolidierungsgrundsätzen ist die deduktive Methode, wonach die Grundsätze aus den Aufgaben der Rechnungen und aus den Interessen der Beteiligten abgeleitet werden sollen. Dabei stößt man aber auf analoge Probleme wie bei der Ermittlung der Grundsätze ordnungsmäßiger Buchführung für den Einzelabschluß, denn auch hier existiert aufgrund der gesetzlich unklar geregelten Zwecke der Konzernrechnungslegung (§ 297 Abs. 2 HGB) eine mangelhafte Deduktionsbasis. Zudem ist es für die Betriebswirtschaftslehre auch im Bereich der Konzernrechnungslegung schwierig, Regeln festzulegen, nach denen die Aufstellung des Konzernabschlusses erfolgen sollte. Ein weiteres Problem bei der deduktiven Ermittlung der Konsolidierungsgrundsätze besteht in den heterogenen Interessen der Konzernabschlußersteller bzw. -adressaten, die aufgrund der oft komplexen Konzernstrukturen i.d.R. noch widersprüchlicher und umfangreicher sind als bei den Einzelabschlüssen. Daraus folgen zwangsläufig noch vielschichtigere, unterschiedliche Urteile zu der Frage, wie im Konzern zweckmäßig Rechnung zu legen ist.

Aus den obigen Ausführungen ergibt sich, daß auch im Bereich der Konsolidierungsgrundsätze vieles für eine Ermittlung in einem politischen Prozeß spricht, in den die verschiedenen an der Konzernrechnungslegung interessierten Gruppen ihre Vorstellungen über eine zweckmäßige Rechnungslegung einbringen, sie diskutieren und ggf. durchsetzen können (vgl. Schildbach, Jahresabschluß, 1997, S. 108).

3. Inhalte der wichtigsten Konsolidierungsgrundsätze

Ohne den Anspruch auf Vollständigkeit der Darstellung wird im folgenden versucht, die wichtigsten Konsolidierungsgrundsätze zu erläutern. Da der Aufwand einer umfassenden und systematischen Darstellung und Erläuterung der zu diesem Themenkomplex vertretenen Meinungen im Rahmen dieses Lehrbuches unvertretbar erscheint, wird der Leser diesbezüglich auf die Literatur verwiesen (Trützschler in: Küting/Weber, Konzernrechnungslegung, II. Kapitel, Rn. 926-968). Dies gilt auch für die allgemeinen, hier nicht näher erläuterten Grundsätze ordnungsmäßiger Buchführung, die zwar bei der Erstellung des Konzernabschlusses beachtet werden müssen, dort aber keine wesentlichen Änderungen zum Einzelabschluß aufweisen (vgl. z.B. Leffson, Grundsätze ordnungsmäßiger Buchführung, 1987).

3.1 True and fair view

Ebenso wie im Einzelabschluß ist die Forderung nach "*true and fair view*" auch ein Bestandteil der Generalklausel für den Konzernabschluß. Danach hat der Konzernabschluß "*unter Beachtung der Grundsätze ordnungsmäßiger Buchführung ein den tatsächlichen Verhältnissen entsprechendes Bild der Vermögens-, Finanz- und Ertragslage des Konzerns zu vermitteln*" (§ 297 Abs. 2 S. 2 HGB, vgl. auch Busse von Colbe, ZfbF 1985, S. 767).

Da der Konzernabschluß anders als der Einzelabschluß ausschließlich Informationsfunktionen erfüllt, müßte die auf die Informationsfunktionen ausgerichtete "*true and fair view*"-Forderung hier eine besonders große Bedeutung haben. Dem stehen aber mehrere Gründe entgegen. Zunächst kann der Inhalt der Forderung vor dem Hintergrund der Vielfalt an Informationswünschen, der Unklarheiten über die Informationsgehalte traditioneller Jahresabschlußzahlen und dem Konflikt zwischen Informationen und Geheimhaltung nicht klar angegeben werden. Außerdem stehen der Generalklausel konkrete Einzelvorschriften gegenüber, die einen Kompromiß aus den widersprüchlichen Anforderungen zum Ausdruck bringen. Dieser Kompromiß verdient Respekt. Daher ist in der Regel anzunehmen, daß ein den Einzelvorschriften entsprechender Konzernabschluß auch einen "*true and fair view*" vermittelt (vgl. ADS, 6. Aufl., § 297 Tz. 35). Auch gibt es keine Möglichkeit, unter Berufung auf "*true and fair view*" gegen kodifizierte Einzelvorschriften zu verstoßen (vgl. ADS, 6. Aufl. , § 297 Tz. 28). Praktisch dient die "*true and fair view*"-Forderung somit nur drei Funktionen:

- Erstens dient sie als Leitlinie für Interpretationen in Zweifelsfragen, etwa im Rahmen der GuV-Konsolidierung, welche im entsprechenden § 305 HGB nur in Grundzügen behandelt wird (vgl. Budde/Lust in: Beck Bil-Komm., 3. Aufl., § 297 Anm. 12).
- Zweitens ist sie Grundlage für zusätzliche Erläuterungspflichten im Anhang, wie etwa solche über schwebende Kartellverfahren (vgl. ADS, 6. Aufl., § 297 Tz. 36) oder über Risiken aus der Einbeziehung von Tochterunternehmen aus politisch instabilen Regionen (vgl. Baetge/Kirsch in: Küting/Weber, Konzernrechnungslegung, § 297 Rn. 60).
- Drittens soll sie grobe Grenzen für Erleichterungen bei der Konzernrechnungslegung aus Gründen der Wirtschaftlichkeit liefern, wie etwa bei Ausnahmen von der Einbeziehungspflicht von Tochterunternehmen (§ 296 Abs. 2 HGB), der Schuldenkonsolidierung (§ 303 Abs. 2 HGB), der Zwischenergebniseliminierung (§ 304 Abs. 3 HGB), der Aufwands- und Ertragskonsolidierung (§ 305 Abs. 2 HGB) und der konzerneinheitlichen Bewertung (§ 308 Abs. 2 S. 3 HGB).

Daß aus "*true and fair view*" außerdem die Notwendigkeit zur Aufstellung von Konzernabschlüssen folgt, ist praktisch ohne Bedeutung, weil Konzernabschlüsse im HGB explizit vorgeschrieben sind.

Im Konflikt zwischen Einzelvorschriften und "*true and fair view*"-Forderung setzen sich erstere allerdings teilweise auch dann durch, wenn sie letzterer eindeutig widersprechen. Insoweit wird die Forderung nach "true and fair view" in wichtigen Punkten untergraben. Zu nennen sind diesbezüglich insbesondere die folgenden Vorschriften:

- § 308 Abs. 2 S. 2 HGB erlaubt die Übernahme von nach dem Kreditwesengesetz gebildeten stillen Reserven der in den Konzernabschluß einzubeziehenden Kreditinstitute und die im Versicherungsaufsichtsgesetz kodifizierten versicherungstechnischen Rückstellungen sowie die Beibehaltung niedrigerer Wertansätze der in den Konzernabschluß einzubeziehenden Versicherungsunternehmen;
- § 308 Abs. 3 HGB gewährt unter bestimmten Bedingungen das Wahlrecht, steuerlich bedingte Wertansätze in den Konzernabschluß zu übernehmen;
- Konzerne, die den Konzernabschluß gemäß § 11 Publizitätsgesetz (PublG) aufstellen, brauchen nach § 13 Abs. 3 PublG die §§ 279 Abs. 1 und 280 HGB nicht anzuwenden. Das bedeutet, daß bei Inanspruchnahme dieses Wahlrechtes aufgrund der einheitlichen Bewertung im Konzern (§ 308 Abs. 1 HGB) für sämtliche Vermögensgegenstände aller einbezogenen Nicht-Kapitalgesellschaften - aber auch der Kapitalgesellschaften - das Wahlrecht nach § 253 Abs. 4 HGB in Anspruch genommen werden kann und damit stille Reserven gebildet werden können.

3.2 Vollständigkeit des Konzernabschlusses

Der Grundsatz der Vollständigkeit des Konzernabschlusses folgt aus der Einheitstheorie, nach der - wie schon in B.4.2 erläutert wurde - die einzelnen, rechtlich getrennten Konzerngesellschaften wirtschaftlich als eine Einheit angesehen werden. Der Konzern wird also wie ein Unternehmen mit mehreren Betriebsstätten oder Teilbetrieben betrachtet. Mithin stellt der Konzernabschluß einen Abschluß für die wirtschaftliche Einheit des Konzerns dar.

Entsprechend diesem Leitgedanken müßten grundsätzlich

- sowohl alle einheitlich geleiteten Konzernunternehmen
- als auch alle Vermögensgegenstände, Schulden und Rechnungsabgrenzungsposten sowie sämtliche Erträge und Aufwendungen der in den Konzernabschluß einbezogenen Unternehmen (§ 300 Abs. 2 HGB)

vollständig in den Konzernabschluß aufgenommen werden.

Die handelsrechtlichen Vorschriften zum Konzernabschluß tragen dem Grundsatz der Vollständigkeit zwar Rechnung, sie verstoßen aber auch teilweise gegen diesen Grundsatz, meist dahingehend, daß sie den Kreis einzubeziehender Unternehmen, Vermögensgegenstände und Schulden sehr weit ziehen.

Dem Vollständigkeitsgrundsatz wird insoweit entsprochen, als alle Konzernunternehmen unabhängig von ihrem Sitz in den Konzernabschluß aufzunehmen sind (Weltabschlußprinzip; § 294 Abs. 1 HGB). Ob dem Vollständigkeitsgrundsatz durch Einbeziehungsverbot und -wahlrechte (§§ 295 f. HGB) widersprochen wird, hängt vor allem von der prinzipiellen Beurteilung von Wahlrechten (können Wahlrechte dem Gebot der Vollständigkeit überhaupt dienen?) und von der Interpretation der Bedingungen für das Wahlrecht nach § 296 Abs. 1 Nr. 2 HGB ab. Als Lücke für das Vollständigkeitsgebot muß dieses Einbeziehungswahlrecht nämlich dann angesehen werden, wenn die Voraussetzungen für eine Nichteinbeziehung wegen unverhältnismäßig hoher Kosten oder Verzögerungen bei der Beschaffung der zur Aufstellung des Konzernabschlusses erforderlichen Angaben weit ausgelegt werden und beispielsweise auch vom Konzern abstellbare Informationsprobleme als Voraussetzung anerkannt werden.

Abweichungen vom Grundsatz der Vollständigkeit ergeben sich aber auch insoweit, als der Konzern entgegen dem Einheitstheoriegedanken über die einheitliche Leitung und die Vermögenseinheit hinaus ausgedehnt wird. Nach neuem Recht müssen bzw. können nämlich auch alle

- Unternehmen, die nur eine der Voraussetzungen des sog. Control-Konzeptes (§ 290 Abs. 2 HGB; siehe hierzu im einzelnen D.1.3) erfüllen,
- Gemeinschaftsunternehmen (§ 310 HGB; siehe hierzu im einzelnen E.5) und
- assoziierten Unternehmen (§§ 311 f. HGB; siehe hierzu im einzelnen E.6)

in den Konzernabschluß einbezogen werden.

Hinsichtlich der vollständigen Erfassung aller Vermögensgegenstände, Schulden etc. der zum Konsolidierungskreis gehörenden Unternehmen im Konzernabschluß sind nicht die Ansatzentscheidungen in den jeweiligen Einzelabschlüssen, sondern die für das Mutterunternehmen geltenden Bilanzierungsgebote, -wahlrechte und -verbote maßgebend. Dabei dürfen die Bilanzansatzwahlrechte des Mutterunternehmens im Konzernabschluß vom Konzern ohne Rücksicht auf ihre Existenz und Ausübung in den Einzelabschlüssen neu wahrgenommen werden, so daß im Ergebnis für den Konzern ein eigenes Ansatzwahlrecht besteht.

Abgesehen davon, daß das Mutterunternehmen und damit der Konzern gegebenenfalls andere Ansatzwahlrechte hat als die einzelne Tochter oder daß im Konzern Ansatzwahlrechte anders ausgeübt werden können, gibt es einen weiteren möglichen Grund für abweichende Vermögen in Einzelabschlüssen und Konzernabschluß. Selbsterstellte Patente eines Tochterunternehmens dürfen im Einzelabschluß dieser Tochter nicht angesetzt werden. Wurden diese Patente aber von der Mutter zusammen mit dem restlichen Vermögen im Rahmen des Beteiligungserwerbs entgeltlich erworben, sind sie in der Konzernbilanz wie andere entgeltlich erworbene immaterielle Anlagen im Prinzip einzubeziehen.

3.3 Konzerneinheitliche Bewertung

Schon aus der Einheitstheorie, nach der der Konzernabschluß wie ein Einzelabschluß eines einheitlichen Unternehmens aussehen soll, läßt sich unmittelbar das Verlangen nach einer konzerneinheitlichen Bewertung ableiten. Alle Vermögensgegenstände, Schulden usw. müßten demnach wie in einem Einzelabschluß nach einheitlichen Grundsätzen bewertet werden.

Diesem Verlangen der Einheitstheorie wird auch grundsätzlich durch die Kodifizierung der einheitlichen Bewertung im § 308 HGB entsprochen. Danach hat die Bewertung im Konzernabschluß grundsätzlich nach den für das Mutterunternehmen "*anwendbaren Bewertungsmethoden*" einheitlich zu erfolgen (§ 308 Abs. 1 S. 1 HGB). Diese bilden also den äußeren Rahmen für die konzerneinheitliche Bewertung.

- Demzufolge dürfen Werte aus dem Einzelabschluß des Mutterunternehmens entweder unverändert in die Konzernbilanz übernommen oder nach anderen für das Mutterunternehmen anwendbaren und für den Konzernabschluß angewandten Bewertungsmethoden bewertet werden (solche Änderungen innerhalb der dann ggf. aufzustellenden sog. Handelsbilanz II des Mutterunternehmens sind jedoch im Konzernanhang anzugeben und zu begründen, vgl. § 308 Abs. 1 S. 2 und 3 HGB).

- Die Werte aus den Einzelabschlüssen der übrigen in den Konzernabschluß einbezogenen Unternehmen können in den Konzernabschluß grundsätzlich nur übernommen werden, wenn sie den beim Mutterunternehmen für den Konzernabschluß angewandten Bewertungsmethoden entsprechen. Ansonsten müssen sie jeweils in einer sog. Handelsbilanz II auf diese Methoden umgestellt werden. Für den Fall eines Konzerns mit einer inländischen Muttergesellschaft sind hinsichtlich des Umfangs der erforderlichen Modifikationen drei Fälle zu unterscheiden (vgl. auch WP-Handbuch, Band I, M Tz. 242):
  - Einzelabschlüsse deutscher Kapitalgesellschaften müssen zwar nach den für das Mutterunternehmen anwendbaren, nicht aber nach den für den Konzernabschluß angewandten Bewertungsmethoden aufgestellt sein; sie sind nur auf die letzteren Methoden umzustellen.
  - Einzelabschlüsse deutscher Nichtkapitalgesellschaften können stille Reserven enthalten, die Kapitalgesellschaften nicht bilden dürfen (§§ 253 Abs. 4, 279 Abs. 1 S. 1 HGB). Wenn ihr Mutterunternehmen eine Kapitalgesellschaft ist, müssen diese Einzelabschlüsse modifiziert werden, damit sie den für das Mutterunternehmen anwendbaren und auch den für den Konzernabschluß angewandten Bewertungsmethoden entsprechen.
  - Einzelabschlüsse ausländischer Konzernunternehmen können nach Bewertungsmethoden aufgestellt sein, die nicht den nationalen Grundsätzen ordnungsmäßiger Buchführung entsprechen. So kann zum Beispiel durch Rückgriff auf Preisindizes der Inflation Rechnung getragen werden. Solche Abschlüsse sind zusätzlich den handelsrechtlichen Grundsätzen ordnungsmäßiger Buchführung anzupassen, die derartige Inflationsbereinigungen verbieten.

Wie streng jedoch im Detail innerhalb des Rahmens der "*anwendbaren Bewertungsmethoden*" des Mutterunternehmens einheitlich zu bewerten ist, bleibt im Gesetz letztlich unklar.

Sicher ist, daß Bewertungswahlrechte bei vergleichbaren Vermögensgegenständen nicht willkürlich verschiedenartig ausgeübt werden dürfen und daß als Maßstab für die konzerneinheitliche Bewertung ein rechtlich einheitliches Unternehmen herangezogen werden muß. Besteht für dieses die Möglichkeit, Bewertungswahlrechte aufgrund sachlicher und nachprüfbarer Gründe unterschiedlich auszuüben, wie z.B. bei Herstellungskosten

- für Gegenstände des Anlage- und Umlaufvermögens,
- für Produkte für verschiedene Märkte oder
- für Produkte aus Fabriken mit unterschiedlicher Produktions- und Kostenstruktur,

oder ist in einem Einzelabschluß die Bewertung verschiedener gleichartiger Vermögensgegenstände in einer Bandbreite zulässig, so ist dies auch im Konzernabschluß erlaubt.

Insofern stellt das Gesetz an die Einheitlichkeit der Bewertung im Konzernabschluß also keine höheren Anforderungen als an die Bewertung im Einzelabschluß eines rechtlich selbständigen Unternehmens.

Allerdings wird der Grundsatz der einheitlichen Bewertung im Konzern im neuen Recht durch folgende Ausnahmeregelungen erheblich durchlöchert:

- Wertansätze, die auf spezifischen Bewertungsvorschriften für Kreditinstitute und Versicherungsunternehmen beruhen (z.B. Beibehaltung versicherungstechnischer Rückstellungen, stille Reserven iSv. §§ 340 ff. HGB), dürfen beibehalten werden, wenn sie den Besonderheiten dieser Geschäftszweige Rechnung tragen (§ 308 Abs. 2 S. 2 HGB). Dies gilt auch dann, wenn das Mutterunternehmen selbst kein Kreditinstitut oder Versicherungsunternehmen ist. Auf die Inanspruchnahme dieser Ausnahmeregelung ist im Konzernanhang hinzuweisen.
- Wertansätze brauchen gem. § 308 Abs. 2 S. 3 HGB nicht angepaßt zu werden, wenn ihre Auswirkungen für den true and fair view (§ 297 Abs. 2 S. 2 HGB) von untergeordneter Bedeutung sind. Für die diesbezügliche Beurteilung bei Existenz mehrerer Sachverhalte, die einzeln von untergeordneter Bedeutung sind, ist ggf. die Gesamtbetrachtung entscheidend. Eine Angabe im Konzernanhang ist bei Inanspruchnahme dieser Ausnahmeregelung nicht vorgesehen.
- § 308 Abs. 2 S. 4 HGB läßt darüber hinaus "*Abweichungen in Ausnahmefällen*" zu. Diese nicht näher erläuterte Ausnahmevorschrift ist jedoch sehr restriktiv zu handhaben, da ansonsten der Informationsverlust des Konzernabschlusses trotz der Angabe- und Begründungspflichten im Konzernanhang sehr groß werden kann, so daß im Extremfall sogar ein Verstoß gegen die Generalnorm droht.
- Nur nach Steuerrecht zulässige Wertansätze oder Sonderposten dürfen beibehalten werden, wenn sie bei einem in den Konzernanhang einbezogenen Unternehmen im Einzelabschluß gebildet wurden und wenn sie ohne Ansatz im Einzelabschluß bei der steuerlichen Gewinnermittlung nicht anerkannt würden (umgekehrte Maßgeblichkeit, § 308 Abs. 3 HGB). Dies gilt bei umgekehrter Maßgeblichkeit im ausländischen Steuerrecht entsprechend auch für ausländische Tochterunternehmen. Bei Inanspruchnahme dieses Wahlrechtes sind die Maßnahmen im Konzernanhang zu begründen und die entsprechenden Beträge dort anzugeben.

Aus Sicht der Einheitstheorie und zugunsten der besseren Erfüllung der Generalnorm sollte man jedoch

- zunächst möglichst selten von diesen Ausnahmeregelungen Gebrauch machen. Dies gilt insbesondere für die steuerlich bedingten Wertansätze, da das Konzernergebnis gerade nicht als Steuerbemessungsgrundlage dient (vgl. Stobbe, DB 1986, S. 1839) und der Konzernabschluß selbst nicht maßgeblich ist.

- Außerdem kann die Belastung aus der Verpflichtung zur konzerneinheitlichen Bewertung dadurch verringert werden, daß die Konzernleitung schon für die Einzelabschlüsse konzerneinheitliche Bewertungsrichtlinien erläßt, die die Tochterunternehmen von Anfang an zu einheitlicher Vorgehensweise anhalten.

Ergibt sich aufgrund der erstmaligen Anwendung des § 308 HGB eine Erhöhung oder Verminderung des Ergebnisses, so kann der Unterschiedsbetrag gemäß Art. 27 Abs. 4 EGHGB erfolgsneutral "*... in die Gewinnrücklagen eingestellt oder mit diesen offen verrechnet werden...*". Damit beeinflußt er zwar das Jahresergebnis nicht, er beeinträchtigt dafür aber zum Teil die Vergleichbarkeit der Konzernergebnisse, was als erheblicher Nachteil zu werten ist.

Ein Gesamturteil über die einheitliche Bewertung (zusammenfassend noch einmal dargestellt in Schaubild C.1 auf der nachfolgenden Seite) fällt nicht leicht. Einerseits erscheint sie vorteilhaft, weil sie einem Wertekonglomerat im Konzernabschluß entgegenwirkt. Andererseits aber darf dieses Bemühen nicht überbewertet werden, weil ein traditioneller Jahresabschluß sich trotzdem auf eine Vielfalt von Werten stützt. Außerdem wird der nicht operational faßbare Grundsatz durch wichtige Ausnahmen aufgeweicht, und er eröffnet einen gewaltigen Spielraum für eine eigenständige Konzernbilanzpolitik, die nicht unbedingt der Informationsfunktion dient, die Konzernleitung allerdings aufwertet.

3.4 Konsolidierungskontinuität

Bei der Konsolidierungskontinuität wird in der Konzernrechnungslegung zwischen materieller und formeller Kontinuität unterschieden.

Allgemein soll durch den Grundsatz der materiellen Konsolidierungskontinuität (Stetigkeit) die Vergleichbarkeit mehrerer aufeinanderfolgender Konzernabschlüsse erreicht und eine willkürliche Gestaltung der Abschlüsse vermieden werden. Veränderungen innerhalb der aufeinanderfolgenden Konzernabschlüsse sollen demnach nur auf Änderungen im realen Bereich und nicht auf dem Wechsel der Abbildungsregeln bzw. der Ausübung der diesbezüglichen Spielräume beruhen.

Die Stetigkeit hat im Konzern die vier Dimensionen Ansatz, Bewertung, Gliederung und Konsolidierung.

Für den Bereich des Ansatzes fehlt eine explizite Regelung im Gesetz gänzlich. Dies wird zum Teil so interpretiert, daß "*über die Ansatzwahlrechte zu jedem Stichtag neu entschieden werden*" darf (Federmann, Bilanzierung, 1994, S. 141).

Grundsätze:- Bewertung in dem von der Rechtsform des Mutterunternehmens abhängigen zulässigen Rahmen (*anwendbare Bewertungsmethoden*)
- Wahl einer konzerneinheitlichen Bewertung innerhalb dieses Rahmens (*angewandte Bewertungsmethoden*)

Abschluß des Mutterunternehmens:

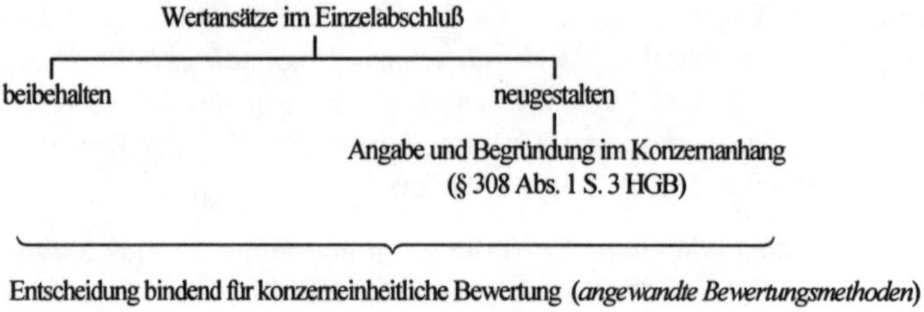

Abschlüsse der einbezogenen Tochterunternehmen:

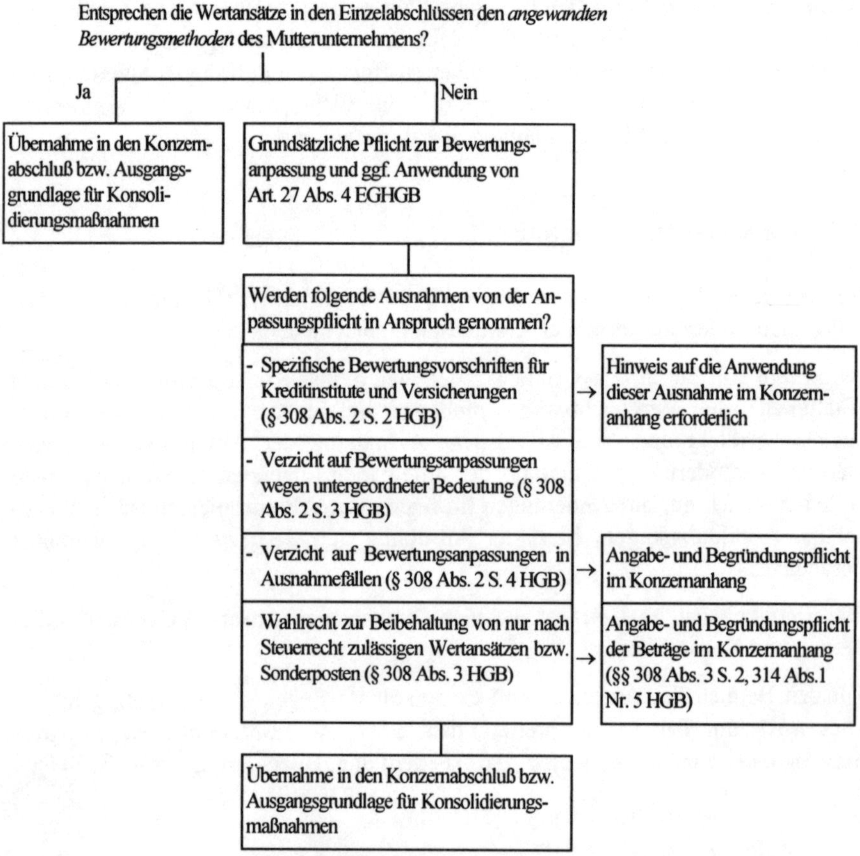

Schaubild C.1: Konzerneinheitliche Bewertung (§ 308 HGB)

Bezogen auf die Bewertung im Konzern verweist der Gesetzgeber in § 298 Abs. 1 HGB auf die entsprechende, für alle Kaufleute geltende Regelung des § 252 Abs. 1 Nr. 6 HGB, wonach die auf den vorhergehenden Jahresabschluß angewandten Bewertungsmethoden beibehalten werden sollen. Diese "*Soll*"-Vorschrift findet in der Literatur allerdings sehr unterschiedliche Interpretationen, die von einer Auslegung des Wortes "*soll*" als "*müssen mit Ausnahmen*" (Helmrich, WPg 1984, S. 628 f.; zu den Ausnahmen vgl. SABI 2/1987, WPg 1988, S. 49) bis hin zu "*sollen ist ein "Papiertiger"* " (Selchert, DB 1984, S. 1894) reichen. Darüber hinaus ist auch unklar und strittig, ob Entscheidungen über die Bewertung bestimmter Vermögensgegenstände dazu zwingen, andere gleichartige Vermögensgegenstände ebenso zu bewerten, auch wenn sie in späteren Jahren erworben wurden (vgl. Schildbach, Jahresabschluß, 1997, S. 120 m.w.N.).

Die §§ 298 Abs. 1, 265 Abs. 1 S. 1 HGB verlangen von den Kapitalgesellschaften explizit die strenge Einhaltung der Ausweis- bzw. Gliederungsstetigkeit. Die Gliederung der Konzernbilanz, der Konzern-Gewinn- und Verlustrechnung und des Konzernanhangs sind also im Zeitablauf grundsätzlich beizubehalten, "*soweit nicht in Ausnahmefällen wegen besonderer Umstände Abweichungen erforderlich sind*" (§ 265 Abs. 1 HGB). Insbesondere aus Gründen der Vergleichbarkeit der Konzernabschlüsse sollten strenge Anforderungen an die Auslegung dieser Regelung gestellt werden.

Obwohl auch der Grundsatz der Beibehaltung der Konsolidierungsmethoden als "*Soll*"-Norm geregelt ist (§ 297 Abs. 3 S. 2 HGB), scheint das "*Soll*" hier strenger als bei der Bewertungsstetigkeit ausgelegt zu werden. Die im Gesetz vorgesehenen Ausnahmefälle zum Grundsatz der Konsolidierungsstetigkeit dürften durch die Kommentierung auf wenige Fälle beschränkt sein, etwa auf den Fall, in dem früher ausgenutzte Erleichterungen beispielsweise bei der Konsolidierung freiwillig nicht mehr in Anspruch genommen werden sollen (vgl. ADS, 6. Aufl., § 297 Tz. 54). Dabei ist unklar, ob unter Konsolidierungsmethoden in diesem Zusammenhang nur die Kapital-, Schulden-, Zwischenergebnis- sowie Aufwands- und Ertragskonsolidierung oder etwa auch die Abgrenzung des Konsolidierungskreises zu verstehen ist. Vieles deutet darauf hin, daß eine weite Interpretation zweckmäßig wäre. Konsolidierungsstetigkeit bedeutet allerdings nicht, daß sich bezogen auf einen Konzernabschluß unterschiedliche Konsolidierungsmethoden gegenseitig ausschließen. Es darf also z.B. ein Teil der Töchter nach der Buchwert- und der Rest nach der Neubewertungsmethode konsolidiert werden (vgl. Baetge/Kirsch in: Küting/Weber, Konzernrechnungslegung, § 297 Rn. 80; aA ADS, 6. Aufl., § 297 Tz. 48). Eine solche Einheitlichkeit der Wahlrechtsausübung ergibt sich allenfalls aus dem Einheitsgedanken des § 297 Abs. 3 S. 1 HGB und der Einheitstheorie.

Unterbrechungen der Stetigkeit bei Ansatz, Bewertung, Gliederung und Konsolidierung lösen stets Pflichten zu Erläuterungen im Konzernanhang aus. Soweit die Stetigkeit bei der Gliederung durchbrochen wird, sind die Abweichungen im Anhang lediglich anzugeben und zu begründen (§§ 298 Abs. 1, § 265 Abs. 1 S. 2 HGB). Stetigkeitsunterbrechungen bei Ansatz, Bewertung und Konsolidierung dagegen sind im Anhang nicht nur anzugeben und zu begründen, bei ihnen muß auch der Einfluß auf die Vermögens-, Finanz- und Ertragslage des Konzerns angegeben werden (§§ 297 Abs. 3 S. 4 und 5, 313 Abs. 1 S. 2 Nr. 3 HGB). Allerdings darf der Informationsgehalt solcher Erläuterungen im Anhang nicht überbewertet werden, weil Gesetz und Kommentierung keine verläßlichen Grenzen ziehen. Auch gelten die Erläuterungspflichten nur für echte Stetigkeitsunterbrechungen. Wenn beispielsweise eine andere Konsolidierungsmethode für eine Beteiligung gewählt wird, weil der Beteiligungscharakter durch den Kauf oder Verkauf von Anteilen wechselte, liegt keine erläuterungspflichtige Stetigkeitsunterbrechung vor.

Die Bilanzidentität oder formelle Kontinuität der Bilanzen am Ende eines Geschäftsjahres und am Anfang des folgenden Geschäftsjahres ist nach §§ 298 Abs. 1 iVm. 252 Abs. 1 Nr. 1 HGB auch für den Konzernabschluß streng gefordert. Bestünde dieser Grundsatz nicht oder würde man ihn nicht sehr streng auslegen, so wären durch Wertdifferenzen zwischen der Schlußbilanz und der Eröffnungsbilanz des Folgejahres Informationsverzerrungen möglich, die den Nutzen der Konzernrechnungslegung für den Konzernabschluß- und Konzernlageberichtsleser insgesamt in Frage stellen und die Ermittlung des Totalerfolges verhindern. Abweichungen von dem Grundsatz der formellen Kontinuität sind also nur in begründeten Ausnahmefällen möglich (§§ 298 Abs. 1, 252 Abs. 2 HGB), wobei diese Regelung sehr streng auszulegen ist. Denkbar ist eigentlich nur der Fall einer Gesetzesänderung, in der dann aber auch explizit - etwa in Form von Übergangsregelungen - dargelegt werden müßte, wie die Durchbrechung der Bilanzidentität ohne Verlust an Informationen für den Konzernabschlußleser gezeigt werden kann. (Zusammengefaßt werden die Aspekte der Konsolidierungskontinuität in Schaubild C.2 auf der folgenden Seite.)

3.5 Einheitliche Rechnungsperioden

Hinter der Forderung nach einheitlichen Rechnungsperioden verbergen sich zwei Probleme, die Wahl des Bilanzstichtages für den Konzernabschluß und die noch wichtigeren Vorschriften bei abweichenden Geschäftsjahren der Konzernunternehmen.

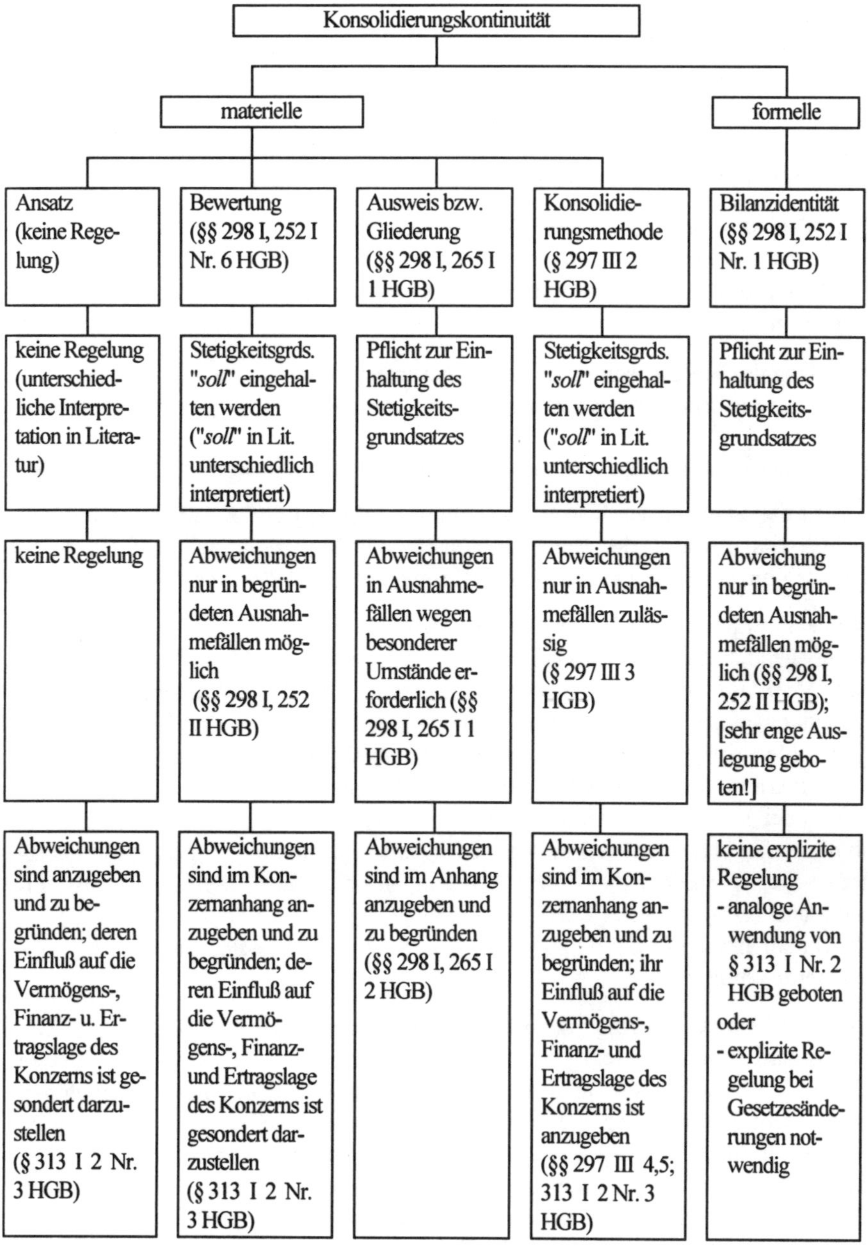

Schaubild C.2: Konsolidierungskontinuität

Die zentrale Grundvoraussetzung für eine sinnvolle Konzernrechnungslegung aus Sicht der Einheitstheorie ist die Einheitlichkeit der Rechnungsperioden der in den Konzernabschluß einbezogenen Einzelabschlüsse. Nur bei einheitlichen Rechnungsperioden können Verschiebungen von Liquidität und Erfolgen innerhalb des Konzerns verhindert werden und damit die einheitstheoretische Forderung nach einem Abschluß wie bei einem einheitlichen Unternehmen erfüllt werden.

Die Wahl des Bilanzstichtages für den Konzernabschluß und damit des Konzerngeschäftsjahres wurde im neuen Recht liberal geregelt. Gemäß § 299 Abs. 1 HGB kann das Mutterunternehmen des Konzerns frei zwischen folgenden Stichtagen wählen:

- Stichtag des Jahresabschlusses des Mutterunternehmens,
- Stichtag der bedeutendsten in den Konzernabschluß einbezogenen Unternehmen oder
- Stichtag der Mehrzahl der in den Konzernabschluß einbezogenen Unternehmen.

Weicht der Stichtag des Konzernabschlusses aufgrund der Ausübung des Wahlrechtes vom Stichtag des Einzelabschlusses des Mutterunternehmens ab, so ist dies im Konzernanhang anzugeben und zu begründen (§ 299 Abs. 1 HGB).

Probleme ergeben sich bei der obigen, auf den ersten Blick scheinbar einfach auszulegenden Regelung besonders bei der Auslegung der Worte "*bedeutendsten*" und "*Mehrzahl*". Während bei ersterem fraglich ist, an Hand welcher Kriterien die Bedeutung eines oder mehrerer Unternehmen gemessen werden soll (vgl. Trützschler in: Küting/Weber, Konzernrechnungslegung, § 299 Rn. 14 f.), besitzt das Kriterium der "*Mehrzahl*" der einbezogenen Unternehmen zumindest den Vorteil der Klarheit. Allerdings wäre bei dem Kriterium der Mehrzahl zu prüfen, ob dieser Stichtag aus Gesamtkonzernsicht zur Erfüllung der Generalnorm geeignet erscheint, was z.B. bei einem Konzern, der aus einem die Vermögens-, Finanz- und Ertragslage des Konzerns weitgehend prägenden und mehreren kleineren Unternehmen mit davon abweichenden Stichtagen besteht, erheblich bezweifelt werden muß.

Hat das Mutterunternehmen des Konzerns einen der möglichen Stichtage für den Konzernabschluß festgelegt (im Schaubild C.3 z.B. den 31.12.02, siehe untere Ebene), so brauchen die in den Konzernabschluß einbezogenen Unternehmen nach neuem Recht, entgegen der obigen Forderung und anders als im AktG 1965, nicht mehr in jedem Fall einen Abschluß auf diesen Konzernabschlußstichtag aufzustellen. Vielmehr "*sollen*" die Jahresabschlüsse der in den Konzernabschluß einbezogenen Unternehmen auf diesen Stichtag aufgestellt werden (§ 299 Abs. 2 S. 1 HGB). Eine Pflicht zur Aufstellung eines Zwischenabschlusses auf den Konzernabschlußstichtag besteht im neuen Recht in Anlehnung an die traditionellen anglo-amerikanischen Regelungen nur für solche einbezogenen Unternehmen, deren Abschlußstichtag "*um mehr als drei Monate vor dem Stichtag des Konzernabschlusses*" liegt (§ 299 Abs. 2 S. 2 HGB; siehe z.B. obere Ebene im

Schaubild C.3). Wird für die nicht unter diese Vorschrift fallenden einbezogenen Unternehmen mit abweichendem Stichtag mithin ein solcher Zwischenabschluß nicht erstellt (siehe z.B. mittlere Ebene im Schaubild C.3), so ergibt sich ein Konzernabschluß, der sich aus einem "Sammelsurium" von Einzelabschlußstichtagen (im Schaubild C.3 z.B. 30.09.02 und 31.12.02) und damit aus heterogenen Rechnungsperioden zusammensetzt. Solche Konzernabschlüsse eröffnen der Konzernleitung gewaltige und zugleich kaum überprüfbare, weil auf der Ebene der Sachverhaltsgestaltung angesiedelte Manipulationsspielräume, die die Informationsfunktion des Konzernabschlusses im Kern bedrohen.

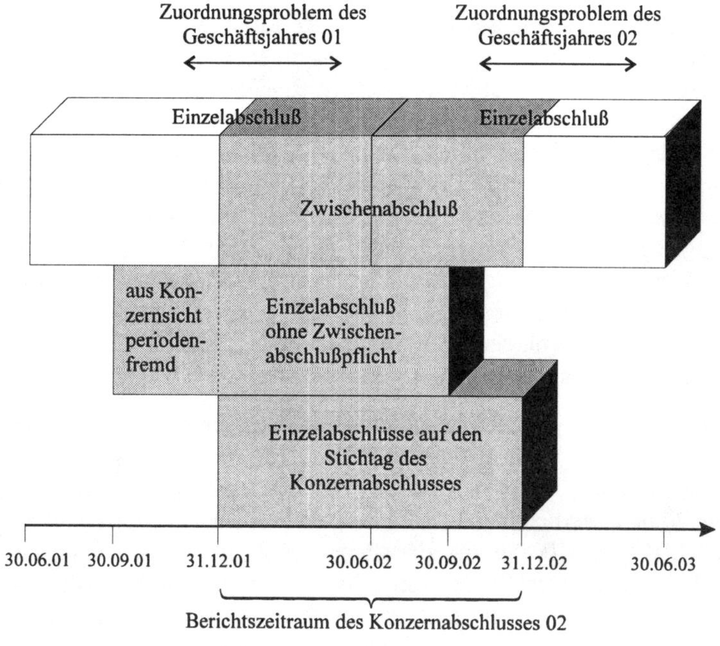

Schaubild C.3: Heterogene Rechnungsperioden im Konzernabschluß

Dieser gravierende Mangel wird nicht wesentlich durch die in diesem Fall bestehende Angabepflicht für Vorgänge von besonderer Bedeutung für die Vermögens-, Finanz- und Ertragslage des in den Konzernabschluß einbezogenen Unternehmens eingeschränkt, die zwischen dem Abschlußstichtag dieses Unternehmens und dem Abschlußstichtag des Konzernabschlusses eingetreten sind. Zunächst läßt sich die Frage, wann Vorgänge von besonderer Bedeutung sind, nicht operational beantworten, so daß auch diesbezüglich wiederum ein erheblicher Spielraum besteht, der die Angabepflicht bei weiter Auslegung dieses Kriteriums praktisch fast völlig ins Leere laufen lassen kann. Außerdem ist es aus Sicht der Einheitstheorie nicht entscheidend, ob die Vorgänge für die Vermögens-, Finanz- und Ertragslage des in den Konzernabschluß einbezogenen Unternehmens von besonderer Bedeutung sind. Es kommt vielmehr auf die diesbezügliche Bedeutung für den gesamten Konzern an.

Über die grundsätzlichen Probleme hinaus drohen solche in den Detailfragen. Wenn Zwischenabschlüsse aufgestellt werden, müssen Elemente aus den Geschäftsjahren der Einzelunternehmen jeweils eindeutig den dazu verschobenen Konzerngeschäftsjahren zugeordnet werden. Das ist teilweise auf der Grundlage der Bücher noch möglich, setzt aber insbesondere bei der Zuordnung von Steueraufwendungen, Aufwendungen für die Altersversorgung oder Jahresüberschüssen vereinfachende Fiktionen voraus, die naturgemäß den Informationsgehalt beeinflussen. Werden bei abweichenden Stichtagen keine Zwischenabschlüsse aufgestellt, so entstehen über die Interpretationsprobleme solcher Konzernabschlüsse hinaus - ihnen liegt nämlich keine einheitliche Berichtsperiode zugrunde, wie das Schaubild C.3 mit dem mittleren verschobenen Balken deutlich macht - Probleme bei der konkreten Konsolidierung. Weil verschobene Perioden zugrundegelegt werden, müssen die bei Kapital-, Schulden-, Zwischenergebnis- oder Aufwands- und Ertragskonsolidierung aufzurechnenden Positionen nicht unbedingt zueinander passen. Für solche Buchungsunterschiede gibt es keine einheitstheoretisch begründbaren Lösungen, sondern allenfalls Näherungslösungen (vgl. Harms/Küting, BB 1985, S. 435-443).

Insgesamt gesehen ist die neue Regelung also mit erheblichen Mängeln verbunden und gegenüber den alten aktienrechtlichen Vorschriften aus Sicht der Einheitstheorie und aus Sicht der Konzernabschlußleser ein krasser Rückschritt. Wenn das Mutterunternehmen die aufgezeigten Probleme und die damit zusätzlich anfallenden Kosten z.B. für die Erstellung der Zwischenabschlüsse verhindern und den Informationswert für den Konzernabschlußleser erhöhen will, so muß sie die in den Konzernabschluß einbezogenen Unternehmen dazu bewegen, die Geschäftsjahre auf das Konzerngeschäftsjahr umzustellen. Während dies bei vollkonsolidierten Tochterunternehmen aufgrund des beherrschenden Einflusses recht einfach möglich erscheint, werden sich diesbezüglich bei Gemeinschaftsunternehmen und assoziierten Unternehmen aber u.U. erhebliche Schwierigkeiten ergeben.

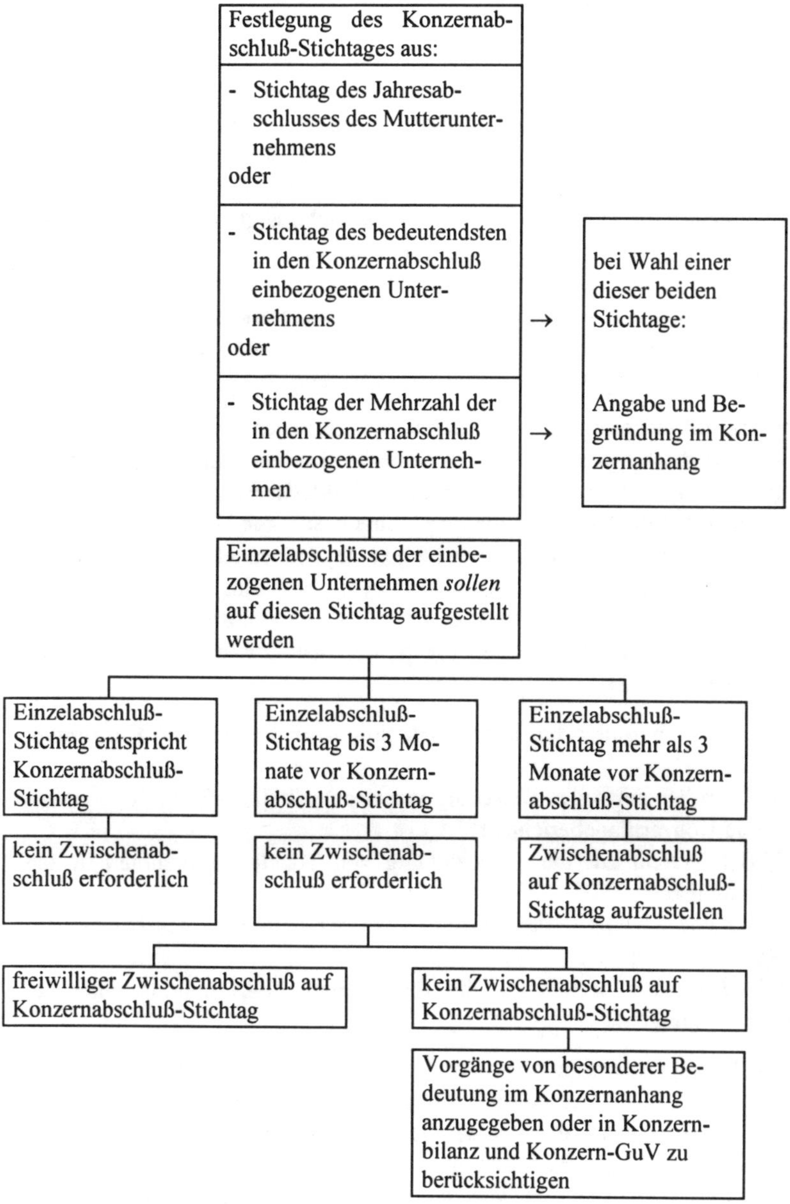

Schaubild C.4: Einheitliche Rechnungsperioden

3.6 Grundsatz der Wirtschaftlichkeit (materiality)

Nach dem Grundsatz der Wirtschaftlichkeit sind in den Konzernabschluß nur diejenigen Informationen aufzunehmen, die für den potentiellen Konzernabschluß- und Konzernlageberichtsleser und dessen Entscheidungen wesentlich sind. Angaben die dagegen zur Vermittlung eines den tatsächlichen Verhältnissen entsprechenden Bildes der Vermögens-, Finanz- und Ertragslage des Konzerns von untergeordneter Bedeutung sind, dürfen vernachlässigt, verkürzt oder verdichtet werden. Ungeklärt ist dabei natürlich einerseits, nach welchen Kriterien entschieden werden soll, welche Informationen wesentlich sind und welche nicht, und andererseits, aus Sicht welches Konzernabschlußlesers diese Entscheidung getroffen werden soll; denn aufgrund der oft komplexen Konzernstrukturen können die Informationsbedürfnisse sehr heterogen sein.

Der Grundsatz soll insgesamt dazu beitragen, daß zwischen dem Informationsgehalt des Konzernabschlusses und den zu seiner Aufstellung anfallenden Kosten ein angemessenes Verhältnis besteht. Somit ist in unklaren Einzelfällen zu prüfen, ob den zusätzlichen Informationen, die durch eine bestimmte Handlung vermittelt werden können, nicht zu hohe Aufwendungen gegenüberstehen. Dabei ist der Grundsatz der Wirtschaftlichkeit eng auszulegen, denn eine zu weitreichende Anwendung kann zu einem Verstoß gegen die Generalnorm führen, wie die zahlreichen gesetzlichen Regelungen zeigen, die den Grundsatz explizit oder implizit enthalten, wie z.B.

- § 291 Abs. 1 HGB (unter bestimmten Bedingungen befreiender Konzernabschluß),
- § 293 HGB (größenabhängige Befreiung von der Aufstellung eines Konzernabschlusses und Konzernlageberichtes),
- § 296 HGB (Verzicht auf die Einbeziehung von Tochterunternehmen in den Konzernabschluß),
- § 298 Abs. 2 und 3 HGB (Erleichterungen bei der Erstellung des Konzernabschlusses),
- § 299 Abs. 3 HGB (Verzicht auf die Zwischenabschlußerstellung unter bestimmten Bedingungen),
- § 303 Abs. 2 HGB (Ausnahmen von der Schuldenkonsolidierung),
- § 304 Abs. 2 und 3 HGB (Ausnahmen von der Zwischenergebniseliminierung),
- § 305 Abs. 2 HGB (Ausnahmen von der GuV-Konsolidierung),
- § 308 Abs. 2 S. 3 und 4 HGB (Ausnahmen von der einheitlichen Bewertung)
- § 311 Abs. 2 HGB (Ausnahmen von der Anwendung der Vorschriften für assoziierte Unternehmen),
- § 313 Abs. 2 Nr. 4 S. 2 HGB (Ausnahmen von bestimmten Angabepflichten im Konzernanhang).

Literaturhinweise

Außer den einschlägigen Kommentierungen zu den §§ 294-300 und 308 HGB können vor allem folgende Quellen herangezogen werden:

Busse von Colbe, Walther: Der Konzernabschluß im Rahmen des Bilanzrichtlinie-Gesetzes, in: ZfbF, 37. Jg., 1985, S. 761-782.

Harms, Jens E./Küting, Karlheinz: Konsolidierung bei unterschiedlichen Bilanzstichtagen nach künftigem Konzernrecht, Grundprobleme im Rahmen der Voll-, Quoten- und Equity-Konsolidierung, in: BB, 40. Jg, 1985, S. 432-443.

IdW (Hrsg.): Wirtschaftsprüfer-Handbuch 1996, 11. Aufl., Band I, Düsseldorf 1996.

Leffson, Ulrich: Die Grundsätze ordnungsmäßiger Buchführung, 7. Aufl., Düsseldorf 1987.

Schildbach, Thomas: Die neue Generalklausel für den Jahresabschluß von Kapitalgesellschaften - zur Interpretation des Paragraphen 264 Abs. 2 HGB, in: BFuP, 39. Jg., 1987, S. 1-15.

Schildbach, Thomas: Der handelsrechtliche Jahresabschluß, 5. Aufl., Herne/ Berlin 1997.

Schulz, Ursula: Der Stetigkeitsgrundsatz im Konzernabschluß, in: WPg, 43. Jg., 1990, S. 357-369.

Selchert, Friedrich W.: Bewertungsstetigkeit nach dem Bilanzrichtlinie-Gesetz, in: DB, 37. Jg., 1984, S. 1889-1894.

Sonderausschuß Bilanzrichtlinien-Gesetz: Stellungnahme SABI 2/1987: Zum Grundsatz der Bewertungsstetigkeit (§ 252 Abs. 1 Nr. 6 HGB) und zu den Angaben bei Abweichungen von Bilanzierungs- und Bewertungsmethoden (§ 284 Abs. 2 Nr. 3 HGB), in: WPg, 41. Jg., 1988, S. 48-50.

Stobbe, Thomas: Die konzerneinheitliche Bewertung - Eine Herausforderung für Theorie und Praxis? -, in: DB, 39. Jg., 1986, S. 1833-1840.

Trützschler, Klaus: Konsolidierungsgrundsätze, in: Küting/Weber (Hrsg.), Handbuch der Konzernrechnungslegung, Stuttgart 1989, S. 429-446.

Wysocki, Klaus von: Das Dritte Buch des HGB 1985 und die Grundsätze ordnungsmäßiger Konzernrechnungslegung, in: WPg, 39. Jg., 1986, S. 177-181.

D. Pflicht zur Aufstellung eines Konzernabschlusses und eines Konzernlageberichtes

1. Die grundsätzliche Aufstellungspflicht nach HGB und PublG

1.1 Grundsatz

Das deutsche Recht erlegt inländischen Institutionen die Pflicht, einen Konzernabschluß sowie einen Konzernlagebericht aufzustellen, dann auf, wenn sie

- Kapitalgesellschaften (HGB) bzw. Unternehmen (PublG) sind

und die in

- § 290 Abs. 1 HGB,
- § 290 Abs. 2 HGB oder
- § 11 Abs. 1 PublG

definierten Bedingungen erfüllen.

Der Begriff des Unternehmens wird weder im HGB noch im PublG allgemeingültig gesetzlich definiert. Vielmehr muß je nach der Zweckbestimmung der betreffenden Vorschrift ein eigener Inhalt gesucht werden. Bezüglich der Konzernrechnungslegung ist dieser jedoch mangels eindeutiger theoretischer Grundlagen im Detail noch nicht ganz geklärt, obwohl in der Literatur immer wieder die Kriterien "Kaufmannseigenschaft", "Buchführungspflicht" und "wirtschaftliche Betätigung" herangezogen werden. Die h.M. geht aber davon aus, daß z.B. Privatpersonen mit mehreren Unternehmen, aber ohne eigenen Geschäftsbetrieb, sowie der Bund, die Länder und Gemeinden mangels eigenständiger erwerbswirtschaftlicher Ziele i.d.R. keine Unternehmen und insofern von den Normen des Publizitätsgesetzes zur Konzernrechnungslegung nicht betroffen sind (vgl. WP-Handbuch, Band I, N Tz. 9 f., M Tz. 81 und R Tz. 349; Siebourg in: Küting/Weber, Konzernrechnungslegung, § 290 Rn. 14 f.; vgl. allgemein zu den diesbezüglichen Problemen auch: SABI 1/1988, WPg 1988, S. 340 ff.).

Die beiden Normen des HGB regeln die Konzernrechnungslegungspflicht für inländische Kapitalgesellschaften (AG, KGaA, GmbH), und sie stützen sich dabei auf unterschiedliche Ansätze zur Regelung dieser Pflicht.

§ 290 Abs. 1 HGB ist der deutschen Tradition verpflichtet. Er knüpft die Konzernrechnungslegungspflicht an das Vorliegen von drei Bedingungen:

- eine inländische Kapitalgesellschaft hält eine Beteiligung nach § 271 HGB
- an einem oder mehreren anderen in- oder ausländischen Unternehmen,

- und diese Unternehmen werden von der zuerst genannten Kapitalgesellschaft einheitlich geleitet.

Im Zentrum dieses Ansatzes steht damit die nicht unproblematische, gleichwohl aber fast allgemein als theoretisch sinnvoll angesehene Leitlinie der einheitlichen Leitung. Wann eine einheitliche Leitung tatsächlich vorliegt, läßt sich in der Praxis nicht leicht feststellen. Um diese Probleme zu verringern, stützt sich das AktG in den §§ 15 ff. auf Vermutungen, die bereits früher für die Konzernrechnungslegung Bedeutung hatten.

Unmittelbar auf der Ebene der Vermutungen setzt das der angelsächsischen Tradition entstammende Control-Konzept in § 290 Abs. 2 HGB an. Statt allgemeiner, wenig operationaler Kriterien werden drei konkrete Bedingungen formuliert, die den Vermutungen nach dem alten Aktiengesetz ähneln. Ist eine dieser Bedingungen erfüllt, so müssen Konzernabschluß und Konzernlagebericht aufgestellt werden. Der Vorteil der konkret formulierten Bedingungen liegt in der höheren Praktikabilität und Rechtssicherheit. Dem steht jedoch der Nachteil gegenüber, daß dieses Konzept nicht immer zu sachgerechten Lösungen führt. So können Konzernabschlüsse unberechtigterweise verlangt oder fälschlicherweise nicht verlangt werden.

Beim Vergleich zwischen Abs. 1 und 2 des § 290 HGB dürfte die einheitliche Leitung zwar noch als eine theoretische Leitlinie angesehen werden, die aber zunehmend von dem praktikableren Control-Konzept verdrängt zu werden droht. Dafür spricht auch die Tatsache, daß das Control-Konzept nach Art. 1 Abs. 1 der 7. EG-Richtlinie zwingend in das nationale Recht der Mitgliedstaaten der EG zu übernehmen war, das Konzept der einheitlichen Leitung dagegen aufgrund des Mitgliedstaatenwahlrechtes nach Art. 1 Abs. 2 Buchstabe b der 7. EG-Richtlinie bis zu einer späteren Koordinierung, also befristet, übernommen werden durfte. Das bedeutet, daß beide Konzeptionen aufgrund der Übernahme ins Handelsgesetzbuch vorerst unabhängig voneinander bestehen. Sie schließen sich also nicht gegenseitig aus, sondern die Konzernrechnungslegungspflicht wird bereits dann begründet, wenn nur eine der beiden Konzeptionen erfüllt ist. In der Regel werden sich aber beide Konzepte überschneiden und Divergenzen nur in Randbereichen auftreten (siehe hierzu Biener/Berneke, Bilanzrichtlinien-Gesetz, 1986, S. 290 f.; Havermann, in: IdW, Bericht über die Fachtagung 1986, 1986, S. 43-51).

Liegen die Voraussetzungen des § 290 Abs. 1 oder Abs. 2 HGB vor, so gilt die Obergesellschaft als

- Mutterunternehmen

und die entsprechenden untergeordneten Unternehmen als

- Tochterunternehmen.

Es handelt sich dabei aber um relative Begriffe, denn eine untergeordnete inländische Kapitalgesellschaft kann, wie das folgende Beispiel D.1 zeigt, bei Erfüllung der entsprechenden Voraussetzungen in bezug auf eine ihr übergeordnete inländische Kapitalgesellschaft ein Tochterunternehmen und gleichzeitig im Verhältnis zu ihr nachgelagerten Unternehmen ein Mutterunternehmen sein. Ein derartiges Unternehmen wird im folgenden als Teilkonzernmutter bezeichnet.

Beispiel D.1: Mutter-, Tochterunternehmen, Teilkonzernmutter

inländische Kapitalgesellschaft (*Mutterunternehmen*)

§ 290 Abs. 1 oder 2 HGB erfüllt

inländische Kapitalgesellschaft
(*Tochter- und Mutterunternehmen*)
(im folgenden *Teilkonzernmutter* genannt)

§ 290 Abs. 2 HGB erfüllt

inländisches oder ausländisches Unternehmen
(*Tochterunternehmen*)

§ 11 Abs. 1 PublG enthält die grundsätzliche Verpflichtung zur Aufstellung eines Konzernabschlusses für alle inländischen Unternehmen, die keine Kapitalgesellschaften sind, welche

- die einheitliche Leitung
- über ein anderes Unternehmen
- mit beliebigem Sitz und unabhängig von der Rechtsform

tatsächlich ausüben, und die an drei aufeinanderfolgenden Stichtagen jeweils mindestens zwei der drei folgenden Merkmale erfüllen:

- Konzernbilanzsumme > 125 Mio. DM,
- Konzernumsatzerlöse > 250 Mio. DM,
- Zahl der Arbeitnehmer der inländischen Konzernunternehmen > 5000

(befinden sich im Konzern Kreditinstitute oder Versicherungsunternehmen, so gelten nach § 11 Abs. 4 PublG die abweichenden Größenkriterien des § 1 Abs. 3 und 4 PublG). Zur Prüfung des Vorliegens der Größenmerkmale Konzernbilanzsumme und Konzernumsatzerlöse muß das Mutterunternehmen ggf. zumindest partiell einen Probe-Konzernabschluß erstellen.

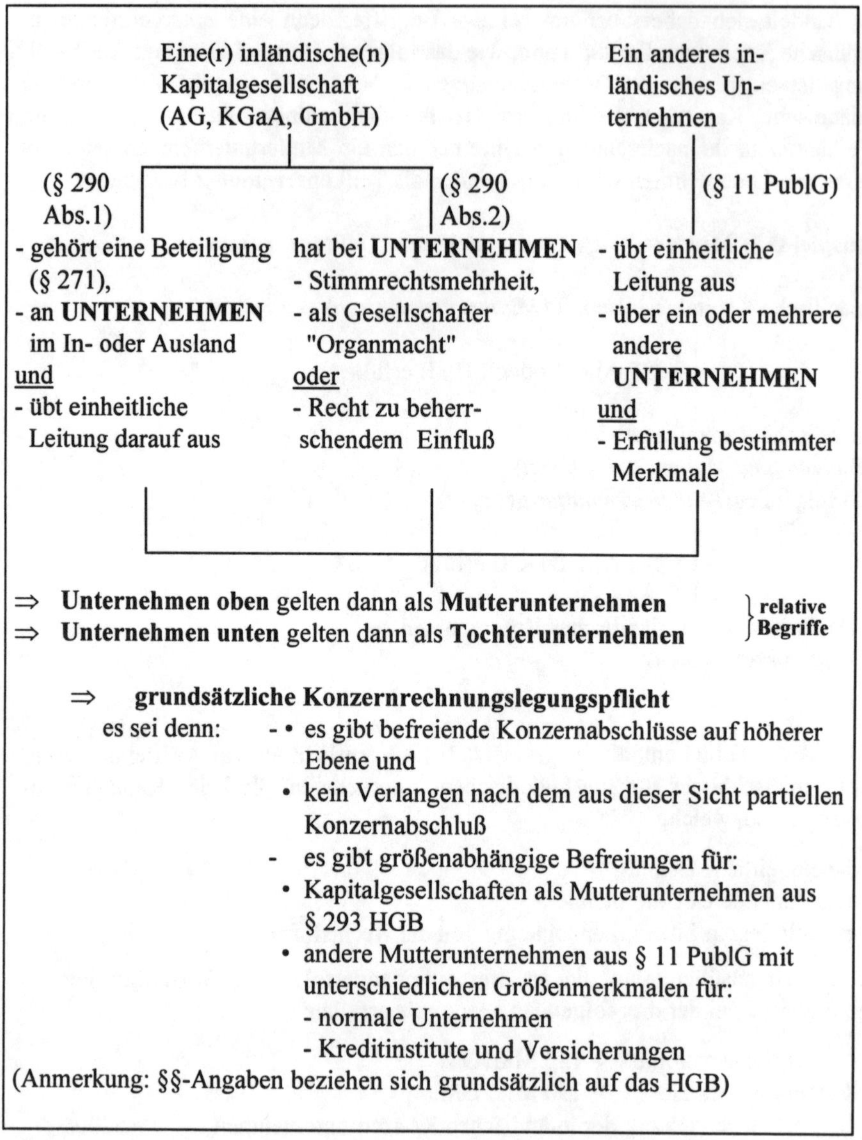

Schaubild D.1: Konzernrechnungslegungspflicht inländischer Unternehmen

1.2 Das Konzept der "einheitlichen Leitung" (§ 290 Abs. 1 HGB)

1.2.1 Grundsatz

Nach dem Konzept der einheitlichen Leitung besteht die grundsätzliche Pflicht zur Aufstellung eines Konzernabschlusses und eines Konzernlageberichtes, wenn eine Kapitalgesellschaft mit Sitz im Inland

- eine Beteiligung nach § 271 Abs. 1 HGB an einem oder mehreren in- oder ausländischen Unternehmen hält und
- diese Unternehmen von der Kapitalgesellschaft tatsächlich einheitlich geleitet werden.

1.2.2 Das Kriterium der "einheitlichen Leitung"

Der Begriff der einheitlichen Leitung wirft - wie bereits eingehend untersucht wurde - aus theoretischer Sicht große Probleme auf. Zudem ist die Reichweite der einheitlichen Leitung unklar und wurde im Detail unterschiedlich gesehen. Inzwischen scheint allerdings in der Literatur ein hohes Maß an Übereinstimmung zu herrschen (vgl. B.2.2). Danach setzt einheitliche Leitung voraus, daß die folgenden grundlegenden Bereiche innerhalb eines Konzerns von der übergeordneten Kapitalgesellschaft zentral geplant und hierarchisch koordiniert werden:

- die langfristige Geschäftspolitik (z.B. Festlegung der Unternehmensziele im Rahmen des in der Satzung umschriebenen Unternehmensgegenstandes, anzubietende Produktpalette) und

- die grundsätzlichen Fragen der Geschäftsführung (z.B. Koordination der Aktivitäten, Gestaltung des Informations- und Kontrollsystems im Konzern, Besetzung der Führungspositionen der abhängigen Unternehmen, Entscheidung über geschäftliche Maßnahmen von besonderer Bedeutung).

Darüber hinaus wird verlangt, daß zumindest einer der folgenden wichtigen Führungsbereiche in den Grundzügen zentral gelenkt wird:

- Finanzpolitik,
- Investitionspolitik,
- Absatz- und Beschaffungsmarktpolitik oder
- Personalpolitik.

Ob diese Auffassung noch die gesamte denkbare Spanne abdeckt, die von recht lockeren Verbindungen zwischen den Unternehmen mit weitgehender Selbständigkeit des untergeordneten Unternehmens in nahezu allen Unternehmensbereichen bis zur engen Verbindung reicht, bei der die Konzernleitung alles bis ins kleinste Detail selber festlegt, erscheint fraglich. Lockere Verbindungen dürften nicht mehr unter einheitlicher Leitung einzuordnen sein.

Zudem ist die einheitliche Leitung unteilbar. Insoweit kann in einem mehrstufigen Konzern nur die oberste Muttergesellschaft die übrigen Unternehmen einheitlich leiten; eine Teilkonzernmutter kann das nicht (vgl. Siebourg in: Küting/Weber, Konzernrechnungslegung, § 290 Rn. 19). Auch muß einheitliche Leitung tatsächlich ausgeübt werden. Die bloße Möglichkeit einer Einflußnahme auf das abhängige Unternehmen reicht bei dem Konzept der einheitlichen Leitung nicht aus.

1.2.3 Das Kriterium der Beteiligung nach § 271 Abs. 1 HGB

Für die Pflicht zur Konzernrechnungslegung nach § 290 Abs. 1 HGB wird zusätzlich vorausgesetzt, daß dem übergeordneten Unternehmen eine Beteiligung nach § 271 Abs. 1 HGB an den Unternehmen gehört, die es tatsächlich einheitlich leitet. Die herrschende Kapitalgesellschaft muß demnach mit den Anteilen an den Unternehmen dauernde Verbindungen beabsichtigen, die dem eigenen Geschäftsbetrieb dienen sollen. Als Beteiligung gelten dabei im Zweifel Anteile an einer Kapitalgesellschaft von mehr als zwanzig Prozent des Nennkapitals, wobei die Berechnung der Beteiligungshöhe gemäß § 271 Abs. 1 Satz 4 HGB nach § 16 AktG erfolgt. Dabei werden dem herrschenden Unternehmen nach § 290 Abs. 1 HGB iVm. §§ 271 Abs. 1 Satz 4 HGB, 16 Abs. 4 AktG auch Anteile zugerechnet, die einem von diesem abhängigen Unternehmen gehören.

Praktisch wird dieses Kriterium wohl nur in Ausnahmefällen zu einer Einschränkung der Konzernrechnungslegungspflicht nach § 290 Abs. 1 HGB führen, denn normalerweise wird die herrschende Kapitalgesellschaft oder ein von ihr abhängiges Unternehmen im Falle der tatsächlichen Ausübung der einheitlichen Leitung auch eine dem § 271 Abs. 1 HGB entsprechende Beteiligung besitzen.

Ausnahmsweise kann ein Mutterunternehmen an einer Personengesellschaft auch dann beteiligt sein, wenn zwar keine Kapitaleinlage geleistet, aber die Position eines vollhaftenden Gesellschafters übernommen wurde (vgl. D.1.5 und ADS, 6. Aufl., § 290 Tz. 24).

1.3 Das "Control-Konzept" (§ 290 Abs. 2 HGB)

1.3.1 Grundsatz

Das Control-Konzept knüpft die Konzernrechnungslegungspflicht inländischer Kapitalgesellschaften, unabhängig von der tatsächlichen Ausübung der einheitlichen Leitung, an das Vorliegen eines der drei folgenden in § 290 Abs. 2 HGB festgelegten Rechte:

- Der Kapitalgesellschaft steht die Mehrheit der Stimmrechte der Gesellschafter bei einem Unternehmen zu (§ 290 Abs. 2 Nr. 1 HGB).
- Der Kapitalgesellschaft steht das Recht zu, die Mehrheit der Mitglieder des Verwaltungs-, Leitungs- oder Aufsichtsorgans bei einem anderen Unternehmen zu bestellen oder abzuberufen, und sie ist gleichzeitig Gesellschafter dieses Unternehmens (§ 290 Abs. 2 Nr. 2 HGB).
- Der Kapitalgesellschaft steht das Recht zu, einen beherrschenden Einfluß aufgrund eines mit diesem Unternehmen geschlossenen Beherrschungsvertrags oder aufgrund einer Satzungsbestimmung dieses Unternehmens auszuüben (§ 290 Abs. 2 Nr. 3 HGB).

Dabei reicht es für die grundsätzliche Verpflichtung zur Aufstellung eines Konzernabschlusses und eines Konzernlageberichtes aus, wenn eines der drei Rechte besteht. Ob das übergeordnete Unternehmen von seinen bestehenden Rechten auch tatsächlich Gebrauch macht, ist bei diesem Konzept im Unterschied zum Konzept der einheitlichen Leitung nicht relevant. Mithin ist z.B. auch eine Kapitalgesellschaft, die sich lediglich auf Vermögensverwaltung beschränkt, bei Vorliegen eines der drei Rechte zur Konzernrechnungslegung verpflichtet, und jede inländische Teilkonzernmutter, die ihrerseits aufgrund ihrer Stellung zu anderen Unternehmen einen der drei in § 290 Abs. 2 HGB geregelten Tatbestände erfüllt, muß grundsätzlich einen (Teil-)Konzernabschluß und (Teil-)Konzernlagebericht aufstellen.

1.3.2 Mehrheit der Stimmrechte (§ 290 Abs. 2 Nr. 1 HGB)

Stehen einer inländischen Kapitalgesellschaft an einem anderen Unternehmen die Mehrheit der Stimmrechte der Gesellschafter zu, so ist sie grundsätzlich zur Aufstellung eines Konzernabschlusses und eines Konzernlageberichtes verpflichtet. Auf die Höhe des Kapitalanteils kommt es dabei nicht an, denn die Stimmrechtsmehrheit kann bei Vorliegen von Mehrstimmrechten nach § 12 Abs. 2 S. 2 AktG auch gegeben sein, wenn der Kapitalgesellschaft weniger als 50 % der Kapitalanteile gehören. Dagegen verfügt die Kapitalgesellschaft auch dann, wenn ihr mehr als 50 % der Anteile zustehen, nicht unbedingt über die Mehrheit der Stimmrechte. Diese Anteile können nämlich zum Teil Vorzugsaktien ohne Stimmrecht gemäß § 12 Abs. 1 AktG sein, die Satzung kann das Stimmrecht gemäß § 134 Abs. 1 S. 2 AktG auf einen Höchstbetrag festsetzen, oder das die Rechte innehabende Unternehmen kann gemäß § 20 Abs. 7 AktG daran gehindert sein, die Stimmrechte auszuüben.

Die Mehrheit der Stimmrechte und die darauf gegründete Leitungsmöglichkeit auf das andere Unternehmen besteht im Sinne des Control-Konzeptes nur, wenn diese Position rechtlich gesichert ist. Demnach führt eine einmalige oder dauernde Präsenzmehrheit in der Hauptversammlung nicht zur Konzernrechnungslegungspflicht nach § 290 Abs. 2 Nr. 1 HGB.

Unterschiedlich beurteilt werden die Fälle, in denen zwar eine Stimmrechtsmehrheit von knapp über 50 % besteht, wichtige Entscheidungen aber per Satzung an größere Mehrheiten gebunden werden oder der Zustimmung eines anderen Gesellschafters bedürfen, oder wo sich der Inhaber der Stimmrechtsmehrheit vertraglich seiner Mehrheitsrechte begibt (sog. Entherrschungsverträge). Schnicke/Kilgert (in: Beck Bil-Komm., 3. Aufl., § 290 Anm. 45 ff.) sehen auch in diesen Fällen eine Konzernrechnungslegungspflicht gemäß § 290 Abs. 2 Nr. 1 HGB, weil das Control-Konzept mit unwiderlegbaren Vermutungen arbeitet, die formell erfüllt sind. Überwiegend wird Mehrheit aber materiell im Sinne einer Beherrschungsmöglichkeit interpretiert, so daß in den beschriebenen Fällen § 290 Abs. 2 Nr. 1 HGB nicht anwendbar ist (vgl. von Wysocki, WPg 1987, S. 278; Siebourg in: Küting/Weber, Konzernrechnungslegung, § 290 Rn. 70 ff.).

Die Antwort auf die Frage, wie die Mehrheit der Stimmrechte zu ermitteln ist und welcher Prozentsatz der Stimmrechte einem Unternehmen zustehen, ergibt sich nach § 290 Abs. 4 HGB aus dem Verhältnis zweier Größen. Die Zahl der Stimmrechte, die dem Unternehmen unmittelbar oder mittelbar über die Zurechnungsvorschrift des § 290 Abs. 3 HGB gehören, wird ins Verhältnis zur Gesamtzahl aller Stimmrechte gesetzt. Dabei ist die Gesamtzahl aller Stimmrechte allerdings vor der Berechnung des Verhältnisses gemäß § 290 Abs. 4 S. 2 HGB gegebenenfalls um die Stimmrechte aus den eigenen Anteilen zu kürzen, die

- dem Tochterunternehmen selbst,
- einem seiner Tochterunternehmen oder
- einer anderen Person für Rechnung der vorgenannten Unternehmen gehören.

1.3.3 Bestellungs- und Abberufungsrechte (§ 290 Abs. 2 Nr. 2 HGB)

Steht einer inländischen Kapitalgesellschaft das Recht zu, bei einem anderen Unternehmen die Mehrheit der Mitglieder des Verwaltungs-, Leitungs- oder Aufsichtsorgans zu bestellen oder abzuberufen, und ist sie gleichzeitig Gesellschafter, so ist sie gemäß § 290 Abs. 2 Nr. 2 HGB grundsätzlich zur Konzernrechnungslegung verpflichtet. Dabei reicht es aus, wenn das Recht für eines der Organe besteht. Als Mitglieder von Verwaltungs-, Leitungs- oder Aufsichtsorganen kommen nach deutschem Gesellschaftsrecht "*Vorstandsmitglieder, Geschäftsführer, geschäftsführende Gesellschafter, Aufsichtsräte, Verwaltungsräte, Beiräte und Personen, die ähnliche Management- und Aufsichts-/Kontrollaufgaben ... wahrnehmen*" in Betracht (WP-Handbuch, Band I, M Tz. 41). Mehrheit ist dabei auf das gesamte Gremium und nicht nur auf den Teil zu beziehen, der von den Anteilseignern bestellt wird (vgl. Siebourg in: Küting/Weber, Konzernrechnungslegung, § 290 Rn. 87).

Das Recht, die Mehrheit dieser Organe oder Gremien bestellen oder abberufen zu können, darf nicht auf rein faktischen Verhältnissen beruhen, sondern muß rechtlich gesichert sein. Dabei kommt es auch hier auf eine tatsächliche Ausübung der Rechte nicht an.

In der Regel wird das Recht zur Besetzung oder Abberufung der Mehrheit der Mitglieder des Verwaltungs-, Leitungs- oder Aufsichtsorgans mit einer Stimmrechtsmehrheit einhergehen. Es sind jedoch außer bei Aktiengesellschaften in allen Rechtsformen auch Fälle denkbar, in denen das Recht durch Entsendungsrechte oder Vereinbarungen mit anderen Gesellschaftern entsteht (siehe zu den Beschränkungen bei Aktiengesellschaften §§ 84 und 101 Abs. 2 AktG). Dies führt allerdings nur dann zur Konzernrechnungslegungspflicht, wenn das entsendende Unternehmen zugleich Gesellschafter ist, also Anteile an dem Unternehmen besitzt (vgl. ADS, 6. Aufl., § 290 Tz. 49).

1.3.4 Beherrschungsvertrag/Satzungsbestimmung (§ 290 Abs. 2 Nr. 3 HGB)

Ein Mutter-/Tochterverhältnis und die damit verbundene grundsätzliche Pflicht zur Konzernrechnungslegung ist auch dann gegeben, wenn einer inländischen Kapitalgesellschaft das Recht zusteht, auf ein anderes Unternehmen aufgrund

- eines Beherrschungsvertrages oder
- einer Satzungsbestimmung

einen beherrschenden Einfluß auszuüben. Dabei kommt es auch in diesem Fall auf eine tatsächliche Ausübung der Beherrschungsmöglichkeiten nicht an.

Durch den Abschluß eines Beherrschungsvertrages können sich Aktiengesellschaften oder Kommanditgesellschaften auf Aktien unter die Leitung eines anderen Unternehmens stellen (§ 291 AktG). Obwohl eine entsprechende Regelung für die anderen Gesellschaftsformen fehlt, ist aufgrund des Regelungszweckes davon auszugehen, daß inhaltlich gleichartige Verträge, die eine inländische Kapitalgesellschaft mit einem anderen Unternehmen abschließt, auch zur grundsätzlichen Konzernrechnungslegungspflicht führen (vgl. SABI 1/1988, WPg 1988, S. 340 ff.).

Die grundsätzliche Verpflichtung einer inländischen Kapitalgesellschaft zur Aufstellung eines Konzernabschlusses und Konzernlageberichtes aufgrund einer Satzungsbestimmung setzt voraus, daß dadurch der beherrschende Einfluß auf das andere Unternehmen in seiner Gesamtheit rechtlich gesichert ist. Entgegen dem

Wortlaut des Gesetzes ist diese Regelung aus ihrem Sinn heraus auch auf die Statute (z.B. Gesellschaftsverträge) von Unternehmen anderer Rechtsformen auszudehnen, wenn diese einer inländischen Kapitalgesellschaft entsprechende Rechte gewähren.

1.3.5 Zurechung und Abzug von Rechten (§ 290 Abs. 3 HGB)

Die in § 290 Abs. 2 Nr. 1-3 HGB aufgeführten Rechte brauchen einem Unternehmen nicht unmittelbar zuzustehen. Entscheidend ist vielmehr deren wirtschaftliche Inhaberschaft, denn gemäß § 290 Abs. 3 HGB gelten als dem Mutterunternehmen zustehende Rechte auch diejenigen,

- die einem Tochterunternehmen zustehen,
- die den für Rechnung des Mutter- oder Tochterunternehmens handelnden Personen zustehen und
- über die das Mutterunternehmen oder ein Tochterunternehmen aufgrund einer Vereinbarung mit anderen Gesellschaftern dieses Unternehmens verfügen kann.

Unter die letztgenannten Vereinbarungen fallen z.B. Stimmrechtsbindungs-, Stimmrechtsüberlassungs-, Stimmrechtspool-, Konsortial- und ähnliche Verträge, die das Ziel einer gemeinsamen Stimmrechtsabgabe verfolgen. Dabei ist jedoch zu beachten, daß dem Mutterunternehmen die entsprechenden Rechte in diesem Fall nur dann zugerechnet werden, wenn die Vereinbarung mit anderen Gesellschaftern getroffen worden ist. Es ist also nicht möglich, daß ein Unternehmen, das nicht Gesellschafter ist, aufgrund von Vereinbarungen mit Gesellschafterunternehmen zu einem Mutterunternehmen im Sinne des § 290 Abs. 2 HGB wird.

Daß das Gesetz auf die wirtschaftliche Inhaberschaft der Rechte abstellt, wird nicht nur durch die o.g. Zurechnungen, sondern auch durch § 290 Abs. 3 S. 3 HGB deutlich. Danach müssen nämlich von der Summe der Rechte, die einem Mutterunternehmen unmittelbar und aufgrund der o.g. Zurechnungen zustehen, ggf. noch diejenigen Rechte abgezogen werden, die mit folgenden Anteilen verbunden sind:

- Anteile, die von dem Mutterunternehmen oder von Tochterunternehmen für Rechnung einer anderen Person gehalten werden oder
- Anteile, die als Sicherheit gehalten und deren Rechte nach Weisung oder im Interesse des Sicherungsgebers ausgeübt werden.

Beispiel D.2: Zurechnung und Abzug von Rechten

Gegeben sei folgende Konzernstruktur:

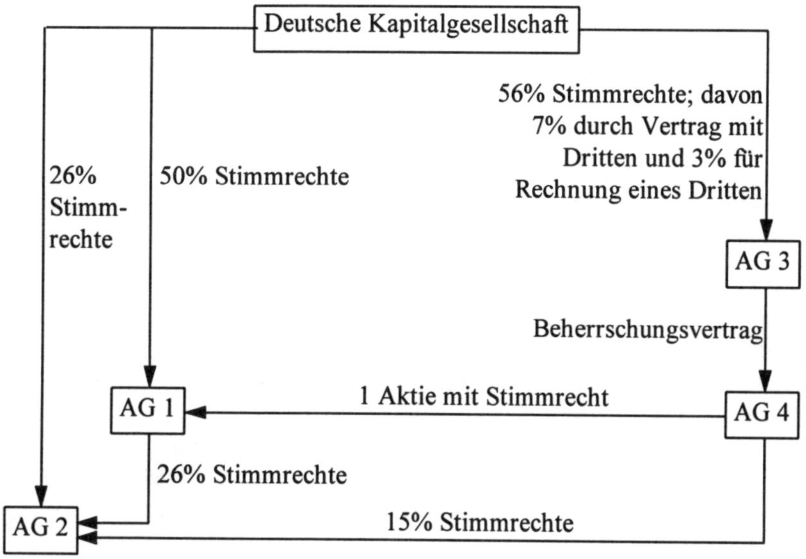

Frage: Welche Unternehmen müssen in den Konzernabschluß der deutschen Kapitalgesellschaft einbezogen werden?

Würde man nur die der deutschen Kapitalgesellschaft unmittelbar zustehenden Rechte berücksichtigen, so bräuchte diese keinen Konzernabschluß aufstellen. Sie verfügt weder bei AG1 und AG2 noch bei der AG3 unmittelbar über die Mehrheit der Stimmrechte, denn bzgl. der AG3 stehen ihr 7 % der Stimmrechte nur mittelbar zu und weitere 3 % sind gem. § 290 Abs. 3 S. 3 Nr. 1 HGB abzuziehen.

Da es aber gem. § 290 Abs. 3 HGB auf die wirtschaftliche Inhaberschaft der Rechte ankommt, sind der deutschen Kapitalgesellschaft auch die mittelbar zustehenden Rechte zuzurechnen. Somit kann sie über (56 % - 3 % =) 53 % und damit über die Mehrheit der Stimmrechte der AG3 verfügen und muß einen Konzernabschluß aufstellen. In diesen muß sie aufgrund des von der AG3 mit der AG4 geschlossenen Beherrschungsvertrages auch die AG4 einbeziehen (§§ 290 Abs. 2 Nr. 3, 290 Abs. 3 HGB). Obwohl die AG4 ihrerseits über 15 % der Stimmrechte der AG2 verfügt und diese gem. § 290 Abs. 3 HGB wirtschaftlich der deutschen Kapitalgesellschaft, der selber 26 % der Stimmrechte der AG2 unmittelbar zustehen, zuzurechnen sind, reicht die Summe dieser Stimmrechte mit 41 % nicht zur Begründung eines Mutter-Tochterverhältnisses aus. Da die AG4 aber auch über eine Aktie mit Stimmrecht an der AG1 verfügt, stehen der deutschen Kapitalgesellschaft über § 290 Abs. 3 HGB die Mehrheit der Stimmrechte an der AG1 und über diese mittelbar auch die Mehrheit der Stimmrechte an der AG2 zu, so daß beide in den Konzernabschluß einzubeziehen sind.

1.4 Zur Konzernrechnungslegungspflicht im Gleichordnungskonzern

Ein Konzern liegt nach § 18 Abs. 2 AktG auch vor, wenn rechtlich selbständige Unternehmen unter einheitlicher Leitung stehen, ohne daß zwischen ihnen ein Abhängigkeitsverhältnis (§ 17 AktG) besteht. Diese Art einer Unternehmensgesamtheit wird als Gleichordnungskonzern bezeichnet.

Ein Gleichordnungskonzern kann auf verschiedenen Wegen entstehen. So können rechtlich selbständige, voneinander unabhängige Unternehmen z.B. durch ein von den Unternehmen gebildetes Gemeinschaftsorgan (z.B. eine Holding) oder durch vertragliche Vereinbarungen von einem der gleichgeordneten Unternehmen einheitlich geleitet werden (zu beachten ist in diesem Zusammenhang § 291 Abs. 2 AktG). Denkbar ist die einheitliche Leitung solcher Unternehmen aber auch aufgrund einer mehrheitlichen Personenidentität in den Verwaltungs-, Leitungs- oder Aufsichtsorganen.

Der deutsche Gesetzgeber hat von der in Art. 12 der 7. EG-Richtlinie eingeräumten Möglichkeit, auch für Gleichordnungskonzerne die Konzernrechnungslegungspflicht grundsätzlich vorzuschreiben, keinen Gebrauch gemacht, da er "*keine Veranlassung für eine gesetzliche Regelung*" sah (BT-Drucksache 10/4268, S. 113). Somit ist die Antwort auf die Frage, ob ein Gleichordnungskonzern grundsätzlich zur Konzernrechnungslegung verpflichtet ist, anhand des Control-Konzeptes und des Konzeptes der einheitlichen Leitung zu ermitteln.

Da das Control-Konzept auf rechtlich gesicherte Beherrschungs- und Abhängigkeitsverhältnisse abstellt, kann sich eine Konzernrechnungslegungspflicht aus diesem Konzept nicht ergeben.

Fraglich ist dagegen, ob Gleichordnungskonzerne nach dem Konzept der einheitlichen Leitung (§ 290 Abs. 1 HGB, § 11 PublG) grundsätzlich zur Aufstellung eines Konzernabschlusses und Konzernlageberichtes verpflichtet sind. Im Regelfall, in dem keines der gleichgeordneten Unternehmen die einheitliche Leitung tatsächlich ausübt, kann für den Gleichordnungskonzern auch nach diesem Konzept keine Pflicht zur Konzernrechnungslegung abgeleitet werden. Wird die einheitliche Leitung dagegen tatsächlich von einem der gleichgeordneten Unternehmen ausgeübt, so kann dies für den Gleichordnungskonzern zur grundsätzlichen Konzernrechnungslegungspflicht führen. Gemäß § 290 Abs. 1 HGB und § 11 PublG sind dafür jedoch zusätzliche Voraussetzungen zu erfüllen.

Gemäß § 290 Abs. 1 HGB müßte dem die einheitliche Leitung ausübenden, inländischen Unternehmen in der Rechtsform einer Kapitalgesellschaft eine Beteiligung nach § 271 Abs. 1 HGB an dem gleichgeordneten Unternehmen gehören. Diese zusätzliche Voraussetzung führt dazu, daß die praktische Relevanz dieses Falles wohl eher gering sein dürfte.

Gemäß § 11 Abs. 1 PublG müßte das Unternehmen, das die einheitliche Leitung über das gleichgeordnete Unternehmen ausübt, eine Nicht-Kapitalgesellschaft sein und zudem die Größenmerkmale in der geforderten Weise überschreiten. Damit ist insgesamt gesehen eine Konzernrechnungslegungspflicht eines Gleichordnungskonzerns nach § 11 PublG noch am ehesten denkbar (vgl. WP-Handbuch, Band I, M Tz. 75 ff. und N Tz. 12 m.w.N.; Siebourg in: Küting/Weber, Konzernrechnungslegung, § 290 Rn. 116-119; aA offenbar Coenenberg, Jahresabschluß, 1997, S. 426).

1.5 Grundsätzliche Konzernrechnungslegungspflicht der GmbH & Co KG?

Eine Konzernrechnungslegungspflicht der GmbH & Co KG wird vielfach mit dem Hinweis abgelehnt, die ausschließlich der Haftungsbeschränkung dienende Komplementär-GmbH unterhalte keinen eigenen Geschäftsbetrieb und sei daher kein rechtlich selbständiges Unternehmen. Konzernrechnungslegung setze aber zwei selbständige Unternehmen voraus (vgl. WP-Handbuch, Band I, M Tz. 24).

Diese Argumentation ist problematisch. Zunächst knüpft das Handelsgesetzbuch die Konzernrechnungslegungspflicht daran, daß eine Kapitalgesellschaft mit Sitz im Inland entweder andere Unternehmen einheitlich leitet oder in § 290 Abs. 2 HGB wohldefinierte Rechte gegenüber einem anderen Unternehmen besitzt (Control-Konzept). Von der Mutter-Kapitalgesellschaft wird also im Handelsgesetzbuch nicht verlangt, daß sie ein Unternehmen ist.

Außerdem muß der Unternehmensbegriff immer spezifisch im Blick auf Sinn und Zweck der jeweils betrachteten gesetzlichen Vorschriften ausgelegt werden. Aus dem Blick des Konzernrechts erscheint die Forderung nach zwei selbständigen Unternehmen verständlich, weil die konzerntypischen Gefahren im wesentlichen erst drohen, wenn ein wirtschaftlich aktives Mutterunternehmen die Leistungsbeziehungen zur Tochter einseitig zu seinem eigenen Vorteil nutzt. Konzernrechnungslegung aber hat das Ziel, Mängel der Einzelrechnungslegung wirtschaftlich eng zusammengehörender Unternehmen zu überwinden. Der Unternehmensbegriff sollte hier daher zweckmäßigerweise an der Pflicht zur kaufmännischen Buchführung oder an die Kaufmannseigenschaft anknüpfen. Auch spricht aus der Sicht der Konzernrechnungslegung die Tatsache, daß die Komplementär-GmbH nur der Haftungsbeschränkung der KG dient, für das Vorliegen zweier in einem

Konzernabschluß zusammenzufassender Unternehmen. Denn die von GmbH und KG zweifellos aufzustellenden Einzelabschlüsse sind gerade wegen der vollen Ausrichtung der GmbH auf die KG isoliert betrachtet aussagelos.

Einen Konzernabschluß muß die GmbH & Co KG allerdings erst aufstellen, wenn die Bedingungen des § 290 HGB erfüllt sind.

Stimmrechtsmehrheit (§ 290 Abs. 2 Nr. 1 HGB) oder beherrschender Einfluß durch Beherrschungsvertrag oder Satzungsbestimmung (§ 290 Abs. 2 Nr. 3 HGB) dürften dabei als mögliche Grundlagen schwerlich relevant werden, weil derartige Beziehungen zwischen den beiden Unternehmen im Blick auf die Haftungsbeschränkung und die Folgen für die Konzernrechnungslegungspflicht nicht opportun und zugleich leicht vermeidbar erscheinen. Ob aber auch das Recht zur Besetzung oder Abberufung der Mehrheit der Mitglieder der Gesellschaftsorgane bei gleichzeitiger Gesellschafterstellung (§ 290 Abs. 2 Nr. 2 HGB) umgangen werden kann, ist fraglich. Einerseits wird darauf verwiesen, daß in der KG die persönlich haftenden Gesellschafter und im Falle der GmbH & Co KG die Geschäftsführer der GmbH zur Führung der Geschäfte der KG berechtigt und verpflichtet sind (§ 114 Abs. 1 HGB), während die Kommanditisten von der Führung der Geschäfte der KG ausgeschlossen bleiben (§ 164 HGB). Der GmbH als alleinigem Komplementär muß daher das Recht zustehen, die Mehrheit der Mitglieder des Leitungsorgans der KG - die Geschäftsführer der GmbH - zu bestellen, soweit im Gesellschaftsvertrag nicht eine vom Gesetz abweichende Regelung vereinbart wurde. Abweichende Regelungen aber, die das Recht zur Geschäftsführung der KG Kommanditisten übertragen, die zumindest mehrheitlich mit den Gesellschaftern der GmbH übereinstimmen, müssen als bloße Umgehungsversuche angesehen werden, weil sie an den tatsächlichen Einflußmöglichkeiten nichts ändern. Aus dieser Sicht ist also § 290 Abs. 2 Nr. 2 HGB bei der GmbH & Co KG erfüllt, wenn die Bestellung des Leitungsorgans der KG nicht einem Aufsichtsgremium übertragen wird, das nicht von den GmbH-Gesellschaftern oder den mit ihnen meist identischen Kommanditisten der KG beherrscht wird (vgl. Biener/Berneke, Bilanzrichtlinien-Gesetz, 1986, S. 287 f.; ähnlich auch Tillmann, DB 1986, S. 1321). Andererseits wird § 290 Abs. 2 Nr. 2 HGB als nicht erfüllt angesehen, weil die Geschäftsführer der GmbH als Leitungsorgan der KG nicht von der GmbH, sondern von den Gesellschaftern der GmbH bestellt werden. Dabei dürfte aber vernachlässigt werden, daß den Gesellschaftern der GmbH dieses Recht nur zusteht, wenn die GmbH als Komplementär in der KG entsprechende Rechte besitzt, daß die Gesellschafter der GmbH also allenfalls für die GmbH so handeln dürfen.

Grundlage für eine Konzernrechnungslegungspflicht der GmbH & Co KG kann aber auch einheitliche Leitung durch die GmbH bei gleichzeitiger Beteiligung an der KG gemäß § 290 Abs. 1 HGB sein. Meist führen die Geschäftsführer der GmbH für diese GmbH die Geschäfte auch der KG. In diesen Fällen dürfte die KG von der GmbH einheitlich geleitet werden (vgl. ADS, 6. Aufl., § 290 Tz. 121; Ulmer, BFuP Meinungsspiegel 2/1985, S. 147; WP-Handbuch, Band I, M Tz. 25;

Tillmann, DB 1986, S. 1321; Schnicke/Kilgert in: Beck Bil-Komm., 3. Aufl., § 290 Anm. 64). Allerdings wird für möglich gehalten, daß die GmbH als Komplementär nicht am Gesamthandsvermögen der KG beteiligt ist, weshalb die Voraussetzung der Beteiligung nicht gegeben sei (vgl. Tillmann, DB 1986, S. 1321; aber ADS, 6. Aufl. § 290 Tz. 122). Der Einwand erscheint aber problematisch, denn bezogen auf das Erfordernis der Beteiligung ist festzuhalten, daß nach herrschender Meinung bei Personengesellschaften eine Beteiligung auch dann vorliegt, "*wenn es an einer Kapitaleinlage vollkommen fehlt*" (ADS, 6. Aufl., § 290 Tz. 24).

Damit sprechen äußerst gewichtige Argumente für eine Konzernrechnungslegungspflicht der GmbH & Co KG (vgl. dazu ausführlich Schildbach/Koenen, WPg 1991, S. 661 ff.). Dieses Ergebnis erscheint auch vor dem Hintergrund der Aufgaben der Konzernrechnungslegung berechtigt, denn im Falle der GmbH & Co KG sind die Einzelabschlüsse von GmbH und KG für Außenstehende weitgehend wertlos. Davon zu unterscheiden ist die Frage, ob bei Gesellschaften mit überschaubarem Gesellschafterkreis Publizitätsvorschriften gerechtfertigt sind, wie sie das aktuelle Handelsrecht vorschreibt (vgl. Friauf, GmbHRdsch. 1985, S. 245 ff.; Streim/Kugel, BFuP 1985, S. 102 ff.; Feldhoff, Regulierung, 1992). Solche Zweifel betreffen allerdings nicht die GmbH & Co KG mit großem Gesellschafterkreis ("Publikums-GmbH & Co KG").

2. Teilkonzernabschlüsse (Tannenbaumprinzip) und befreiende Konzernabschlüsse

2.1 Grundsätzliche Teilkonzernrechnungslegungspflicht

In einem mehrstufigen Konzern stellt sich die Frage, ob die die Konzernrechnungslegungspflicht auslösenden Vorschriften in § 290 HGB auch für Teilkonzernmütter gelten. In diesem Falle wären auf allen Ebenen Teilkonzernabschlüsse aufzustellen. Die Frage ist nach neuem Recht im Prinzip zu bejahen, wenn jeweils die Voraussetzungen des § 290 HGB erfüllt sind.

Auf das Konzept der einheitlichen Leitung kann eine Verpflichtung zur Aufstellung von Teilkonzernabschlüssen allerdings nicht gestützt werden. Einheitliche Leitung ist nach herrschender Meinung unteilbar und kann nur vom obersten Mutterunternehmen ausgeübt werden (vgl. Siebourg in: Küting/Weber, Konzernrechnungslegung, § 290 Rn. 19 m.w.N.; aA Kropff, Aktiengesetz, 1965, S. 439; Schulze, WPg 1968, S. 86; WP-Handbuch, Band I, R Tz. 191 ff. m.w.N.).

Das Control-Konzept verpflichtet dagegen grundsätzlich jedes Unternehmen, das eine der dem Konzept zugrundeliegenden Voraussetzungen erfüllt, zur Aufstellung eines Konzernabschlusses und Konzernlageberichtes. Mithin ist in einem mehrstufigen Konzern jede Teilkonzernmutter, die aufgrund der ihr zustehenden Rechte gemäß § 290 Abs. 2-4 HGB eine rechtliche Beherrschungsmöglichkeit über ihr hierarchisch nachgelagerte Unternehmen hat, für diesen Teil des Gesamtkonzerns grundsätzlich zur Teilkonzernrechnungslegung verpflichtet. Im Ergebnis führt das Control-Konzept in einem mehrstufigen, aus inländischen Kapitalgesellschaften bestehenden Konzern grundsätzlich zu einer Konzernrechnungslegungspflicht auf jeder Ebene des Konzerns. Diese im Schrifttum als "*Tannenbaumprinzip*" bezeichnete Regelung soll vor allem dem Schutz der Minderheitsgesellschafter, der Gläubiger und sonstiger Interessenten des Teilkonzerns dienen.

Die Tragweite des „Tannenbaumprinzips" läßt sich am Beispiel eines mehrstufigen Konzerns am besten verdeutlichen. Gegeben sei die in der Graphik auf der folgenden Seite dargestellte inländische Konzernstruktur.

Die Graphik zeigt durch die unterschiedlichen Umrahmungen, welche der (Teilkonzern-)Mutterunternehmen grundsätzlich zur Aufstellung eines Gesamt- oder Teilkonzernabschlusses (TKA) verpflichtet sind und welche Unternehmen grundsätzlich in die jeweiligen Abschlüsse einzubeziehen sind.

In der Praxis bringt die Teilkonzernrechnungslegung jedoch erhebliche Kosten und Mehrarbeit für die Teilkonzerne mit sich, die nicht nur durch die gesonderten Konsolidierungen auf jeder Stufe, sondern eventuell auch durch jeweils unterschiedliche "konzerneinheitliche" Bewertungen verursacht werden. Zudem vermitteln Teilkonzernabschlüsse selbst für die Minderheitseigner und Gläubiger der jeweiligen Teilkonzernmütter nur in Grenzen zusätzliche Informationen. Zeigt der Teilkonzernabschluß einen Ausschnitt aus einem Vertragskonzern, so ist er wegen des umfassenden Haftungsverbunds ähnlich problematisch wie ein Einzelabschluß im Vertragskonzern. Zeigt er dagegen einen Ausschnitt aus einem faktischen Konzern, so relativiert sich der Vorteil der konsolidierten gegenüber den aus den Einzelabschlüssen zu entnehmenden Zahlen dadurch, daß sie sich auf ein unvollständiges Gebilde beziehen, gegen das sich ganz heterogene Ansprüche richten. Nur wenn der Teilkonzernabschluß einen Vertragskonzern innerhalb eines umfassenderen faktischen Konzerns heraushebt, wird sein Informationswert klar positiv sein (vgl. B.4.1; zur Zweckmäßigkeit der Teilkonzernabschlüsse vgl.: Krag/Müller, BB 1985, S. 307-312; Gross, WPg 1976, S. 214-220; Kirchner, BB 1975, S. 1611-1617; Stobbe, BB 1985, S. 1508-1510).

2.2 Befreiende Konzernabschlüsse und Konzernlageberichte

Den auf Kosten und Nutzen gegründeten Zweifeln am Sinn der Teilkonzernabschlüsse hat der Gesetzgeber durch explizite Ausnahmeregelungen zum Tannenbaumprinzip Rechnung getragen. Diese Regelungen befreien von der Ver-

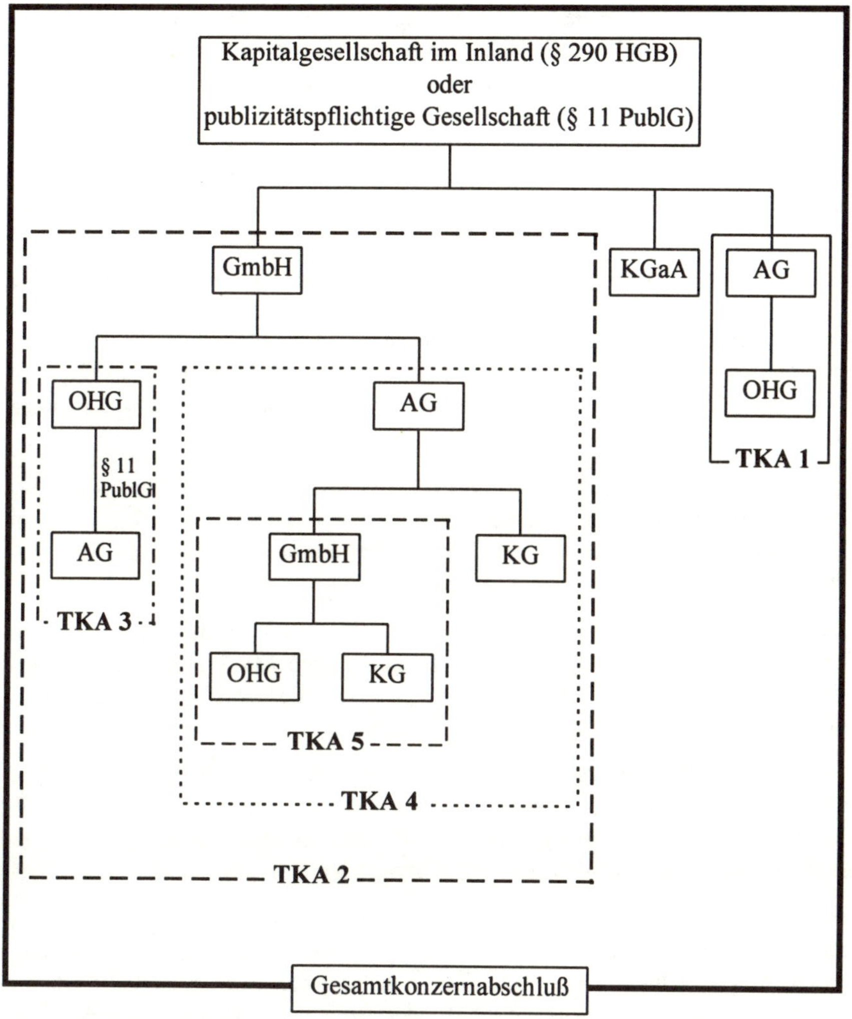

Beispiel D.3: Grundsätzliche Teilkonzernrechnungslegungspflicht

pflichtung zur Aufstellung von Teilkonzernabschlüssen, wenn ein übergeordnetes Mutterunternehmen beliebiger Rechtsform und Größe einen Konzernabschluß und einen Konzernlagebericht, die vorgegebene Mindestanforderungen erfüllen, aufgestellt hat, und wenn Minderheiten keinen Teilkonzernabschluß verlangen. Mit diesen Regelungen will der Gesetzgeber die Konzerne aus Gründen der Wirtschaftlichkeit und wegen der Bedenken bzgl. des Informationsgehaltes der Teilkonzernabschlüsse und -lageberichte zu einer Gesamtkonzernrechnungslegung veranlassen. Hinsichtlich des Sitzes des sogenannten befreienden Mutterunternehmens und der daran anknüpfenden Bedingungen für die befreienden Konzernabschlüsse unterscheidet der Gesetzgeber zwischen einem Sitz innerhalb der EG - einschließlich Deutschland - und einem Sitz außerhalb der EG.

2.2.1 Übergeordnetes Mutterunternehmen mit Sitz innerhalb der EG

Will ein übergeordnetes Mutterunternehmen mit Sitz innerhalb der EG einen grundsätzlich befreienden Konzernabschluß und Konzernlagebericht erstellen, so müssen zur Erreichung der Befreiung die folgenden, in § 291 HGB genannten Voraussetzungen sämtlich erfüllt werden:

- In den befreienden Konzernabschluß müssen neben der zu befreienden deutschen Teilkonzernmutter grundsätzlich auch deren Tochterunternehmen einbezogen werden, die in den vermiedenen Teilkonzernabschluß einzubeziehen gewesen wären (§ 291 Abs. 2 Nr. 1 HGB).
- Der befreiende Konzernabschluß und der befreiende Konzernlagebericht müssen nach dem Recht des Sitzstaates des übergeordneten Mutterunternehmens aufgestellt worden sein, wobei dieses Recht den Anforderungen der 7. EG-Richtlinie entsprechen muß (§ 291 Abs. 2 Nr. 2 HGB).
- Der befreiende Konzernabschluß und der befreiende Konzernlagebericht müssen nach dem für das übergeordnete Mutterunternehmen anzuwendenden Recht von einem in Übereinstimmung mit der 8. EG-Richtlinie zugelassenen Abschlußprüfer geprüft worden sein (§ 291 Abs. 2 Nr. 2 HGB).
- Der befreiende Konzernabschluß und der befreiende Konzernlagebericht müssen inklusive des Bestätigungsvermerks oder des Vermerks über dessen Versagung innerhalb von neun Monaten nach dem Stichtag der zu befreienden Teilkonzernmutter in deutscher Sprache im Bundesanzeiger veröffentlicht worden sein (§ 291 Abs. 1 S. 1 iVm. § 325 Abs. 3 HGB), wobei eine Umrechnung in DM nicht erforderlich ist.
- Im Anhang des Einzelabschlusses der zu befreienden Teilkonzernmutter sind Name und Sitz des Mutterunternehmens, das den befreienden Konzernabschluß und Konzernlagebericht aufstellt, anzugeben; außerdem ist ein Hinweis auf die Befreiung von der Teilkonzernrechnungslegungspflicht aufzunehmen (§ 291 Abs. 2 Nr. 3 HGB).

Obwohl diese Vorschriften auf den ersten Blick einfach und klar erscheinen, werfen sie bei näherer Betrachtung jedoch einige Probleme auf.

So ist zum Beispiel umstritten, ob die aus der Sicht der zu befreienden Teilkonzernmutter in den vermiedenen Teilkonzernabschluß einbeziehungspflichtigen Töchter sämtlich in den befreienden Konzernabschluß aufzunehmen sind oder nicht. Teilweise wird eine befreiende Wirkung des übergeordneten Konzernabschlusses auch dann angenommen, wenn er solche Töchter nicht umfaßt, die zur Vermittlung eines true and fair view zwar in den Teilkonzernabschluß, nicht aber in den befreienden Konzernabschluß einbezogen werden müssen, oder die in den Teilkonzernabschluß einbezogen werden müssen, in den befreienden Konzernabschluß aber nicht einbezogen werden dürfen, weil aufgrund andersartiger Tätigkeit ihre Einbeziehung true and fair view widerspräche (vgl. Siebourg in: Küting/Weber, Konzernrechnungslegung, § 291 Rn. 19 f.; aA Schnicke/Kilgert in: Beck Bil-Komm., 3. Aufl., § 291 Anm. 16). Die zu befreiende Teilkonzernmutter aber muß unbedingt einbezogen werden, wenn der übergeordnete Konzernabschluß befreiende Wirkung haben soll.

Auch die zweite oben angeführte Voraussetzung für die befreiende Wirkung eines Konzernabschlusses kann in der Praxis zu Problemen oder erheblicher Mehrarbeit führen, da die Mutterunternehmen nach § 291 Abs. 2 Nr. 2 HGB das an die 7. EG-Richtlinie angepaßte nationale Konzernrechnungslegungsrecht anwenden müssen. Diese Regelung bedeutet z.B. für den Konzernabschluß und den Konzernlagebericht einer deutschen Nicht-Kapitalgesellschaft, daß diese nur dann befreiende Wirkung haben, wenn die durch § 13 Abs. 3 S. 1 und 2 PublG im Vergleich zu den Kapitalgesellschaften gewährten Erleichterungen für die Gesamtkonzernrechnungslegung nicht in Anspruch genommen werden (§ 13 Abs. 3 S. 3 PublG). Probleme bezüglich der Auslegung dieser Regelung ergeben sich in Fällen, in denen ein ausländisches Mutterunternehmen mit Sitz in der EG, dessen Konzern aber primär in Deutschland wirtschaftlich aktiv ist, seine Konzernrechnungslegung freiwillig nach dem deutschen HGB erstellt. Folgt man hier dem Wortlaut des Gesetzes, so haben Konzernabschluß und Konzernlagebericht des ausländischen Mutterunternehmens keine befreiende Wirkung, da sie nicht dem maßgeblichen, angepaßten nationalen Konzernrechnungslegungsrecht dieses Unternehmens entsprechen. Dieses Ergebnis ist natürlich aus theoretischer und praktischer Sicht nicht befriedigend. Dementsprechend wird inzwischen eine befreiende Wirkung solcher Abschlüsse teilweise auch dann angenommen, wenn sie nach deutschem Recht aufgestellt wurden (vgl. WP-Handbuch, Band I, M Tz. 91 f.).

2.2.2 Übergeordnetes Mutterunternehmen mit Sitz außerhalb der EG

Die Voraussetzungen für die befreiende Wirkung eines Konzernabschlusses und Konzernlageberichtes eines übergeordneten Mutterunternehmen mit Sitz außerhalb der EG enthält die auf der Grundlage des § 292 HGB erlassene sog. Konzernabschlußbefreiungsverordnung - KonBefV (BGBl. 1991, Teil I, S. 2122). Diese war erstmals auf solche Konzernabschlüsse und Konzernlageberichte anzuwenden, für die das Geschäftsjahr nach dem 31. Dezember 1989 begann. Mit der Verordnung vom 9. Juni 1993 (BGBl. 1993, Teil I, S. 916) wurde die Gültigkeitsdauer bis zum 31. Dezember 1996 ausgedehnt.

Nach der Konzernbefreiungsverordnung sollen Mutterunternehmen mit Sitz außerhalb der EG zwei Möglichkeiten haben, einen befreienden Konzernabschluß und Konzernlagebericht aufzustellen. Zum einen sollen diese Unternehmen ihre Teilkonzernmütter unter vergleichbaren Voraussetzungen von der Pflicht zur Teilkonzernrechnungslegung befreien können wie Mutterunternehmen mit Sitz innerhalb der EG (§ 1 S. 1 KonBefV). Sie müssen dazu das an die 7. EG-Richtlinie angepaßte Recht eines Mitgliedstaates der EG anwenden (§ 2 Abs. 1 Nr. 2 KonBefV). Das befreiende Mutterunternehmen mit Sitz außerhalb der EG kann sich somit das Recht eines Mitgliedstaates aussuchen. Die befreiende Wirkung gilt in diesem Fall für die Teilkonzernmütter mit Sitz in einem anderen EG-Mitgliedstaat jedoch nur, wenn der befreiende Konzernabschluß und der befreiende Konzernlagebericht in dem EG-Mitgliedstaat offengelegt werden, nach dessen Recht sie aufgestellt worden sind, und wenn dem befreienden Konzernabschluß eine Bestätigung über die erfolgte Hinterlegung in diesem EG-Mitgliedstaat beigefügt werden (§ 3 KonBefV). Zum anderen soll die Befreiung für die Teilkonzernmütter gemäß § 2 Abs. 1 Nr. 2 KonBefV auch dann ermöglicht werden, wenn das übergeordnete Mutterunternehmen einen Konzernabschluß und einen Konzernlagebericht offenlegt, die einem Konzernabschluß und einem Konzernlagebericht nach einem an die 7. EG-Richtlinie angepaßten Recht in einem EG-Land gleichwertig sind. Was dabei konkret unter "*gleichwertig*" zu verstehen ist, läßt die Rechtsverordnung offen. Sie bestimmt lediglich, daß ein solcher Konzernabschluß und Konzernlagebericht zur Herstellung der Gleichwertigkeit nur herangezogen werden kann, wenn diese Unterlagen nach § 3 KonBefV in dem entsprechenden EG-Land mit einer Bestätigung über die erfolgte Hinterlegung offengelegt wird.

Neben diesen inhaltlichen Voraussetzungen ist die befreiende Wirkung der Konzernrechnungslegung des übergeordneten Mutterunternehmens davon abhängig, daß der befreiende Konzernabschluß nach § 2 Abs. 1 Nr. 3 KonBefV von einem nach der 8. EG-Richtlinie in der EG zugelassenen Abschlußprüfer oder einem mit einer gleichwertigen Befähigung ausgestatteten Prüfer eines Nicht-EG-Mitgliedstaates entsprechend den Anforderungen der §§ 316 ff. HGB geprüft worden ist - die Rechtsverordnung hat allerdings auch diesbezüglich die Anforderungen für die "*Gleichwertigkeit*" offengelassen -. Zudem muß der Anhang des Einzelabschlusses der zu befreienden Teilkonzernmutter gemäß § 2 Abs. 1 Nr. 4 KonBefV den Namen und Sitz des Mutterunternehmens, das den befreienden Konzernabschluß aufstellt, und einen Hinweis auf die Befreiung von der Teilkonzernrechnungslegungspflicht enthalten.

Die nach § 292 Abs. 1 S. 3 HGB zusätzlich mögliche Befreiungsvoraussetzung, nach der die befreiende Wirkung eines Konzernabschlusses und Konzernlageberichtes durch ein Mutterunternehmen mit Sitz außerhalb der EG davon abhängig gemacht werden kann, daß deutschen Mutterunternehmen mit Teilkonzernmüttern in diesen Staaten die gleiche Befreiung gewährt wird (sog. Gegenseitigkeitsregelung), wurde nicht in die KonBefV aufgenommen. Es bleibt allerdings abzuwarten, ob eine solche Regelung für nach dem 31. Dezember 1996 beginnende Geschäftsjahre durch den Bundesminister der Justiz eingeführt wird.

Insgesamt gesehen kann zwar aufgrund der bisher geltenden Konzernbefreiungsverordnung eine befreiende Konzernrechnungslegung durch ein Mutterunternehmen mit Sitz außerhalb der EG auf der Grundlage EG-fremden, aber gleichwertigen Rechts erfolgen. Jedoch wäre es aus Gründen der Wirtschaftlichkeit und der Rechtssicherheit in der Praxis zu begrüßen, wenn das Versäumnis der fehlenden Konkretisierung des "Gleichwertigkeitskriteriums" in der neu zu erlassenden Rechtsverordnung für nach dem 31. Dezember 1996 beginnende Geschäftsjahre beseitigt würde.

2.2.3 Minderheitenschutz im Teilkonzern

Sind die Voraussetzungen der §§ 291 oder 292 HGB iVm. §§ 1-4 KonBefV für die befreiende Wirkung des Konzernabschlusses und -lageberichtes eines übergeordneten Mutterunternehmens sämtlich erfüllt, so sind dessen unmittelbare und mittelbare Teilkonzernmütter grundsätzlich von der Konzernrechnungslegungspflicht befreit. Diese Befreiung ist aber für einzelne zu befreiende Teilkonzernmütter dann aufgehoben, wenn deren Minderheitsgesellschafter von der Regelung des § 291 Abs. 3 HGB Gebrauch machen (diese Regelung ist - soweit übertragbar - durch die Verweise in § 2 Abs. 3 KonBefV und § 11 Abs. 6 PublG auch für die unter diese Vorschriften fallenden Unternehmen sinngemäß anzuwenden). Danach kann die befreiende Wirkung eines übergeordneten Konzernabschlusses und Konzernlageberichtes trotz Erfüllung der entsprechenden Voraussetzungen nicht in Anspruch genommen werden, wenn

- Gesellschafter, denen mindestens 10 % der Anteile an einer zu befreienden AG und KGaA bzw. mindestens 20 % der Anteile an einer zu befreienden GmbH gehören, spätestens sechs Monate vor Ablauf des Konzerngeschäftsjahres die Aufstellung eines Teilkonzernabschlusses und Teilkonzernlageberichtes beantragt haben, oder

- dem Mutterunternehmen mindestens 90 % der Anteile an dem zu befreienden Unternehmen gehören und nicht sämtliche Minderheitsgesellschafter der Befreiung zugestimmt haben.

Diese Regelungen, die dem Schutz der Informationsinteressen der Minderheitsgesellschafter der zu befreienden Teilkonzernmutter dienen sollen, führen zu erheblichen Problemen und wurden deshalb in der Literatur erheblich kritisiert. Während bei einer sog. kleinen Minderheit (dem Mutterunternehmen gehören mehr als 90 % der Anteile an einer GmbH) ein Gesellschafter mit einem noch so minimalen Anteil durch die Verweigerung seiner Zustimmung eine Pflicht zur (Teil-) Konzernrechnungslegung auslösen kann, sind GmbH-Gesellschafter mit Anteilen zwischen 10 % und 19,99 % dazu noch nicht einmal mit einem gemeinsamen Antrag in der Lage. Mutterunternehmen, denen also zwischen 80,01 und 89,99 % der Anteile an einer GmbH gehören, können die Befreiung bei Vorliegen der übrigen Voraussetzungen für die Teilkonzernmutter-GmbH auf jeden Fall erreichen, was schwerlich sinnvoll erscheint.

Außerdem ist die auf die kleine Minderheit (Mutterunternehmen hat mehr als 90 % der Anteile an einer Teilkonzernmutter) ausgerichtete Regelung, nach der eine Befreiung von der (Teil-)Konzernrechnungslegung bei Vorliegen der übrigen Voraussetzungen (§ 291 Abs. 1 und 2 HGB) nur bei Zustimmung aller anderen Gesellschafter wirksam wird, aus praktischer Sicht in vielen Fällen unerfüllbar. Man denke hier z.B. an große Publikumsgesellschaften, bei denen ein Teil der Gesellschafter trotz großer Anstrengungen des Unternehmens unerreichbar sein kann oder die Zustimmung aus Desinteresse nicht gibt. In diesen Fällen bleibt es trotz des Schweigens einiger Gesellschafter bei der Befreiung von der Pflicht zur Teilkonzernrechnungslegung, wenn das Unternehmen alles in seiner Macht stehende getan hat, um die Zustimmung zu erhalten (vgl. SABI 1/1988, WPg 1988, S. 342; Siebourg in: Küting/Weber, Konzernrechnungslegung, § 291 Rn. 37; aA WP-Handbuch, Band I, M Tz. 101). Nicht ausreichend dürfte dagegen ein Sonderbeschluß der Mehrheit der Minderheitsgesellschafter sein (vgl. SABI 1/1988, WPg 1988, S. 342).

Insgesamt bleibt es allerdings dabei, daß nach dem Wortlaut des Gesetzes große Minderheiten schlechter geschützt werden als kleine, was in Einzelfällen aus Sicht der Theorie und Praxis zu unsachgerechten und unakzeptablen Ergebnissen führen kann. Die Praxis wird zeigen, ob sich die Regelung in dieser Form durchzusetzen vermag, was jedoch stark zu bezweifeln ist (vgl. Stobbe, BB 1985, S. 1508-1510).

3. Größenabhängige Befreiungen

3.1 Grundsatz

Neben den Befreiungen von der Pflicht zur Teilkonzernrechnungslegung durch Aufstellung übergeordneter Konzernabschlüsse und -lageberichte sieht § 293 HGB erstmals im deutschen Konzernrechnungslegungsrecht unter bestimmten

Voraussetzungen die generelle Befreiung von der Gesamtkonzernrechnungslegung für Konzerne vor, deren Mutterunternehmen Kapitalgesellschaften sind. Da eine entsprechende Regelung im PublG nicht existiert, bleibt die grundsätzliche Konzernrechnungslegungspflicht für Nicht-Kapitalgesellschaften bestehen.

§ 293 HGB befreit Mutterunternehmen in der Rechtsform der Kapitalgesellschaft grundsätzlich von der Aufstellung eines Konzernabschlusses und Konzernlageberichtes, wenn sie an zwei aufeinanderfolgenden Abschlußstichtagen mindestens zwei der drei festgelegten Grenzwerte für die Merkmale Bilanzsumme, Umsatzerlöse und durchschnittliche Anzahl der beschäftigten Arbeitnehmer nicht überschreiten. Die Höhe der Grenzwerte hängt gemäß § 293 Abs. 1 HGB von der gewählten Methode ab, wobei die Methode jedes Jahr wieder unabhängig ausgewählt werden kann.

- Wendet das Mutterunternehmen die sog. "Bruttomethode" (additive Methode) an, die für die Ermittlung der Höhe der obigen Merkmale von einer einfachen Addition der Einzeljahresabschlüsse des Mutterunternehmens und der in den Konzernabschluß einzubeziehenden Tochterunternehmen ausgeht, so dürfen nach § 293 Abs. 1 Nr. 1 HGB folgende Grenzwerte nach der Addition und vor der Berücksichtigung der Konsolidierung (Forderungen, Schulden, Zwischengewinne etc.) nicht überschritten werden:

  - Bilanzsumme (ggf. nach Abzug von in den Bilanzen auf der Aktivseite ausgewiesenen Fehlbeträgen): 63,72 Mio. DM
  - Umsatzerlöse: 127,44 Mio. DM
  - durchschnittliche Anzahl der beschäftigten Arbeitnehmer: 500

  Die Ermittlung der Arbeitnehmerzahl soll gemäß § 293 Abs. 1 S. 2 HGB nach § 267 Abs. 5 HGB erfolgen. Maßgebender Zeitpunkt zur Berechnung der übrigen Größenmerkmale ist bei dieser Methode der Abschlußstichtag des Mutterunternehmens (§ 293 Abs. 1 Nr. 1 HGB).

- Wendet das Mutterunternehmen dagegen die sog. "Nettomethode" (konsolidierte Methode) an, nach der zur Ermittlung der Höhe der obigen Merkmale von einem Konzernabschluß ausgegangen wird, der sich nach Addition der Einzeljahresabschlüsse des Mutterunternehmens und der Tochterunternehmen sowie nach der Durchführung der Konsolidierung ergibt, so sind nach § 293 Abs. 1 Nr. 2 HGB folgende Grenzwerte nicht zu überschreiten:

  - Bilanzsumme (ggf. nach Abzug von in den Bilanzen auf der Aktivseite ausgewiesenen Fehlbeträgen): 53,1 Mio. DM
  - Umsatzerlöse: 106,2 Mio. DM
  - durchschnittliche Anzahl der beschäftigten Arbeitnehmer: 500

  Auch bei dieser Methode soll die Ermittlung der Arbeitnehmerzahl gemäß § 293 Abs. 1 S. 2 HGB nach § 267 Abs. 5 HGB erfolgen. Für die Berechnung der übrigen Größenmerkmale ist hier dagegen der Konzernabschlußstichtag maßgebend (§ 293 Abs. 1 Nr. 2 HGB), der nach § 299 Abs. 1 HGB vom Abschlußstichtag des Mutterunternehmens abweichen kann.

Die Grenzwerte für die Bilanzsumme und die Umsatzerlöse liegen bei der Bruttomethode um genau 20 % über denen der Nettomethode, wodurch der Gesetzgeber einen Ausgleich für die unterschiedlichen Bezugsgrundlagen der beiden Methoden geschaffen hat. Durch die Zulassung der Bruttomethode hat er den Mutterunternehmen die Überprüfung der Befreiungsvoraussetzungen in vereinfachter Form, d.h. ohne die Pflicht zur Erstellung eines "Probe-Konzernabschlusses", ermöglicht, was unter Wirtschaftlichkeitsgesichtspunkten aus Sicht der Praxis sehr zu begrüßen ist.

Wie bereits oben erläutert wurde, beginnt die Befreiung von der Konzernrechnungslegung bei zweimaligem, aufeinanderfolgendem Unterschreiten von zwei der drei oben angeführten Größenmerkmale ab dem zweiten Stichtag. Entsprechendes gilt analog auch für das Ende der Befreiung. Das bedeutet, daß bei zweimaligem, aufeinanderfolgendem Überschreiten von zwei der drei Größenmerkmale die grundsätzliche Konzernrechnungslegungspflicht ab dem zweiten Stichtag einsetzt (vgl. § 293 Abs. 4 HGB). Dabei ist es völlig unerheblich, welche zwei der drei Größenmerkmale über- oder unterschritten wurden und welche der beiden beschriebenen Methoden angewendet wurde.

3.2 Problem der Beeinflussungsmöglichkeiten der Größenmerkmale

Die Größenkriterien sind nur auf den ersten Blick eindeutig. Tatsächlich erlauben sie es den Unternehmen, Einfluß auf ihre Einordnung in eine der beiden Größenklassen zu nehmen.

3.2.1 Bruttomethode

Die Größenmerkmale der Bruttomethode können insbesondere durch die Konsolidierungswahlrechte nach § 296 HGB beeinflußt werden, denn nach § 293 Abs. 1 Nr. 1 HGB sind nur die Merkmale der Unternehmen zu addieren, "*die in den Konzernabschluß einzubeziehen wären*". Bezieht ein Mutterunternehmen also ein Tochterunternehmen aufgrund eines Konsolidierungswahlrechtes nicht ein, so werden dessen Werte bei der Ermittlung der Größenmerkmale des Gesamtkonzerns nicht berücksichtigt. Dadurch ergibt sich ein erheblicher Gestaltungsspielraum für das Mutterunternehmen.

Weitere Spielräume ergeben sich bei der Bilanzsumme aus den Möglichkeiten zur Kürzung der nicht eingeforderten ausstehenden Einlagen vom gezeichneten Kapital (§ 272 Abs. 1 S. 3 HGB), zur Absetzung der erhaltenen Anzahlungen auf

Bestellungen von den Vorräten (§ 268 Abs. 5 S. 2 HGB) und zur direkten statt indirekten steuerlichen Abschreibung (vgl. Förschle/Kofahl in: Beck Bil-Komm., 3. Aufl., § 293 Anm. 12).

Weichen Abschlußstichtage einzelner Tochterunternehmen vom Abschlußstichtag des Mutterunternehmens ab, so müssen die Größenkriterien der Töchter für den Abschlußstichtag der Mutter ermittelt werden. Diese Nebenrechnung eröffnet praktisch gewisse Spielräume, die aus der fehlenden Einbindung in ein kontinuierliches Rechnungssystem stammen.

Auch scheint es zulässig, die Einzelabschlüsse der Unternehmen freiwillig auf Basis einer konzerneinheitlichen Bewertung aufzustellen, wobei durch die Wahl einer geeigneten, zugleich aber nicht willkürlich erscheinenden Bewertung Einfluß auf die Größenmerkmale genommen werden kann (vgl. Biener/Berneke: Bilanzrichtlinien-Gesetz, 1986, S. 306).

Die beiden Merkmale "*Bilanzsumme*" und "*Umsatzerlöse*" beinhalten schließlich bei ausländischen Tochterunternehmen das gemeinsame Problem der Währungsumrechnung. Auch diesbezüglich besteht ein Methodenwahlrecht (siehe hierzu Kapitel F.)

3.2.2 Nettomethode

Hinsichtlich der Gestaltungsmöglichkeiten, die sich aus der Festlegung des Konsolidierungskreises ergeben, gilt das bei der Bruttomethode Beschriebene hier analog, da § 292 Abs. 1 Nr. 2 HGB von einem vom Mutterunternehmen aufzustellenden Konzernabschluß ausgeht, für den die Wahlrechte nach § 296 HGB naturgemäß auch anwendbar sind. Gleiches gilt für das Methodenwahlrecht der Umrechnung der Bilanzsumme und der Umsatzerlöse ausländischer Tochterunternehmen.

Da zur Ermittlung der Größenmerkmale Bilanzsumme und Umsatzerlöse bei der Nettomethode die Aufstellung einer Probe-Konzernbilanz und Probe-Konzern-Gewinn- und Verlustrechnung vorausgesetzt wird, müssen bei dieser Methode grundsätzlich alle Konzernrechnungslegungsvorschriften beachtet werden. Das bedeutet, daß hier z.B. der Ansatz und die Bewertung der Vermögensgegenstände und Schulden konzerneinheitlich zu erfolgen haben, daß die Regelungen zum einheitlichen Abschlußstichtag zu beachten sind und daß sämtliche Konsolidierungsmaßnahmen durchzuführen sind. Dies führt zu einer Fülle von Wahlrechten, die das Mutterunternehmen sämtlich in der Weise ausnutzen kann, daß die Größenmerkmale des § 293 Abs. 1 Nr. 2 HGB möglichst unterschritten werden.

3.3 Ausnahme von der generellen größenabhängigen Befreiung

Die größenabhängige Befreiung von der Konzernrechnungslegungspflicht kann nach § 293 Abs. 5 HGB trotz der Erfüllung der Voraussetzungen von § 293 Abs. 1-4 HGB nicht in Anspruch genommen werden, "*wenn am Abschlußstichtag Aktien oder andere von dem Mutterunternehmen oder einem in den Konzernabschluß des Mutterunternehmens einbezogenen Tochterunternehmen ausgegebene Wertpapiere an einer Börse in einem Mitgliedstaat der Europäischen Wirtschaftsgemeinschaft oder in einem anderen Vertragsstaat des Abkommens über den Europäischen Wirtschaftsraum zum amtlichen Handel zugelassen oder in den geregelten Freiverkehr einbezogen sind oder die Zulassung zum amtlichen Handel beantragt ist*".

Die Ausnahmeregelung umfaßt nur in den Konzernabschluß einbezogene Unternehmen und Börsen der Europäischen Wirtschaftsgemeinschaft. Sind also Aktien von einem nicht in den Konzernabschluß einbezogenen Tochterunternehmen an einer Börse der EG zugelassen oder Aktien von einem konsolidierten Tochterunternehmen an einer Börse außerhalb der EG zugelassen, so beeinträchtigt das die Befreiung nicht.

Insgesamt gesehen will der Gesetzgeber mit dieser Regelung dem besonderen Informationsbedürfnis der Interessenten an börsengängigen Wertpapieren Rechnung tragen.

Literaturhinweise

Außer der einschlägigen Kommentierung der §§ 290-293 HGB und § 11 PublG können vor allem folgende Quellen herangezogen werden:

Biener, Herbert/Berneke, Wilhelm: Bilanzrichtlinien-Gesetz, Düsseldorf 1986.

Friauf, Karl Heinrich: Die Publizitätspflicht für Gesellschaften mit beschränkter Haftung aus verfassungsrechtlicher Sicht, in: GmbHRdsch., 76. Jg., 1985, S. 245-253.

IdW (Hrsg.): Wirtschaftsprüfer-Handbuch 1996, 11. Aufl., Band I, Düsseldorf 1996.

Krag, Joachim/Müller, Herbert: Zur Zweckmäßigkeit von Teilkonzernabschlüssen der 7. EG-Richtlinie für Minderheitsgesellschafter, in: BB, 40. Jg., 1985, S. 307-312.

Schulze, Joachim: Einheitliche Leitung von Konzernunternehmen durch mehrere Obergesellschaften und ihre Bedeutung für die Konzernrechnungslegung nach dem Aktiengesetz, in: WPg, 21. Jg., 1968, S. 85-90.

Siebourg, Peter: Pflicht zur Aufstellung des Konzernabschlusses und Abgrenzung des Konsolidierungskreises, in: Konzernrechnungslegung und -prüfung, hrsg. von Jörg Baetge, Düsseldorf 1990, S. 39-61.

Sonderausschuß Bilanzrichtlinien-Gesetz (SABI): Stellungnahme SABI 1/1988: Zur Aufstellungspflicht für einen Konzernabschluß und zur Abgrenzung des Konsolidierungskreises, in: WPg, 41. Jg., 1988, S. 340-343.

Stobbe, Thomas: Zur Umsetzung der Art. 7 und 8 der 7. EG-Richtlinie, Anmerkungen zum Beitrag von Krag/Müller, in: BB, 40. Jg., 1985, S. 1508-1510.

Streim, Hannes/Kugel, Birgit: GmbH & Co KG und Rechnungslegungsreform - Analyse der Zweckmäßigkeit der geplanten Regelungen, in: BFuP, 37. Jg., 1985, S. 102-117.

Tillmann, Bert: Umwandlung auf doppelstöckige GmbH & Co KG - Ein Ausweg aus der Publizitätspflicht der GmbH? -, in: DB, 39. Jg., 1986, S. 1319-1323.

Ulmer, Peter: BFuP Meinungsspiegel 2/1985 zum Thema GmbH & Co KG und Rechnungslegungsreform, in: BFuP, 37. Jg., 1985, S. 147.

Wysocki, Klaus von: Konzernabschluß: Aufstellungs- und Einbeziehungspflichten nach neuem Recht, in: WPg, 40. Jg., 1987, S. 277-281.

E. Konsolidierungskreis

1. Grundsatz

Der Gesetzgeber hat den Kreis der in den Konzernabschluß und Konzernlagebericht einzubeziehenden Unternehmen differenziert geregelt. Danach kann man, wie auch das folgende Schaubild E.1 zeigt, grundsätzlich zwischen

- der Vollkonsolidierung,
- der Quoten- oder anteilsmäßigen Konsolidierung,
- der Equity-Methode und
- der Bewertung einer Beteiligung nach der Anschaffungskostenmethode

unterscheiden (zum Schaubild E.1 vgl. Ordelheide, BFuP 1986, S. 298 f.; Busse von Colbe/Chmielewicz, DBW 1986, S. 326 f.).

Beteiligungen § 271 Abs. 1 HGB

Assoziierte Unternehmen ("*maßgeblicher Einfluß*") § 311 HGB

Gemeinschaftsunternehmen ("*gemeinsame Führung*")

Mutter- und alle Tochterunternehmen nach § 290 HGB, außer den nach § 295 HGB (Konsolidierungsverbot) oder § 296 HGB (Konsolidierungswahlrecht) nicht einbezogenen Unternehmen

Vollkonsolidierung §§ 300 - 309 HGB

Nukleus; ohne Voll- keine Randkonsolidierung

Quotenkonsolidierung § 310 HGB

§§ 297 - 301, 303 - 306, 308, 309 HGB entsprechend anwenden

Equity-Methode § 312 HGB

einheitliche Bewertung wahlweise anwendbar; Zwischenergebnisse sind voll oder teilweise zu eliminieren

Bewertung zu Anschaffungskosten

Schaubild E.1: Kreis der in den Konzernabschluß und Konzernlagebericht einzubeziehenden Unternehmen

Wie das Schaubild E.1 zeigt, bilden die vollkonsolidierten Unternehmen den Nukleus des Konzerns und damit den Konsolidierungskreis im engeren Sinne (s. Titelüberschrift zu den §§ 294-296 HGB). Die allgemeine Voraussetzung für die Einbeziehung eines Unternehmens im Rahmen dieser Konsolidierungsform in den Konzernabschluß und den Konzernlagebericht ist, wie bereits an verschiedenen Stellen anklang, das Bestehen eines Mutter-/Tochter-Verhältnisses nach § 290 HGB. Liegt ein solches Verhältnis vor, so sind neben dem Mutterunternehmen grundsätzlich alle Tochterunternehmen in die Konzernrechnungslegung einzubeziehen (§ 294 Abs. 1 HGB). Ausnahmen können sich nur durch das Konsolidierungsverbot (§ 295 HGB) oder durch die Inanspruchnahme der Konsolidierungswahlrechte (§ 296 HGB) ergeben.

Die Bedeutung der §§ 294-296 HGB, die gemäß § 13 Abs. 2 PublG auch auf die nach dem PublG aufzustellenden Konzernabschlüsse und Konzernlageberichte analog anzuwenden sind, geht im Konzernrechnungslegungsrecht aber faktisch weit über die Abgrenzung des Konsolidierungskreises im Rahmen der Vollkonsolidierung hinaus. Sie können das Mutterunternehmen nämlich im Extremfall, in dem die Einbeziehung aller Tochterunternehmen aufgrund der Anwendung dieser Vorschriften unterbleibt, sogar ganz von der Aufstellungspflicht eines Konzernabschlusses und Konzernlageberichtes befreien. Dies führt dazu, daß auch die oben angeführten anderen Konsolidierungs- oder Bewertungsformen (s. die Randkonsolidierungen in Schaubild E.1) nicht mehr zur Anwendung kommen.

Ist dies nicht der Fall und besteht somit für das Mutterunternehmen die Pflicht zur Aufstellung eines Konzernabschlusses und Konzernlageberichtes, so werden Beteiligungen an anderen Unternehmen, die keine Tochterunternehmen sind oder auf deren Einbeziehung aufgrund der §§ 295, 296 HGB verzichtet werden soll, nicht immer völlig unverändert in den Konzernabschluß übernommen. Vielmehr wird lediglich die Einbeziehung dieser Unternehmen im Rahmen der Vollkonsolidierung ausgeschlossen. Gleichwohl können solche Unternehmen aber unter bestimmten Bedingungen im Wege der Quotenkonsolidierung (§ 310 HGB) oder müssen bei der Erfüllung der Voraussetzungen des § 311 HGB grundsätzlich nach den Vorschriften bezüglich assoziierter Unternehmen im Rahmen der Equity-Methode in den Konzernabschluß aufgenommen werden. Ist die Einbeziehung in die Konzernrechnungslegung auch nach diesen Regelungen ausgeschlossen, so sind die Anteile an dem Unternehmen als einfache Beteiligung nach der Anschaffungskostenmethode in dem Konzernabschluß zu bilanzieren.

Bevor auf die unterschiedlichen Formen der Einbeziehung der Unternehmen in den Konzernabschluß näher eingegangen wird, soll das folgende Schaubild E.2 die Abgrenzungen der Voll- und Quotenkonsolidierung, Equity-Methode und Anschaffungskostenbewertung nochmals zusammenfassend und übersichtlich aufzeigen und die noch näher zu erläuternden jeweiligen Anwendungsvoraussetzungen andeuten.

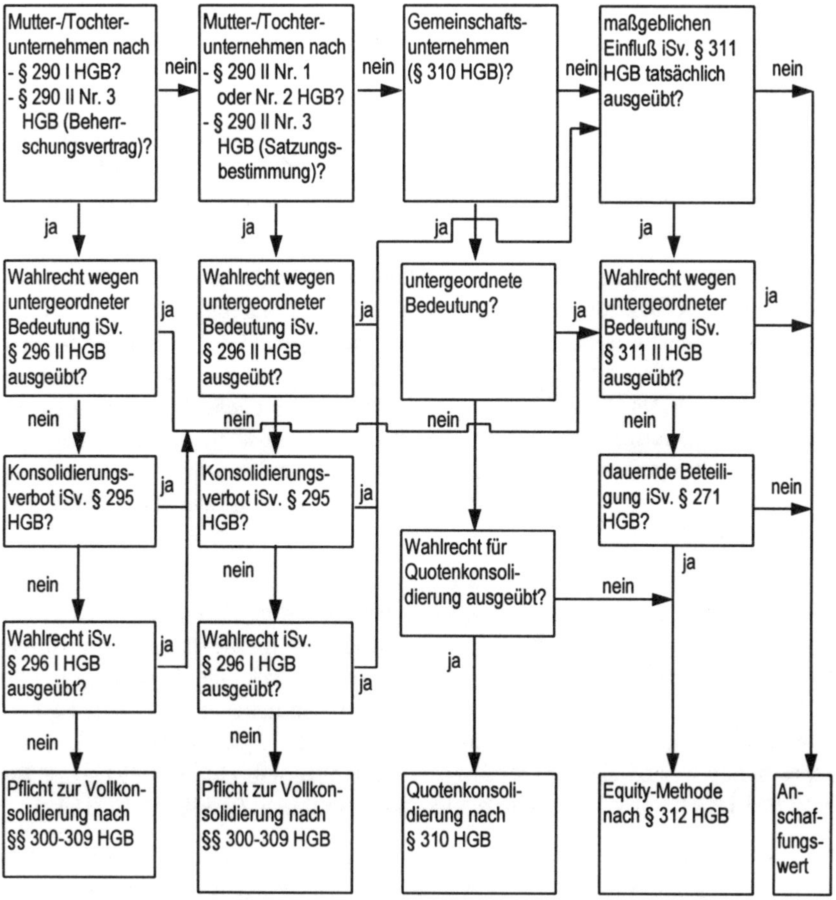

Schaubild E.2: Einbeziehungsformen und deren Anwendungsvoraussetzungen

2. Die grundsätzliche Konsolidierungspflicht

Wie bereits oben angedeutet wurde, muß ein Mutterunternehmen grundsätzlich alle Tochterunternehmen in den Konzernabschluß und Konzernlagebericht einbeziehen (§ 294 Abs. 1 HGB). Diese grundsätzliche Einbeziehungspflicht besteht sowohl für unmittelbare als auch für mittelbare Tochterunternehmen (s. § 290 Abs. 3 HGB) und ist unabhängig vom Sitz der Tochterunternehmen. Somit sind erstmals im deutschen Konzernrechnungslegungsrecht auch ausländische

Tochterunternehmen generell in den Konzernabschluß einzubeziehen, wodurch das sog. "Weltabschlußprinzip", das im anglo-amerikanischen Recht schon lange üblich war und das deutsche Konzerne oft freiwillig praktizierten, künftig auch in der Bundesrepublik Deutschland vorgeschrieben ist. Dies ist aus Sicht der Einheitstheorie sehr zu begrüßen, denn diese neue Regelung und die Angabepflichten zum Konsolidierungskreis im Anhang (§ 313 Abs. 2 Nr. 1 HGB; zur praktischen Umsetzung vgl. Heydemann/ Koenen, DB 1992, S. 2253 ff.) sind wesentliche Voraussetzungen für einen verbesserten Einblick des Konzernabschlußlesers in die tatsächlichen Verhältnisse der Vermögens-, Finanz- und Ertragslage eines Konzerns.

Da die Vergleichbarkeit mehrerer zeitlich aufeinanderfolgender Konzernabschlüsse und Konzernlageberichte durch die Veränderung des Konsolidierungskreises ohne zusätzliche Angaben kaum möglich und der Informationsgehalt für den Konzernabschlußleser somit erheblich eingeschränkt wäre, schreibt der Gesetzgeber in § 294 Abs. 2 HGB vor, daß bei "*wesentlichen*" Änderungen des Konsolidierungskreises in einem Geschäftsjahr zusätzliche Angaben im Konzernabschluß gemacht werden müssen. Fraglich ist dabei, wann die Änderung des Konsolidierungskreises "*wesentlich*" ist und wo und wie die zusätzlichen Angaben zu machen sind.

Den erstgenannten Fragenkomplex kann man nicht allgemeingültig beantworten. Vielmehr muß in jedem Einzelfall anhand der Generalnorm entschieden werden, ob die Änderung wesentlich ist oder nicht. Ergibt sich diesbezüglich ein positives Ergebnis, so läßt sich die Vergleichbarkeit entweder durch eine Anpassung der für die Aussagefähigkeit des Konzernabschlusses wesentlichen Posten und Beträge des vorhergehenden Konzernabschlusses (§ 294 Abs. 2 S. 2 HGB) oder durch entsprechende zusätzliche Angaben im neuen Konzernabschluß erreichen (§ 294 Abs. 2 S. 1 HGB; vgl. diesbezüglich auch WP-Handbuch, Band I, M Tz. 184 ff.).

Damit das Mutterunternehmen insgesamt seiner grundsätzlichen Verpflichtung zur Aufstellung eines Weltabschlusses sach- und zeitgerecht nachkommen kann, haben zumindest deutsche Tochterunternehmen gemäß § 294 Abs. 3 S. 1 HGB dem Mutterunternehmen von sich aus die zentralen Unterlagen vorzulegen (Jahresabschluß etc.). Zudem dürfen Mutterunternehmen gegenüber ihren deutschen Tochterunternehmen nach § 294 Abs. 3 S. 2 HGB alle Aufklärungen und Nachweise verlangen, die für die Aufstellung des Konzernabschlusses und Konzernlageberichtes erforderlich sind.

3. Konsolidierungsverbot (§ 295 HGB)

Unterscheidet sich die Tätigkeit eines Tochterunternehmens derart von der Tätigkeit der anderen einbezogenen Unternehmen, daß die Einbeziehung zu einem

Verstoß gegen die Generalnorm (§ 297 Abs. 2 HGB) führen würde, so darf dieses Tochterunternehmen gemäß § 295 Abs. 1 HGB nicht im Rahmen der Vollkonsolidierung in den Konzernabschluß einbezogen werden.

Fraglich ist, wann eine solche zu einer Verletzung der Generalnorm führende unterschiedliche Tätigkeit des Tochterunternehmens gegeben ist, denn gerade Konzerne sind in der Praxis nicht selten durch eine sehr große Diversifikation gekennzeichnet. Häufig übernehmen z.B. Kreditinstitute oder Versicherungsunternehmen in Konzernen von Industrieunternehmen Kundenfinanzierungen oder gewähren den Kunden der Industrieunternehmen Versicherungsschutz (z.B. im Kfz-Bereich), wodurch sie dem Gesamtinteresse des Konzerns derart dienen, daß ein Einbeziehungsverbot in diesem Fall zu einem Verstoß gegen den true and fair view führt. Dies wird umso deutlicher, wenn man an die vielfältigen Möglichkeiten denkt, den unterschiedlichen Tätigkeiten der Konzernunternehmen in einem Konzernabschluß Rechnung zu tragen, wie z.B. Gliederungsergänzungen nach §§ 298 Abs. 1, 265 Abs. 4 HGB oder zusätzliche Aufgliederung in Vorspalten und Erläuterungen im Anhang. Diese Meinung wird in den Konzernrechnungslegungsvorschriften selbst insbesondere durch den § 308 Abs. 2 S. 2 HGB unterstützt, der eine Ausnahme vom Grundsatz der einheitlichen Bewertung im Konzernabschluß bei einem entsprechenden Hinweis im Konzernanhang für solche Wertansätze zuläßt, "*die auf der Anwendung von für Kreditinstitute oder Versicherungsunternehmen wegen der Besonderheiten des Geschäftszweigs geltenden Vorschriften beruhen...*". Daher ist in jedem Einzelfall zu prüfen, ob Maßnahmen der oben angeführten Art nicht eher zur Erfüllung der Generalnorm führen als die Anwendung des Konsolidierungsverbotes.

Die Vorschrift des § 295 Abs. 1 und 2 HGB ist dementsprechend nach herrschender Literaturmeinung sehr eng auszulegen (aA offenbar: BT-Drucksache 10/4268, S. 114). Seine Anwendbarkeit erscheint nur in seltenen Ausnahmefällen möglich, wie z.B. bei einer zu einem Konzern gehörenden rechtlich selbständigen Unterstützungskasse oder ähnlichen Einrichtungen, da deren Einbeziehung die Vermögenslage des Konzerns verfälschen würde (vgl. WP-Handbuch, Band I, M Tz. 157; z.T. wird diesbezüglich auch ein Konsolidierungswahlrecht angenommen, s. E.4.2; zur praktischen Anwendung des Konsolidierungsverbotes vgl. Heydemann/Koenen, DB 1992, S. 2254).

Wird ein Tochterunternehmen aufgrund des § 295 Abs. 1 HGB nicht in den Konzernabschluß einbezogen, so ist dies gemäß § 295 Abs. 3 S. 1 HGB im Konzernanhang anzugeben und zu begründen. Diese Regelung macht deutlich, daß ein alleiniger Verweis auf § 295 HGB im Konzernanhang als Begründung für die Nichteinbeziehung eines Tochterunternehmens nicht ausreicht. Vielmehr muß das Mutterunternehmen im Konzernanhang konkret darlegen, warum eine Einbeziehung dieses Unternehmens die Erfüllung der Generalnorm unmöglich macht oder aber zumindest gefährdet.

Über die bei der Anwendung des Konsolidierungsverbotes bestehende Angabe- und Begründungspflicht im Konzernanhang hinaus müssen die Einzel- oder Teilkonzernabschlüsse der aufgrund des § 295 Abs. 1 HGB nicht vollkonsolidierten Unternehmen gemäß § 295 Abs. 3 S. 2 HGB gemeinsam mit dem Konzernabschluß des Mutterunternehmens zum Handelsregister eingereicht werden, soweit diese noch nicht in der Bundesrepublik Deutschland offengelegt worden sind. Umstritten ist dabei, ob diese Vorschrift nur Abschlüsse ausländischer Tochterunternehmen betrifft oder auch solche deutscher Tochterunternehmen, die nicht offenlegungspflichtig sind. Die hM geht davon aus, daß beide mit dem Konzernabschluß des Mutterunternehmens zum Handelsregister eingereicht werden müssen, denn nur so kann man die Entscheidung des Mutterunternehmens nachprüfen und damit den Informationsbedürfnissen der Konzernabschlußleser genügen (vgl. Biener/Berneke, Bilanzrichtlinien-Gesetz, 1986, S. 314; WP-Handbuch, Band I, M Tz. 160; aA Sahner/Kammers in: Küting/Weber, Konzernrechnungslegung, § 295 Rn. 18).

4. Konsolidierungswahlrechte (§ 296 HGB)

4.1 Allgemeines

Die Einbeziehung eines Tochterunternehmens im Rahmen der Vollkonsolidierung in den Konzernabschluß kann auch aufgrund der Inanspruchnahme eines der Konsolidierungswahlrechte unterbleiben. Gemäß § 296 HGB bestehen Konsolidierungswahlrechte, wenn:

- erhebliche und andauernde Beschränkungen die Ausübung bestimmter Rechte des Mutterunternehmens gegenüber dem Tochterunternehmen nachhaltig beeinträchtigen (§ 296 Abs. 1 Nr. 1 HGB),
- die für die Aufstellung des Konzernabschlusses erforderlichen Angaben des Tochterunternehmens nicht ohne unverhältnismäßig hohe Kosten oder Verzögerungen zu erhalten sind (§ 296 Abs. 1 Nr. 2 HGB),
- die Anteile des Tochterunternehmens nur zum Zwecke der Weiterveräußerung gehalten werden (§ 296 Abs. 1 Nr. 3 HGB) oder
- Tochterunternehmen für die Verpflichtung, ein den tatsächlichen Verhältnissen entsprechendes Bild der Vermögens-, Finanz- und Ertragslage des Konzerns zu vermitteln, von untergeordneter Bedeutung sind (§ 296 Abs. 2 HGB).

Die Konsolidierungswahlrechte des § 296 Abs. 1 Nr. 2 und Abs. 2 HGB sind gesetzliche Anwendungsbeispiele für den Grundsatz der Wirtschaftlichkeit (vgl. BT-Drucksache 10/4268, S. 114; Maas/Schruff, WPg 1986, S. 208). Da diese Regelungen jedoch im Detail schwer interpretierbar und wenig praktikabel sind, bringen sie für die Theorie und Praxis erhebliche Anwendungsschwierigkeiten mit sich.

Die Inanspruchnahme der Konsolidierungswahlrechte ist nach § 296 Abs. 3 HGB im Konzernanhang zu begründen, wobei der alleinige Hinweis auf Abs. 1 oder 2 des § 296 HGB nicht ausreicht. Zudem sind dort die gemäß § 313 Abs. 2 Nr. 1 HGB geforderten Angaben über das nicht vollkonsolidierte Tochterunternehmen zu machen. Eine dem § 295 Abs. 3 S. 2 HGB entsprechende Einreichungspflicht nicht im Inland offengelegter Einzel- oder (Teil-)Konzernabschlüsse der nicht einbezogenen Tochterunternehmen zum Handelsregister besteht dagegen nicht.

Insgesamt gesehen verschaffen die Konsolidierungswahlrechte dem Mutterunternehmen trotz der Angabe- und Begründungspflicht im Konzernanhang vielfältige Möglichkeiten, den Informationsgehalt des Konzernabschlusses und des Konzernlageberichtes zu beeinflussen. Insbesondere weil eine dem § 295 Abs. 3 S. 2 HGB entsprechende Regelung fehlt, hat der Konzernabschlußleser bei Anwendung der Konsolidierungswahlrechte keinerlei Möglichkeiten, die Entscheidungen nachzuvollziehen oder sich diesbezüglich ein eigenes Urteil zu bilden. Zudem stehen Einbeziehungswahlrechte in mehr oder weniger großem Gegensatz zum Vollständigkeitsgrundsatz, was aus Sicht der Einheitstheorie allenfalls mit der besseren Erfüllung der Generalnorm oder einer strengen Anwendung des Wirtschaftlichkeitsgrundsatzes gerechtfertigt werden kann. Jedenfalls wären aus Gründen der Rechtssicherheit und im Blick auf die Informationsfunktion der Konzernrechnungslegung Konsolidierungsverbote etwa in den Fällen von § 296 Abs. 1 Nr. 1 und 3 HGB und generelle Angabepflichten analog zu § 295 Abs. 3 S. 2 HGB zweckmäßiger gewesen (so z.T. auch Sahner/Kammers, DB 1983, S. 2211).

4.2 Beschränkungen in der Rechtsausübung des Mutterunternehmens

Ein Mutterunternehmen braucht ein Tochterunternehmen nach § 296 Abs. 1 Nr. 1 HGB im Rahmen der Vollkonsolidierung nicht in den Konzernabschluß einbeziehen, wenn "*erhebliche*" und "*andauernde*" Beschränkungen die Ausübung ihrer Rechte in bezug auf das Vermögen oder die Geschäftsführung dieses Tochterunternehmens "*nachhaltig*" beeinträchtigen.

Die im Gesetzestext verwendeten Worte "*nachhaltig*", "*erhebliche*" und "*andauernde*" machen deutlich, daß die Möglichkeiten der Inanspruchnahme dieses Konsolidierungswahlrechtes sowohl aus zeitlicher Sicht als auch nach inhaltlichen Anforderungen sehr eng auszulegen sind.

Es steht somit außer Zweifel, daß nur vorübergehende Beeinträchtigungen der Rechte, gleich welcher Art, nicht für die Ausübung des Konsolidierungswahlrechtes ausreichen. Die Beeinträchtigungen brauchen sich aber auch nicht über mehrere Jahre zu erstrecken. Vielmehr muß die Beschränkung der Rechte nach hM während des Geschäftsjahres und bis zum Konzernabschlußstichtag bestanden haben (vgl. Albrecht in: Hofbauer/Kupsch, BHR § 296 Rz 8) und deren Ende nicht absehbar sein (vgl. etwa Biener/Schatzmann, Konzern-Rechnungslegung, 1983, S. 25; Sahner/Kammers in: Küting/Weber, Konzernrechnungslegung, § 296 Rn. 11).

Ob die Beschränkungen "*erheblich*" sind, hängt von der Bedeutung der Beschränkung für die Durchsetzung einer Konzernpolitik, nicht aber von der Art der Beschränkung (z.B. tatsächlich, gesellschaftsrechtlich oder vertraglich) ab. Vermögensbeschränkungen müssen sich demnach auf das ganze Vermögen oder zumindest seine wesentlichen Teile beziehen. Beschränkungen der Rechte zur Geschäftsführung müssen die einheitliche Leitung durch die Konzernspitze unmöglich machen, wie etwa bei gemeinnützigen Wohnungsunternehmen und rechtlich selbständigen Unterstützungskassen (z.T. wird diesbezüglich ein Konsolidierungsverbot angenommen, s. E.3) sowie bei Eröffnung eines Konkurs- oder Vergleichsverfahrens über das Vermögen der Tochter (letzteres umstritten; Budde/Seif in: Beck Bil-Komm., 3. Aufl., § 296 Anm. 11; aA WP-Handbuch, Band I, M Tz. 167) oder bei drohender Verstaatlichung oder Zwangsverwaltung ausländischer Töchter. Beschränkungen des Gewinntransfers oder der Besetzung von Führungspositionen mit Repräsentanten der Mutter können, müssen aber nicht eine ausreichende Grundlage für die Nichteinbeziehung sein, weil trotz der Beschränkungen eine einheitliche Leitung noch möglich sein kann, wie z.B. in den Fällen, in denen der Konzern die Thesaurierung im Ausland wünscht oder er die Tochter auf einem anderen Wege leitet (zur praktischen Anwendung vgl. Heydemann/Koenen, DB 1992, S. 2255). Allerdings setzt § 296 Abs. 1 Nr. 1 HGB eine Beschränkung von Rechten voraus; die fehlende tatsächliche Inanspruchnahme der Rechte alleine reicht nicht (vgl. WP-Handbuch, Band I, M Tz. 165).

4.3 Unverhältnismäßig hohe Kosten und Verzögerungen

Sind die zur Aufstellung eines Konzernabschlusses erforderlichen Angaben eines Tochterunternehmens nicht ohne unverhältnismäßig hohe Kosten oder Verzögerungen zu erhalten, so kann die Vollkonsolidierung dieses Unternehmens gemäß § 296 Abs. 1 Nr. 2 HGB unterbleiben.

Die äußerst unklaren Kriterien dieses Einbeziehungswahlrechts werden in der Literatur überwiegend kritisch beurteilt und sollen nach einhelliger Meinung eng ausgelegt werden. Danach muß zwischen den Kosten für die Vollkonsolidierung und der Informationsverbesserung durch die Einbeziehung der Tochter ein krasses Mißverhältnis bestehen, wenn eine Nichteinbeziehung auf § 296 Abs. 1 Nr. 2

HGB gestützt werden soll. Solche Mißverhältnisse sind allenfalls vorübergehend, nicht aber dauerhaft vorstellbar. Auch dürfen sie nicht auf Gründen beruhen, die der Konzern zu verantworten hat. Damit bleiben als mögliche Beispiele:

- außergewöhnliche Störungen (Zusammenbruch der Datenverarbeitung bei der Tochter, Streiks, Zerstörung der Daten durch Feuer, Beschränkungen des Datentransfers) und
- zeitliche Engpässe bei der Umstellung des Rechnungswesens neuer Beteiligungsunternehmen auf die Usancen des Konzerns

(vgl. Sahner/Kammers in: Küting/Weber, Konzernrechnungslegung, § 296 Rn. 12 ff.; WP-Handbuch, Band I, M Tz. 173; Budde/Seif in: Beck Bil-Komm., 3. Aufl., § 296 Anm. 20 ff.; zur praktischen Anwendung dieses Konsolidierungswahlrechtes vgl. Heydemann/Koenen, DB 1992, S. 2256).

4.4 Halten von Anteilen nur zum Zwecke der Weiterveräußerung

Hält ein Mutterunternehmen Anteile an einem Tochterunternehmen ausschließlich zum Zwecke der Weiterveräußerung, so braucht dieses Tochterunternehmen gemäß § 296 Abs. 1 Nr. 3 HGB nicht in den Konzernabschluß einbezogen zu werden.

Auch dieses nur aus der Sicht des Control-Konzeptes mögliche Wahlrecht knüpft an ein wenig operationales Kriterium an, der ausschließlichen Veräußerungsabsicht. Welche Indizien dafür vorliegen müssen und welche ausreichen - neben dem Ausweis der Anteile im Umlaufvermögen auch Einleitung von Verkaufsverhandlungen, Einschaltung eines Maklers oder Verzicht auf die wirtschaftliche Integration etwa - ist offen. Gefordert wird nur, daß die subjektive Absicht mehr oder weniger klar belegbar sein muß.

Das Wahlrecht ist zeitlich nicht befristet, die mehrfache Nutzung aber weckt nach herrschender Meinung Zweifel an der Veräußerungsabsicht (vgl. Albrecht in: Hofbauer/Kupsch, BHR § 296 Rz 17; Maas/Schruff, WPg 1986, S. 209; WP-Handbuch, Band I, M Tz. 175), so daß von Jahr zu Jahr strengere Anforderungen an den Nachweis der ausschließlichen Veräußerungsabsicht zu stellen sein dürften.

Veräußerungen an andere Konzernunternehmen oder Veräußerungen nur eines kleinen Teils der Beteiligung, der das Vorliegen des Control-Konzeptes nicht behindert, reichen allerdings für die Nichteinbeziehungsmöglichkeit nicht aus. Auch gilt das Wahlrecht nicht, wenn trotz Veräußerungsabsicht vorübergehend Einfluß auf die Politik der Tochter genommen werden soll (vgl. Biener/Schatzmann, Konzern-Rechnungslegung, 1983, S. 26; Sahner/Kammers in: Küting/Weber, Konzernrechnungslegung, § 296 Rn. 19 ff.).

Das Konsolidierungswahlrecht wird vor allen Dingen für Kreditinstitute, Versicherungsunternehmen und professionelle Kapitalanlagegesellschaften von Bedeutung sein, die gelegentlich Beteiligungen an Unternehmen ausschließlich zum Zwecke der Weiterveräußerung erwerben. Bei normalen Industrieunternehmen ist das dagegen wohl eher selten der Fall.

4.5 Tochterunternehmen von untergeordneter Bedeutung

Die Vollkonsolidierung eines Tochterunternehmens kann im Konzernabschluß des Mutterunternehmens nach § 296 Abs. 2 HGB auch unterbleiben, wenn die Tochter zur Vermittlung eines den tatsächlichen Verhältnissen entsprechenden Bildes der Vermögens-, Finanz- und Ertragslage des Konzerns von untergeordneter Bedeutung ist. Diese Regelung, die weitgehend der bisherigen aktienrechtlichen Vorschrift und internationaler Übung entspricht, ist ein gesetzliches Anwendungsbeispiel des Grundsatzes der Wesentlichkeit und Wirtschaftlichkeit (vgl. BT-Drucksache 10/4268, S. 114; Busse von Colbe/ Chmielewicz, DBW 1986, S. 331).

Wegen der allgemein gehaltenen gesetzlichen Kodifizierung kann jedoch wie bei den anderen Konsolidierungswahlrechten auch hier nicht anhand allgemeingültiger Regeln oder genau festgelegter Kriterien und deren Größenordnungen bestimmt werden, wann ein Tochterunternehmen zur Erfüllung der Generalnorm für den Konzern von untergeordneter Bedeutung ist (anders die amerikanische Konsolidierungspraxis, vgl. Sahner/Kammers, DB 1983, S. 2210, Fn. 33 m.w.N.). Verhältniszahlen wie z.B. der Umsatz, die Bilanzsumme oder einzelne Posten der Gewinn- und Verlustrechnung des Tochterunternehmens im Verhältnis zum übrigen Konsolidierungskreis können, ebenso wie einzelne Funktionen, die das Tochterunternehmen im Rahmen des Gesamtkonzerns ausübt, allenfalls Anhaltspunkte für eine solche Beurteilung sein. Entscheidend ist letztendlich aber das Gesamtbild, d.h. die gesamte wirtschaftliche Tätigkeit des Tochterunternehmens innerhalb der wirtschaftlichen Einheit des Konzerns (vgl. Albrecht in: Hofbauer/Kupsch, BHR § 296 Rz 22; WP-Handbuch, Band I, M Tz. 176 f.). Da sich dieses Gesamtbild aus vielfältigen Gründen sehr schnell ändern kann, ist die Beurteilung der Bedeutung des Tochterunternehmens für den Konzern von Jahr zu Jahr neu zu prüfen.

Sind mehrere Tochterunternehmen einzeln betrachtet für die Verpflichtung, ein den tatsächlichen Verhältnissen entsprechendes Bild der Vermögens-, Finanz- und Ertragslage des Konzerns zu vermitteln, von untergeordneter Bedeutung, so sind sie gemäß § 296 Abs. 2 S. 2 HGB dennoch in den Konzernabschluß einzubeziehen, wenn sie zusammen nicht von untergeordneter Bedeutung sind. Damit wird verhindert, daß die Aussagefähigkeit des Konzernabschlusses im

Sinne der Generalnorm durch eine isolierte Beurteilung der Tochterunternehmen erheblich vermindert wird.

5. Quotenkonsolidierung

Unternehmen, die vom Konzern nicht einheitlich geleitet werden oder bei denen die Voraussetzungen für das Control-Konzept fehlen und die daher nicht in Form der Vollkonsolidierung in den Konzernabschluß einbezogen werden, können trotzdem anteilig (quotal) konsolidiert werden, wenn sie die in § 310 Abs. 1 HGB genannten Bedingungen erfüllen. Diese als Quotenkonsolidierung bezeichnete anteilsmäßige Konsolidierung begründet also alleine keine Pflicht zur Aufstellung eines Konzernabschlusses und Konzernlageberichtes, sondern ist nur eine besondere Form der Konsolidierung innerhalb der nach § 290 HGB oder § 11 PublG bestehenden Konzernrechnungslegungspflicht eines Mutterunternehmens (vgl. WP-Handbuch, Band I, M Tz. 69).

§ 310 Abs. 1 HGB beschränkt den Kreis der Unternehmen, die im Rahmen der Quotenkonsolidierung in den Konzernabschluß aufgenommen werden können, auf Gemeinschaftsunternehmen (joint ventures). Das sind solche, die von einem in einen Konzernabschluß einbezogenen Mutter- oder Tochterunternehmen zusammen mit einem oder mehreren konzernfremden Unternehmen tatsächlich gemeinsam geführt werden, wobei die Anteile der Gesellschaften an dem Gemeinschaftsunternehmen meist gleich hoch sind (unterschiedliche Kapitalanteile, wie etwa 30 %, 30 %, 20 % und 20 % sind dann für die gemeinsame Führung nicht schädlich, wenn wesentliche Beschlüsse einstimmig gefaßt werden müssen; vgl. Budde/Suhrbier in: Beck Bil-Komm., 3. Aufl., § 310 Anm. 25).

Gemeinschaftsunternehmen werden im Unterschied zu Tochterunternehmen nach § 290 HGB nicht von einem Unternehmen einheitlich geleitet, sondern durch mehrere Unternehmen (sog. Gesellschafterunternehmen) "*gemeinsam geführt*". Was dabei unter dem Merkmal der "*gemeinsamen Führung*" zu verstehen ist und wie es sich von einer einheitlichen Leitung unterscheidet, läßt der Gesetzgeber offen. Es ist jedoch davon auszugehen, daß die Anforderungen nicht sehr unterschiedlich sind. Auch bei gemeinsamer Führung werden dem Gemeinschaftsunternehmen die langfristige Geschäftspolitik, grundsätzliche Fragen der Geschäftsführung und ein finanzieller Rahmen beispielsweise vorgegeben, nur geschieht das nicht durch ein Mutterunternehmen, sondern durch meist einstimmigen Beschluß aller Gesellschafterunternehmen. Die Möglichkeiten

Beispiel E.1: Gemeinschaftsunternehmen

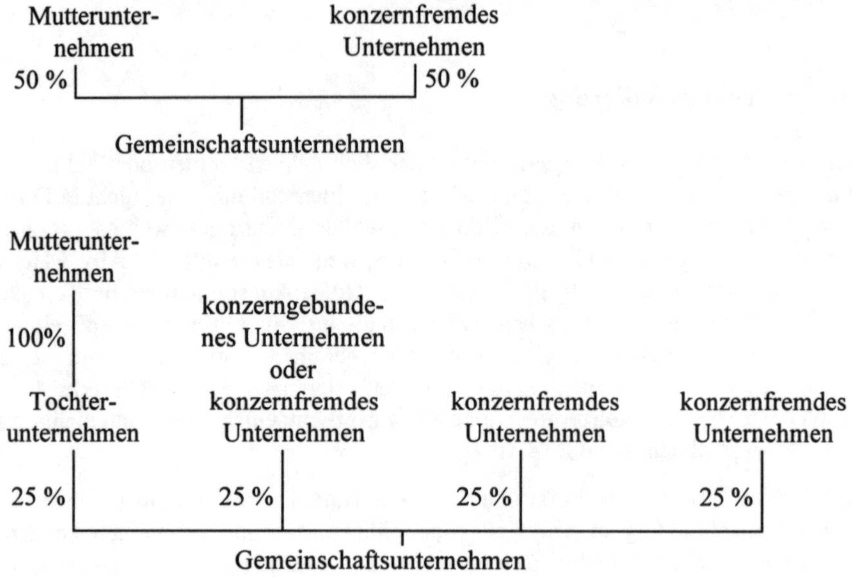

zu einer solchen gemeinsamen Führung sind allerdings bei den verschiedenen Rechtsformen des Gemeinschaftsunternehmens unterschiedlich (vgl. hierzu im einzelnen Scherrer in: Hofbauer/Kupsch, BHR § 310 Rz 14 f.; Sigle in: Küting/Weber, Konzernrechnungslegung, § 310 Rn. 24-31; Arbeitskreis "Externe Unternehmensrechnung", Aufstellung, 1989, S. 125).

Obwohl Gemeinschaftsunternehmen nach obigen Ausführungen weder das Kriterium der einheitlichen Leitung noch die Voraussetzungen des Control-Konzeptes erfüllen und die Intensität der Verbindung zwischen den Unternehmen damit vergleichsweise geringer ist, werden sie dem Kreis der zu konsolidierenden Unternehmen zugerechnet. Sie werden dabei nach dem besonderen Verfahren der schon angesprochenen Quotenkonsolidierung einbezogen. Auf die Besonderheiten dieses in der Literatur nicht selten heftig kritisierten Verfahrens wird in den Kapiteln G.4.2, H.4.3, I.5.2 und J.2. näher eingegangen.

6. Equity-Methode

Die Equity-Methode begründet wie die Quotenkonsolidierung keine originäre Pflicht zur Aufstellung eines Konzernabschlusses und Konzernlageberichtes. Sie ist nur eine besondere Form der Beteiligungsbewertung innerhalb des nach § 290

HGB oder § 11 PublG aufzustellenden Konzernabschlusses eines Mutterunternehmens, wobei zur Durchführung der Bewertung jedoch in Nebenrechnungen bestimmte Konsolidierungsmaßnahmen durchzuführen sind (siehe hierzu im einzelnen G.4.3, H.4.3, I.5.3, J.3.4, K.3.6, O.3., O.4., N.1.).

Die Equity-Methode ist gemäß § 311 HGB vorgeschrieben, wenn

- ein in den Konzernabschluß einbezogenes Unternehmen eine Beteiligung nach § 271 Abs. 1 HGB an einem Unternehmen hält, das nicht zugleich Tochterunternehmen oder Gemeinschaftsunternehmen ist,
- das einbezogene Unternehmen tatsächlich einen maßgeblichen Einfluß auf die Geschäfts- und Finanzpolitik des anderen Unternehmens ausübt und
- die Beteiligung zur Erfüllung der Generalnorm nicht von untergeordneter Bedeutung ist (Ausnahmetatbestand).

Sind die ersten beiden Voraussetzungen erfüllt, so wird das Unternehmen, welches die Beteiligung hält, als "beteiligtes Unternehmen" und das andere als "assoziiertes Unternehmen" bezeichnet.

Entscheidend für die Anwendung der Equity-Methode ist folglich die tatsächliche Ausübung eines maßgeblichen Einflusses, wobei wieder anerkanntermaßen unklar ist, was genau darunter verstanden werden soll. Vieles spricht dafür, daß es inhaltlich um die gleichen Fragen geht wie bei der einheitlichen Leitung - der explizite Hinweis auf "*die Geschäfts- und Finanzpolitik*" in § 311 Abs. 1 HGB bekräftigt das. Nur die Intensität des Einflusses ist geringer als bei einheitlicher Leitung, aber größer als bei Wahrnehmung der normalen Anteilsrechte. Indizien für einen maßgeblichen Einfluß sind vor allem die Vertretung in einem Aufsichts- oder Leitungsorgan, Austausch von Führungskräften, finanzielle oder technologische Abhängigkeiten. Widerlegbar vermutet wird ein maßgeblicher Einfluß bei Stimmrechten von mindestens 20 % (§ 311 Abs. 1 S. 2 HGB). Maßgeblicher Einfluß muß auf Dauer (mehrere Jahre) angelegt sein und tatsächlich ausgeübt werden - gelegentliche Einflußnahmen genügen ebensowenig wie bloße Möglichkeiten zur Einflußnahme (vgl. WP-Handbuch, Band I, M Tz. 434-442; Küting/Klöthner/Zündorf in: Küting/Weber, Konzernrechnungslegung, § 311 Rn. 15-67; Budde/Raff in: Beck Bil-Komm., 3. Aufl., § 311 Anm. 15-17).

Unter die Pflicht zur Bewertung "at equity" fallen aber nicht nur die assoziierten Unternehmen, auf die lediglich ein maßgeblicher Einfluß ausgeübt wird, sondern auch

- alle nach §§ 295 und 296 Abs. 1 HGB nicht vollkonsolidierten, aber einheitlich geleiteten Unternehmen und alle aufgrund der Nichtausübung des Wahlrechtes nach § 310 HGB nicht quotal konsolidierten, aber gemeinsam geleiteten Unternehmen (vgl. von Wysocki/Wohlgemuth, Konzernrechnungslegung, 1996, S. 162 f.; Busse von Colbe/Chmielewicz, DBW 1986, S. 342);

- alle nur vom Control-Konzept erfaßten, aber aufgrund der §§ 295, 296 Abs. 1 HGB nicht vollkonsolidierten Tochterunternehmen dann, wenn zwischen dem Mutterunternehmen und dem Tochterunternehmen ein Beherrschungsvertrag abgeschlossen worden ist (§ 290 Abs. 2 Nr. 3 HGB), da das Gesetz hier gleichzeitig eine tatsächliche Ausübung der einheitlichen Leitung unwiderlegbar vermutet (§§ 290 Abs. 1 HGB, 18 Abs. 1 S. 2 AktG).

Für alle anderen nicht vollkonsolidierten Tochterunternehmen, die unter das Control-Konzept fallen, ist dagegen von Fall zu Fall zu prüfen, ob eine Beteiligung im obigen Sinne existiert und der rechtlich gesicherte maßgebliche Einfluß auch tatsächlich ausgeübt wird. § 290 Abs. 2 HGB setzt insofern nämlich nicht die Inanspruchnahme, sondern lediglich das Bestehen der Rechte seitens des Mutterunternehmens voraus, was aus der Sicht eines einheitlichen Leitgedankens innerhalb der Konzernrechnungslegungsvorschriften allerdings sehr verwunderlich und seitens des Gesetzgebers inkonsistent ist (vgl. Havermann in: FS für Goerdeler, 1987, S. 188).

Sind die obigen Voraussetzungen des § 311 Abs. 1 HGB erfüllt, so kann die Bilanzierung eines assoziierten Unternehmens "at equity" ausnahmsweise dann unterbleiben, wenn die Beteiligung für die Vermittlung eines den tatsächlichen Verhältnissen entsprechenden Bildes der Vermögens-, Finanz- und Ertragslage des Konzerns von untergeordneter Bedeutung ist (Ausnahmetatbestand, § 311 Abs. 2 HGB). Dies wird in der Regel immer dann der Fall sein, wenn das Konzernunternehmen schon bei der diesbezüglichen Beurteilung im Rahmen der Vollkonsolidierung (§ 296 Abs. 2 HGB) als unbedeutend eingestuft wurde.

Wird auf ein Unternehmen wegen der Inanspruchnahme des beschriebenen Ausnahmetatbestandes (§ 311 Abs. 2 HGB) die Equity-Methode nicht angewendet oder liegt mangels der Erfüllung der Voraussetzungen gar kein assoziiertes Unternehmen vor, so sind die Anteile an dem Unternehmen nach der Anschaffungskostenmethode als einfache Beteiligung zu bilanzieren (siehe auch Schaubild E.1; Busse von Colbe/Chmielewicz, DBW 1986, S. 341 f.; Ordelheide, BFuP 1986, S. 298 f.).

Insgesamt gesehen wird durch die Equity-Methode der in den §§ 294-296 HGB eng definierte Konsolidierungskreis über die schon beschriebene Erweiterung durch die quotenkonsolidierten Unternehmen hinaus nochmals vergrößert. Damit wird nicht nur das Wertkonglomerat innerhalb des Konzernabschlusses weiter erhöht, sondern auch die Anzahl der in die Konzernrechnungslegung einbezogenen unterschiedlichen Intensitäten von Gesellschaftsverbindungen nimmt erheblich zu. Dies ist aus theoretischer Sicht um so verwunderlicher, weil die assoziierten Unternehmen und die Gemeinschaftsunternehmen als solche nicht zur wirtschaftlichen Einheit des Konzerns gehören, weshalb die Einbeziehung strenggenommen gegen die Regelung des § 297 Abs. 3 S. 1 HGB verstößt.

Literaturhinweise

Grundsätzlich können neben den einschlägigen Kommentierungen der §§ 294-296, 310 und 311 HGB folgende Quellen herangezogen werden:

Arbeitskreis "Externe Unternehmensrechnung" der Schmalenbach-Gesellschaft - Deutsche Gesellschaft für Betriebswirtschaft e.V.: Aufstellung von Konzernabschlüssen, hrsg. von Walther Busse von Colbe, Eberhard Müller und Herbert Reinhard, 2. Aufl., Düsseldorf 1989.

Biener, Herbert/Berneke, Wilhelm: Bilanzrichtlinien-Gesetz, Düsseldorf 1986.

Biener, Herbert/Schatzmann, Jürgen: Konzern-Rechnungslegung, Düsseldorf 1983.

Busse von Colbe, Walther/Chmielewicz, Klaus: Das neue Bilanzrichtlinien-Gesetz, in: DBW, 46. Jg., 1986, S. 289-347.

Havermann, Hans: Der Konzernabschluß nach neuem Recht - ein Fortschritt?, in: Bilanz- und Konzernrecht, Festschrift für Reinhard Goerdeler, hrsg. von Hans Havermann, Düsseldorf 1987, S. 173-197.

IdW (Hrsg.): Wirtschaftsprüfer-Handbuch 1996, 11. Aufl., Band I, Düsseldorf 1996.

Maas, Ulrich/Schruff, Wienand: Der Konzernabschluß nach neuem Recht, in: WPg, 39. Jg., 1986, S. 201-210 und 237-246.

Ordelheide, Dieter: Der Konzern als Gegenstand betriebswirtschaftlicher Forschung, in: BFuP, 38. Jg., 1986, S. 293-312.

Sahner, Friedhelm/Kammers, Heinz: Die Abgrenzung des Konsolidierungskreises nach der 7. EG-Richtlinie im Vergleich zum Aktiengesetz 1965 - ein Fortschritt?, in: DB, 36. Jg., 1983, S. 2149-2153 und 2209-2212.

F. Währungsumrechnung

1. Gesetzliche Grundlagen

Die geltenden handelsrechtlichen Bestimmungen in Deutschland sehen vor, daß der Konzernabschluß nach dem sogenannten Weltabschlußprinzip aufgestellt wird (vgl. § 294 Abs. 1 HGB und E.2.), also Konzernunternehmen im Ausland wie solche im Inland in den Abschluß mit aufgenommen werden. Da § 298 Abs. 1 iVm. § 244 HGB bestimmt, daß der Konzernabschluß in DM aufzustellen ist, folgt daraus, daß die Abschlüsse der einbezogenen ausländischen Unternehmen in DM umzurechnen sind. Im Handelsrecht findet sich jedoch keine Regelung, wie die Umrechnung zu erfolgen hat. Es gilt also grundsätzlich ein Methodenwahlrecht, das allerdings einigen Beschränkungen unterliegt.

Bei der Umrechnung ist die Generalklausel des § 297 Abs. 2 HGB zu beachten, die auf die GoB verweist und ein *"den tatsächlichen Verhältnissen entsprechendes Bild der Vermögens-, Finanz-, und Ertragslage"* fordert. Die gewählte Methode darf also nicht dazu führen, daß der Einblick in die Verhältnisse des Unternehmens verschleiert wird. Der "Arbeitskreis Weltbilanz" des IdW stellte 1977 mehrere Forderungen an die Währungsumrechnung, die aus den allgemeinen GoB abgeleitet sind und in der Literatur weitgehend anerkannt werden.

1. Methodenbestimmtheit: Die gewählte Methode muß hinreichend deutlich bestimmt sein.

2. Einheitlichkeit der Methode: Vergleichbare Unternehmen des Konzerns sollten auf einheitliche Weise umgerechnet werden. Dies bedeutet aber nicht, daß in einem Konzernabschluß nur ein Verfahren Anwendung finden darf. Vielmehr sehen einige internationale Richtlinien vor, daß in einem Konzernabschluß durchaus mehrere Umrechnungsverfahren angewandt werden dürfen.

3. Methodenstetigkeit: Die für ein Unternehmen gewählte Umrechnungsmethode darf im Zeitablauf nicht willkürlich gewechselt, sondern sollte beibehalten werden, sofern nicht besondere Umstände einen Wechsel nötig erscheinen lassen.

4. Erläuterung der Methode: Die gewählte Methode muß angemessen erläutert werden. Dies fordert auch § 313 Abs. 1 Nr. 2 HGB.

2. Die Umrechnungsmethoden

2.1 Grundlagen

Die bei der Aufstellung eines Konzernabschlusses angewandten Methoden der Währungsumrechnung unterscheiden sich hinsichtlich:

- der verwendeten Währungskurse,
- der Erfolgswirkungen eventueller Umrechnungsdifferenzen und
- der grundlegenden Perspektive bei der Währungsumrechnung.

Bezüglich der zur Umrechnung verwendeten Währungskurse sind zwei Fragen zu klären:

1. Welche Art von Kurs wird zugrunde gelegt?
2. Welcher Zeitpunkt oder Zeitraum wird bei der Kursermittlung zugrunde gelegt?

Im allgemeinen existieren zu einem bestimmten Zeitpunkt folgende Währungskurse nebeneinander: Sortenkurse, Devisenterminkurse und Devisenkassakurse. Letztere finden Anwendung bei der Währungsumrechnung. Auf eine Differenzierung nach Geld- und Briefkursen wird meist verzichtet und stattdessen der Mittelkurs bei der Umrechnung zugrunde gelegt. Schwierig ist die Wahl des angemessenen Kurses bei Ländern, deren Währung nicht frei konvertierbar ist. Im Falle multipler Wechselkurse oder vom offiziellen Kurs stark abweichender Schwarzmarktkurse wird es vom Einzelfall abhängen, welcher Kurs der für die Umrechnung angemessene ist.

Wichtiger für die Währungsumrechnung ist die Festlegung des Zeitpunkts oder Zeitraums, der für die Ermittlung des Umrechnungskurses zugrunde gelegt wird, mit dem eine bestimmte Position des Jahresabschlusses umgerechnet werden soll. Grundsätzlich kommen folgende Kurse in Frage:

1. Der Stichtagskurs (Kurs am Bilanzstichtag (TK)).

2. Ein historischer Kurs (Kurs an dem Tag, an dem die Transaktion durchgeführt wurde, also z.B. ein Umsatz getätigt, ein Anlagegegenstand erworben oder Kapital eingezahlt wurde bzw. an dem Tag, an dem ein Gegenstand auf seinen aktuellen Zeitwert abgeschrieben wurde (HK)).

3. Ein Durchschnittskurs (ein gewichteter oder ungewichteter Durchschnittskurs über einen bestimmten Zeitraum, z.B. das Geschäftsjahr (DK)).

Die in der Literatur diskutierten Verfahren unterscheiden sich dadurch, welchen der drei oben angeführten Kurse sie für die Umrechnung von Bilanz- und GuV-Positionen jeweils heranziehen. Zukünftige Kurse (z.B. Terminkurse für die Umrechnung von in Zukunft fälligen Verbindlichkeiten), die etwa bei der

Umrechnung spekulativer oder kurssichernder Fremdwährungsgeschäfte im Jahresabschluß nach US-GAAP eine Rolle spielen (FAS 52.17 bis .21), werden hier nicht weiter betrachtet, weil sie nicht mit der Währungsumrechnung im Konzern zusammenhängen.

Hinsichtlich der grundlegenden Perspektive bei der Währungsumrechnung können die Währungen nicht hinterfragt werden, wie im deutschen HGB, oder sie können danach differenziert werden, wie sie zu der funktionalen Währung des jeweils betrachteten Unternehmens stehen. Nach dem Vorbild von FAS 52 wird die Währungsumrechnung im Konzern auch gemäß IAS 21 inzwischen aus dieser Perspektive geregelt. Von der heimischen Währung eines Unternehmens als derjenigen, die im Umfeld des Unternehmens gesetzlich gültig ist, und der Berichtswährung, in der der Jahresabschluß etwa auf Basis gesetzlicher Vorschriften - bei uns laut § 244 HGB die DM - aufzustellen ist, wird eine funktionale Währung unterschieden. Das ist die Währung, in der ein Unternehmen wirtschaftlich rechnet, weil es in dieser Währung die meisten seiner Einnahmen und Ausgaben tätigt oder den Großteil seines Kapitals zu bedienen hat. So ist es vorstellbar, daß die deutsche Tochter eines britischen Ölkonzerns weder ihre heimische und Berichtswährung DM noch die heimische und Berichtswährung der Konzernmutter, das britische Pfund, als funktionale Währung hat. Funktionale Währung der Tochter und des Konzerns kann vielmehr der US Dollar sein, weil Öl weltweit in $ fakturiert und gehandelt wird und weil eventuell auch die Verbindlichkeiten in $ aufgenommen wurden. Bei der Währungsumrechnung wird dann unterschieden, ob von einer heimischen Währung in eine funktionale Währung oder von einer funktionalen in eine abweichende Berichtswährung umgerechnet wird. Nach US-GAAP beispielsweise müßten die Abschlüsse der deutschen Tochter in DM zuerst in $ als funktionale Währung der Tochter (sogenanntes remeasurement, vgl. F.2.3.2.2) und diese dann in die Berichtswährung der Mutter (sogenannte translation, vgl. F.2.2.2.1) umgerechnet werden. Die beiden Umrechnungen stützen sich in unterschiedlichen Maßen auf Tages-, historische oder Durchschnittskurse, und die Differenzen werden im Blick auf ihre Erfolgswirkungen unterschiedlich behandelt.

2.2 Die Stichtagskursmethode (closing rate method)

2.2.1 Die erfolgsneutrale Grundkonzeption

Wenn bei der Stichtagskursmethode alle Positionen des Jahresabschlusses mit dem Kurs am Stichtag dieses Abschlusses umgerechnet werden, wird der Grundgedanke der Methode besonders deutlich. Der in einer neuen Währung präsentierte Jahresabschluß wird mit allen seinen Zahlen nur proportional „verschoben", so daß alle Relationen zwischen verschiedenen Positionen dieses

Jahresabschlusses unverändert erhalten bleiben. Soweit alle Umrechnungen mit demselben Kurs erfolgen, entstehen im Rahmen der Umrechnung selbst auch keine Umrechnungsdifferenzen, so daß es keine Einflüsse auf den Erfolg gibt und sogar Relationen, welche den Erfolg einschließen, nicht verändert werden. Allerdings führt die Umrechnung mit dem jeweiligen Stichtagskurs dazu, daß insbesondere das Eigenkapital im Zeitablauf proportional zur Entwicklung des Umrechnungskurses wächst oder schrumpft. Dieser auf einer neuartigen Ursache beruhenden Entwicklung des Eigenkapitals muß in besonderer Weise Rechnung getragen werden, zumal sie sich bei der Stichtagskursmethode nicht im Erfolg niederschlagen soll. Durch ein Zahlenbeispiel, das auch zur Erläuterung der übrigen Verfahren herangezogen werden wird, werden die beiden möglichen Vorgehensweisen zur Lösung dieses Problems aufgezeigt.

Ausgangsdaten für alle Beispiele zur Währungsumrechnung:

Kurs 01.01.01: 1 FWE = 2 DM **Kurs 31.12.01:** 1 FWE = 1,5 DM
Durchschnittskurs im Jahr 01: 1 FWE = 1,8 DM

TU Bilanz 01.01.01 in FWE

Maschinen	1100	GK	800
		FK	300
	1100		1100

M Bilanz 01.01.01 in DM

Beteiligung	1600	GK	4000
Kasse	8400	RL	1000
		FK	5000
	10.000		10.000

TU GuV 01 in FWE

Umsatz	1200
Abschreibungen	- 100
Sonstiger Aufwand	- 900
JÜ	200

M GuV 01 in DM

Umsatz	1500
Aufwand	- 1000
JÜ	500

TU Bilanz 31.12.01 in FWE

Maschinen	1000	GK	800
Vorräte	500	JÜ	200
Forderungen	500	FK	1000
	2000		2000

M Bilanz 31.12.01 in DM

Beteiligung	1600	GK	4000
Kasse	8900	RL	1000
		JÜ	500
		FK	5000
	10500		10500

Es wird in den Beispielen nicht nur der umgerechnete Abschluß der Tochter gezeigt, sondern auch der Konzernabschluß, da nur dieser den externen Bilanzlesern zugänglich ist und vorgeführt werden soll, wie sich die Währungsumrechnung auf ihn auswirkt.

Beispiel F.1: Erfolgsneutrale Grundkonzeption der Stichtagskursmethode

Am 1.1.01 werden alle Positionen einheitlich mit dem Stichtagskurs 2 DM, am 31.12.01 mit dem Stichtagskurs 1,5 DM umgerechnet. Auch die GuV wird mit dem Kurs von 1,5 am 31.12.01 umgerechnet.

TU Bilanz 01.01.01 in DM

Maschinen	2200	GK	1600
		FK	600
	2200		2200

Konzernbilanz 01.01.01 in DM

Maschinen	2200	GK	4000
Kasse	8400	RL	1000
		FK	5600
	10600		10600

TU GuV 01 in DM

Umsatz	1800
Abschreibungen	- 150
Sonstiger Aufwand	- 1350
JÜ	300

Konzern GuV 01 in DM

Umsatz	3300
Abschreibungen	- 150
Sonstiger Aufwand	- 2350
JÜ	800

TU Bilanz 31.12.01 in DM

Maschinen	1500	GK	1200
Vorräte	750	JÜ	300
Forderungen	750	FK	1500
	3000		3000

Konzernbilanz 31.12.01 in DM

Maschinen	1500	GK	4000
Vorräte	750	RL	600
Forderungen	750	JÜ	800
Kasse	8900	FK	6500
	11900		11900

In den Bilanzen der Tochter hat das in Fremdwährung unveränderte gezeichnete Kapital (GK) wegen des gesunkenen Kurses von 1600 DM auf 1200 DM um 400 DM abgenommen. Bei der Aufrechnung des Beteiligungsbuchwerts der Mutter von 1600 DM mit dem gezeichneten Kapital der Tochter von 1200 DM am 31.12.01 (Kapitalkonsolidierung) ergibt sich daher ein verbleibender Soll-Saldo von 400 DM, der mit den Konzernrücklagen (RL) verrechnet wird und so die Abnahme der Rücklagen von 1000 DM in der Bilanz der Mutter zu 600 DM in der Konzernbilanz erklärt.

Bei einer praktisch weit verbreiteten Variante der Stichtagskursmethode werden alle Positionen in der Bilanz außer dem Eigenkapital mit dem Kurs am Bilanzstichtag umgerechnet. Das gezeichnete Kapital und die Kapitalrücklagen dagegen werden ausnahmsweise mit dem historischen Kurs umgerechnet, der zum Zeitpunkt der Gründung der Tochter durch die Mutter bzw. des Beteiligungserwerbs herrschte (so etwa FAS 52). Durch diese Vorgehensweise wird das Kapital der Tochter auch nach Umrechnung betraglich festgeschrieben (im Beispiel auf 1600 DM auf Basis des Kurses von 2 zu 1). Allerdings entsteht bei der Umrechnung der

Bilanz aufgrund der unterschiedlichen Kurse für das Eigenkapital und den Rest der Positionen eine Aufrechnungsdifferenz. Da diese Aufrechnungsdifferenz aber wiederum mit den Rücklagen des Konzerns verrechnet wird, führt diese zweite Vorgehensweise zu dem gleichen Konzernabschluß wie die erste Vorgehensweise.

TU Bilanz 31.12.01 in DM

Maschinen	1500	GK 1600	
Vorräte	750	Diff. - 400	
Forderungen	750	EK	1200
		JÜ	300
		FK	1500
	3000		3000

Konzernbilanz 31.12.01 in DM

Maschinen	1500	GK	4000
Vorräte	750	RL	600
Forderungen	750	JÜ	800
Kasse	8900	FK	6500
	11900		11900

Kritisch ist zur beschriebenen Stichtagskursmethode in beiden Varianten anzumerken, daß sie einen Systembruch bei der Berechnung des Eigenkapitals darstellt. Üblicherweise kann sich das Eigenkapital nur auf zwei Arten ändern: durch eine Transaktion mit den Eigentümern (Kapitaleinzahlung oder -auszahlung) oder über die GuV als Folge der Ergebnisverwendungsrechnung. Die Währungsumrechnung mit Hilfe der Stichtagskursmethode eröffnet nun einen dritten Weg, auf dem das Eigenkapital verändert werden kann. Allerdings ist auch an anderen Stellen der Konzernrechnungslegung eine Durchbrechung dieses Prinzips festzustellen: So erlaubt § 309 Abs. 1 HGB eine Verrechnung des Firmenwerts mit den Rücklagen (vgl. G.4.1.1.6).

Die Umrechnung mit der Stichtagskursmethode verstößt aber nicht nur beim Eigenkapital gegen das Prinzip der Bilanzkontinuität, wie sich anhand des Beispiels F.1 belegen läßt. In der Konzernbilanz zum 1.1.01 waren die Maschinen mit 2200 DM bewertet worden. Gemäß GuV wurde eine Abschreibung in Höhe von 150 DM vorgenommen, Zu- oder Abgänge kamen nicht vor. Somit müßte sich ein Wert von 2050 DM in der Konzernbilanz vom 31.12.01 ergeben. Tatsächlich ergibt sich jedoch ein Wert von 1500 DM, der auf die Währungsumrechnung zurückzuführen ist. Um im Anlagegitter die rechnerische Richtigkeit unter Wahrung der Bilanzkontinuität zu erreichen, ist dort ein gesonderter Ausweis der Kursdifferenzen erforderlich (vgl. IAS 16.66 (e)).

Bei steigenden Währungskursen kann die Stichtagskursmethode zu einem Verstoß gegen das Anschaffungskostenprinzip führen. Wäre im Beispiel der Stichtagskurs 3DM/FWE, so würden die Maschinen mit 3000 DM bilanziert, obwohl ihr Anschaffungswert nur 2200 DM betrug.

2.2.2 Modifizierte Stichtagskursmethoden

2.2.2.1 Ermittlung des Erfolgs auf Basis einer modifizierten GuV

Die Stichtagskursmethode wird teilweise bei der Umrechnung der GuV dahingehend modifiziert, daß die Aufwands- und Ertragspositionen entweder mit den jeweiligen Kursen am Transaktionstag oder - soweit dies zu aufwendig wäre und bei kontinuierlicher Entwicklung des Kurses der Währung die Aussagekraft kaum verbessert - mit einem durchschnittlichen Kurs der Abrechnungsperiode umgerechnet werden. (Bezogen auf die Abschreibungen bedeutet der Transaktionstag den Tag oder Zeitraum des Verzehrs und nicht den der historischen Anschaffung.) Unabhängig von den verwendeten Kursen im Detail ergibt sich aus der Diskrepanz zwischen den Kursen am Transaktionstag oder Durchschnittskursen für die GuV und dem Stichtagskurs für die Bilanz, daß auch die Gewinne in Bilanz und GuV auseinanderfallen. Um die Geschlossenheit des Jahresabschlusses wiederherzustellen, wird der Erfolg in der Bilanz durch entsprechende Anpassung der Aufrechnungsdifferenz, die in einem Unterkonto zum Eigenkapital erfaßt wird („translation adjustment"), dem Erfolg gemäß GuV angeglichen. In unserem Zahlenbeispiel schlägt sich das folgendermaßen nieder:

Beispiel F.2: Stichtagskursmethode mit einem Erfolg aus einer modifizierten GuV

TU GuV 01 in DM

Umsatz	2160
Abschreibungen	- 180
Sonstiger Aufwand	- 1620
JÜ	360

Konzern GuV 01 in DM

Umsatz	3660
Abschreibungen	- 180
Sonstiger Aufwand	- 2620
JÜ	860

TU Bilanz 31.12.01 in DM

Maschinen	1500	GK	1600	
Vorräte	750	Diff.	- 460	
Forderungen	750	EK		1140
		JÜ		360
		FK		1500
	3000			3000

Konzernbilanz 31.12.01 in DM

Maschinen	1500	GK		4000
Vorräte	750	RL	1000	
Forderungen	750	Diff.	- 460	540
Kasse	8900	JÜ		860
		FK		6500
	11900			11900

In der GuV der Tochter wurden (vereinfachend) alle Aufwendunge und Erträge mit dem Jahresdurchschnittskurs umgerechnet. Der Jahresüberschuß (in DM) ergibt sich (auch wenn differenziert umgerechnet worden wäre) als Saldo der GuV. Der dabei ermittelte Jahresüberschuß wird auch in die Bilanz übernommen, so daß die Aufrechnungsdifferenz (translation adjustment) entsprechend angepaßt werden muß. Sie umfaßt jetzt die Kursdifferenz bezogen auf das Eigenkapital (800 · (1,5 - 2) = - 400) und die Kursdifferenz bezogen auf den Jahresüberschuß (200 · (1,50 - 1,80) = - 60).

Die in nachfolgenden Jahren entstehenden Differenzen werden mit den bisherigen Differenzen auf dem gleichen Unterkonto zusammengefaßt und fortgeschrieben, bis die Beteiligung an der Tochter verkauft wird. Die hier beschriebene Variante der Stichtagskursmethode entspricht der „translation" nach FAS 52.12 bis .14 und der Umrechnung von foreign entities nach IAS 21.30 bis .32.

2.2.2.2 Modifizierte GuV bei Umrechnung des Erfolgs mit dem Stichtagskurs

In einer in Deutschland üblichen Variante der Stichtagskursmethode werden zwar auch die Aufwendungen und Erträge in der GuV mit Durchschnittskursen (oder Kursen zum Zeitpunkt der Transaktion) umgerechnet, der Jahresüberschuß als Saldo aber wird weiterhin in der GuV wie in der Bilanz mit dem Stichtagskurs umgerechnet. Bei dieser Vorgehensweise entsteht innerhalb der GuV eine Differenz, weil der Erfolg als Saldo aller umgerechneten Aufwendungen und Erträge nicht mit dem umgerechneten Erfolg übereinstimmt. Zum Ausgleich werden in der GuV sonstige betriebliche Erträge oder Aufwendungen in Höhe der Differenz fingiert. Wenn diese Vorgehensweise allerdings als erfolgswirksame Währungsumrechnung charakterisiert wird (vgl. Treuarbeit, Konzernabschlüsse '89, 1990, Rn 356 - 370), ist Zurückhaltung geboten. Da der Jahresüberschuß mit dem Stichtagskurs umgerechnet wird, werden offensichtlich nur die Aufwendungen und Erträge neu gefaßt, ohne den Jahresüberschuß wirklich zu verändern.

2.3 Die Zeitbezugsmethode (temporal method)

2.3.1 Die Grundkonzeption

Die Zeitbezugsmethode, die in Deutschland vor allem von Busse von Colbe und Ordelheide vertreten wird, versteht sich als konsequente Anwendung der Einheitstheorie auf die Währungsumrechnung. Sie fußt auf der Vorstellung, daß die ausländischen Tochtergesellschaften unmittelbar in der Währung der Mutter buchen. Busse von Colbe und Ordelheide (Busse von Colbe/Ordelheide, Konzernabschlüsse, 1993, S. 125) beschreiben dies in ihrem "Äquivalenzprinzip":
"Der Fiktion der einheitlichen Währungs- und Rechtsordnung entspricht für die Umrechnung der in ausländischer Währung aufgestellten Abschlüsse ausländischer Konzernunternehmen in DM der Konsolidierungsgrundsatz der Äquivalenz. Danach ist der ausländische Abschluß so umzurechnen, daß die Zahlen des um-

gerechneten Abschlusses analog zu denen eines unmittelbar in DM aufgestellten Abschlusses interpretiert werden können."

Die Währungsumrechnung in der Form des remeasurement soll zu einem Abschluß führen, wie er sich ergeben hätte, wenn die Buchungen direkt in der Währung der Mutter durchgeführt worden wären (vgl. FAS 52.10).

Außer dieser Bewertung nach dem Prinzip des Zeitbezugs fordern Busse von Colbe und Ordelheide die Durchführung von Niederstwerttests. Zu prüfen ist, ob der Tageswert bewertet mit dem Stichtagskurs niedriger ist als die Anschaffungskosten bewertet mit dem historischen Kurs. Ist dies der Fall, so ist, wie im Einzelabschluß, im Umlaufvermögen immer eine Abschreibung auf den Tageswert vorzunehmen (strenges Niederstwertprinzip), im Anlagevermögen dagegen nur bei einer voraussichtlich dauernden Wertminderung (gemildertes Niederstwertprinzip).

Die Konzeption der Umrechnung nach dem Zeitbezug soll anhand des Beispiels dargestellt werden, das auch zur Erläuterung der Stichtagskursmethode herangezogen wurde, das allerdings für die Grundkonzeption der Zeitbezugsmethode präzisiert werden muß. Es wird angenommen, daß folgende Geschäftsvorfälle stattgefunden haben:

Beispiel F.3.1: Ausgangsdaten

Datum	Tageskurs (DM/FWE)	Geschäftsvorfall (Buchungssatz in FWE)			
01.01.01	2	Gründung des TU (Eröffnungsbilanzbuchung:)			
		Maschinen	1100	an Gezeichnetes Kapital	800
				an Verbindlichkeiten (200 fällig am 06.09.01, 100 fällig am 05.02.06)	300
07.01.01	1,8	Vorräte	1000	an Verbindlichkeiten (100 fällig am 06.09.01, 900 fällig am 04.03.02)	1000
04.03.01	1,8	Kasse	700	an Umsatzerlöse	1200
		Forderungen (fällig am 04.03.02)	500		
		Materialeinsatz	500	an Vorräte	500
06.09.01	1,82	Verbindlichkeiten	300	an Kasse	300
02.10.01	1,78	Löhne	400	an Kasse	400
31.12.01	1,5	Abschreibungen	100	an Maschinen	100

Diese Buchungen führen zu den Bilanzen und der GuV, die in Abschnitt F.2.2.1 vorgestellt wurden. Diese Buchungen werden nun in die Währung der Mutter umgerechnet.

Beispiel F.3.2: Grundkonzeption der Zeitbezugsmethode

Datum	Buchungssatz (in DM)					
01.01.01	Maschinen	(TK 2)	2200	an Gez. Kapital	(TK 2)	1600
				an Verbindlichk.	(TK 2)	600
07.01.01	Vorräte	(TK 1,8)	1800	an Verbindlichk.	(TK 1,8)	1800
04.03.01	Kasse	(TK 1,8)	1260	an Umsatzerlöse	(TK 1,8)	2160
	Forderungen	(TK 1,8)	900			
	Materialeinsatz	(HK 1,8)	900	an Vorräte	(HK 1,8)	900
06.09.01	Verbindlichkeiten	(HK 2)	400	an Kasse	(HK 1,8)	540
	Verbindlichkeiten	(HK 1,8)	180	an Währungserfolg		40
02.10.01	Löhne	(TK 1,78)	712	an Kasse	(HK 1,8)	720
	Währungserfolg		8			
31.12.01	Abschreibungen	(HK 2)	200	an Maschinen	(HK 2)	200

Bis einschließlich 04.03.01 werden alle Transaktionen mit dem Kurs des Tages verbucht, an dem sie stattfinden, da sie keine Auswirkungen auf bereits bestehende Aktiva oder Passiva haben. Am 06.09.01 werden unter anderem Verbindlichkeiten bezahlt, die mit einem Kurs von 2 DM umgerechnet wurden. Dafür werden am 04.03.01 zugegangene Kassenbestände verwendet, die mit einem Kurs von 1,8 DM umgerechnet wurden. Diese Differenz führt dazu, daß ein Währungserfolg durch Kassenhaltung erzielt wurde; es handelt sich hier um einen währungskursbedingten "Schuldnergewinn". Genau der gegenteilige Effekt tritt am 02.10.01 ein. Die Kassenhaltung in Fremdwährung hat infolge der Abwertung zu einem Währungsverlust von 8 DM geführt. Es sei an dieser Stelle darauf hingewiesen, daß bei der Verbuchung der Zahlungsvorgänge dann Probleme auftreten, wenn bei der Kasse (oder den Girokonten) Zugänge zu verschiedenen Kursen stattgefunden haben. Bei der nächsten Auszahlung ist dann nicht mehr exakt feststellbar, welcher der verschiedenen historischen Kurse zur Anwendung kommen muß. Dieses, aus der Vorratsbewertung bekannte Problem läßt sich nur mit Hilfe einer Verbrauchsfolgefiktion, wie etwa Durchschnittsmethode, FIFO oder LIFO lösen. Es lassen sich nun die vorläufige Bilanz und die vorläufige GuV der Tochter in DM aufstellen.

Vorläufige TU Bilanz in DM

Maschinen	2000	GK	1600
Vorräte	900	JÜ	380
Forderungen	900	FK*	1820
	3800		3800

Vorläufige TU GuV in DM

Umsatz	2160
Währungserfolg	+ 32
Abschreibungen	- 200
Materialeinsatz	- 900
Löhne	- 712
JÜ	380

* FK = 1820 = 100 · 2 + 900 · 1,8

Der vorläufige Jahresabschluß trägt dem Niederstwertprinzip noch nicht Rechnung, das allerdings weltweit höchst unterschiedlich ausgelegt wird.

Bezogen auf das nichtmonetäre Vermögen (im Beispiel Maschinen und Vorräte) wird teilweise ein allgemeiner Niederstwerttest verlangt (etwa Busse von Colbe/Ordelheide; IAS 21.28), teilweise wird nur für die Vorräte die Anwendung des Niederstwertprinzips gefordert (FAS 52.49 - .53). Im Beispiel wird vereinfachend davon ausgegangen, daß nur bei den Maschinen eine Wertminderung eingetreten ist, die zudem noch voraussichtlich dauernd sein wird. Der Wert der Maschine betrage am Bilanzstichtag 1300 FWE und damit zum relevanten Stichtagskurs 1950 DM. Bei einem Tageswert der Vorräte von 600 FWE = 900 DM dagegen entsteht keine Differenz. Wenn das Niederstwertprinzip auf die Vorräte beschränkt wird, sind also bezüglich des nichtmonetären Vermögens keine Änderungen des vorläufigen Jahresabschlusses erforderlich. Wird dagegen das Niederstwertprinzip auch auf Sachanlagen angewendet, müßten die Maschinen außerplanmäßig um 50 zu Lasten des Jahresüberschusses abgeschrieben werden. Die Buchung außerplanmäßige Abschreibung 50 DM an Maschine 50 DM modifiziert folglich in diesem Fall den vorläufigen zum endgültigen Abschluß:

Beispiel F.3.3: Fortsetzung

TU GuV 01 in DM

Umsatz	2160
Währungserfolg	+ 32
Abschreibungen	- 250
Materialeinsatz	- 900
Löhne	- 712
JÜ	330

Konzern GuV 01 in DM

Umsatz	3660
Währungserfolg	+ 32
Abschreibungen	- 250
Materialeinsatz	- 900
Löhne	- 712
Sonstiger Aufwand	- 1000
JÜ	830

TU Bilanz 31.12.01 in DM

Maschinen	1950	GK	1600
Vorräte	900	JÜ	330
Forderungen	900	FK	1820
	3750		3750

Konzernbilanz 31.12.01 in DM

Maschinen	1950	GK	4000
Vorräte	900	RL	1000
Forderungen	900	JÜ	830
Kasse	8900	FK	6820
	12650		12650

Man beachte, daß bei dieser Form der Umrechnung im Abschluß nur unmittelbare Währungserfolge, aber keine Umrechnungsdifferenzen auftreten. Eine exakte Umrechnung nach diesen Prinzipien wäre in der Praxis allerdings viel zu aufwendig, denn sie liefe darauf hinaus, eine vollständige zweite Buchführung in der Währung der Mutter zu führen.

Bezogen auf das monetäre Vermögen (im Beispiel Forderungen und Verbindlichkeiten - FK -) müßten bei strenger Auslegung des Niederstwertprinzips nach deutscher Tradition die Forderungen um 900 - 500 · 1,5 = 150 DM erfolgsmindernd abgewertet werden, während die entsprechende erfolgssteigernde Reduktion der Verbindlichkeiten um 1820 - 1000 · 1,5 = 320 DM nicht zulässig wäre. Bei derart strenger Auslegung des Niederstwertprinzips sinkt der Erfolg der Tochter und des Konzerns in DM um 150 bei entsprechender Verminderung der Forderungen in der Bilanz um 150 auf 750 DM.

Es sei angenommen, daß den Forderungen der Tochter in Fremdwährung Verbindlichkeiten in Fremdwährung mit gleicher Frist gegenüberstehen, so daß in Höhe von 500 FWE eine geschlossene Position unterstellt werden kann. Bei einer geschlossenen Position erübrigt sich die Notwendigkeit zur Abschreibung der Forderung bei fortbestehendem Verbot zur Reduktion des überschießenden Teils der Verbindlichkeit. Die zuvor dargestellten Jahres- und Konzernabschlüsse bleiben in diesem Fall bestehen.

Nach US-GAAP und IAS sind Forderungen und Verbindlichkeiten in fremder, von der funktionalen Währung abweichender Währung selbst bei Verstoß gegen das Realisationsprinzip auf Basis des Stichtagskurses zu bewerten. Soweit also in funktionale Währung umgerechnet wird, wären die Forderungen der Tochter mit 750 DM und die Verbindlichkeit (FK) mit 1500 DM anzusetzen. Der Erfolg der Tochter und des Konzerns steigt dann um 170 DM an. Der Jahresabschluß der Tochter in DM und der Konzernabschluß in DM, die daraus resultieren, werden in Beispiel F.4 (Bilanzen) bzw. F.5 (GuV) unter der Annahme „kein Niederstwertprinzip für Anlagen“ dargestellt.

2.3.2 Praktische Näherungsverfahren der Zeitbezugsmethode

2.3.2.1 Notwendigkeit der Näherungsverfahren und Kriterien zu ihrer Unterscheidung

Mit Hilfe einer zweiten Buchführung in der Währung, in die umgerechnet werden soll, oder durch exakte Rekonstruktion aller Buchungen wie im vorangegangenen Abschnitt, läßt sich die Zeitbezugsmethode praktisch nicht verwirklichen. Daher wird in der Praxis ein annähernd gleiches Ergebnis dadurch angestrebt, daß die verschiedenen Jahresabschlußpositionen mit unterschiedlichen, jeweils auf sie zugeschnittenen Kursen umgerechnet werden. Außerdem werden die Differenzen, die sich aufgrund der Verwendung unterschiedlicher Umrechnungskurse zwangsläufig ergeben können, vor allem im Blick auf die Erfolgswirkungen verschiedenartig berücksichtigt. Aus der Fülle möglicher Vorgehensweisen werden im folgenden nur zwei Grundlinien verfolgt, um ein Mindestmaß an Übersichtlichkeit zu erhalten.

2.3.2.2 Erfolgswirksame Zeitbezugsmethode nach internationalem Vorbild

International ist es üblich, die Zeitbezugsmethode in erfolgswirksamer Form zu verwenden („remeasurement" nach FAS 52.10 bzw. Umrechnung von „integral foreign operations" nach IAS 21.27). Dabei werden allerdings die für das Verfahren charakteristischen Regeln dafür, welche Jahresabschlußposition mit welchem Kurs umzurechnen ist, in der Form unterschiedlich detailliert vorgegeben, obwohl im Kern die Regeln weitgehend übereinstimmen. Genau in die Einzelheiten gehen die Vorgaben in FAS 52.48, die bei Beams, Advanced Accounting 1996, S. 533 sehr übersichtlich dargestellt werden. Pauschaler wird die Vorgehensweise im Rahmen von IAS 21.11 vorgegeben. Danach sind umzurechnen

- monetäre Bilanzposten mit dem Kurs am Bilanzstichtag,
- nichtmonetäre Bilanzposten, die mit historischen Anschaffungs- oder Herstellungskosten oder die - wie das Eigenkapital - mit dem historisch eingezahlten oder bedungenen Betrag bewertet sind, mit dem Kurs zum Zeitpunkt der Anschaffung, der Herstellung oder der Zahlung des Eigenkapitals bzw. seiner Festlegung und
- nichtmonetäre Bilanzpositionen, die mit einem Zeitwert bewertet sind, mit dem Kurs zu dem Zeitpunkt, aus dem der Zeitwert stammt.

Vorräte als nichtmonetäres Vermögen müßten auf Basis obiger Regeln mit den Kursen umgerechnet werden, die zu den Zeitpunkten galten, aus denen ihre Werte in Fremdwährung stammen. Eine solche Bewertung ist äußerst aufwendig. Daher werden teilweise Vereinfachungen zugelassen - etwa Durchschnittskurse nach

IAS 21.29, wenn die Kurse sich gleichmäßig entwickeln. Bezüglich der Finanzanlagen ist klarzustellen, daß speziell Beteiligungen als nichtmonetär angesehen werden und daher mit historischen Kursen umzurechnen sind.

Aufwendungen und Erträge, die zu nichtmonetären Bilanzpositionen gehören, wie insbesondere Abschreibungen oder Materialverbräuche, müssen mit den Kursen umgerechnet werden, die auch zur Umrechnung der zugehörigen Bilanzposition herangezogen werden. Daher werden Abschreibungen im Rahmen der Zeitbezugsmethode grundsätzlich mit dem historischen Kurs zum Zeitpunkt der Beschaffung der Anlage umgerechnet. Auch bei den Materialverbräuchen ist so vorzugehen, soweit nicht vereinfachend Durchschnittskurse erlaubt sind. Die übrigen, zu Zahlungen führenden Aufwendungen und Erträge sind genaugenommen mit dem Kurs zum Zeitpunkt der Transaktion umzurechnen. Meist wird aber gerade für sie die Verwendung von Durchschnittskursen erlaubt (Beams, Advanced Accounting 1996, S. 533; IAS 21.29). Unter den Annahmen, kein Niederstwertprinzip für Anlagen (wie in FAS 52) und Zulässigkeit des Einsatzes von Durchschnittskursen in der Erfolgsrechnung, ergibt sich im Beispiel zunächst folgender Jahresabschluß der Tochter in DM:

Beispiel F.4: Erfolgswirksame Zeitbezugsmethode mit Durchschnittskursen für Vorräte und in der GuV

Vorläufige TU Bilanz 31.12.01 in DM

Maschinen	2000	GK	1600
Vorräte	900	Saldo 1	550
Forderungen	750	FK	1500
	3650		3650

Vorläufige TU GuV 01 in DM

Umsatz	2160
Abschreibungen	- 200
Sonstiger Aufwand	- 1620
Saldo 2	340

Infolge der heterogenen Umrechnungskurse stimmt der Saldo in der Bilanz nicht mit dem in der GuV überein, wie das sonst bei Jahresabschlüssen üblich ist. Im Rahmen der erfolgswirksamen Zeitbezugsmethode wird der Saldo der umgerechneten Bilanz als Jahresüberschuß angesehen, so daß die GuV durch eine erfolgswirksame Umrechnungsdifferenz angepaßt werden muß. Nach Berücksichtigung dieser Differenz ergeben sich folgender Jahres- bzw. Konzernabschluß:

TU GuV 01 in DM

Umsatz	2160
Umrechnungsdiff.	+ 210
Abschreibungen	- 200
Sonstiger Aufwand	- 1620
JÜ	550

Konzern GuV 01 in DM

Umsatz	3660
Umrechnungsdiff.	+ 210
Abschreibungen	- 200
Sonstiger Aufwand	- 2620
JÜ	1050

TU Bilanz 31.12.01 in DM

Maschinen	2000	GK	1600
Vorräte	900	JÜ	550
Forderungen	750	FK	1500
	3650		3650

Konzernbilanz 31.12.01 in DM

Maschinen	2000	GK	4000
Vorräte	900	RL	1000
Forderungen	750	JÜ	1050
Kasse	8900	FK	6500
	12550		12550

Wird anders als im Beispiel F.4 oben von der Notwendigkeit einer exakten Umrechnung des Materialverbrauchs und der Löhne ausgegangen und angenommen, der Aufwand von 900 + 712 = 1612 gemäß detaillierter Umrechnung sei rekonstruierbar, so ergeben sich folgende Gewinn- und Verlustrechnungen im Beispiel (die Bilanzen bleiben wie im Beispiel F.4):

Beispiel F.5: Erfolgswirksame Zeitbezugsmethode mit tagesgenauer Umrechnung in der GuV

TU GuV 01 in DM

Umsatz	2160
Umrechnungsdiff.	+ 202
Abschreibungen	- 200
Sonstiger Aufwand	- 1612
JÜ	550

Konzern GuV 01 in DM

Umsatz	3660
Umrechnungsdiff.	+ 202
Abschreibungen	- 200
Sonstiger Aufwand	- 2612
JÜ	1050

2.3.2.3 Erfolgsneutrale Zeitbezugsmethode

Auch im Rahmen der Zeitbezugsmethode können die aus Umrechnungsdifferenzen entstehenden Erfolgswirkungen vermieden werden, wenn der Jahresüberschuß in DM aus dem Jahresüberschuß in Fremdwährung durch Umrechnung zum Stichtagskurs abgeleitet und die verbleibenden Umrechnungsdifferenzen in der Bilanz mit den Rücklagen verrechnet und in der GuV als sonstige betriebliche Aufwendungen bzw. sonstige betriebliche Erträge erfaßt werden. Im Beispiel würde diese Vorgehensweise den Konzernjahresüberschuß auf 800 DM senken, während die Konzernrücklagen auf 1250 DM anwüchsen. In der GuV der Tochter und des Konzerns in DM entstünde ein sonstiger betrieblicher Aufwand von 250 DM, der den Jahresüberschuß der Tochter auf 300 DM und den Konzernjahresüberschuß auf 800 DM reduzieren würde. Obwohl zusätzliche Aufwendungen oder Erträge entstehen, ist diese Vorgehensweise gerade nicht erfolgswirksam. Auch wenn die Erfolgswirkungen nur partiell unterdrückt würden, wäre die Vorgehensweise mit internationalen Rechnungslegungsstandards unvereinbar.

2.4 Andere Verfahren

Die Fristigkeitsmethode (current - non current Methode) unterscheidet nach der Bindungsdauer der Positionen und rechnet die langfristigen Positionen, also das langfristige Kapital und das Anlagevermögen mit dem historischen Kurs, die übrigen Positionen mit dem Stichtagskurs um.

Die Methode der Umrechnung nach dem Geldcharakter einer Position (monetary - non monetary Methode) rechnet die nichtmonetären Aktiva und das Eigenkapital nach den historischen Kursen, die übrigen Positionen mit dem Stichtagskurs um.

Die beiden soeben genannten Verfahren waren früher gebräuchlich, werden aber inzwischen in der Literatur weitgehend einhellig als unzulässig abgelehnt, da die angewandten Kriterien für die differenzierte Umrechnung willkürlich und unbegründet erscheinen. Allerdings ist anzumerken, daß die Vereinfachungsvorgaben für die Zeitbezugsmethode, wie sie etwa IAS 21 vorsieht, zu einer faktischen Annäherung der Zeitbezugs- an die monetary - non monetary Methode führen.

Eine gänzlich andere Methode, die Umrechnung mit Hilfe von Kaufkraftparitäten, ist zwar von theoretischem Interesse, erlangte aber nie praktische Bedeutung, weshalb hier auf eine Darstellung verzichtet werden soll (vgl. Hieke, DB 1975, S. 113-115).

2.5 Die Behandlung von Hochinflationsländern

Die Währungsumrechnung von Konzernunternehmen in einem Hochinflationsland stellt einen eigenen Problemkreis dar. Infolge der Hochinflation wird der Außenwert der Fremdwährung ständig sinken. Bilanziert man zu Anschaffungskosten in Fremdwährung und rechnet diese gemäß Stichtagskursmethode mit den gesunkenen Währungskursen um, so wird das Konzernunternehmen im Zeitablauf völlig unterbewertet und verschwindet förmlich aus der Konzernbilanz („Vanishing plants effect").

Beispiel F.6: Inflation und Stichtagskursmethode

Bilanz TU 1.1.01 in FWE

AV	1000	EK	1000

Kurs: 1 : 1

Bilanz TU 1.1.01 in DM

AV	1000	EK	1000

Bilanz TU 31.12.01 in FWE

AV	1000*	EK	1000

Kurs: 10 : 1

Bilanz TU 31.12.01 in DM

AV	100	EK	100

(* Tageswert 10000)

Grundsätzlich läßt sich das Problem auf zwei verschiedenen Wegen lösen. Der erste Weg, den FAS 52 einschlägt, geht davon aus, daß Währungen mit hoher Inflation keine verläßlichen funktionalen Währungen sein können. Soweit die Bücher einer Tochter in einem Hochinflationsland nicht unmittelbar in einer harten Währung - etwa der Währung der Mutter - geführt werden dürfen, muß das Ergebnis einer solchen Buchführung näherungsweise durch den Einsatz der erfolgswirksamen Zeitbezugsmethode nach internationalem Vorbild erzeugt werden. Der andere Weg basiert auf einer Inflationsbereinigung des Jahresabschlusses in fremder Währung vor seiner Umrechnung mit Hilfe der erfolgsneutralen Stichtagskursmethode. Nach diesem sogenannten „restate - translate" Verfahren geht IAS 21.36 vor. Da es gegen zentrale GoB (z.B. Anschaffungswertprinzip) verstößt, ist seine Zulässigkeit in Deutschland zweifelhaft.

2.6 Zur Wahl der Methode

Die Diskussion um die angemessene Methode der Währungsumrechnung wird in der Literatur unvermindert heftig geführt, ohne bisher zu einem eindeutigen Ergebnis zu kommen. Zusätzliche Impulse hat das zunehmende Interesse der deutschen Konzerne gebracht, den Konzernabschluß nach internationalen Regeln aufzustellen. Im einzelnen läßt sich folgendes festhalten:

1. Die Zeitbezugsmethode erweitert das Konzept der Einheitstheorie dahingehend, daß sie von der Fiktion eines einheitlichen Währungsraums ausgeht. Diese Fiktion wird vom Gesetz nicht gestützt, und es ist darüber hinaus fraglich, ob sie wirklich zu einer besseren Abbildung im Konzernabschluß führt. In der Realität ist ein weltweit engagierter Konzern in einem äußerst heterogenen Währungsraum tätig. Diese Heterogenität wird auch durch die Zeitbezugsmethode nicht beseitigt.

2. Die so überzeugend scheinende Berufung auf die Bewertungsprinzipien des Einzelabschlusses berücksichtigt nicht, daß Einzel- und Konzernabschluß un-

terschiedliche Aufgaben zu erfüllen haben. So steht beim Einzelabschluß die Aufgabe der Ausschüttungsbemessung zumindest gleichberechtigt neben der Informationsaufgabe. Viele Bewertungsprinzipien, wie beispielsweise das Niederstwertprinzip, gründen sich deshalb auf die Aufgabe des Gläubigerschutzes, dem vor allem im Rahmen der Ausschüttungsbemessung eine große Bedeutung zukommt. Der Konzernabschluß hat jedoch, anders als der Einzelabschluß, nur eine Informationsfunktion, weshalb es fraglich erscheint, ob die Übertragung aller Bewertungsprinzipien des Einzelabschlusses auf den Konzernabschluß sachgerecht ist.

3. Bei der Währungsumrechnung ist der Grundsatz der Wirtschaftlichkeit zu beachten. Die Zeitbezugsmethode ist so aufwendig, daß selbst ihre Vertreter die Notwendigkeit von Vereinfachungen einräumen. Da diese Vereinfachungen beträchtliche Auswirkungen haben, kann die Zeitbezugsmethode nicht für sich in Anspruch nehmen, ihrer Vorstellung von einer den GoB entsprechenden Umrechnung voll gerecht zu werden. Da die Vereinfachungen zu einer Vielzahl von unterschiedlichen Varianten der Zeitbezugsmethode geführt haben, hat diese Methode darüber hinaus den Nachteil, daß bei ihr eine Vergleichbarkeit mit anderen Konzernabschlüssen eher geringer ist als bei der doch eher einheitlich gehandhabten Stichtagskursmethode.

4. Die Stichtagskursmethode hat sowohl in der Grundform als auch in der modifizierten Form den Vorteil der relativen Einfachheit für sich. Dieser Vorteil wird mit Nachteilen, insbesondere möglichen Verstößen gegen das Anschaffungswertprinzip und die Bilanzkontinuität erkauft.

5. Da keine der beiden Grundmethoden der anderen universell überlegen erscheint, beschreitet das Konzept der funktionalen Währung den Weg, eine Kombination aus beiden Methoden vorzugeben. In der Literatur ist umstritten, ob dies jeweils zur sachgerechtesten Lösung führt. Insbesondere ist fraglich, inwieweit dieses Konzept mit der Einheitstheorie oder der einheitlichen Leitung gem. § 290 Abs. 1 HGB zu vereinbaren ist. Dennoch könnte die konsequente Anwendung von FAS 52 oder IAS 21 durch die im Vergleich zum Handelsrecht weitgehende Kodifizierung der Verfahren und die umfangreichen Erläuterungsvorschriften dazu beitragen, die Währungsumrechnung zu vereinheitlichen und die Transparenz über das gewählte Vorgehen zu erhöhen.

Literaturhinweise

Arbeitskreis "Externe Unternehmensrechnung" der Schmalenbach Gesellschaft - Deutsche Gesellschaft für Betriebswirtschaft e. V.: Aufstellung von Konzernabschlüssen, hrsg. von Walther Busse von Colbe, Eberhard Müller und Herbert Reinhard, 2. Aufl., Düsseldorf 1989.

Beams, Floyd A.: Advanced Accounting, 6th edition, New Jersey 1996, S. 530-584.

Bovermann, Brigitte: Die Umrechnung der Jahresabschlüsse ausländischer Tochtergesellschaften für den Weltabschluß in der EG unter dem Aspekt seiner Informationsfunktion, Frankfurt am Main 1988.

Busse von Colbe, Walther: Währungsumrechnung unter dem Einfluß neuer Rechnungslegungsvorschriften, in: Konzernrechnungslegung und -prüfung, hrsg. von Jörg Baetge, Düsseldorf 1990, S. 73-96.

Busse von Colbe, Walther/Ordelheide, Dieter: Konzernabschlüsse, 6. Aufl., Wiesbaden 1993.

Financial Accounting Standards Board (FASB): Statement of Financial Accounting Standards No. 52 (FAS 52), Foreign Currency Translation, December 1981, in: Accounting Standards, Original Pronouncements as of June 1, 1993, hrsg. vom Financial Accounting Standards Board (FASB), Norwalk 1993, Vol. 1, S. 501-531.

Gebhardt, Günther: Vereinheitlichung der Recheneinheit durch Währungsumrechnung, in: Beck'sches Handbuch der Rechnungslegung (Beck HdR), hrsg. von Edgar Castan, Gerd Heymann, Eberhard Müller, Dieter Ordelheide und Eberhard Scheffler, Teil C 310, München 1987.

Hauptfachausschuß (HFA): Geänderter Entwurf einer Verlautbarung zur Währungsumrechnung im Jahres- und Konzernabschluß, in: WPg, 39. Jg., 1986, S. 664-667.

(The) *Institute of Chartered Accountants in England and Wales*: Statement of Standard Accounting Practice (SSAP) 20, Foreign currency translation (April 1983), in: Accounting Standards 1993/94, London 1993, S. 349-361.

International Accounting Standards Committee (IASC): International Accounting Standard 21 (IAS 21), The Effects of Changes in Foreign Exchange Rates, in: International Accounting Standards 1995, London 1995, S. 365-381.

Langenbucher, Günther: Umrechnung von Fremdwährungsabschlüssen, in: Küting/Weber (Hrsg.), Handbuch der Konzernrechnungslegung, Stuttgart 1989, S. 447-485.

Treuarbeit (Hrsg.): Konzernabschlüsse '89, Düsseldorf 1990.

Wysocki, Klaus von: Weltbilanzen als Planungsobjekte und Planungsinstrumente multinationaler Unternehmen, in: ZfbF, 23. Jg., 1971, S. 682-700.

G. Kapitalkonsolidierung

1. Grundlagen der Kapitalkonsolidierung

1.1 Zweck der Kapitalkonsolidierung

Der Konzernabschluß ist kein originäres Rechenwerk, sondern entsteht aus den Einzelabschlüssen in drei Schritten.

Im ersten Schritt werden die Einzelabschlüsse der einzubeziehenden Unternehmen für den Konzernabschluß vorbereitet, indem sie erforderlichenfalls auf eine konzerneinheitliche Bewertung ausgerichtet oder in eine gemeinsame Konzernwährung umgerechnet werden (Erstellung der Handelsbilanz II).

Im zweiten Schritt werden für jede Bilanzposition gesondert die Zahlen aus den Einzelabschlüssen der verschiedenen Konzernunternehmen "horizontal" zu einer Summenbilanz addiert.

Unter Konsolidierung versteht man den dritten Schritt, nämlich die Aufrechnung von Positionen aus den Einzelabschlüssen, die sich nur aus der rechtlichen Zersplitterung der - vom Gesetzgeber fingierten - Einheit Konzern ergeben und die daher im Konzernabschluß keinen Platz haben. Gleichzeitig wird durch die Eliminierung dieser Positionen eine Doppelerfassung ein und desselben Tatbestandes im Konzernabschluß vermieden.

Bei der Kapitalkonsolidierung werden der Buchwert der Anteile des Mutterunternehmens am Tochterunternehmen aus dem Einzelabschluß des Mutterunternehmens (im folgenden als Beteiligungsbuchwert bezeichnet) und das der Beteiligung des Mutterunternehmens entsprechende Eigenkapital des Tochterunternehmens, wie es sich aus dessen Einzelabschluß ergibt (im folgenden als anteiliges Eigenkapital bezeichnet), gegeneinander aufgerechnet (vgl. § 301 Abs. 1 S. 1 HGB).

In einem einheitlichen Unternehmen gibt es keine Beteiligungen an Betriebsabteilungen, und diese verfügen auch nicht über ein gesondertes Eigenkapital.

Die Aufrechnung verhindert zugleich Doppelerfassungen. Der Beteiligungsbuchwert steht beim Mutterunternehmen stellvertretend für den Wert des Tochterunternehmens, der im Rahmen einer traditionellen Bilanz durch den Saldo aus Vermögensgegenständen und Schulden - einschließlich der Bilanzierungshilfen, Rechnungsabgrenzungsposten und Sonderposten - ausgedrückt wird. Da die Vermögensgegenstände und Schulden des Tochterunternehmens im Rahmen der Summenbildung in die Konzernbilanz übernommen werden, muß der Beteiligungsbuchwert aus der Konzernbilanz ausscheiden, um Doppelerfassungen zu vermeiden.

Das gleiche gilt für das Eigenkapital des Tochterunternehmens. Auch dieses repräsentiert den Wert des Tochterunternehmens - allerdings in dessen Bilanz (vgl. Dreger, Konzernabschluß, 1969, S. 51). Zugleich ist das bilanzielle Eigenkapital des Tochterunternehmens kein zusätzliches Eigenkapital des Konzerns als wirtschaftlicher Einheit. Im Zeitpunkt der Einbindung eines Tochterunternehmens in den Konzern wird das Eigenkapital des Konzerns - zumindest bei einer 100 %-Beteiligung - ausschließlich durch das Eigenkapital des Mutterunternehmens gebildet.

Aus beiden Gründen muß folglich auch das Eigenkapital des Tochterunternehmens, soweit es dem Konzern zusteht, aus dem Konzernabschluß entfernt werden.

1.2 Betroffene Bilanzpositionen

Hinter den Begriffen "*Beteiligungsbuchwert*" und "*anteiliges Eigenkapital*" kann sich eine Vielzahl von Bilanzpositionen des Einzelabschlusses verbergen.

Der Beteiligungsbuchwert wird im Regelfall unter der Position "*Anteile an verbundenen Unternehmen*" auszuweisen sein. Daneben kommen aber auch noch folgende Positionen in Betracht (vgl. Weber/Zündorf in: Küting/Weber, Konzernrechnungslegung, § 301 Rn. 32):

- Beteiligungen,
- Wertpapiere des Anlagevermögens,
- sonstige Vermögensgegenstände oder
- sonstige Wertpapiere.

Zum anteiligen Eigenkapital zählen, zumindest nach geltendem Recht, alle Positionen, die im Bilanzgliederungsschema des § 266 Abs. 3 HGB unter "*Eigenkapital*" stehen, also:

- gezeichnetes Kapital,
- Kapital- sowie Gewinnrücklagen,
- Jahreserfolg und Ergebnisvortrag, soweit sie vor der Zugehörigkeit des Tochterunternehmens zum Konzern erwirtschaftet und daher vom Konzern erworben wurden.

Zusätzlich können folgende auf der Aktivseite ausgewiesene Korrekturposten zu einer Verminderung des konsolidierungspflichtigen Eigenkapitals führen (vgl. Weber/Zündorf in: Küting/Weber, Konzernrechnungslegung, § 301 Rn. 43):

- ausstehende Einlagen,
- eigene Anteile und der
- nicht durch Eigenkapital gedeckte Fehlbetrag.

Sofern ausstehende Einlagen eingefordert sind, werden sie bei der Kapitalkonsolidierung nicht berücksichtigt. Wegen ihres Forderungscharakters sind eingeforderte ausstehende Einlagen, die von einbezogenen Unternehmen geschuldet werden, Gegenstand der Schuldenkonsolidierung (vgl. H. 2.1.2). Von nicht einbezogenen Unternehmen bzw. Gesellschaftern geschuldete ausstehende Einlagen sind, unabhängig davon, ob sie eingefordert wurden, auch im Konzernabschluß als ausstehende Einlagen auszuweisen. Bei nicht eingeforderten ausstehenden Einlagen von einbezogenen Unternehmen wird dagegen eine Verrechnung mit dem gezeichneten Kapital befürwortet (vgl. Busse von Colbe/Ordelheide, Konzernabschlüsse, 1993, S. 299; WP-Handbuch, Band I, M Tz. 396). Nicht eingeforderte ausstehende Einlagen des Mutterunternehmens dürfen allerdings auch mit einem entsprechenden Vermerk in die Konzernbilanz übernommen werden.

Die Behandlung eigener Anteile von Tochterunternehmen ist davon abhängig, ob der Charakter eines Korrekturpostens zum Eigenkapital oder eines Vermögensgegenstands überwiegt. Werden eigene Anteile längerfristig gehalten, so weisen sie eher den Charakter eines Korrekturpostens zum Eigenkapital auf und sind mit dem Eigenkapital zu verrechnen (vgl. Arbeitskreis "Weltabschlüsse", ZfbF-Sonderheft 9/1979, S. 49; Busse von Colbe/Ordelheide, Konzernabschlüsse, 1993, S. 295 f.). Bei nur kurzfristigem Halten erscheint dagegen die Übernahme dieser Position in den Konzernabschluß, also die Nichtberücksichtigung bei der Kapitalkonsolidierung, sinnvoll (vgl. Busse von Colbe/Ordelheide, Konzernabschlüsse, 1993, S. 296).

Eigene Anteile, die das Mutterunternehmen hält, sind hingegen gem. § 301 Abs. 4 HGB in keinem Fall Gegenstand der Kapitalkonsolidierung, sondern "*als eigene Anteile im Umlaufvermögen gesondert auszuweisen.*" Diese Vorschrift gilt auch für Anteile am Mutterunternehmen, die von einbezogenen Tochterunternehmen gehalten werden (Rückbeteiligungen). Die Gleichbehandlung von eigenen Anteilen und Rückbeteiligungen resultiert aus der fingierten wirtschaftlichen Einheit des Konzerns. Aus Sicht des Konzerns als wirtschaftlicher Einheit ist es unerheblich, ob Anteile am Mutterunternehmen von diesem selbst oder von einem Tochterunternehmen gehalten werden: Sie sind in beiden Fällen als Anteile des Konzerns an sich selbst anzusehen.

Für den Fall eines nicht durch Eigenkapital gedeckten Fehlbetrags gem. § 268 Abs. 3 HGB muß der Beteiligungsbuchwert mit einem negativen Eigenkapitalbetrag konsolidiert werden (zu einer ausführlichen Diskussion der hiermit verbundenen buchungstechnischen Probleme vgl. Küting/Göth, BB 1994, S. 2446 ff.), so daß stets ein aktivischer Unterschiedsbetrag in Höhe der Summe der beiden "aufzurechnenden" Größen entsteht (vgl. Weber/Zündorf in: Küting/Weber, Konzernrechnungslegung, § 301 Rn. 56).

Strenggenommen müßte auch der Eigenkapitalanteil der vom Tochterunternehmen gebildeten Sonderposten mit Rücklageanteil zum konsolidierungspflichtigen

Kapital gerechnet werden. Nach § 301 Abs. 1 S. 2 Nr. 1 und 2 HGB iVm. § 308 Abs. 3 S. 1 HGB besteht jedoch das Wahlrecht, Sonderposten in die Konzernbilanz zu übernehmen oder sie im Rahmen der Erstellung der Handelsbilanz II anteilig (in Höhe des Fremdkapitalanteils wären dann passive latente Steuern zu bilden) aufzulösen und somit in das konsolidierungspflichtige Kapital einzubeziehen. Dieses Wahlrecht ist freilich an die Bedingung der Maßgeblichkeit des zugrundeliegenden Einzelabschlusses für die Steuerbilanz geknüpft, so daß bei ausländischen Tochterunternehmen regelmäßig die Einbeziehung des Eigenkapitalanteils von Sonderposten in das konsolidierungspflichtige Kapital erforderlich sein wird (vgl. Weber/Zündorf in: Küting/Weber, Konzernrechnungslegung, § 301 Rn. 59).

2. Überblick über die Methoden der Kapitalkonsolidierung

Die Aufrechnung von Beteiligungsbuchwert und anteiligem Eigenkapital kann nach verschiedenen Methoden erfolgen. In diesem Kapitel sollen zunächst die Kriterien, nach denen sich die einzelnen Methoden unterscheiden lassen, kurz vorgestellt werden.

2.1 Stichtagskonsolidierung versus Erstkonsolidierung

Dieses Unterscheidungskriterium stellt auf den Basiszeitpunkt ab, zu dem der sich aus der Aufrechnung des Beteiligungsbuchwerts und des anteiligen Eigenkapitals ergebende Unterschiedsbetrag ermittelt wird.

Bei der Stichtagskonsolidierung wird der Unterschiedsbetrag, d.h. die Differenz zwischen dem Beteiligungsbuchwert und dem anteiligen Eigenkapital, zu jedem Konzernbilanzstichtag auf Basis der jeweiligen Einzelabschlußwerte neu berechnet.

Bei der Erstkonsolidierung wird dagegen grundsätzlich auch in den Folgeperioden der Beteiligungsbuchwert mit dem Eigenkapital im Zeitpunkt der erstmaligen Einbeziehung des Tochterunternehmens in den Konzernabschluß verrechnet. In den folgenden Perioden bleibt der Unterschiedsbetrag aus der erstmaligen Konsolidierung somit grundsätzlich konstant. Er ändert sich lediglich bei Abschreibungen auf den Beteiligungsbuchwert, bei Änderungen des Eigenkapitals des Tochterunternehmens (z.B. durch Kapitalerhöhungen mit Ausnahme der Kapitalerhöhung aus Gesellschaftsmitteln) oder bei Änderungen der Beteiligungsquote des Mutterunternehmens.

2.2 Erfolgsneutrale versus erfolgswirksame Konsolidierung

Die Methoden der Erstkonsolidierung können weiter danach unterschieden werden, ob sie erfolgsneutral oder erfolgswirksam durchgeführt werden.

Das Auftreten von Erfolgswirkungen bei der Kapitalkonsolidierung hängt davon ab, ob die Vermögensgegenstände und Schulden der Tochterunternehmen nach Menge und Wert unverändert in den Konzernabschluß übernommen werden, oder ob im Zusammenhang mit der Kapitalkonsolidierung stille Reserven oder stille Lasten durch Bewertungsanpassungen und die Aufnahme zusätzlicher Vermögensgegenstände und Schulden in die Konzernbilanz aufgedeckt werden.

Wenn stille Reserven aufgedeckt werden, so führt dies in den Folgeperioden zu höheren Aufwendungen etwa in Form von Abschreibungen auf abnutzbare Anlagegegenstände, Verbräuchen von Materialbeständen, Abgängen oder anderen Formen des Abbaus von Bilanzpositionen. Weitere Erfolgswirkungen ergeben sich dann, wenn der als Restgröße verbleibende Geschäftswert (Differenz aus Beteiligungsbuchwert und anteiligem Eigenkapital vermindert um aufgedeckte stille Reserven) abgeschrieben wird.

Zu der erfolgswirksamen Kapitalkonsolidierung gehört der Grundsatz der konzerneinheitlichen Bilanzierung und Bewertung (vgl. C.3.3), während die erfolgsunwirksame Kapitalkonsolidierung mit dem Grundsatz der Maßgeblichkeit der Einzelabschlüsse für den Konzernabschluß einhergeht.

2.3 Vollkonsolidierung versus Quotenkonsolidierung

Nach dem Umfang der Einbeziehung der einzelnen Vermögensgegenstände und Schulden der Tochter in den Konzernabschluß lassen sich Vollkonsolidierung und Quotenkonsolidierung unterscheiden.

Während bei der Vollkonsolidierung unabhängig vom Beteiligungsprozentsatz des Mutterunternehmens sämtliche Vermögensgegenstände und Schulden des Tochterunternehmens im ersten Schritt vollständig einbezogen werden, erfolgt bei der Quotenkonsolidierung nur eine Aufnahme der Vermögensgegenstände und Schulden des Tochterunternehmens in Höhe des Beteiligungsprozentsatzes des Mutterunternehmens, gegebenenfalls zuzüglich der Anteile anderer einbezogener Unternehmen, in den Konzernabschluß.

Die Unterscheidung nach dem Umfang der Konsolidierung ist unabhängig von den beiden oben genannten Kriterien. Sowohl die Voll- als auch die Quotenkonsolidierung kann als Erst- oder Stichtagskonsolidierung sowie erfolgsneutral oder erfolgswirksam durchgeführt werden. Dementsprechend können auch die in dem nachfolgenden Schaubild aufgeführten Konsolidierungsmethoden jeweils voll oder quotal durchgeführt werden.

	Stichtagskonsolidierung	Erstkonsolidierung
Erfolgsneutral	Deutsche Methode	Modifizierte angelsächsische Methode/ Interessenzusammenführungsmethode
Erfolgswirksam	–	Echte angelsächsische Methode

Schaubild G.1: Methoden der Kapitalkonsolidierung

3. Nach geltendem Recht nicht zulässige Methoden der Kapitalkonsolidierung

Mit der Umsetzung der 4. und 7. EG-Richtlinie in nationales Recht hat sich hinsichtlich der Zulässigkeit der Methoden der Kapitalkonsolidierung ein grundlegender Wandel vollzogen. Die nach dem (alten) AktG 1965 zulässigen Methoden, die deutsche und die modifizierte angelsächsische Methode, dürfen nicht mehr angewandt werden. Dennoch werden - in verkürzter Form - auch diese Methoden dargestellt, wofür es mehrere Gründe gibt:

Die älteren Methoden sind aus didaktischer Sicht Vorstufen zu den neueren. Ihre Darstellung ist zudem erforderlich, um einen vollständigen Überblick zu vermitteln und um alle Methoden vergleichend beurteilen zu können.

3.1 Die deutsche Methode der Kapitalkonsolidierung

3.1.1 Charakterisierung der Methode

Bei der deutschen Methode handelt es sich um eine erfolgsneutrale Stichtagskonsolidierung.

Der Unterschiedsbetrag wird zu jedem Stichtag neu aus der Aufrechnung des Beteiligungsbuchwerts und des anteiligen Eigenkapitals im betreffenden Zeitpunkt berechnet, was zu ständigen Änderungen seiner Höhe führen kann (vgl. G.3.1.2).

Die deutsche Methode ist insofern erfolgsneutral, als es zu keiner Aufteilung eines aktivischen Unterschiedsbetrags auf Vermögensgegenstände und Schulden kommt. Die Vermögensgegenstände und Schulden des Tochterunternehmens werden vielmehr unverändert aus den Einzelabschlüssen in den Konzernabschluß übernommen. Auch wird der aktivische Unterschiedsbetrag nicht als Geschäftswert angesehen und abgeschrieben.

Folgendes Beispiel soll das oben Gesagte verdeutlichen:

Das Mutterunternehmen M bezieht das Tochterunternehmen T, von dessen Anteilen es 100 % besitzt, im Jahr 01 erstmals in seinen Konzernabschluß ein. Die nachfolgende Übersicht zeigt - von links nach rechts - die Einzelbilanz von M, die Einzelbilanz von T, die Summenbilanz, die Konsolidierungsbuchungen und die Konzernbilanz.

Beispiel G.1: Erstmalige Konsolidierung nach der deutschen Methode

	M	T	Summe	Konsolidierung		Konzern
				Soll	Haben	
Übrige Aktiva	1250	450	1700			1700
Beteiligung an T	500	-	500		500	-
Unterschiedsbetrag	-	-	-	250		250
Summe	1750	450	2200			1950
Gezeichnetes Kapital	600	150	750	150		600
Rücklagen	400	100	500	100		400
Fremdkapital	750	200	950			950
Summe	1750	450	2200	500	500	1950

In der Konsolidierungsspalte wird zunächst über eine Habenbuchung der Wertansatz der Beteiligung an T, wie er sich aus der Einzelbilanz von M ergibt, eliminiert. Durch eine entsprechende Sollbuchung wird das Eigenkapital von T (gezeichnetes Kapital und Rücklagen) herausgerechnet.

Die Differenz zwischen beiden Beträgen, hier (500-(150+100)=) 250 DM, erscheint im Beispiel als Unterschiedsbetrag auf der Aktivseite der Bilanz.

Die Konzernbilanz erhält man durch Queraddition der Summen- und der Konsolidierungsspalte.

Für die Folgekonsolidierung im Jahr 02 wird angenommen, daß sich bei der Einzelbilanz von M nichts geändert hat. T habe einen Jahresüberschuß von 140 DM erwirtschaftet, der in voller Höhe den Rücklagen zugeführt wurde und sich in einer Erhöhung der übrigen Aktiva um 140 DM niedergeschlagen habe.

Beispiel G.2: Folgekonsolidierung nach der deutschen Methode

	M	T	Summe	Konsolidierung		Konzern
				Soll	Haben	
Übrige Aktiva	1250	590	1840			1840
Beteiligung an T	500	-	500		500	-
Unterschiedsbetrag	-	-	-	110		110
Summe	1750	590	2340			1950
Gezeichnetes Kapital	600	150	750	150		600
Rücklagen	400	240	640	240		400
Fremdkapital	750	200	950			950
Summe	1750	590	2340	500	500	1950

Es wird der - hier unveränderte - Beteiligungsbuchwert des Jahres 02 gegen das um 140 DM gestiegene Eigenkapital von T am Ende des Jahres 02 aufgerechnet, was zu einer Verringerung des Unterschiedsbetrags auf 110 DM führt. Die übrigen Aktiva werden um 140 DM höher ausgewiesen, während sich beim Eigenkapital und beim Fremdkapital keine Veränderungen ergeben.

3.1.2 Der Unterschiedsbetrag

Beteiligungsbuchwert und anteiliges Eigenkapital werden nur in Ausnahmefällen betragsmäßig übereinstimmen. Ein bei der erstmaligen Konsolidierung auftretender aktivischer Unterschiedsbetrag kann auf folgende Ursachen zurückgeführt werden (vgl. Busse von Colbe/Ordelheide, Konzernabschlüsse, 1984, S. 107 f.):

- Im Einzelabschluß des Tochterunternehmens sind stille Reserven enthalten.
- Der Beteiligungsbuchwert beinhaltet Ertragserwartungen, die über den Zeitwert der Vermögensgegenstände und Schulden des Tochterunternehmens hinausgehen.

Ein passivischer Unterschiedsbetrag aus der erstmaligen Konsolidierung kann folgende Ursachen haben (vgl. Busse von Colbe/Ordelheide, Konzernabschlüsse, 1984, S. 108):

- Der Beteiligungsbuchwert spiegelt - verglichen mit dem bilanziellen Eigenkapital des Tochterunternehmens - niedrigere Ertragserwartungen wider.
- Die Beteiligung wurde zu einem günstigen Preis erworben.

Wie oben bereits erwähnt, kann es durch die in jeder Periode neu vorzunehmende Gegenüberstellung von Beteiligungsbuchwert und anteiligem Eigenkapital zu Änderungen der Höhe des Unterschiedsbetrags kommen. Dies kann sogar dazu führen, daß aus einem aktivischen Unterschiedsbetrag ein passivischer wird und umgekehrt. Die Änderungen des Unterschiedsbetrags können im einzelnen aus folgenden Sachverhalten resultieren (vgl. Busse von Colbe/Ordelheide, Konzernabschlüsse, 1984, S. 109):

- Das Tochterunternehmen führt einbehaltene Gewinne den Rücklagen zu oder entnimmt Beträge aus den Rücklagen.
- Das Mutterunternehmen nimmt Abschreibungen vom oder Zuschreibungen zum Beteiligungsbuchwert vor.

3.2 Die modifizierte angelsächsische Methode der Kapitalkonsolidierung

Nach dem AktG 1965 ebenfalls zulässig (vgl. NA 2/1967, WPg 1967, S. 489; Dreger, Konzernabschluß, 1969, S. 55) - wenn auch in der deutschen Praxis weniger verbreitet (vgl. Busse von Colbe, WPg 1978, S. 656) - war die modifizierte angelsächsische Methode. Auch diese Methode ist nach geltendem Recht nicht mehr zulässig.

Die modifizierte angelsächsische Methode der Kapitalkonsolidierung zeichnet sich zum einen dadurch aus, daß sie - wie die deutsche Methode - erfolgsneutral ist. Die Vermögensgegenstände und Schulden des Tochterunternehmens werden also unverändert aus dem Einzelabschluß in den Konzernabschluß übernommen und ein aktivischer Unterschiedsbetrag wird nicht als Geschäftswert abgeschrieben.

Zum anderen - und hier liegt der Unterschied zur deutschen Methode - wird der Beteiligungsbuchwert grundsätzlich auch in den Folgeperioden mit dem anteiligen Eigenkapital im Zeitpunkt der erstmaligen Einbeziehung des Tochterunternehmens in den Konzernabschluß aufgerechnet. Bei der modifizierten angelsächsischen Methode handelt es sich somit um eine erfolgsneutrale Erstkonsolidierung.

Da sich diese Methode bei der erstmaligen Konsolidierung nicht von der deutschen Methode unterscheidet, kann zur Veranschaulichung auf das Beispiel G.1 verwiesen werden.

Zu Unterschieden kommt es dagegen bei den Folgekonsolidierungen, wie die Kapitalkonsolidierung für das Jahr 02 des Beispiels verdeutlicht:

Beispiel G.3: Folgekonsolidierung nach der modifizierten angelsächsischen Methode

	M	T	Summe	Konsolidierung		Konzern
				Soll	Haben	
Übrige Aktiva	1250	590	1840			1840
Beteiligung an T	500	-	500		500	-
Unterschiedsbetrag	-	-	-	250		250
Summe	1750	590	2340			2090
Gezeichnetes Kapital	600	150	750	150		600
Rücklagen	400	240[1]	640	100		540[1]
Fremdkapital	750	200	950			950
Summe	1750	590	2340	500	500	2090

[1] darin enthalten: In der Periode gebildete Gewinnrücklagen von 140 DM.

Man sieht, daß der Beteiligungsbuchwert erneut gegen das Eigenkapital des Tochterunternehmens aus dem Jahr 01 (150+100=250 DM), dem Zeitpunkt der Erstkonsolidierung, aufgerechnet wird. Der Unterschiedsbetrag bleibt unverändert und wird insbesondere nicht durch die Bildung von Gewinnrücklagen verändert. Letztere werden vielmehr auch in der Konzernbilanz als Rücklagen ausgewiesen.

3.3 Beurteilung der nach geltendem Recht nicht zulässigen Methoden der Kapitalkonsolidierung

Die unveränderte Übernahme der einzelnen Vermögensgegenstände und Schulden der Tochterunternehmen in den Konzernabschluß soll erst an späterer Stelle diskutiert werden (vgl. G.4.1.1.9).

Hinsichtlich der Frage, welcher Basiszeitpunkt bei der Aufrechnung von Beteiligungsbuchwert und anteiligem Eigenkapital zugrunde gelegt werden sollte, wird hier wie in der Literatur (vgl. etwa Dreger, Konzernabschluß, 1969, S. 52-54; Busse von Colbe/Ordelheide, Konzernabschlüsse, 1984, S. 111; von Wysocki/Wohlgemuth, Konzernrechnungslegung, 1996, S. 90 ff.) der Erstkonsolidierung der Vorzug gegeben.

Bei der deutschen Methode verliert der Unterschiedsbetrag durch ständige Modifikationen im Zeitablauf seine Aussagefähigkeit. Besonders schwerwiegend ist, daß bei den Tochterunternehmen gebildete Gewinnrücklagen in den Unterschiedsbetrag einfließen. Auf diese Weise vermittelt die Konzernbilanz kein zutreffendes Bild von den Rücklagen des Konzerns, da in den auf die erstmalige Konsolidierung folgenden Perioden gebildete Gewinnrücklagen der Tochterunternehmen im Unterschiedsbetrag untergehen. Der Konzern kann somit den Eigenkapitalausweis dadurch manipulieren, daß er Rücklagen bei Tochterunternehmen statt beim Mutterunternehmen bildet.

Dieser Mangel wird bei der modifizierten angelsächsischen Methode vermieden. Da hier grundsätzlich (zu Ausnahmen vgl. G.2.1) nur das im Zeitpunkt der erstmaligen Konsolidierung vorhandene anteilige Eigenkapital des Tochterunternehmens aufgerechnet wird, werden in den Folgeperioden vom Tochterunternehmen gebildete Gewinnrücklagen auch in der Konzernbilanz unter den Rücklagen ausgewiesen.

4. Nach geltendem Recht zulässige Methoden der Kapitalkonsolidierung

Während nach dem AktG 1965 nur die Vollkonsolidierung erlaubt war, wird der Umfang der Konsolidierung nach geltendem Recht in Abhängigkeit von den Einflußmöglichkeiten des Mutterunternehmens auf das einzubeziehende Unternehmen differenziert. Neben der Vollkonsolidierung kann bei Vorliegen der in § 310 Abs. 1 HGB genannten Voraussetzungen die Quotenkonsolidierung zur Anwendung kommen (vgl. E.5). Darüber hinaus sieht das geltende Recht unter bestimmten Bedingungen die Anwendung der Equity-Methode vor (vgl. E.6), die freilich eine besondere Bewertungsmethode mit Eigenschaften darstellt, die der Konsolidierung ähneln.

4.1 Vollkonsolidierung

Bei Tochterunternehmen ist grundsätzlich die Vollkonsolidierung anzuwenden. Diese ist gem. § 301 HGB im Regelfall nach der sogenannten echten (erfolgswirksamen) angelsächsischen Methode durchzuführen.

Für Tochterunternehmen, die bereits in Konzernabschlüsse nach altem Recht einbezogen wurden, gewährt Art. 27 Abs. 1 EGHGB allerdings eine Übergangsregelung. Für sie braucht bei erstmaliger Anwendung von § 301 HGB keine neue Erstkonsolidierung vorgenommen zu werden. Vielmehr dürfen die nach AktG 1965, also entsprechend der deutschen oder der modifizierten angelsächsischen Methode, ermittelten Unterschiedsbeträge übernommen werden, wovon in der Praxis überwiegend Gebrauch gemacht wird (vgl. Rammert/Wilhelm, WPg 1991, S. 100 f.).

Unter bestimmten, sehr engen Voraussetzungen erlaubt § 302 HGB als Alternative zur echten angelsächsischen Methode ausnahmsweise die Konsolidierung von Tochterunternehmen nach der sogenannten Interessenzusammenführungsmethode (pooling-of-interests method).

4.1.1 Die echte angelsächsische Methode der Kapitalkonsolidierung

4.1.1.1 Charakterisierung der Methode

Nach geltendem Recht (vgl. § 301 HGB) ist das Eigenkapital des Tochterunternehmens bei Vollkonsolidierung grundsätzlich nach der sogenannten echten angelsächsischen Methode zu konsolidieren.

Bei dieser Methode handelt es sich, wie bei der modifizierten angelsächsischen, um eine Methode der Erstkonsolidierung; die Kapitalaufrechnung wird also grundsätzlich auch bei Folgekonsolidierungen auf Basis der Wertansätze im Zeitpunkt der erstmaligen Konsolidierung vorgenommen.

Daneben handelt es sich um eine erfolgswirksame Kapitalkonsolidierung. Der echten angelsächsischen Methode liegt nämlich die Idee zugrunde, daß mit Entstehen des Konzernverhältnisses die einzelnen Vermögensgegenstände und Schulden des Tocherunternehmens vom Konzern erworben werden (vgl. IASC 1995, IAS 22.19; Harms/Küting, AG 1980, S. 96). Man findet daher auch die Bezeichnung Erwerbsmethode (englisch: purchase method) für diese Konsolidierungsmethode.

Die Erwerbsfiktion führt dazu, daß die einzelnen Vermögensgegenstände und Schulden weder bezüglich des Ansatzes noch der Bewertung unverändert aus dem Einzelabschluß des Tochterunternehmens übernommen werden können. Maßgebend sind vielmehr die fiktiven Anschaffungskosten der einzelnen Vermögensgegenstände und Schulden, die der Konzern im Zeitpunkt der Entstehung des Konzernverhältnisses hätte aufbringen müssen (vgl. Harms/Küting, AG 1980, S. 96; IASC 1995, IAS 22.32; Ordelheide, DB 1986, S. 493).

Insofern kommt es, einen ausreichend hohen aktivischen Unterschiedsbetrag aus der erstmaligen Kapitalkonsolidierung vorausgesetzt, zur Aufdeckung eventuell vorhandener stiller Reserven, was etwa bei abnutzbaren Vermögensgegenständen des Anlagevermögens in den Folgeperioden zu höheren Abschreibungen führt und bei Positionen des Umlaufvermögens höhere Materialaufwendungen oder Bestandsverminderungen bewirkt.

Denkbar ist freilich auch, daß der Buchwert einzelner Vermögensgegenstände höher bzw. der Buchwert einzelner Schulden niedriger als deren fiktive Anschaffungskosten ist. In diesem Fall beinhalten die betreffenden Positionen stille Lasten, die im Rahmen der Erwerbsmethode ebenfalls aufzudecken sind. Da stille Lasten nur selten auftreten, etwa bei Anwendung des gemilderten Niederstwertprinzips im Anlagevermögen oder beim zulässigen Verzicht auf die Passivierung von Pensionsrückstellungen, werden sie im folgenden vernachlässigt (zu Einzelheiten vgl. Weber/Zündorf in: Küting/Weber, Konzernrechnungslegung, § 301 Rn. 121-125).

Soweit ein aktivischer Unterschiedsbetrag einzelnen Vermögensgegenständen und Schulden nicht über die Aufdeckung stiller Reserven zugerechnet werden kann, entsteht ein Geschäftswert. Die Abschreibungen des Geschäftswerts und die erhöhten Aufwendungen wegen der Auflösung stiller Reserven führen dazu, daß sich diese Methode der Kapitalkonsolidierung auf den Konzernerfolg der Folgeperioden auswirkt.

Hinsichtlich der Aufdeckung stiller Reserven stellt sich bei bereits in der Einzelbilanz angesetzten Positionen die Frage, wieviel zum Buchwert zugeschrieben bzw. (bei Schulden) abgesetzt werden soll. Hierfür bedarf es der Definition eines Vergleichswertes, der dem Buchwert gegenübergestellt wird. Bei diesem Wert handelt es sich regelmäßig um den Tagesbeschaffungswert der Vermögensgegenstände und Schulden im Zeitpunkt der erstmaligen Konsolidierung (vgl. Müller, DBW 1977, S. 59; Ordelheide, DB 1986, S. 493). Nach § 301 Abs. 2 HGB möglich sind aber auch die Werte in dem Zeitpunkt, in dem die Anteile erworben wurden oder - bei sukzessivem Erwerb - in dem das Unternehmen Tochterunternehmen wurde.

Daneben kann die Aufdeckung stiller Reserven aus dem Ansatz von Vermögensgegenständen in der Konzernbilanz resultieren, die im Einzelabschluß nicht aktiviert werden. Dies betrifft z.B. vom Tochterunternehmen vor seiner Zugehörigkeit zum Konzern selbst geschaffene immaterielle Vermögensgegenstände, die im Einzelabschluß dem Aktivierungsverbot gem. § 248 Abs. 2 HGB unterliegen. Bei konsequenter Anwendung der Erwerbsfiktion werden solche (aus Sicht des Tochterunternehmens) originäre Posten durch den Konzern entgeltlich erworben, so daß sie (aus Konzernsicht) einen derivativen Charakter erhalten, was zu einer Ansatzpflicht führt (vgl. Ordelheide, DB 1986, S. 495; von Wysocki/Wohlgemuth, Konzernrechnungslegung, 1996, S. 100; aA Biener, DB Beilage 19/1983, S. 9).

Wie bereits angedeutet wurde, sind jedoch nicht alle beim Tochterunternehmen vorhandenen stillen Reserven aufdeckbar. Vielmehr sind nach dem auch für den Konzernabschluß gültigen Anschaffungswertprinzip stille Reserven nur bis zur Höhe der Differenz zwischen dem Beteiligungsbuchwert und dem anteiligen Eigenkapital des Tochterunternehmens aufdeckbar; ansonsten würden nicht bezahlte stille Reserven aufgedeckt werden, wie folgendes Beispiel zeigt:

Beispiel G.4: Begrenzung der aufdeckbaren stillen Reserven

Das Mutterunternehmen M erwirbt am 31.12.01 eine 100 %-Beteiligung am Tochterunternehmen T, das erstmals zum 31.12.01 in den Konzernabschluß von M einbezogen wird. Die Anschaffungskosten der Beteiligung betragen 1000 DM, das bilanzielle Eigenkapital von T 900 DM.

Der Einzelabschluß von T enthält folgende stille Reserven:

Position	Buchwert	Zeitwert	stille Reserven
Grundstück	100	250	150
Maschine	80	150	70
selbst entwickeltes und genutztes Patent	-	30	30

Der Gesamtbetrag der stillen Reserven beläuft sich auf 250 DM, über das bilanzielle Reinvermögen hinaus - und damit für die stillen Reserven und gegebenenfalls einen Geschäftswert - wurden aber nur (1000 - 900 =) 100 DM gezahlt.

Das Anschaffungswertprinzip läßt die Aufdeckung stiller Reserven nur bis zur Höhe des aktivischen Unterschiedsbetrags aus der Kapitalkonsolidierung - hier also bis zu 100 DM - zu (zu Besonderheiten bei der Neubewertungsmethode vgl. G.4.1.1.3.2).

Es kommt also zur "*Kontrolle dieser Fiktion* (des Einzelerwerbs, d.V.) *durch die faktischen Anschaffungskosten der Beteiligung*" (Ordelheide, DB 1986, S. 494).

Die Verteilung eines aktivischen Unterschiedsbetrags ist solange problemlos, wie der Unterschiedsbetrag den Gesamtbetrag der aufdeckungsfähigen stillen Reserven übersteigt. Die stillen Reserven werden in voller Höhe aufgedeckt, und der Rest des Unterschiedsbetrags erscheint als Geschäftswert in der Konzernbilanz.

Ein - vom Gesetzgeber nicht gelöstes - Problem ergibt sich dann, wenn der aktivische Unterschiedsbetrag kleiner ist als der Gesamtbetrag der aufdeckungsfähigen stillen Reserven, denn nun steht der Konzernbilanzersteller vor der Frage, welche stillen Reserven er aufdecken soll und welche nicht. Die materielle Bedeutung dieser Frage sei am obigen Beispiel G.4 verdeutlicht:

Es wird angenommen, daß ausgehend vom Zeitpunkt der Erstkonsolidierung der Wert des Grundstücks in Zukunft nicht unter 250 DM sinken wird und daß die Maschine und das Patent linear über 5 Jahre abgeschrieben werden.

Wird der Unterschiedsbetrag von 100 DM dem Grundstück zugerechnet, so hat dies zwar Auswirkungen auf die Vermögenslage - das Grundstück wird mit einem um 100 DM höheren Betrag ausgewiesen - die Ertragslage bleibt aber bis zum

Ausscheiden des Grundstücks unberührt, da die aufgedeckten stillen Reserven in den Folgeperioden nicht abgeschrieben werden.

Wird der Unterschiedsbetrag dagegen auf die Maschine und das Patent verteilt, so hat dies neben der Vermögenslage auch Auswirkungen auf die Ertragslage, denn die aufgedeckten stillen Reserven werden in den Folgeperioden mit den Vermögensgegenständen, denen sie zugerechnet wurden, abgeschrieben, so daß der Konzernerfolg jeweils um (100 : 5 =) 20 DM niedriger ausfällt.

Für die Verteilung eines zur vollständigen Aufdeckung aller stillen Reserven nicht ausreichenden Unterschiedsbetrags auf Vermögensgegenstände und Schulden stehen mehrere Verfahren zur Auswahl, die letztlich nur insoweit eingeschränkt werden, als willkürliche, nicht nachprüfbare Verteilungen verboten sind.

Im einzelnen können folgende Zuordnungskriterien als zulässig angesehen werden (vgl. Küting/Zündorf, BB 1985, S. 1306-1309):

- Bedeutung der stillen Reserven (hier werden zunächst, dem Grundsatz der Wesentlichkeit folgend, große Einzelbeträge aufgelöst),
- Bestimmtheit des Vorhandenseins stiller Reserven,
- proportionale Zuordnung (nach Buchwerten oder Zeitwerten),
- Liquidierbarkeit (hierunter fallen auch Auflösungsfolgefiktionen, z.B. Umlaufvermögen zuerst).

4.1.1.2 Die Methoden der erfolgswirksamen Erstkonsolidierung nach § 301 HGB bei 100 %-igen Beteiligungen

Der Gesetzgeber läßt die Durchführung der erfolgswirksamen Erstkonsolidierung nach zwei Methoden zu, nämlich

- nach der sogenannten Buchwertmethode gem. § 301 Abs. 1 Nr. 1 HGB oder
- nach der sogenannten Neubewertungsmethode gem. § 301 Abs. 1 Nr. 2 HGB.

Die Methoden werden zunächst anhand des einfachen Falls eines einstufigen Konzerns ohne Minderheitsbeteiligungen dargestellt.

4.1.1.2.1 Die Buchwertmethode

Der Buchwertmethode liegt die Idee zugrunde, daß zunächst die Vermögensgegenstände und Schulden aus dem konzerneinheitlich erstellten Einzelabschluß des Tocherunternehmens (Handelsbilanz II) unverändert mit ihren Buchwerten übernommen werden. Ein sich aus der Aufrechnung des so ermittelten anteiligen Eigenkapitals des Tochterunternehmens und des Beteiligungsbuchwerts ergebender aktivischer Unterschiedsbetrag wird anschließend - soweit möglich - auf Vermögensgegenstände und Schulden verteilt. Insofern ist der Begriff "*Buchwertmethode*" irreführend, da bei Aufdeckung stiller Reserven natürlich kein Ausweis zu ursprünglichen Buchwerten, sondern eine "*Neubewertung*" stattfindet.

Ein nach vollständiger Aufdeckung der stillen Reserven verbleibender aktivischer Unterschiedsbetrag erscheint als Geschäftswert in der Konzernbilanz. Entsteht ein passivischer Unterschiedsbetrag, d.h., ist im Zeitpunkt der erstmaligen Konsolidierung der Beteiligungsbuchwert kleiner als das anteilige Eigenkapital, so ist dieser gem. § 301 Abs. 3 HGB grundsätzlich auf der Passivseite der Konzernbilanz anzusetzen (vgl. G.4.1.1.6).

Bei dieser Vorgehensweise wird sichergestellt, daß stille Reserven nur maximal in Höhe des Unterschiedsbetrags aufgedeckt werden; das Anschaffungswertprinzip (vgl. G.4.1.1.1) bleibt also unverletzt.

Die Kapitalkonsolidierung nach der Buchwertmethode soll anhand des leicht modifizierten Beispiels G.1 verdeutlicht werden:

Beispiel G.5: Erstmalige Konsolidierung nach der Buchwertmethode

	M	T	Summe	Konsolidierung		Konzern
				Soll	Haben	
Übrige Aktiva	1250	450	1700			1700
[stille Reserven]	-	[100]	[100]	(2) 100		100
Geschäftswert	-	-	-	(2) 150		150
Beteiligung an T	500	-	500		(1) 500	-
Unterschiedsbetrag	-	-	-	(1) 250	(2) 250	-
Summe	1750	450	2200			1950
Gezeichnetes Kapital	600	150	750	(1) 150		600
Rücklagen	300	80	380	(1) 80		300
Jahresüberschuß	100	20	120	(1) 20		100
Fremdkapital	750	200	950			950
Summe	1750	450	2200	750	750	1950

Zunächst werden im Konsolidierungsschritt (1) der Beteiligungsbuchwert und das sich aus den - gegebenenfalls konzerneinheitlich angepaßten - Buchwerten des Einzelabschlusses des Tochterunternehmens ergebende Eigenkapital aufgerechnet, woraus ein aktivischer Unterschiedsbetrag in Höhe von (500 - (150+100) =) 250 DM resultiert.

Danach wird im Schritt (2) der Unterschiedsbetrag in Höhe der stillen Reserven (100 DM) auf die Vermögensgegenstände des Tochterunternehmens verteilt. Im

Beispiel werden die aufgedeckten stillen Reserven gesondert in der Konzernbilanz ausgewiesen, um die Wirkungen der Methode zu verdeutlichen; tatsächlich findet kein gesonderter Ausweis, sondern eine Zuschreibung zu den betreffenden Aktivpositionen statt. Der verbleibende Betrag von (250 - 100 =) 150 DM wird als Geschäftswert aktiviert.

Die Erfolgswirksamkeit der Kapitalkonsolidierung wird erst bei der Folgekonsolidierung zum 31.12.02 deutlich, weil hier wie in allen folgenden Beispielen angenommen wird, daß der Geschäftswert entsprechend der überwiegenden Praxis erst im "*folgenden Geschäftsjahr*" abgeschrieben wird, obwohl er auch im Jahr der erstmaligen Konsolidierung bereits abgeschrieben werden darf (vgl. G.4.1.1.6).

Im Beispiel für das Folgejahr wird unterstellt, daß der Jahresüberschuß aus dem ersten Jahr von 20 DM in voller Höhe in die Rücklagen des Tochterunternehmens eingestellt wurde (anderenfalls käme es zu Problemen, vgl. Weber/Zündorf in: Küting/Weber, Konzernrechnungslegung, § 301 Rn. 176). Der beim Tochterunternehmen im Folgejahr erwirtschaftete Jahresüberschuß von 140 DM sei noch nicht verwendet worden. Das Mutterunternehmen habe hingegen den Jahresüberschuß des ersten Jahres voll ausgeschüttet und im Folgejahr wiederum einen, noch nicht verwendeten, Jahresüberschuß von 100 DM erzielt.

Schließlich wird angenommen, daß der Geschäftswert über 15 Jahre linear abgeschrieben wird und daß die stillen Reserven folgende Vermögensgegenstände betreffen:

- 40 DM für Grundstücke, die keiner Abschreibung unterliegen und
- 60 DM für eine Maschine, die bei einer Restnutzungsdauer von 3 Jahren linear abgeschrieben wird.

Die Schritte (1) und (2) entsprechen, dem Prinzip der Erstkonsolidierung folgend, denen des Jahres 01 (dem Zeitpunkt der erstmaligen Konsolidierung), nur werden die Beträge von 80 DM (Rücklagen) und 20 DM (Jahresüberschuß) gemäß der Verwendung des Jahresüberschusses aus der Vorperiode zur neuen Korrektur der Rücklagen von 100 DM zusammengefaßt.

Da für die ersten beiden Schritte der Kapitalkonsolidierung die Wertansätze zum Zeitpunkt der erstmaligen Konsolidierung maßgebend sind, werden im T-Abschluß die historischen stillen Reserven zu diesem Zeitpunkt gezeigt. Inzwischen aufgelöste Beträge werden in den Konsolidierungsbuchungen sichtbar, während neu entstandene stille Reserven auch bei erfolgswirksamer Kapitalkonsolidierung unberücksichtigt bleiben.

Beispiel G.6: Folgekonsolidierung nach der Buchwertmethode

	M	T	Summe	Konsolidierung Soll	Konsolidierung Haben	Konzern
Übrige Aktiva	1250	590	1840			1840
[stille Reserven]	-	[100]	[100]	(2) 100	(3) 20	80
Geschäftswert	-	-	-	(2) 150	(3) 10	140
Beteiligung an T	500	-	500		(1) 500	-
Unterschiedsbetrag	-	-	-	(1) 250	(2) 250	-
Summe	1750	590	2340			2060
Gezeichnetes Kapital	600	150	750	(1) 150		600
Rücklagen	300	100	400	(1) 100		300
Jahresüberschuß	100	140	240	(3) 30		210
Fremdkapital	750	200	950			950
Summe	1750	590	2340	780	780	2060

Im erfolgswirksamen Konsolidierungsschritt (3) werden die Abschreibungen auf die stillen Reserven (1/3 von 60 = 20 DM) und auf den Geschäftswert (1/15 von 150 = 10 DM) von den entsprechenden Posten der Konzernbilanz abgesetzt. Der Gesamtbetrag der zusätzlichen Abschreibungen von (20 + 10 =) 30 DM mindert den im Konzernabschluß ausgewiesenen Jahresüberschuß.

4.1.1.2.2 Die (begrenzte) Neubewertungsmethode

Bei der sogenannten Neubewertungsmethode werden schon im Rahmen der Erstellung der Handelsbilanz II (vgl. Weber/Zündorf in: Küting/Weber, Konzernrechnungslegung, § 301 Rn. 12) oder in unmittelbarem Anschluß daran vor der Summenbildung und Konsolidierung in der Bilanz des Tochterunternehmens vorhandene stille Reserven aufgedeckt (Handelsbilanz III).

Die neubewertete Bilanz des Tochterunternehmens wird in den Beispielen unten durch TN gekennzeichnet.

Da aber auch für diese Methode das Anschaffungswertprinzip gilt, dürfen gem. § 301 Abs. 1 S. 4 HGB stille Reserven nur soweit aufgedeckt werden, als das durch die Aufdeckung vergrößerte anteilige Eigenkapital den Beteiligungsbuchwert beim Mutterunternehmen nicht übersteigt. Insofern ist die Neubewertung nach oben begrenzt.

Ein nicht durch Neubewertung aufzufangender aktivischer Unterschiedsbetrag erscheint als Geschäftswert in der Konzernbilanz.

Wenn die Neubewertungsmethode nicht auf ein Probierverfahren gestützt werden soll, empfiehlt es sich, auch hier den Weg der Logik zu gehen und im Rahmen einer Nebenrechnung zunächst den Beteiligungsbuchwert mit dem konsolidierungspflichtigen Eigenkapital vor Neubewertung zu vergleichen. Wenn am Tochterunternehmen keine Minderheiten beteiligt sind, dürfen dann im Rahmen der Neubewertung stille Reserven bis zur Höhe der aktivischen Differenz aufgedeckt werden. Neubewertungs- und Buchwertmethode stimmen somit letztlich überein.

Die These, daß beide Methoden für den Fall, daß keine Minderheiten am Kapital des Tochterunternehmens beteiligt sind, zur gleichen Konzernbilanz führen, kann auf der Grundlage des Beispiels G.5 zur Buchwertmethode gezeigt werden.

Beispiel G.7: Erstmalige Konsolidierung nach der Neubewertungsmethode

	M	T	TN	Summe	Konsolidierung		Konzern
					Soll	Haben	
Übrige Aktiva	1250	450	450	1700			1700
[stille Reserven]	-	[100]	100	100			100
Geschäftswert	-	-	-	-	(2) 150		150
Beteiligung an T	500	-	-	500		(1) 500	-
Unterschiedsbetrag	-	-	-	-	(1) 150	(2) 150	-
Summe	1750	450	550	2300			1950
Gezeichnetes Kapital	600	150	150	750	(1) 150		600
Rücklagen	300	80	180[1]	480	(1) 180		300
Jahresüberschuß	100	20	20	120	(1) 20		100
Fremdkapital	750	200	200	950			950
Summe	1750	450	550	2300	650	650	1950

[1] einschließlich "Neubewertungsrücklage" aus der Aufdeckung stiller Reserven

Aus den ersten Buchungen im Rahmen der Buchwertmethode ist bekannt, daß die Differenz aus Beteiligungsbuchwert und anteiligem Eigenkapital vor Neubewertung 250 DM beträgt. Demzufolge dürfen im Rahmen der Neubewertung alle stillen Reserven aufgedeckt werden, da sie mit 100 DM kleiner als 250 DM sind. Der verbleibende Unterschiedsbetrag von 150 DM wird im Rahmen der Konsolidierung sichtbar und in voller Höhe als Geschäftswert ausgewiesen.

4.1.1.3 Kapitalkonsolidierung bei Vorhandensein von Minderheiten

Bisher wurden die Grundzüge der Methoden der Kapitalkonsolidierung für den Fall einer 100 %-Beteiligung des Mutterunternehmens am Kapital des Tochterunternehmens dargestellt. Häufig tritt jedoch der Fall auf, daß neben dem Mutterunternehmen auch "*andere Gesellschafter*" (so § 307 HGB), in diesem Buch meist als "*Minderheiten*" bezeichnet, am Kapital des Tochterunternehmens beteiligt sind. Hinsichtlich der Übernahme der Vermögensgegenstände und Schulden des Tochterunternehmens in die Konzernbilanz hat das Vorhandensein von Minderheiten bei Vollkonsolidierung keine Konsequenzen: Vermögensgegenstände und Schulden werden entsprechend der Fiktion des Konzerns als wirtschaftliche Einheit voll (und nicht etwa anteilig gemäß dem Kapitalanteil des Mutterunternehmens) übernommen.

Würden Beteiligungsbuchwert und Eigenkapital des Tochterunternehmens wie bei einer 100 %-Beteiligung aufgerechnet, so würden mit der nur anteiligen Beteiligung und dem vollen Eigenkapital zwei nicht vergleichbare Größen gegenübergestellt. Es ist daher nur das anteilige, d.h. dem Beteiligungsprozentsatz des Mutterunternehmens entsprechende Eigenkapital gegen den Beteiligungsbuchwert aufzurechnen.

Der auf die Minderheiten entfallende Anteil des Eigenkapitals des Tochterunternehmens, der Minderheitenanteil, wird dagegen nicht aus dem Konzernabschluß eliminiert. Dieser Betrag darf allerdings nicht unverändert in die Konzernbilanz übernommen werden, da für den Posten "*Eigenkapital des Tochterunternehmens*" in einem auf der Fiktion einer wirtschaftlichen Einheit beruhenden Abschluß kein Platz ist. Aus diesem Grund wird das auf die Minderheiten entfallende Eigenkapital des Tochterunternehmens im Konzernabschluß unter "*Anteile anderer Gesellschafter*", "*Ausgleichsposten für Anteile anderer Gesellschafter*" oder "*Anteile außenstehender Gesellschafter*" ausgewiesen, obwohl diese Vorgehensweise - wie die Existenz von Minderheiten - mit der Einheitstheorie unvereinbar ist.

4.1.1.3.1 Die Buchwertmethode bei Vorhandensein von Minderheiten

Die Kapitalkonsolidierung bei Vorhandensein von Minderheiten nach der Buchwertmethode soll anhand des modifizierten Beispiels G.5 (vgl. G.4.1.1.2.1) verdeutlicht werden:

Zunächst wird nun angenommen, daß M zu 90 % an T beteiligt ist. Der Buchwert der Beteiligung an T betrage nun 450 DM, wobei die Differenz gegenüber dem obigen Beispiel von 50 DM in andere Aktiva investiert wurde, wodurch die übrigen Aktiva von M nun einen Buchwert von 1300 DM aufweisen. Auf der Passivseite von M sowie in der T-Bilanz ergeben sich keine Veränderungen zum obigen Beispiel.

Beispiel G.8: Erstmalige Konsolidierung nach der Buchwertmethode bei Vorhandensein von Minderheiten

	M	T	Summe	Konsolidierung Soll	Konsolidierung Haben	Konzern
Übrige Aktiva	1300	450	1750			1750
[stille Reserven]	-	[100]	[100]	(2) 90		90
Geschäftswert	-	-	-	(2) 135		135
Beteiligung an T	450	-	450		(1) 450	-
Unterschiedsbetrag	-	-	-	(1) 225	(2) 225	-
Summe	1750	450	2200			1975
Gezeichnetes Kapital	600	150	750	(1) 135 (3) 15		600
Rücklagen	300	80	380	(1) 72 (3) 8		300
Jahresüberschuß	100	20	120	(1) 18 (3) 2		100
Minderheiten	-	-	-		(3) 25	25
Fremdkapital	750	200	950			950
Summe	1750	450	2200	700	700	1975

Die Konsolidierungsschritte (1) und (2) erfolgen analog zum obigen Beispiel. Allerdings werden unter (1) nur 90 % der Eigenkapitalpositionen konsolidiert. Beim zweiten Schritt ist zu beachten, daß die Buchwertmethode nur die Aufdeckung stiller Reserven in Höhe der Beteiligungsquote des Mutterunternehmens zuläßt, hier also (90 % von 100 =) 90 DM.

Die auf die Minderheiten entfallenden stillen Reserven (10 % von 100 = 10 DM) werden nicht aufgedeckt, da dies dem Wortlaut des § 307 Abs. 1 Satz 2 HGB widerspräche und das Wahlrecht zwischen Buchwert- und Neubewertungsmethode sinnlos machen würde, wie die Ausführungen zur Neubewertungsmethode bei Vorhandensein von Minderheiten zeigen werden (vgl. Schindler, WPg 1986, S. 589).

Der mit Hinweis auf die Einheitstheorie vertretenen Ansicht, daß auch bei Anwendung der Buchwertmethode die auf die Minderheiten entfallenden stillen Reserven aufgedeckt werden dürften, wird hier nicht gefolgt (vgl. von Wysocki, WPg 1986, S. 180; von Wysocki/Wohlgemuth, Konzernrechnungslegung, 1996, S. 119 f.). Es erscheint nicht realistisch, daß im Kaufpreis des Mutterunternehmens für seine Beteiligung - und hieraus ergibt sich der bei der Buchwertmethode für die Aufdeckung stiller Reserven zur Verfügung stehende aktivische Unterschiedsbetrag - die auf die Minderheiten entfallenden stillen Reserven enthalten sind (vgl. WP-Handbuch, Band I, M Tz. 337; ADS, 6. Aufl., § 301 Tz. 76 f.; eine andere Beurteilung ergibt sich für indirekt auf Minderheiten entfallende stille Reserven, vgl. G. 4.1.1.4.1).

Aus diesem Grund ist auch die sogenannte Zuteilungsmethode (vgl. Ordelheide in Beck HdR, C 401, Rz 50-52) abzulehnen. Danach können stille Reserven über den Konzernanteil hinaus aufgedeckt werden, sofern ein aktivischer Unterschiedsbetrag in ausreichender Höhe vorhanden ist. Dies führt aber nicht zu einer Erhöhung des Minderheitenanteils, sondern zu einer Reduzierung des Geschäftswerts (im Beispiel würden stille Reserven in Höhe von 100 DM aufgedeckt, der Geschäftswert auf 125 DM reduziert und der Minderheitenanteil weiterhin mit 25 DM ausgewiesen).

Im Schritt (3) wird der auf die Minderheiten entfallende Teil des Eigenkapitals des Tochterunternehmens (10 % von (150+80+20) = 25 DM) umgebucht.

Die Folgekonsolidierung im Jahr 02 zeigt die Fortsetzung des Beispiels:

Die Konsolidierungsschritte (1) und (2) entsprechen auch hier denen bei der erstmaligen Konsolidierung. Allerdings werden wieder die Beträge von 72 DM (Rücklagen) und 18 DM (Jahresüberschuß) gemäß der Verwendung des Jahresüberschusses des Vorjahres zur neuen Korrektur der Rücklagen von 90 DM zusammengefaßt.

Beim Schritt (3) ist zu beachten, daß hier im Gegensatz zum Fall ohne Minderheiten nur noch 90 % der stillen Reserven aufgedeckt wurden, so daß die stillen Reserven der Maschine (90 % von 60 = 54 DM) zu Abschreibungen in Höhe von (1/3 von 54 =) 18 DM führen. Die Geschäftswertabschreibung beträgt hier (1/15 von 135 =) 9 DM.

Der Minderheitenanteil wird im Schritt (4) auf Basis des anteiligen Eigenkapitals des Tochterunternehmens im Zeitpunkt der Folgekonsolidierung (10 % von (150+100+140) = 39 DM) ermittelt, so daß er zusätzlich zum Minderheitenanteil bei der Erstkonsolidierung (25 DM) auch anteilig den im Jahr 02 erzielten Jahresüberschuß von T (10 % von 140 = 14 DM) enthält.

Beispiel G.9: Folgekonsolidierung nach der Buchwertmethode bei Vorhandensein von Minderheiten

	M	T	Summe	Konsolidierung Soll	Konsolidierung Haben	Konzern
Übrige Aktiva	1300	590	1890			1890
[stille Reserven]	-	[100]	[100]	(2) 90	(3) 18	72
Geschäftswert	-	-	-	(2) 135	(3) 9	126
Beteiligung an T	450	-	450		(1) 450	-
Unterschiedsbetrag	-	-	-	(1) 225	(2) 225	-
Summe	1750	590	2340			2088
Gezeichnetes Kapital	600	150	750	(1) 135 (4) 15		600
Rücklagen	300	100	400	(1) 90 (4) 10		300
Jahresüberschuß	100	140	240	(3) 27 (4) 14		199
Minderheiten	-	-	-		(4) 39	39
Fremdkapital	750	200	950			950
Summe	1750	590	2340	741	741	2088

4.1.1.3.2 Die Neubewertungsmethode bei Vorhandensein von Minderheiten

Auch bei Vorhandensein von Minderheiten empfiehlt sich als Basis der Neubewertung eine Nebenrechnung, bei der die Differenz zwischen Beteiligungsbuchwert und anteiligem Eigenkapital vor Neubewertung, also entsprechend der Buchwertmethode, errechnet wird. Wie im Fall ohne Minderheiten dürfen im Rahmen der Neubewertung stille Reserven nur aufgedeckt werden, wenn diese Differenz positiv ist.

Allerdings dürfen mehr stille Reserven als bei der Buchwertmethode aufgedeckt werden. Die Differenz ist nämlich im Fall von Minderheiten durch die Beteiligungsquote a des Mutterunternehmens am Tochterunternehmen ($0 < a < 1$) zu dividieren, um die Grenze zu erhalten (diese Grenze ist nicht unumstritten, vgl. Reige, BB 1987, S. 1212; Weber/Zündorf in: Küting/Weber, Konzernrechnungslegung, § 307 Rn. 9). Damit werden - dem Wortlaut des § 307 Abs. 1 S. 2 HGB folgend - auch die um den Anteil der Minderheiten hochgerechneten stillen Reserven aufgedeckt (vgl. Küting/Zündorf, BB 1985, S. 1169 f.; Schindler, WPg 1986, S. 590; Ordelheide, DB 1986, S. 499). Bei der Neubewertungsmethode wird also unterstellt, daß die Minderheiten im Zeitpunkt der erstmaligen Konsolidierung einen Preis für die Anteile gezahlt haben, der ihrem Anteil am konsolidierungspflichtigen Kapital und an den aufgedeckten stillen Reserven entspricht.

Der eventuell verbleibende, nur aus der Konsolidierung des Mehrheitsanteils entstehende Geschäftswert wird dagegen nach herrschender Meinung nicht auch um den Minderheitenanteil hochgerechnet. Dies erscheint zwar inkonsequent (vgl. Weber/Zündorf in: Küting/Weber, Konzernrechnungslegung, § 307 Rn. 9), entspricht aber dem Wortlaut des § 307 Abs. 1 S. 2 HGB.

Am Zahlenbeispiel wird die Vorgehensweise der Neubewertungsmethode deutlich:

Beispiel G.10: Erstmalige Konsolidierung nach der Neubewertungsmethode bei Vorhandensein von Minderheiten

	M	T	TN	Summe	Konsolidierung		Konzern
					Soll	Haben	
Übrige Aktiva	1300	450	450	1750			1750
[stille Reserven]	-	[100]	100	100			100
Geschäftswert	-	-	-	-	(2) 135		135
Beteiligung an T	450	-	-	450		(1) 450	-
Unterschiedsbetrag	-	-	-	-	(1) 135	(2) 135	-
Summe	1750	450	550	2300			1985
Gezeichnetes Kapital	600	150	150	750	(1) 135 (3) 15		600
Rücklagen	300	80	180[1]	480	(1) 162 (3) 18		300
Jahresüberschuß	100	20	20	120	(1) 18 (3) 2		100
Minderheiten	-	-	-	-		(3) 35	35
Fremdkapital	750	200	200	950			950
Summe	1750	450	550	2300	620	620	1985

[1] einschließlich "Neubewertungsrücklage" aus der Aufdeckung stiller Reserven

Im Beispiel beträgt das anteilige Eigenkapital vor Neubewertung (0,9 · (150+80+20)) = 225 DM, so daß entsprechend der beschriebenen Formel stille Reserven bis zur Höhe von ((450 - 225) : 0,9) = 250 DM aufgedeckt werden dürfen. Da nur stille Reserven in Höhe von 100 DM vorhanden sind, werden diese im Rahmen der Neubewertung (Spalte TN) voll aufgedeckt.

Im ersten Konsolidierungsschritt wird der Beteiligungsbuchwert mit dem um die anteiligen stillen Reserven (90 % von 100 = 90 DM) erhöhten, neubewerteten anteiligen Eigenkapital aufgerechnet. Dies führt zu einem gegenüber der Buchwertmethode niedrigeren Unterschiedsbetrag, der im zweiten Schritt allerdings vollständig in die Position Geschäftswert umgebucht wird, so daß der Geschäftswert bei beiden Methoden wieder gleich groß ist.

Im Konsolidierungsschritt (3) wird das auf die Minderheiten entfallende Eigenkapital in den Minderheitenanteil umgebucht. Dieser enthält verglichen mit der Buchwertmethode zusätzlich die auf die Minderheiten entfallenden, bei der Erstellung der Bilanz TN aufgedeckten stillen Reserven in Höhe von (10 % von 100 =) 10 DM.

Beispiel G.11: Folgekonsolidierung nach der Neubewertungsmethode bei Vorhandensein von Minderheiten

	M	T	TN	Summe	Konsolidierung Soll	Konsolidierung Haben	Konzern
Übrige Aktiva	1300	590	590	1890			1890
	-	[100]	100	100		(3) 18	80
						(5) 2	
Geschäftswert	-	-	-	-	(2) 135	(3) 9	126
Beteiligung an T	450	-	-	450		(1) 450	-
Unterschiedsbetrag	-	-	-	-	(1) 135	(2) 135	-
Summe	1750	590	690	2440			2096
Gezeichnetes Kapital	600	150	150	750	(1) 135		
					(4) 15		600
Rücklagen	300	100	200[1]	500	(1) 180		
					(4) 20		300
Jahresüberschuß	100	140	140	240	(3) 27		
					(4) 14		199
Minderheiten	-	-	-	-	(5) 2	(4) 49	47
Fremdkapital	750	200	200	950			950
Summe	1750	590	690	2440	663	663	2096

[1] einschließlich "Neubewertungsrücklage" aus der Aufdeckung stiller Reserven

Die Schritte (1) und (2) der Folgekonsolidierung zum 31.12.02 entsprechen denen der Erstkonsolidierung, wobei nur erneut die Beträge von 162 DM (Rücklage) und 18 DM (Jahresüberschuß) zu 180 DM (Rücklage) zusammengefaßt wurden. Hinsichtlich des Schrittes (3) kann auf das Beispiel zur Buchwertmethode (vgl. G.4.1.1.3.1) verwiesen werden.

Bei der Ermittlung des Minderheitenanteils am Eigenkapital im Schritt (4) ist zu beachten, daß der Anteil an den Rücklagen sowohl die anteiligen stillen Reserven (10 % von 100 = 10 DM) als auch den anteiligen im Geschäftsjahr erzielten Jahresüberschuß des Tochterunternehmens (10 % von 140 = 14 DM) enthält.

Schritt (5) zeigt die Abschreibung der auf die Minderheiten entfallenden stillen Reserven, soweit sie die Maschine betreffen (10 % von 60 = 6 DM), was zu einer Verringerung des Minderheitenanteils am Jahresüberschuß um (1/3 von 6 =) 2 DM führt. Es existieren freilich auch andere Möglichkeiten der Behandlung der auf die Minderheiten entfallenden stillen Reserven im Rahmen der Folgekonsolidierung (vgl. Weber/Zündorf in: Küting/Weber, Konzernrechnungslegung, § 307 Rn. 9). Danach ist auch möglich, die gesamten Erfolgswirkungen dem Konzernanteil zuzuordnen, was nicht nur der Vereinfachung, sondern auch der Erfolgsbeeinflussung dienen kann.

4.1.1.4 Kapitalkonsolidierung im mehrstufigen Konzern

Ein mehrstufiger Konzern liegt dann vor, wenn ein Tochterunternehmen selbst wiederum Mutterunternehmen eines Unternehmens (Enkelunternehmen) ist, wie dies in folgender Beteiligungsstruktur zum Ausdruck kommt:

$$M \xrightarrow{60\,\%} T \xrightarrow{80\,\%} E$$

Schaubild G.2: Beteiligungsstruktur eines mehrstufigen Konzerns

Das Mutterunternehmen M hält 60 % der Anteile des Tochterunternehmens T und T hält 80 % der Anteile des Enkelunternehmens E.

Selbstverständlich kann auch das Enkelunternehmen seinerseits wieder Mutterunternehmen sein. Aus Gründen der Übersichtlichkeit beschränken sich die nachfolgenden Ausführungen jedoch auf den Fall eines zweistufigen Konzerns.

Für die Konsolidierung mehrstufiger Konzerne stehen grundsätzlich zwei Verfahren zur Verfügung, nämlich

- die Kettenkonsolidierung und
- die Simultankonsolidierung.

4.1.1.4.1 Die Kettenkonsolidierung

Bei der Kettenkonsolidierung wird, ausgehend von der am weitesten von der Konzernmutter entfernten Teilkonzernmutter (im Beispiel T) und deren Tochtergesellschaft(en) (im Beispiel E), ein Teilkonzernabschluß der untersten Stufe - ggf. auch mehrere - aufgestellt. Dieser wird Stufe für Stufe um die jeweils nächsthöhere (Teil-)Konzernmutter erweitert, bis am Ende die Konzernmutter und alle zu konsolidierenden Tochterunternehmen einbezogen sind. Man erhält so für jede Stufe einen Teilkonzernabschluß und im letzten Schritt auf der obersten Stufe den Konzernabschluß.

Anders als im einstufigen ist im mehrstufigen Konzern unsicher, ob die direkten Beteiligungsquoten der Konzernunternehmen aneinander als Grundlage der Konsolidierung herangezogen werden können. Es besteht die Gefahr, daß die indirekten Anteile der Minderheiten nicht zutreffend berücksichtigt werden (im Beispiel die indirekten Anteile der an T beteiligten Minderheiten an E, also 40% · 80% = 32%).

Bei einer eingehenden Analyse stellt sich allerdings heraus, daß die Aufrechnung von Beteiligungsbuchwert und anteiligem Kapital auf Vorstufen auf der jeweils nächsten Stufe nur anteilig berücksichtigt wird, so daß trotz der Beschränkung auf die direkten Anteile die indirekten richtig zum Tragen kommen (vgl. Ewert/Schenk, BB Beilage 14/1993, S. 3 Gleichung (7)). Ansätze - wie etwa die Konsolidierung auf Basis des Bruttokapitals - bei denen indirekte Minderheitenanteile explizit zusätzlich berücksichtigt werden, führen demgegenüber zur verfälschenden Doppelberücksichtigung von indirekten Minderheitenanteilen (vgl. ebenda, Gleichung (8)).

Im Rahmen der erfolgswirksamen Konsolidierung droht - vor allem bei der Buchwertmethode, hinsichtlich des Geschäftswerts auch bei der Neubewertungsmethode - ein zweites Problem.

Bei Anwendung der Buchwertmethode werden auf jeder Stufe in Höhe der aktivischen Differenz zwischen Beteiligungsbuchwert und anteiligem Kapital gemäß direkter Beteiligungsquote stille Reserven aufgedeckt und ggf. ein Geschäftswert angesetzt. Auf der nächsten Stufe aber können an der Teilkonzernmutter der Vorstufe Minderheiten beteiligt sein (im Beispiel halten Minderheiten einen Anteil von 40% an T).

Es läßt sich darüber streiten, ob in Höhe des Minderheitenanteils an Teilkonzernmüttern Unterschiedsbeträge auf der nächsten Stufe zur Aufdeckung stiller Reserven bzw. zur Bildung entsprechender Geschäftswerte führen dürfen oder nicht (bejahend z.B. Weber/Zündorf in: Küting/Weber, Konzernrechnungslegung, § 301 Rn. 244; ablehnend z.B. ADS, 6. Aufl., § 301 Tz. 222 u. 227-231).

Nach dem Grundprinzip der Buchwertmethode werden die auf Minderheiten entfallenden stillen Reserven nicht aufgedeckt (vgl. Kapitel 4.1.1.3.1). Dieses Prinzip wäre auch auf die indirekten Anteile an stillen Reserven und Geschäftswerten zu übertragen. Allerdings hat die Teilkonzernmutter, an der Minderheiten beteiligt sind, im Beteiligungskaufpreis die auf der Vorstufe aufgedeckten anteiligen stillen Reserven und den Geschäftswert effektiv vergütet. Speziell gemäß der vielgeachteten Einheitstheorie müßten diese stillen Reserven und Geschäftswertanteile im Minderheitenanteil erfaßt werden. Für beide Standpunkte gibt es also gute Argumente.

Den dargelegten Gründen folgend wird die Kettenkonsolidierung im folgenden Beispiel auf Basis der direkten Beteiligungsquoten erläutert. Das gewählte Verfahren der additiven Kapitalkonsolidierung führt dazu, daß auch die auf die an T beteiligte Minderheit von 40% entfallenden stillen Reserven bei E aufgedeckt werden.

Soll nach strenger Auslegung der Buchwertmethode die Aufdeckung stiller Reserven für Minderheiten vermieden werden, müßten diese zunächst aufgedeckten stillen Reserven unter Verringerung des Minderheitenanteils wieder aus dem Konzernabschluß herausgerechnet werden. Die entsprechende Korrekturbuchung (vgl. Ewert/Schenk, BB Beilage 14/1993, S. 6) wird nur im Rahmen der Erläuterung des Zahlenbeispiels zur Buchwertmethode angegeben. In der Tabelle des Beispiels G.12 werden die stillen Reserven einschließlich des indirekten Minderheitenanteils und damit ohne diese Korrekturbuchung ausgewiesen.

Bei Anwendung der Neubewertungsmethode wird die beschriebene Problematik zwar in bezug auf die stillen Reserven vermieden, da hier grundsätzlich auch die auf Minderheiten entfallenden stillen Reserven aufzudecken sind. Bestehen bleibt das Problem aber hinsichtlich eines verbleibenden Geschäftswerts, so daß insoweit auch im Rahmen der Neubewertungsmethode Korrekturbuchungen erforderlich würden.

Gänzlich verzichtet werden kann schließlich auf die Korrekturbuchungen, wenn auf Basis des Nettokapitals konsolidiert wird. Dieses Verfahren wird - anhand der Buchwertmethode - an späterer Stelle im Beispiel G.14 vorgestellt.

Dem angekündigten Beispiel zur Kettenkonsolidierung liegt ein zweistufiger Konzern mit Beteiligungsverhältnissen wie im Schaubild G.2 zugrunde, nur ist zusätzlich M noch direkt mit 20% an E beteiligt. Zunächst wird die Kettenkonsolidierung anhand der Buchwertmethode mit Aufdeckung der indirekt auf Minderheiten entfallenden stillen Reserven gezeigt.

Die Konsolidierung auf der Stufe T-E erfolgt entsprechend dem Beispiel G.8 (vgl. G.4.1.1.3.1). Zu beachten ist, daß hier der Unterschiedsbetrag von (220 - (60+100+15) · 80 % =) 80 DM kleiner als die auf T entfallenden stillen Reserven in Höhe von (80 % von 125 =) 100 DM ist, so daß die stillen Reserven nur in Höhe von 80 DM aufgedeckt werden.

Die Schritte (1a) und (3a) zeigen die Konsolidierung von M und T-E. Im Schritt (1a) resultiert aus der Kapitalaufrechnung ein negativer (bzw. passivischer) Unterschiedsbetrag in Höhe von (110 - (100+90+10) · 60 % =) - 10 DM, der auch als solcher in der Konzernbilanz erscheint (zur weiteren Behandlung passivischer Unterschiedsbeträge vgl. G.4.1.1.6).

Beispiel G.12: Kettenkonsolidierung nach der Buchwertmethode

	T	E	Konsolidierung		T-E	M	Konsolidierung		Konzern
			Soll	Haben			Soll	Haben	
Übrige Aktiva	180	350			530	1600			2130
[stille Reserven]	[80]	[125]	(2) 80		80	-	(2b) 5		85
Geschäftswert	-	-			-	-			-
Beteilig. MT	-	-			-	110		(1a)110	-
Beteilig. ME	-	-			-	40		(1b) 40	-
Beteilig. TE	220	-		(1)220	-	-			-
Unterschiedsbetrag	-	-	(1) 80	(2) 80	-	-	(1b) 5	(2b) 5	-
Summe	400	350			610	1750			2215
Gezeichnetes Kapital	100	60	(1) 48 (3) 12		100	600	(1a) 60 (3a) 40		600
Rücklagen	90	100	(1) 80 (3) 20		90	350	(1a) 54 (3a) 36		350
Jahresüberschuß	10	15	(1) 12 (3) 3		10	50	(1a) 6 (3a) 4		50
Minderheiten	-	-		(3) 35	35	-	(1b) 35	(3a) 80	80
Unterschiedsbetrag	-	-			-	-		(1a) 10	10
Fremdkapital	200	175			375	750			1125
Summe	400	350	335	335	610	1750	245	245	2215

Die Ermittlung des Minderheitenanteils im Schritt (3a) wird von der Tatsache, daß ein passivischer Unterschiedsbetrag entsteht, nicht berührt: Als Minderheitenanteil ist bei der Buchwertmethode immer der Anteil der konzernfremden Gesellschafter am bilanziellen Eigenkapital (gegebenenfalls laut Handelsbilanz II) des Tochterunternehmens auszuweisen.

Im Schritt (1b) wird der Buchwert der Beteiligung von M an E mit dem auf M entfallenden Eigenkapital von E aufgerechnet. Da letzteres bei der Konsolidierung von T und E als Minderheitenanteil ausgewiesen wurde - vgl. Schritt (3) - ist die Sollbuchung auch beim Minderheitenanteil vorzunehmen.

Der Unterschiedsbetrag in Höhe von (40 - 35 =) 5 DM wird im Schritt (2b) zur Aufdeckung in den Aktiva von E enthaltener stiller Reserven verwendet.

Sollen die indirekt auf Minderheiten entfallenden stillen Reserven im Konzernabschluß nicht offen ausgewiesen werden (strenge Buchwertmethode), müssen sie durch eine zusätzliche Konsolidierungsbuchung per Minderheitenanteil an stille Reserven (0,4 · 80 =) 32 eliminiert werden. Dadurch vermindern sich die aufgedeckten stillen Reserven auf (48 + 5 =) 53, der Minderheitenanteil auf 48 und die Bilanzsumme auf 2183.

Bei der Fortführung des Beispiels anhand der Neubewertungsmethode werden die Bilanzen von E (EN) und des Teilkonzerns T-E (T-EN) jeweils nach Aufdeckung stiller Reserven gezeigt.

Die in den Schritten (1) bis (3) durchgeführte Konsolidierung auf der Stufe T-E entspricht der des Beispiels G.10 (vgl. G.4.1.1.3.2).

Zu erläutern ist hier die Aufdeckung stiller Reserven in Höhe von (nur) 25 DM, wovon 20 DM auf T und 5 DM auf M entfallen:

Wie bereits erläutert (vgl. G.4.1.1.3.2), verknüpft der Gesetzgeber die auf das Mutterunternehmen und die auf die Minderheiten entfallenden aufdeckbaren stillen Reserven miteinander: Die auf die Minderheiten entfallenden stillen Reserven werden im gleichen Umfang aufgedeckt, wie die auf das Mutterunternehmen entfallenden stillen Reserven. Im folgenden Beispiel ist T nun einerseits Mehrheitsgesellschafter von E. Andererseits sind die von M gehaltenen Kapitalanteile an E, die bei der Konsolidierung von T und E zunächst Minderheitsanteile darstellen, bei der späteren Konsolidierung von M mit dem Teilkonzern aus T und E gegen den vorläufigen Minderheitenanteil im Teilkonzernabschluß aufzurechnen. Soll bei beiden Konsolidierungsschritten nicht gegen das Anschaffungswertprinzip verstoßen werden, so ergeben sich zwei Beschränkungen für die bei E aufdeckungsfähigen stillen Reserven:

Einerseits resultiert aus dem Beteiligungsbuchwert von 220 DM bei T für eine Beteiligung von 80 % an E eine Beschränkung der aufdeckungsfähigen stillen Reserven auf 80 DM, wie schon bei der Buchwertmethode gezeigt wurde. Hochgerechnet auf 100 % der Anteile wären aus dieser Perspektive also stille Reserven von 100 DM bei E aufdeckbar.

Beispiel G.13: Kettenkonsolidierung nach der Neubewertungsmethode

	T	EN	Konsolidierung		T-	M	Konsolidierung		Kon-
			Soll	Haben	EN		Soll	Haben	zern
Übrige Aktiva	180	350			530	1600			2130
[stille Reserven]	[80]	25			25	-			25
Geschäftswert	-	-	(2) 60		60	-			60
Beteilig. MT	-	-			-	110		(1a) 110	-
Beteilig. ME	-	-			-	40		(1b) 40	-
Beteilig. TE	220	-		(1)220	-	-			-
Unterschieds-betrag	-	-	(1) 60	(2) 60	-	-			-
Summe	400	375			615	1750			2215
Gezeichnetes Kapital	100	60	(1) 48 (3) 12		100	600	(1a) 60 (3a) 40		600
Rücklagen	90	125[1]	(1)100 (3) 25		90	350	(1a) 54 (3a) 36		350
Jahres-überschuß	10	15	(1) 12 (3) 3		10	50	(1a) 6 (3a) 4		50
Minderheiten	-	-		(3) 40	40	-	(1b) 40	(3a) 80	80
Unterschieds-betrag	-	-			-	-		(1a) 10	10
Fremdkapital	200	175			375	750			1125
Summe	400	375	320	320	615	1750	240	240	2215

[1] einschließlich "Neubewertungsrücklage" aus der Aufdeckung stiller Reserven

Andererseits betragen die aus der Konsolidierung von M und E resultierenden, auf M entfallenden aufdeckungsfähigen stillen Reserven 5 DM. Hieraus folgt gemäß § 307 HGB eine Beschränkung der aufdeckungsfähigen stillen Reserven auf (5 : 0,2 =) 25 DM. Diese Beschränkung ist als die engere von beiden maßgeblich.

Würden nämlich insgesamt stille Reserven in Höhe von 100 DM (davon 80 DM auf T entfallend) aufgedeckt, so betrüge der auf M entfallende (Minderheiten-) Anteil an den aufdeckungsfähigen stillen Reserven (100 - 80 =) 20 DM. Bei der Konsolidierung von M und E würde dies ebenfalls zu insgesamt aufdeckungsfähigen stillen Reserven von (20 : 0,2 =) 100 DM und damit zu einem "*neubewerteten*" anteiligen Eigenkapital von (20 % von (175+100) =) 55 DM führen. Dies wäre ein Verstoß gegen das Anschaffungswertprinzip des § 301

Abs. 1 S. 4 HGB, der die "*Neubewertung*" des anteiligen Eigenkapitals nur bis zur Höhe der Anschaffungskosten der Beteiligung, hier also 40 DM, zuläßt.

Weil nur noch weniger stille Reserven aufgedeckt werden dürfen, ergibt sich bei der Konsolidierung von T und E ein Geschäftswert in Höhe von (80 - 20 =) 60 DM.

Die Schritte (1a) und (3a) gleichen denen bei der Buchwertmethode, da für den Fall, daß der Beteiligungsbuchwert kleiner als das anteilige bilanzielle Eigenkapital ist, eine "*Neubewertung*" nicht stattfindet.

4.1.1.4.2 Die Simultankonsolidierung

Die Simultankonsolidierung wurde entwickelt, um insbesondere bei vielstufigen Konzernen die Aufstellung von (gesetzlich nicht immer vorgeschriebenen; vgl. D.2.) Teilkonzernabschlüssen zu vermeiden. Bei diesem Verfahren wird der Konzernabschluß vielmehr in einem Schritt ermittelt.

Für den hier betrachteten Fall einseitiger Beteiligungsverhältnisse konnten bei der Kapitalkonsolidierung nach dem AktG 1965 der im Konzernabschluß auszuweisende Konsolidierungsausgleichsposten und der Minderheitenanteil mit Hilfe von Gleichungen ermittelt werden (vgl. Forster/Havermann, WPg 1969, S. 4 f.).

Für die nach geltendem Recht durchzuführende erfolgswirksame Kapitalkonsolidierung sind derartige Gleichungen jedoch nur unter sehr engen Bedingungen anwendbar. Sie unterstellen nämlich, daß die Konsolidierung auf einer Stufe (d.h. die Ermittlung des Unterschiedsbetrags und seine Verteilung) auch von den Unterschiedsbeträgen anderer Stufen beeinflußt wird. Demnach könnte z.B. der auf einer Stufe zur vollständigen Aufdeckung der stillen Reserven fehlende Unterschiedsbetrag durch "überschüssige" Unterschiedsbeträge auf anderen Stufen kompensiert werden. Desweiteren würden passivische Unterschiedsbeträge mit aktivischen saldiert und so u.U. die Aufdeckungsfähigkeit stiller Reserven beeinträchtigt, wie das Beispiel G.12 zur Buchwertmethode zeigt:

Der simultan ermittelte Gesamtunterschiedsbetrag betrüge
(110 - (60+54+6)) + (40 - (12+20+3)) + (220 - (48+80+12)) = 75 DM und wäre für die Aufdeckung stiller Reserven zu verwenden.

Im Ergebnis entspräche dies einer Verrechnung des passivischen Unterschiedsbetrags (10 DM) mit den aufgedeckten stillen Reserven (85 DM).

Ein solcher Ausgleich zwischen den Konzernstufen ist jedoch nicht zulässig. Es ist daher fraglich, ob nach der durch das geltende Recht vorgeschriebenen echten angelsächsischen Methode eine simultane Kapitalkonsolidierung überhaupt noch möglich ist (vgl. auch, für den Fall der Saldierung aktivischer und passivischer

Unterschiedsbeträge, Weber/Zündorf in: Küting/Weber, Konzernrechnungslegung, § 301 Rn. 248; sowie allgemein Ewert/Schenk, BB Beilage 14/1993, S. 4).

Zumindest muß der über die Simultankonsolidierung ermittelte Gesamtunterschiedsbetrag in die Teilunterschiedsbeträge der einzelnen Konzernstufen zerlegt werden, um eine korrekte Zuordnung auf stille Reserven, Geschäftswert oder passivischen Unterschiedsbetrag zu gewährleisten.

4.1.1.5 Kapitalkonsolidierung bei gegenseitigen Beteiligungen

Eine gegenseitige Beteiligung liegt vor, wenn ein in den Konzernabschluß einbezogenes Unternehmen an einem anderen einbezogenen Unternehmen und das letztere wiederum am ersteren beteiligt ist.

Derartige Konstellationen können auf allen Konzernstufen auftreten. Besteht ein gegenseitiges Beteiligungsverhältnis mit der am höchsten stehenden Muttergesellschaft, so handelt es sich um den Sonderfall einer Rückbeteiligung, der konsolidierungstechnisch anders zu behandeln ist als gegenseitige Beteiligungen zwischen den übrigen Konzernunternehmen (vgl. G.1.2).

Neben der Frage, ob eine Rückbeteiligung oder eine "sonstige" gegenseitige Beteiligung vorliegt, ist für die Kapitalkonsolidierung bedeutsam, ob (konzernfremde) Minderheiten Anteile an gegenseitig beteiligten Konzernunternehmen besitzen.

4.1.1.5.1 Gegenseitige Beteiligungen ohne Minderheitenanteile

Diese Konstellation liegt vor, wenn wie im folgenden Schaubild die Anteile sämtlicher einbezogener Unternehmen, mit Ausnahme der Muttergesellschaft, von einbezogenen Unternehmen gehalten werden.

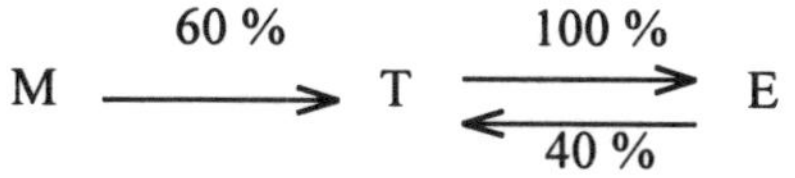

Schaubild G.3: Beteiligungsstruktur eines Konzerns mit gegenseitigen Beteiligungen ohne Minderheiten

Sofern die Kapitalkonsolidierung nach der Buchwertmethode erfolgt, ergibt sich aus dem gegenseitigen Beteiligungsverhältnis keine Besonderheit. Die Buchwerte der Beteiligungen von T an E und von E an T werden jeweils mit dem anteiligen Eigenkapital aufgerechnet und die sich ergebenden Unterschiedsbeträge, sofern sie aktivisch sind, auf einzelne Vermögensgegenstände und Schulden sowie gegebenenfalls auf den Geschäftswert verteilt.

Eine eventuelle Rückbeteiligung von T oder E an M wäre hingegen nicht zu konsolidieren, sondern lediglich umzugliedern und als "*Eigene Anteile*" im Konzernabschluß auszuweisen.

Bei Anwendung der Neubewertungsmethode entsteht das gleiche Problem wie im Fall, daß zwei (oder mehr) Konzernunternehmen an einem einbezogenen Unternehmen beteiligt sind (vgl. G.4.1.1.4.1). Auch hier sind nämlich zwei Konzernunternehmen (M und E) an einem einbezogenen Unternehmen (T) beteiligt. Die Verknüpfung des Minderheitenanteils mit dem auf den Konzern entfallenden "*neubewerteten*" Eigenkapital bewirkt somit auch hier das Auftreten von zwei Beschränkungen für die Aufdeckung stiller Reserven.

4.1.1.5.2 Gegenseitige Beteiligungen mit Minderheitenanteilen

Modifiziert man das Schaubild G.3 dahingehend, daß T nur noch zu 80 % an E beteiligt ist, so ergibt sich folgende Beteiligungsstruktur:

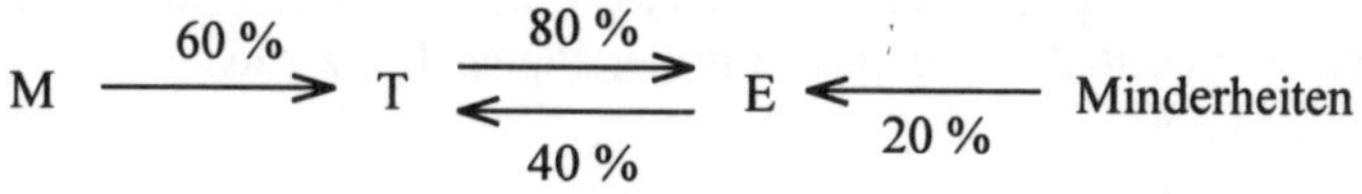

Schaubild G.4: Beteiligungsstruktur eines Konzerns mit gegenseitigen Beteiligungen und Minderheiten

Die als Minderheiten bezeichneten konzernfremden Gesellschafter sind hier mit 20 % direkt an E beteiligt. Daneben sind sie über die Beteiligung von E an T indirekt an T und über die Beteiligung von T an E wiederum indirekt an E beteiligt (und so weiter).

Die effektiven Anteile der Konzernunternehmen und der Minderheiten am Kapital von T und E sind hier nicht mehr unmittelbar ersichtlich. Die Lösung dieses Problems erfolgt mit Hilfe der Matrizenrechnung (vgl. Kloock/Sabel, WPg 1969, S. 196-201; Haase, DB 1969, S. 761-763; Busse von Colbe/Ordelheide, Konzernabschlüsse, 1984, S. 141-147).

Die in der Literatur vorgestellten Verfahren basieren z.T. auf der erfolgsneutralen Konsolidierung nach dem AktG 1965 und konnten daher als Simultankonsolidierung durchgeführt werden. Die Kapitalkonsolidierung nach § 301 HGB erfordert hingegen die Aufspaltung des Gesamtunterschiedsbetrags in die einzelnen Teilunterschiedsbeträge (vgl. G.4.1.1.4.2). Die Eignung des Matrizenkalküls zur Ermittlung der effektiven Beteiligungsverhältnisse bleibt hiervon freilich unberührt, was anhand der Beteiligungsstruktur gemäß Schaubild G.4 verdeutlicht werden soll:

Bevor die Konsolidierung durchgeführt werden kann, müssen zunächst die effektiven Anteile der Konzernunternehmen und der Minderheiten an T und E berechnet werden (vgl. Kloock/Sabel, WPg 1969, S. 191-193; Ewert/Schenk, BB Beilage 14/1993, S. 10 f.).

Aus der die direkten Anteile wiedergebenden Verflechtungsmatrix

$$P = \begin{bmatrix} 0 & 0{,}6 & 0 \\ 0 & 0 & 0{,}8 \\ 0 & 0{,}4 & 0 \end{bmatrix}$$

lassen sich die indirekten Anteile auf den verschiedenen Stufen P x P, P x P x P, P x P x P x P usw. errechnen. Letztlich gesucht ist die Summe aller direkten und indirekten Anteile $P + P^2 + P^3 + P^4 + ...$, die sich ergibt als $(E - P)^{-1} - E$. Bezogen auf das gewählte Beispiel gilt:

$$(E - P)^{-1} = \begin{bmatrix} 1 & 15/17 & 12/17 \\ 0 & 25/17 & 20/17 \\ 0 & 10/17 & 25/17 \end{bmatrix}$$

und:

$$(E - P)^{-1} - E = \begin{bmatrix} 0 & 15/17 & 12/17 \\ 0 & 8/17 & 20/17 \\ 0 & 10/17 & 8/17 \end{bmatrix}$$

Die erste Zeile der Matrix gibt die effektiven Anteile des Konzerns an den Gesellschaften an. Die Minderheitenanteile betragen dementsprechend (1 - 15/17 =) 2/17 bei T und (1 - 12/17 =) 5/17 bei E. Während der Konzernanteil an E allein auf T entfällt, ist der Konzernanteil an T von 15/17 entsprechend den direkten Anteilen auf M und E zu verteilen: 60 % von 15/17 = 9/17 entfallen auf M, 40 % von 15/17 = 6/17 entfallen auf E.

Die effektive Beteiligungsstruktur sieht somit folgendermaßen aus:

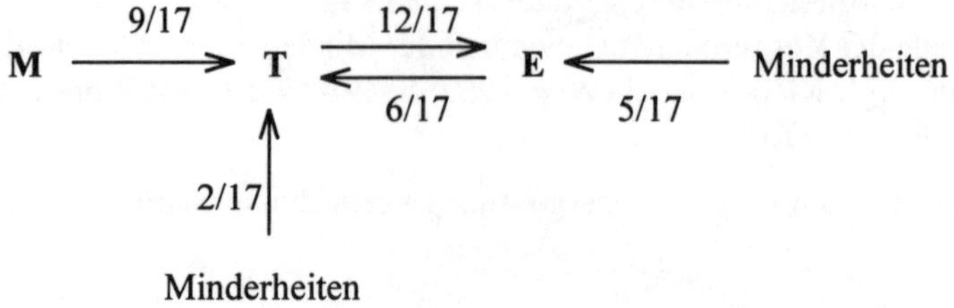

Schaubild G.5: Effektive Beteiligungsstruktur eines Konzerns mit gegenseitigen Beteiligungen und Minderheiten

Basierend auf den Daten des Beispiels G.12 (vgl. G.4.1.1.4.1) wird die erstmalige Konsolidierung nach der Nettokapitalmethode nachfolgend anhand der Buchwertmethode erläutert. Der Ausweis der Beteiligung an T im E-Abschluß führe zu einer Reduzierung der übrigen Aktiva und der stillen Reserven. Die Aktiva in der Bilanz von M wurden ebenfalls modifiziert, um der fehlenden Beteiligung an E und der geringeren Beteiligungsquote an T Rechnung zu tragen.

Im Schritt (1a) wird der (volle) Beteiligungsbuchwert MT gegen den effektiven Anteil von M am Eigenkapital der T aufgerechnet, der (9/17 · 200 =) 105,88 DM beträgt. Da ein passivischer Unterschiedsbetrag resultiert, erübrigt sich die weitere Verteilung der Differenz.

Schritt (1b) zeigt die Konsolidierung der Beteiligung von T an E. Auch hier wird das effektiv auf T entfallende Eigenkapital aufgerechnet, also (12/17 · 175 =) 123,53 DM. Die Besonderheit liegt nun darin, daß auch der Beteiligungsbuchwert aufzuspalten ist, denn bei der Nettokapitalmethode sollen nur der Konzern, nicht aber die Minderheiten, am Unterschiedsbetrag teilhaben.

Deshalb wird im Schritt (1b) der effektiv auf den Konzern entfallende Teil des Beteiligungsbuchwerts, hier (15/17 · 220 =) 194,12 DM, gegen das auf T entfallende Eigenkapital aufgerechnet. Die aktivische Differenz ist dann im Schritt (2b) zur Aufdeckung stiller Reserven zu verwenden, wobei nur der effektiv auf T entfallende Teil, nämlich (12/17 · 50 =) 35,29 DM, aufdeckbar ist. Die verbleibenden 35,30 DMwerden als Geschäftswert ausgewiesen.

Im Schritt (3b) wird der indirekt auf die Minderheiten entfallende Teil des Beteiligungsbuchwerts TE in Höhe von (2/17 · 220 =) 25,88 DM erfolgsneutral gegen den Minderheitenanteil aufgerechnet.

Analog zum eben gesagten wird im Schritt (1c) der Konzernanteil am Beteiligungsbuchwert ET, hier (12/17 · 90 =) 63,53 DM, gegen das effektiv auf E entfallende Eigenkapital von T, hier (6/17 · 200 =) 70,59 DM, aufgerechnet, was zu einem passivischen Unterschiedsbetrag führt. Der indirekt auf die Minderheiten entfallende Teil des Beteiligungsbuchwerts in Höhe von (5/17 · 90 =) 26,47 DM wird gegen den Minderheitenanteil aufgerechnet (3c).

Die Schritte (4a) bzw. (4b) zeigen, wie die Anteile der Minderheiten am Eigenkapital von T bzw. E, die hier (2/17 · 200 =) 23,53 DM bzw. (5/17 ·175 =) 51,47 DM betragen, in den Minderheitenanteil gebucht werden.

Beispiel G.14: Kapitalkonsolidierung bei gegenseitigen Beteiligungen mit Minderheiten auf Basis der Nettokapitalmethode

	M	T	E	Konsolidierung Soll	Konsolidierung Haben	Konzern
Übrige Aktiva	1650	180	260			2090
[stille Reserven]	-	[80]	[50]	(2b) 35,29		35,29
Geschäftswert	-	-	-	(2b) 35,30		35,30
Beteiligung MT	100	-	-		(1a)100	-
Beteiligung TE	-	220	-		(1b)194,12 (3b) 25,88	-
Beteiligung ET	-	-	90		(1c) 63,53 (3c) 26,47	-
Unterschieds-betrag	-	-	-	(1b) 70,59	(2b) 70,59	-
Summe	1750	400	350			2160,59
Eigenkapital	1000	200	175	(1a)105,88 (1b)123,53 (1c) 70,59 (4a) 23,53 (4b) 51,47		1000
Minderheiten	-	-	-	(3b) 25,88 (3c) 26,47	(4a) 23,53 (4b) 51,47	22,65
Unterschieds-betrag	-	-	-		(1a) 5,88 (1c) 7,06	12,94
Fremdkapital	750	200	175			1125
Summe	1750	400	350	568,53	568,53	2160,59

Der Minderheitenanteil errechnet sich also aus den effektiven Anteilen der Minderheiten am bilanziellen Eigenkapital (Bruttokapital), wie er sich aus (4a) und (4b) ergibt, abzüglich der effektiven Anteile an den Beteiligungsbuchwerten gemäß (3b) und (3c). Er kann nach der Nettokapitalmethode auch in einem Schritt ermittelt werden: 2/17 · (200-220) + 5/17 · (175-90) = 22,65.

Besteht eine Rückbeteiligung an der Muttergesellschaft, so stellt sich die Frage, ob die hierdurch entstehende indirekte Beteiligung der Minderheiten am Kapital der Muttergesellschaft im Minderheitenanteil berücksichtigt werden soll oder nicht (vgl. Lanfermann/Stolberg, WPg 1970, S. 354-357; Weber/Zündorf in: Küting/Weber, Konzernrechnungslegung, § 301 Rn. 257 f.). Die Berücksichtigung im Minderheitenanteil ist umso eher zu befürworten, je bedeutsamer die Rückbeteiligung für den Konzernabschluß ist.

4.1.1.6 Die Behandlung des Geschäftswerts

Wie oben (vgl. G.4.1.1.1) bereits erwähnt, ist ein nicht auf einzelne Bilanzpositionen verteilbarer aktivischer Unterschiedsbetrag gem. § 301 Abs. 3 HGB bei der erstmaligen Konsolidierung in der Konzernbilanz als Geschäftswert auszuweisen.

Der Geschäftswert kann im einzelnen folgende Sachverhalte wiedergeben (vgl. Wöhe, StuW 1980, S. 99):

- Werte, die weder im Einzelabschluß noch im Konzernabschluß bilanzierungsfähig sind (z.B. Kundenstamm, effiziente Organisation, gutes Management),
- Synergieeffekte aus einer besonders effizienten Kombination von Vermögensgegenständen,
- das Entgelt für den Besitz des erworbenen Unternehmens als solches (etwa dafür, daß dieses nicht mehr als Konkurrent auftritt).

Bei den Folgekonsolidierungen läßt der Gesetzgeber gem. § 309 Abs. 1 HGB drei Möglichkeiten der Behandlung des Geschäftswerts zu, nämlich die pauschale Abschreibung gemäß S. 1, die planmäßige Abschreibung gemäß S. 2 und die Verrechnung mit den Rücklagen gemäß S. 3.

Die pauschale Abschreibung gemäß § 309 Abs. 1 S. 1 HGB erlaubt, den Geschäftswert "*in jedem folgenden Geschäftsjahr zu mindestens einem Viertel*" abzuschreiben. Es handelt sich hierbei in zweifacher Hinsicht um eine Mindestvorschrift, nämlich sowohl hinsichtlich des Abschreibungsbeginns als auch der Abschreibungshöhe pro Periode. Zwar muß mit der Abschreibung erst in dem der Erstkonsolidierung folgenden Geschäftsjahr begonnen werden, eine Abschreibung im Jahr der Erstkonsolidierung ist aber auch zulässig (vgl. Ordelheide in: Beck HdR, C 402, Rz 32; SABI 2/1988, WPg 1988, S. 623). Ferner darf auch ein höherer Abschreibungssatz als 25 % gewählt werden. Wenn dieser wesentlich höher liegt, wäre er allerdings zu begründen (vgl. Weber/Zündorf in: Küting/Weber, Konzernrechnungslegung, § 309 Rn. 17).

Als zweite Möglichkeit steht den Unternehmen gem. § 309 Abs. 1 S. 2 HGB die planmäßige Abschreibung über die voraussichtliche Nutzungsdauer des Geschäftswerts offen. Diese Vorschrift ermöglicht, im Vergleich zur relativ kurzen Frist bei der ersten Möglichkeit, eine deutliche Verlängerung der Abschreibungsdauer, wobei allerdings Schwierigkeiten bei der Bestimmung der Nutzungsdauer im Einzelfall bestehen. Dementsprechend groß ist die Bandbreite der in der Praxis festgelegten Nutzungsdauern bei Wahl dieser Möglichkeit. Eine Untersuchung deutscher Konzernabschlüsse für das Geschäftsjahr 1989 zeigte Nutzungsdauern von bis zu 40 Jahren (vgl. Treuarbeit, Konzernabschlüsse, 1990, S. 72 f.). Möglich ist es auch, die steuerliche Abschreibungsdauer von 15 Jahren (vgl. § 7 Abs. 1 S. 3 EStG) zugrundezulegen.

Während die beiden erstgenannten Möglichkeiten von der Behandlung eines Geschäftswerts im Einzelabschluß bekannt sind (vgl. § 255 Abs. 4 S. 2 u. 3 HGB), gilt die dritte Möglichkeit gem. § 309 Abs. 1 S. 3 HGB lediglich für einen sich im Rahmen der Kapitalkonsolidierung ergebenden Geschäftswert.

Nach dieser Variante kann ein aktivischer Geschäftswert statt erfolgswirksam abgeschrieben zu werden auch erfolgsneutral mit den Rücklagen verrechnet werden. Dabei wird es auch für zulässig gehalten, den Geschäftswert nicht sofort in voller Höhe, sondern verteilt über mehrere Perioden zu verrechnen (vgl. Förschle in: Beck Bil-Komm., 3. Aufl., § 309 Anm. 21 ff.; Ordelheide in: Beck HdR, C 402, Rz 36; aA SABI 2/1988, WPg 1988, S. 624; Weber/Zündorf in: Küting/Weber, Konzernrechnungslegung, § 309 Rn. 26; WP-Handbuch, Band I, M Tz. 365).

Legt man bei der Verrechnung über mehrere Perioden die im Fall der Abschreibung zu wählende Nutzungsdauer zugrunde, so führt die Verrechnung hinsichtlich des Vermögensausweises zum gleichen Ergebnis wie die Abschreibung. Ein Unterschied ergibt sich nur beim Erfolgsausweis.

Die Wahl einer der drei obigen Alternativen ist für jeden Geschäftswert gesondert zu treffen, wobei eine einmal gewählte Alternative dem Gebot der Stetigkeit unterliegt. Ein Alternativenwechsel ist somit nur in begründeten Ausnahmefällen zulässig, was insbesondere beim Wechsel von erfolgswirksamer Abschreibung zu erfolgsneutraler Verrechnung schwer sein dürfte.

Soweit der Beteiligungsbuchwert niedriger als das anteilige Eigenkapital des Tochterunternehmens ist, entsteht ein passivischer Unterschiedsbetrag aus der Kapitalkonsolidierung, der gem. § 301 Abs. 3 S. 1 HGB in der Konzernbilanz auszuweisen ist.

Ein solcher passivischer Geschäftswert oder Geschäftsminderwert (Badwill) kann entweder auf im bilanziellen Eigenkapital nicht zum Ausdruck kommende negative Ertragserwartungen beim Tochterunternehmen oder auf einen besonders niedrigen Kaufpreis der Beteiligung, d.h. einen sogenannten "*lucky buy*", zurückzuführen sein (vgl. Sahner, Kapitalkonsolidierung, 1983, S. 44; Niehus, WPg 1984, S. 324).

Die erfolgswirksame Auflösung eines passivischen Unterschiedsbetrags läßt der Gesetzgeber nur unter bestimmten Bedingungen zu.

Für den Fall negativer Ertragserwartungen ist - entsprechend der Auflösung von Rückstellungen - gem. § 309 Abs. 2 Nr. 1 HGB eine Auflösung vorzunehmen, soweit die "*erwartete ungünstige Entwicklung der künftigen Ertragslage (...) eingetreten ist oder (...) erwartete Aufwendungen zu berücksichtigen sind*".

Für den Fall eines "*lucky buy*" erlaubt § 309 Abs. 2 Nr. 2 HGB die erfolgswirksame Auflösung des passivischen Unterschiedsbetrags nur, wenn "*feststeht, daß er einem realisierten Gewinn entspricht*". Dieser Fall ist strenggenommen erst dann denkbar, wenn die Beteiligung veräußert wird oder wenn zumindest eine feste Veräußerungsabsicht besteht (vgl. SABI 2/1988, WPg 1988, S. 624).

Schließlich besteht gemäß § 301 Abs. 3 S. 3 HGB noch die Möglichkeit, passivische und verbleibende aktivische Unterschiedsbeträge aus der Kapitalkonsolidierung gegeneinander aufzurechnen.

4.1.1.7 Der Basiszeitpunkt der Kapitalkonsolidierung

In den bisherigen Beispielen wurde unterstellt, daß das Mutterunternehmen seine Beteiligung an dem Tochterunternehmen am Stichtag der Aufstellung des Konzernabschlusses erworben hat. Wird die Beteiligung hingegen zu irgendeinem Zeitpunkt während des Geschäftsjahres erworben, so stellt sich die Frage, welcher Zeitpunkt bei der Aufrechnung von Beteiligungsbuchwert und anteiligem Eigenkapital als Basiszeitpunkt zugrundegelegt werden soll. Nach der Erwerbsfiktion wäre dies der Zeitpunkt des Erwerbs der Beteiligung.

Damit keine Zwischenabschlüsse aufgestellt werden müssen, wenn Erwerbszeitpunkt und Abschlußstichtag des Tochterunternehmens voneinander abweichen (von der Problematik eines Abweichens der Abschlußstichtage von Tochterunternehmen und Konzern sei hier abgesehen, vgl. dazu C. 3.5), läßt der Gesetzgeber jedoch neben dem Erwerbszeitpunkt auch den Zeitpunkt der erstmaligen Einbeziehung des Tochterunternehmens in den Konzernabschluß als Basis für die Ermittlung der aufzurechnenden Größen zu (vgl. § 301 Abs. 2 HGB).

Für den Fall, daß die Beteiligung nicht durch eine einzige Transaktion, sondern sukzessive erworben wurde, sieht § 301 Abs. 2 HGB zusätzlich die Möglichkeit vor, "*den Zeitpunkt, zu dem das Unternehmen Tochterunternehmen geworden ist*", zugrundezulegen.

Insbesondere bei einem sukzessiven Beteiligungserwerb, der sich über einen langen Zeitraum erstreckt, kann die Frage des Basiszeitpunkts der Konsolidierung sehr bedeutsam sein. Erfolgt die Kapitalaufrechnung global, entweder bezogen auf den Zeitpunkt des Entstehens des Mutter-Tochter-Verhältnisses oder der erstmaligen Einbeziehung in den Konzernabschluß, so werden u.U. Größen gegenübergestellt, die nicht miteinander vergleichbar sind. Denn wenn sich das Eigenkapital des Tochterunternehmens seit dem Erwerb der Anteile, etwa durch Gewinnthesaurierungen, geändert hat, werden auch diese Eigenkapitaländerungen in die Konsolidierung einbezogen und gehen - wie bei der Stichtagskonsolidierung - im Unterschiedsbetrag unter (vgl. Dreger, Konzernabschluß, 1969, S. 78; Schindler, Kapitalkonsolidierung, 1986, S. 186).

Beispiel G.15: Kapitalkonsolidierung mit unterschiedlichen Basiszeitpunkten

Das Unternehmen M hat zu drei verschiedenen Zeitpunkten Anteile am Unternehmen T erworben. Erwerbszeitpunkt, Beteiligungsquote und Anschaffungskosten der jeweiligen Anteile können der nachfolgenden Übersicht in den Spalten 1-3 entnommen werden. Spalte 4 zeigt das bilanzielle Eigenkapital von T, das sich bei Aufstellung eines Zwischenabschlusses zum jeweiligen Erwerbszeitpunkt ergeben hätte und Spalte 5 das anteilige Eigenkapital (bezogen auf die einzelne Tranche und kumuliert). Die Spalten 6 und 7 zeigen die im T-Abschluß enthaltenen stillen Reserven insgesamt und soweit sie auf die jeweilige M-Beteiligung entfallen (bezogen auf die einzelne Tranche und kumuliert).

Die letzte Zeile zeigt die Verhältnisse am Stichtag des Konzernabschlusses, dem Zeitpunkt der erstmaligen Konsolidierung.

Zum Tochterunternehmen wurde T mit dem Erwerb der dritten Tranche durch M.

Zeitpunkt	Beteiligungs-quote	AK	EK	anteiliges EK	stille Reserven	anteilige stille Reserven
01.03.01	20 %	90	400	80	100	20
01.08.01	20 %	125	450	90/180	100	20/40
01.11.01	25 %	185	480	120/312	100	25/65
31.12.01	65 %	400	500	325	100	65

Die drei gesetzlichen Alternativen zum Basiszeitpunkt der Kapitalkonsolidierung werden nun anhand der Buchwertmethode dargestellt.

Bei Zugrundelegung des Zeitpunkts des Erwerbs der Anteile (exakte Methode) ist für den Fall eines Erwerbs der Beteiligung in Tranchen eine schrittweise Konsolidierung, das sogenannte step-by-step-Verfahren, vorzunehmen (vgl. Dreger, Konzernabschluß, 1969, S. 77-80; Schindler, Kapitalkonsolidierung, 1986, S. 184-188).

Nach diesem Verfahren werden die drei Tranchen jeweils für sich konsolidiert, indem die Anschaffungskosten der Tranchen mit dem auf sie entfallenden Teil des

Eigenkapitals im Erwerbszeitpunkt aufgerechnet werden. Der Unterschiedsbetrag aus der Kapitalkonsolidierung und dessen Aufteilung auf stille Reserven und den Geschäftswert ergeben sich als Summe aus den drei Teilkonsolidierungen.

Die schrittweise Konsolidierung führt zu folgendem Ergebnis:

Zeitpunkt	Unterschiedsbetrag	aufgedeckte stille Reserven	Geschäftswert
01.03.01	10	10	-
01.08.01	35	20	15
01.11.01	65	25	40
Summe	110	55	55

Die Zugrundelegung eines einheitlichen Zeitpunkts - entweder das Datum des Entstehens des Mutter-Tochter-Verhältnisses (01.11.01) oder das Datum der erstmaligen Einbeziehung (31.12.01) - führt zu folgenden Ergebnissen:

Zeitpunkt	Unterschiedsbetrag	aufgedeckte stille Reserven	Geschäftswert
01.11.01	88	65	23
31.12.01	75	65	10

Ein Vergleich der beiden zuletzt genannten Basiszeitpunkte zeigt, daß der Zeitpunkt der Erstkonsolidierung zu einem um 13 DM niedrigeren Unterschiedsbetrag führt, was sich in der Konzernbilanz in einem entsprechend niedrigeren Geschäftswert niederschlägt. Die Differenz läßt sich dadurch erklären, daß bei der Wahl des Erstkonsolidierungszeitpunkts auch die zwischenzeitlichen anteiligen Eigenkapitalsteigerungen in Höhe von (65 % von (500-480) =) 13 DM in die Kapitalkonsolidierung einbezogen werden, während sie bei der Wahl des Zeitpunkts des Entstehens des Mutter-Tochter-Verhältnisses in das Konzerneigenkapital eingehen.

Die schrittweise Konsolidierung führt, da sie auch die anteiligen Eigenkapitalsteigerungen vom ersten und zweiten Erwerb bis zur Entstehung des Mutter-Tochter-Verhältnisses nicht in die Kapitalkonsolidierung einbezieht, zu einem noch höheren Unterschiedsbetrag.

Daneben führt diese Methode jedoch auch zu einer anderen Verteilung des Unterschiedsbetrages. Hier werden nämlich nur stille Reserven in Höhe von 55 DM statt 65 DM bei den beiden anderen Varianten aufgedeckt. Dies ist darauf zurückzuführen, daß bei der ersten Tranche die anteiligen stillen Reserven nicht voll bezahlt wurden und folglich nicht voll aufgedeckt werden konnten. Ein Ausgleich durch "überschüssige" Unterschiedsbeträge bei anderen Tranchen ist bei der schrittweisen Konsolidierung nicht möglich. Legt man dagegen einen einheitlichen Basiszeitpunkt zugrunde, so kommt es zu einem derartigen Ausgleich. Diese Ungenauigkeit erscheint freilich hinnehmbar, da insbesondere bei Erwerb der Beteiligung in sehr vielen Tranchen und über einen langen Zeitraum hinweg die schrittweise Konsolidierung sehr aufwendig, wenn nicht sogar mangels ausreichender Daten unmöglich ist.

4.1.1.8 Die Endkonsolidierung

Die Endkonsolidierung eines einbezogenen Unternehmens ist durchzuführen, wenn es aus dem Konsolidierungskreis ausscheidet oder von einem "härteren" in einen "weicheren" Teil des Konsolidierungskreises wechselt (z.B. beim Übergang von der Vollkonsolidierung zur Equity-Methode). Dieser letztgenannte Fall wird nachfolgend allerdings nicht behandelt (vgl. dazu Ordelheide, BB 1986, S. 770-772; Weber/Zündorf in: Küting/Weber, Konzernrechnungslegung, § 301 Rn. 284-286).

Im Einzelabschluß des beteiligten Unternehmens führt der Verkauf der Beteiligung zu einem Erfolg in Höhe der Differenz aus den Veräußerungserlösen und dem Beteiligungsbuchwert als dem Abgangswert im Einzelabschluß. Sofern zwischenzeitlich keine außerplanmäßigen Abschreibungen und Zuschreibungen und auch keine Kapitalerhöhungen oder -herabsetzungen durchgeführt wurden, entspricht der Beteiligungsbuchwert den Anschaffungskosten der Beteiligung, die somit bei Veräußerung zu Aufwendungen werden.

In den Konzernabschluß kann dieser Veräußerungserfolg nicht unverändert übernommen werden, da bei erfolgswirksamer Kapitalkonsolidierung der Konzernabgangswert der Beteiligung in zweifacher Hinsicht zu modifizieren ist.

Zunächst ist zu berücksichtigen, daß im Konzernabschluß ein Teil der Anschaffungskosten der Beteiligung schon während der Zeit der Konzernzugehörigkeit des Tochterunternehmens in die Aufwendungen einbezogen worden sein kann, so daß insoweit der Veräußerungserfolg aus Konzernsicht höher ausfällt (vgl. Ordelheide, BB 1986, S. 767). Hierbei handelt es sich um die Erfolgswirkungen aus der Kapitalkonsolidierung, also den eventuell abgeschriebenen Geschäftswert aus der erstmaligen Konsolidierung und um im Rahmen der erstmaligen Konsolidierung aufgedeckte stille Reserven, die durch Abschreibung, Verbrauch oder Abgang erfolgswirksam aufgelöst wurden.

Zusätzlich wurden Rücklagenänderungen und noch nicht verwendete Ergebnisse des Tochterunternehmens aus der Zeit seiner Konzernzugehörigkeit bereits im Konzernabschluß berücksichtigt, während sie in den Einzelabschluß des Mutterunternehmens nicht eingingen, was z.B. im Fall von Rücklagendotierungen zu einer Minderung des Veräußerungserfolgs aus Konzernsicht führt (vgl. Schindler, Kapitalkonsolidierung, 1986, S. 230).

Die Endkonsolidierung nach der Buchwertmethode soll nun auf der Grundlage des Beispiels G.9 (vgl. G.4.1.1.3.1) vorgeführt werden. Es wird angenommen, daß M seine Beteiligung an T am 31.12.02 zum Preis von 600 DM veräußert. Den daraus resultierenden Einzelabschluß von M zeigt die erste Spalte von links. Den Ausgangspunkt der Endkonsolidierung bildet der aus Beispiel G.9 entnommene (vorläufige) Konzernabschluß KV zum 31.12.02 unter Einbeziehung von T, von dem aus man durch die Endkonsolidierungsbuchungen zum Konzernabschluß ohne T gelangt (zur Vorgehensweise vgl. Ordelheide, BB 1986, S. 769 f.; Schindler, Kapitalkonsolidierung, 1986, S. 234; Weber/Zündorf in: Küting/Weber, Konzernrechnungslegung, § 301 Rn. 267).

Beispiel G.16: Endkonsolidierung nach der Buchwertmethode

	M	KV	Endkonsolidierung				Konzern
			Soll		Haben		
Übrige Aktiva	1900	1890	(1)	600	(1)	531	1900
					(2)	59	
[stille Reserven]	-	72			(1)	72	-
Geschäftswert	-	126			(1)	126	-
Summe	1900	2088					1900
Gezeichnetes Kapital	600	600					600
Rücklagen	300	300					300
Jahresüberschuß	250[1]	199			(1)	51	250[2]
Minderheiten		39	(2)	39			
Fremdkapital	750	950	(1)	180			750
			(2)	20			
Summe	1900	2088		839		839	1900

[1] davon Veräußerungsgewinn 150
[2] davon Veräußerungsgewinn 51

Im Schritt (1) wird der Veräußerungserfolg aus Konzernsicht durch die Gegenüberstellung von zufließenden Veräußerungserlösen und dem auf den Konzern entfallenden (anteiligen) Abgangswert von T ermittelt. Der anteilige Abgangswert entspricht der Summe der auf den Konzern entfallenden einzelnen Aktiv- und Passivposten von T, wie sie sich aus dem Konzernabschluß ergeben, weil der Endkonsolidierung die Fiktion des Einzelabgangs der Positionen zugrunde liegt (vgl. Ordelheide, BB 1986, S. 766 f.).

Im Beispiel setzt sich der Konzernabgangswert aus folgenden Komponenten zusammen:

	anteilige übrige Aktiva (90 % von 590)	531
+	noch nicht aufgelöste stille Reserven	+ 72
+	noch nicht abgeschriebener Geschäftswert	+126
-	anteilige Schulden (90 % von 200)	- 180
		549

Bei Anwendung der Neubewertungsmethode ergibt sich der gleiche anteilige Abgangswert. Die noch nicht aufgelösten stillen Reserven enthalten zwar zusätzlich den auf die Minderheiten entfallenden Anteil, so daß sie (72:0,9 =) 80 DM betragen (vgl. G.4.1.1.3.2), durch die anteilige Einbeziehung gehen sie aber wieder mit 72 DM in den Konzernabgangswert ein.

Schritt (2) zeigt die Endkonsolidierung des Minderheitenanteils, der im Beispiel dem auf die Minderheiten entfallenden Abgangswert von T entspricht. Die Neubewertungsmethode hätte einen um die noch nicht aufgelösten stillen Reserven der Minderheiten, hier also 8 DM, höheren Minderheitenanteil bewirkt. Diesem stände freilich ein um den gleichen Betrag höherer auf die Minderheiten entfallender Abgangswert gegenüber.

Da hier aus Vereinfachungsgründen nur noch M in den Konzernabschluß einbezogen wird, gleicht die Konzernbilanz der Einzelbilanz von M. Ein Unterschied ergibt sich jedoch wegen der abweichenden Veräußerungserfolge zwischen der Konzern-GuV und der Einzel-GuV.

Außerdem kommt es zu hier nicht sichtbaren Unterschieden bei der Erstellung des Anlagengitters (vgl. Ordelheide in: Beck HdR, C 403, Rz 3-5; Weber /Zündorf in: Küting/Weber, Konzernrechnungslegung, § 301 Rn. 271 f.).

4.1.1.9 Kritik

Die Ausgestaltung der Kapitalkonsolidierung nach § 301 HGB als Erstkonsolidierung ist positiv zu beurteilen (vgl. G.3.3).

Hinsichtlich der Erfolgswirksamkeit kann ein derart eindeutiges Urteil nicht gefällt werden.

Vor dem Hintergrund der vom Gesetzgeber fingierten wirtschaftlichen Einheit des Konzerns kann die Erwerbsfiktion als konsequent gelten: Das Tochterunternehmen geht eben nicht in Form einer abstrakten Beteiligung, sondern mit seinen einzelnen Vermögensgegenständen und Schulden in den Konzernabschluß ein, und folglich findet aus Konzernsicht auch ein Erwerb dieser einzelnen Positionen statt (vgl. Lutter/Rimmelspacher, DB 1992, S. 487-490). Dieser grundsätzlich positive Ansatz ist jedoch mit erheblichen Problemen verbunden.

Zunächst lassen sich die den einzelnen Positionen beizulegenden Werte keineswegs eindeutig ermitteln, da verläßliche Markt- oder Börsenpreise nicht immer existieren. Dieses Problem mag zwar durch detaillierte Bewertungsgutachten gemildert werden, eine zweifelsfreie Ermittlung stiller Reserven wird aber kaum möglich sein. Dies gilt in besonderem Maße, wenn Erwerbszeitpunkt und Basiszeitpunkt der Kapitalkonsolidierung auseinanderfallen. Daneben stellt sich bei einem zur Aufdeckung aller - wie auch immer ermittelten - stillen Reserven nicht ausreichenden Unterschiedsbetrag die Frage der Zuordnung.

Der grundsätzlich positive Einfluß der Erwerbsmethode auf die Darstellung der Vermögenslage wird somit durch Ungenauigkeiten beeinträchtigt.

Diese Ungenauigkeiten wirken aber nicht nur auf den Vermögensausweis. Über die spätere Auflösung der stillen Reserven verzerren sie auch den Erfolgsausweis. Insbesondere letzteres kann bewußt als Instrument der Konzernbilanzpolitik eingesetzt werden, zumal Wahlrechte zwischen erfolgswirksamer und erfolgsunwirksamer Behandlung eingeräumt werden.

Insgesamt sind die Vorteile der Erwerbsmethode gegenüber der erfolgsunwirksamen Konsolidierung somit zweifelhaft.

Diesen zweifelhaften Vorteilen steht ein sicherer Mehraufwand durch die Ermittlung und Fortführung der stillen Reserven gegenüber.

Problematisch ist auch das Wahlrecht zwischen Buchwertmethode und Neubewertungsmethode, da es bei Vorhandensein von Minderheiten zusätzliche bilanzpolitische Spielräume eröffnet. Daneben bergen beide Methoden jeweils spezielle Probleme in sich:

Bei der Buchwertmethode hängt der Umfang der aufgedeckten stillen Reserven und damit die Bewertung von Vermögensgegenständen und Schulden von der Beteiligungsquote des Mutterunternehmens ab, was zumindest aus Sicht der Einheitstheorie bedenklich ist. Bei der Neubewertungsmethode werden die - nicht bezahlten - stillen Reserven, die auf die Minderheiten entfallen, mit aufgedeckt. Diese Vorgehensweise bei der Neubewertungsmethode stellt einen Verstoß gegen das Anschaffungswertprinzip dar und läßt sich logisch nicht rechtfertigen. Zudem führt sie bei komplexen Beteiligungsstrukturen zu Sonderproblemen. Daher wird hier der Buchwertmethode der Vorzug gegeben.

Negative Wirkungen auf die Aussagefähigkeit des Konzernabschlusses hat auch die Behandlung des Geschäftswerts.

Zunächst verstößt die Verrechnung aktivischer und passivischer Unterschiedsbeträge gegen den Grundsatz der Bilanzklarheit.

Die Abschreibung eines aktivischen Geschäftswerts - pauschal oder planmäßig - erscheint besonders für die Vermittlung eines den "*tatsächlichen Verhältnissen*" entsprechenden Einblicks in die Ertragslage ungeeignet. Wenn nämlich in den Folgeperioden nicht aktivierungsfähige Aufwendungen geleistet werden, die der Erhaltung oder Erhöhung des Geschäftswerts dienen, führt die Abschreibung des erworbenen Geschäftswerts zu einer Doppelbelastung des Konzernerfolgs (vgl. Schildbach, DBW 1987, S. 393). Insofern unterscheidet sich der Geschäftswert vom Sachanlagevermögen: Bei letzterem kommen zwar auch zu den Abschreibungen laufende Aufwendungen, wie z.B. Reparaturen, diese können den Wertverzehr jedoch allenfalls verzögern, aber nicht verhindern, so daß hier keine Doppelbelastung vorliegt (aA Weber/Zündorf in: Küting/Weber, Konzernrechnungslegung, § 309 Rn. 21).

Für den Fall, daß die auf die Steigerung des Geschäftswerts zielenden Investitionen ihr Ziel nicht erreichen oder unterlassen werden, erscheinen Geschäftswertabschreibungen dagegen als gerechtfertigt. Angesichts der Heterogenität von Geschäftswerten ist es jedoch zweifelhaft, ob durch eine pauschale oder planmäßige Abschreibung dem Wertverzehr in aussagefähiger Form Rechnung getragen werden kann. Nach hier vertretener Ansicht wäre es zutreffender, den Geschäftswert aus der Kapitalkonsolidierung in den Folgeperioden unverändert zu übernehmen und ihn gegebenenfalls außerplanmäßig abzuschreiben.

Der Nachteil hiermit einhergehender Ermessensspielräume wird dadurch relativiert, daß auch die vom Gesetzgeber vorgesehenen vielfältigen Möglichkeiten der Behandlung des Geschäftswerts dem Konzernbilanzersteller weite Spielräume gewähren. Außerdem stimmt die hier vorgeschlagene Behandlung des Geschäftswerts mit der von Beteiligungen im Einzelabschluß überein, deren Wertansatz einen eventuellen Geschäftswert beinhaltet.

Vor diesem Hintergrund muß die obige Kritik an der Verrechnung aktivischer und passivischer Unterschiedsbeträge relativiert werden, denn insoweit wird wenigstens die Darstellung der Ertragslage nicht beeinträchtigt. Das gleiche gilt für die häufig kritisierte (vgl. Weber/Zündorf in: Küting/Weber, Konzernrechnungslegung, § 309 Rn. 30 f., m.w.N.) erfolgsneutrale Verrechnung des aktivischen Geschäftswerts mit den Rücklagen. Für die Darstellung der Vermögenslage sind freilich beide Verrechnungsmöglichkeiten unbefriedigend.

4.1.2 Die Interessenzusammenführungsmethode

4.1.2.1 Charakterisierung der Methode

Die Interessenzusammenführungsmethode (englisch: pooling of interests) hat wie die erfolgswirksame Konsolidierung ihren Ursprung im angelsächsischen Raum (vgl. Hoffmann, Interessenzusammenführung, 1992, S. 42 ff.). Sie wurde für solche Fälle konzipiert, in denen die Grundgedanken der Erwerbsmethode - Einzelerwerb des Vermögens eines Unternehmens durch ein anderes und Bildung eines Mutter-Tochter-Verhältnisses mit den entsprechenden Beherrschungsmöglichkeiten - nicht passen.

Die Interessenzusammenführungsmethode soll vielmehr dann angewandt werden, wenn die Beteiligung mit dem Ziel beider Unternehmen erworben wurde, "*ihre Ressourcen zu 'poolen'*" (Niehus, WPg 1983, S. 440). Diese Zusammenlegung der Ressourcen soll darin zum Ausdruck kommen, daß die bisherigen Eigner des Tochterunternehmens - sofern man überhaupt noch von einem Tochterunternehmen sprechen kann - als Gegenleistung Anteile des die Beteiligung erwerbenden Unternehmens erhalten.

Für die Kapitalkonsolidierung bedeutet dies, daß die Vermögensgegenstände und Schulden des Tochterunternehmens mit den Buchwerten des Einzelabschlusses in den Konzernabschluß übernommen, stille Reserven durch die Verteilung des Unterschiedsbetrags auf einzelne Positionen also nicht aufgedeckt werden. Außerdem wird das Kapital auch in den Folgeperioden auf Basis der Werte zum Zeitpunkt der erstmaligen Konsolidierung aufgerechnet, so daß diese Methode als erfolgsneutrale Erstkonsolidierung einzustufen ist.

Der Unterschied zur modifizierten angelsächsischen Methode besteht darin, daß der Beteiligungsbuchwert bei der Interessenzusammenführungsmethode nur gegen das anteilige gezeichnete Kapital des Tochterunternehmens aufgerechnet wird. Ein hieraus entstehender aktivischer Unterschiedsbetrag wird mit den Konzernrücklagen verrechnet, während ein passivischer Unterschiedsbetrag den Rücklagen hinzugerechnet wird.

4.1.2.2 Die Interessenzusammenführungsmethode nach geltendem Recht

Während die Interessenzusammenführungsmethode nach dem AktG 1965 nicht zulässig war, besteht nach geltendem Recht (vgl. § 302 HGB) unter bestimmten Bedingungen ein Wahlrecht, diese Methode statt der echten angelsächsischen anzuwenden. Dabei bleibt die Anwendung der Interessenzusammenführungsmethode gem. § 302 Abs. 1 Nr. 1 HGB auf die Fälle beschränkt, in denen das Mutterunternehmen mindestens 90 % der Anteile des Tochterunternehmens hält. Außerdem wird verlangt, daß die Beteiligung gegen "*die Ausgabe von Anteilen eines in den Konzernabschluß einbezogenen Unternehmens*" (§ 302 Abs. 1 Nr. 2 HGB) erworben wurde, wobei eine eventuelle Barzahlung maximal 10 % "*des Nennbetrags (...) der ausgegebenen Anteile*" (§ 302 Abs. 1 Nr. 3 HGB) betragen darf.

Hinsichtlich der Erfolgswirksamkeit ergibt sich abweichend von den vorstehenden Ausführungen eine Besonderheit: Auch bei Anwendung der Interessenzusammenführungsmethode nach § 302 HGB gelten nämlich - mit Ausnahme von § 301 HGB - die übrigen Vorschriften über die Konzernrechnungslegung, also auch der Grundsatz der konzerneinheitlichen Bilanzierung und Bewertung. Im Rahmen der Anpassung des Einzelabschlusses des Tochterunternehmens an konzerneinheitliche Maßstäbe kann es daher auch hier zu Änderungen beim Ansatz und bei der Bewertung einzelner Bilanzpositionen und damit in den Folgeperioden zu entsprechenden Erfolgswirkungen kommen. Diese Erfolgswirkungen resultieren jedoch aus dem Grundsatz der einheitlichen Bilanzierung und Bewertung und nicht aus der Konsolidierungsmethode.

Die Kapitalkonsolidierung nach der Interessenzusammenführungsmethode soll nun anhand des modifizierten Beispiels G.1 (vgl. G.3.1.1) veranschaulicht werden:

Zunächst wird die M-Bilanz vor dem Beteiligungserwerb (M_0) gezeigt, wobei unterstellt wird, daß der Kaufpreis für die im ursprünglichen Beispiel enthaltene Beteiligung an T (500 DM) in andere Aktiva investiert war. Die Beteiligung wird gegen die Ausgabe neuer - d.h. aus einer Kapitalerhöhung stammender - M-Aktien im Nominalwert von 200 DM erworben. Dieser Betrag ergibt sich aus den Unternehmenswerten von M und T vor dem Beteiligungserwerb: M habe einen Wert von 1500 DM und T einen Wert von 500 DM, so daß die bisherigen T-Eigner M-Aktien im Nominalwert von (500 : 1500 =) 1/3 des bisherigen Grundkapitals von M, also (1/3 von 600 =) 200 DM, erhalten.

Beispiel G.17: Kapitalkonsolidierung nach der Interessenzusammenführungsmethode

	M_0	M_1	T	Summe	Konsolidierung Soll	Konsolidierung Haben	Konzern
Übrige Aktiva	1750	1750	450	2200			2200
Beteiligung an T	-	500	-	500		(1) 500	-
Unterschiedsbetrag	-	-	-	-	(1) 350	(2) 350	-
Summe	1750	2250	450	2700			2200
Gezeichnetes Kapital	600	800	150	950	(1) 150		800
Rücklagen	400	700	100	800	(2) 350		450
Fremdkapital	750	750	200	950			950
Summe	1750	2250	450	2700	850	850	2200

In der M-Bilanz nach Beteiligungserwerb (M_1) wird die Beteiligung, entsprechend den Regeln einer Kapitalerhöhung gegen Sacheinlage, mit ihrem Zeitwert in Höhe von 500 DM angesetzt (vgl. Eckes/Weber in: Küting/Weber, Konzernrechnungslegung, § 302 Rn. 37 f.). Die Differenz zwischen den Anschaffungskosten der Beteiligung und dem Nominalwert der ausgegebenen Anteile von (500 - 200 =) 300 DM ist den Rücklagen zuzuführen.

Im ersten Konsolidierungsschritt wird der Beteiligungsbuchwert gegen das gezeichnete Kapital aufgerechnet, woraus ein aktivischer Unterschiedsbetrag in Höhe von (500 - 150 =) 350 DM resultiert. Der aktivische Unterschiedsbetrag wird dann im zweiten Schritt mit den Rücklagen verrechnet.

4.1.2.3 Die Interessenzusammenführungsmethode bei Vorhandensein von Minderheiten

Wie oben erwähnt, läßt der Gesetzgeber die Interessenzusammenführungsmethode bis zu einem Anteil anderer Gesellschafter (Minderheiten) am gezeichneten Kapital von 10 % zu, sofern die übrigen Bedingungen erfüllt sind. Da sich die Konsolidierung nach § 302 HGB nur auf die Anteile des Mutterunternehmens bezieht, gilt für den Ausweis des Minderheitenanteils § 307 HGB. Der Minderheitenanteil ergibt sich somit als Anteil der anderen Gesellschafter am gesamten Eigenkapital des Tochterunternehmens.

Beispiel G.18: Kapitalkonsolidierung nach der Interessenzusammenführungsmethode mit Minderheiten

	M_0	M_1	T	Summe	Konsolidierung Soll	Konsolidierung Haben	Konzern
Übrige Aktiva	1750	1750	450	2200			2200
Beteiligung an T	-	450	-	450		(1) 450	-
Unterschiedsbetrag	-	-	-	-	(1) 315	(2) 315	-
Summe	1750	2200	450	2650			2200
Gezeichnetes Kapital	600	780	150	930	(1) 135 (3) 15		780
Rücklagen	400	670	100	770	(2) 315 (3) 10		445
Minderheiten	-	-	-	-		(3) 25	25
Fremdkapital	750	750	200	950			950
Summe	1750	2200	450	2650	790	790	2200

Das Beispiel G.17 wird nun dahingehend abgewandelt, daß M 90 % der Anteile von T erwirbt. Der Wert dieser Anteile betrage (90 % von 500 =) 450 DM, also

30 % des Werts von M, so daß die bisherigen T-Eigner M-Anteile im Nominalwert von (30 % von 600 =) 180 DM erhalten. Die Bilanzierung der Beteiligung im M-Abschluß erfolgt zu 450 DM, woraus eine Rücklagenzuführung in Höhe von (450 - 180 =) 270 DM resultiert.

Die Konsolidierungsschritte (1) und (2) erfolgen analog zum Fall einer 100 %-Beteiligung des Mutterunternehmens.

Im dritten Schritt wird der Anteil der anderen Gesellschafter am gesamten Eigenkapital von T, hier also (10 % von (150+100) =) 25 DM in die Position "*Minderheitenanteile*" umgebucht.

4.1.2.4 Kritik

Die Interessenzusammenführungsmethode zeichnet sich zunächst durch die Nichtaufdeckung stiller Reserven aus, die in den Vermögensgegenständen und Schulden des Tochterunternehmens enthalten sind. Dies bewirkt einerseits eine im Vergleich zur Erwerbsmethode tendenzielle Unterbewertung dieser Positionen, andererseits werden aber die mit der Erwerbsmethode einhergehenden Nachteile vermieden, was die Kapitalkonsolidierung relativ einfach und unkompliziert macht.

Erschwert wird diese Konsolidierungsmethode allerdings durch die - aus dem Konzept der Interessenzusammenführung nicht logisch zwingend folgende - Pflicht zur konzerneinheitlichen Bilanzierung und Bewertung.

Außerdem erfolgt im Ergebnis eine Verrechnung des gesamten Unterschiedsbetrags mit den Rücklagen. Dieses, freilich auch bei der Kapitalkonsolidierung nach § 301 HGB für den nicht auf einzelne Positionen verteilbaren Geschäftswert existierende, Recht zur Verrechnung ist für den Vermögensausweis äußerst problematisch. Zumindest bleibt jedoch der Konzernerfolg von Verzerrungen verschont.

Der wichtigste Kritikpunkt an der Interessenzusammenführungsmethode ist allerdings darin zu sehen, daß diese Methode bei Vorliegen der Anwendungsvoraussetzungen alternativ zur Konsolidierung nach § 301 HGB angewendet werden kann. Die Methode wurde zwar für den Sonderfall des "*Pooling*" konzipiert, ihre Anwendungsvoraussetzungen gem. § 302 Abs. 1 HGB stellen aber nur auf die Art des Erwerbs (Anteilshöhe, Art der Gegenleistung) ab und können somit auch beim Entstehen eines "normalen" Mutter-Tochter-Verhältnisses erfüllt sein (vgl. Jonas, Konzernabschluß, 1986, S. 234; das Mutter-Tochter-Verhältnis begründet überhaupt erst die Pflicht zur Vollkonsolidierung). Ein derartiges Nebeneinander unterschiedlicher Konsolidierungsmethoden trägt eher zur Verwirrung als zur Information der Adressaten des Konzernabschlusses bei.

4.2 Quotenkonsolidierung

Im Zuge der Einführung eines differenzierenden Konsolidierungskreises wurde im § 310 Abs. 1 HGB für Gemeinschaftsunternehmen, die von mehreren unabhängigen Unternehmen gemeinsam geführt werden (vgl. E.5.), die Möglichkeit zur anteilmäßigen Konsolidierung, im folgenden als Quotenkonsolidierung bezeichnet, aufgenommen.

Bei dieser Form der Konsolidierung werden im ersten Schritt die Vermögensgegenstände und Schulden des Gemeinschaftsunternehmens nur quotal in die Summenbilanz übernommen, und zwar in Höhe der Quote, in der Konzernunternehmen an ihm beteiligt sind. Im zweiten Schritt können dann Beteiligungsbuchwerte und Eigenkapital aufgerechnet werden, ohne daß ein Ausgleichsposten für Minderheitenanteile entsteht.

4.2.1 Die Quotenkonsolidierung nach geltendem Recht

Gem. § 310 Abs. 2 HGB ist die Quotenkonsolidierung auf der Grundlage der echten angelsächsischen Methode durchzuführen. Die Ausführungen zu G.4.1.1 gelten somit entsprechend.

Es besteht auch hier ein Wahlrecht zwischen Buchwertmethode und Neubewertungsmethode, die jedoch - wegen des Wegfalls der Minderheitenproblematik - in jedem Fall zum gleichen Ergebnis führen. Daher stützen sich die folgenden Ausführungen nur auf die Buchwertmethode.

Die Technik der Quotenkonsolidierung soll anhand des folgenden Beispiels verdeutlicht werden:

Die M-AG bezieht das Gemeinschaftsunternehmen G, an dem sie zu 50 % beteiligt ist, erstmals in den Konzernabschluß zum 31.12.01 ein.

Die Quotenkonsolidierung wird hier so durchgeführt, daß in den Summenabschluß die Positionen aus dem G-Abschluß nur anteilig eingehen. Daher erscheint in der dritten Spalte, rechts neben dem "kompletten" G-Abschluß deren quotaler Abschluß GQ.

Im Konsolidierungsschritt (1) wird der Beteiligungsbuchwert gegen das anteilige Eigenkapital aufgerechnet, so daß ein Unterschiedsbetrag in Höhe von (250 - (75+40+10) =) 125 DM entsteht.

Der Unterschiedsbetrag wird im Konsolidierungsschritt (2) zunächst für die Aufdeckung stiller Reserven verwendet, wobei der auf M entfallende Anteil (50 % von 100 = 50 DM) die Obergrenze bildet. Der verbleibende Betrag (125 - 50 = 75 DM) wird als Geschäftswert ausgewiesen.

Beispiel G.19: Quotale erstmalige Konsolidierung nach der Buchwertmethode

	M	G	GQ	Summe	Konsolidierung Soll	Konsolidierung Haben	Konzern
Übrige Aktiva	1500	450	225	1725			1725
[stille Reserven]	-	[100]	[50]	[50]	(2) 50		50
Geschäftswert	-	-	-	-	(2) 75		75
Beteiligung an G	250	-	-	250		(1) 250	-
Unterschieds-betrag	-	-	-	-	(1) 125	(2) 125	-
Summe	1750	450	225	1975			1850
Gezeichnetes Kapital	600	150	75	675	(1) 75		600
Rücklagen	300	80	40	340	(1) 40		300
Jahresüberschuß	100	20	10	110	(1) 10		100
Fremdkapital	750	200	100	850			850
Summe	1750	450	225	1975	375	375	1850

Für die Folgekonsolidierung zum 31.12.02 gelten die gleichen Annahmen hinsichtlich der Verwendung der Jahresüberschüsse aus 01 und der im Jahr 02 erwirtschafteten Jahresüberschüsse wie im Beispiel G.6 (vgl. G.4.1.1.2.1) zur Vollkonsolidierung.

Beispiel G.20: Quotale Folgekonsolidierung nach der Buchwertmethode

	M	G	GQ	Summe	Konsolidierung Soll	Konsolidierung Haben	Konzern
Übrige Aktiva	1500	590	295	1795			1795
[stille Reserven]	-	[100]	[50]	[50]	(2) 50	(3) 10	40
Geschäftswert	-	-	-	-	(2) 75	(3) 5	70
Beteiligung an G	250	-	-	250		(1) 250	-
Unterschieds-betrag	-	-	-	-	(1) 125	(2) 125	-
Summe	1750	590	295	2045			1905
Gezeichnetes Kapital	600	150	75	675	(1) 75		600
Rücklagen	300	100	50	350	(1) 50		300
Jahresüberschuß	100	140	70	170	(3) 15		155
Fremdkapital	750	200	100	850			850
Summe	1750	590	295	2045	390	390	1905

Da auch die Quotenkonsolidierung als Erstkonsolidierung durchzuführen ist, entsprechen die beiden ersten Schritte mit Ausnahme der Zusammenfassung von Rücklagen und Jahresüberschuß zu einem Betrag (80+20 = 100 DM) denen zum 31.12.01.

Konsolidierungsschritt (3) zeigt die Abschreibung auf den Geschäftswert und auf die aufgedeckten stillen Reserven, wobei bezüglich der stillen Reserven die gleichen Annahmen wie in Beispiel G.6 (vgl. G.4.1.1.2.1) getroffen werden, d.h. die anteiligen stillen Reserven betreffen in Höhe von 20 DM ein Grundstück und in Höhe von 30 DM eine Maschine, die bei einer Restnutzungsdauer von 3 Jahren linear abgeschrieben wird.

4.2.2 Kritik

In der Literatur wird die Quotenkonsolidierung aus verschiedenen Gründen kritisiert:

Zunächst wird ihr vorgeworfen, sie verstoße gegen den ehernen Grundsatz der Darstellung des Konzerns als wirtschaftlicher Einheit (vgl. Küting, BB 1983, S. 813, m.w.N.; später relativierend von Wysocki/Wohlgemuth, Konzernrechnungslegung, 1996, S. 146). Dies ist zwar richtig, zugleich aber unpassend. Auf die für die Quotenkonsolidierung gem. § 310 Abs. 1 HGB einzig in Frage kommenden Gemeinschaftsunternehmen ist die Einheitstheorie nämlich nicht anwendbar, da diese von mehreren unabhängigen Gesellschafterunternehmen geführt werden. Berechtigt kann somit allenfalls die Kritik daran sein, daß Gemeinschaftsunternehmen überhaupt einbezogen werden, nicht jedoch die Kritik an ihrer quotalen Konsolidierung, denn die der Einheitstheorie entsprechende Vollkonsolidierung von Gemeinschaftsunternehmen würde erst recht ein unzutreffendes Bild vermitteln.

Weiter wird kritisiert, daß die Quotenkonsolidierung durch die gleichzeitige Anwendung der Vollkonsolidierung zu einem undurchschaubaren Konglomerat voll und anteilig einbezogener Positionen führt (vgl. Küting, DB 1980, S. 10). Dieser Mangel könnte jedoch durch einen gesonderten Ausweis der quotal erfaßten Positionen behoben werden, was freilich gesetzlich nicht vorgeschrieben ist.

Der wichtigste Einwand gegen die Quotenkonsolidierung besteht darin, daß sie zum Ausweis von Vermögensgegenständen und Schulden führt, über die der Konzern nicht frei verfügen kann (vgl. Küting, DB 1980, S. 10). Auch dieser Einwand könnte zwar durch einen gesonderten Ausweis entschärft werden, die Tatsache, daß dem Konzern nicht allein verfügbare Werte ausgewiesen werden, bliebe aber bestehen.

Diesem Standpunkt steht eine andere Sichtweise entgegen (vgl. Harms/Knischewski, DB 1985, S. 1355 f.; Schindler, Kapitalkonsolidierung, 1986, S. 288 f., m.w.N.; Sigle, ZfB-Ergänzungsheft 1/1987, S. 324):

Viele Konzerne gehen dazu über, aus Kapazitäts- oder Risikogründen bestimmte Aktivitäten rechtlich auszugliedern und in Form von Gemeinschaftsunternehmen mit anderen Unternehmen zusammen durchzuführen. Geht man davon aus, daß der Konzernabschluß auch ein zutreffendes Bild von der wirtschaftlichen Tätigkeit des Konzerns liefern soll, dann ist der Ausweis einer abstrakten Beteiligung, sei es zu Anschaffungskosten oder nach der Equity-Methode (vgl. G.4.3), sicher unbefriedigend, da die einzelnen Vermögens- und Erfolgskomponenten im Beteiligungsbuchwert untergehen.

Der Sinn der Quotenkonsolidierung von Gemeinschaftsunternehmen hängt davon ab, welche Ziele mit der Aufstellung von Konzernabschlüssen verfolgt werden: Sollen z.B. Vermögenspositionen oder Haftungspotentiale aufgezeigt werden, ist sie abzulehnen. Soll dagegen die wirtschaftliche Tätigkeit des Konzerns abgebildet werden, ist sie zu befürworten. Ein Kompromiß könnte der oben erwähnte gesonderte Ausweis der quotal erfaßten Bestandteile sein, wobei der Kreis der so einzubeziehenden Unternehmen eng zu definieren wäre.

Hinsichtlich des Buchungsaufwands sind zwei Aspekte zu beachten:

Zunächst ist die Quotenkonsolidierung gem. § 310 Abs. 1 HGB nach der echten angelsächsischen Methode durchzuführen. Dies führt zu einem erheblichen Aufwand (vgl. G.4.1.1.9), der sich durch die Anwendung der modifizierten angelsächsischen Methode deutlich reduzieren ließe.

Im Vergleich zum traditionellen Beteiligungsausweis zu Anschaffungskosten ist die Quotenkonsolidierung - egal nach welcher Methode - in jedem Fall aufwendiger. Hierbei ist jedoch zu beachten, daß im Regelfall die Nichtanwendung der Quotenkonsolidierung zum Beteiligungsausweis nach der Equity-Methode führt. Da diese, wie in G.4.3 gezeigt werden wird, der Quotenkonsolidierung hinsichtlich der Aufwendigkeit nicht nachsteht, ist die Kritik an der Quotenkonsolidierung insofern zu relativieren.

4.3 Die Equity-Methode

4.3.1 Konzeption der Equity-Methode

Die Equity-Methode stellt im Rahmen der Konsolidierungsmethoden eine Besonderheit dar: Bei ihr werden nämlich nicht die Vermögensgegenstände und Schulden des einzubeziehenden Unternehmens (hier als assoziiertes Unternehmen bezeichnet, vgl. E.6) anstelle des Beteiligungsbuchwerts in den Konzernabschluß übernommen. Vielmehr bleibt es auch im Konzernabschluß beim Ausweis der Beteiligung.

Der Unterschied zum Ausweis im Einzelabschluß liegt darin, daß bei dieser Methode die Beteiligung statt zu Anschaffungskosten "*at equity*", d.h. zum anteiligen Eigenkapital bewertet werden soll. Dahinter steht der Gedanke, daß die Bewertung einer Beteiligung zu Anschaffungskosten ein unvollkommenes Bild vermitteln kann (vgl. Havermann, WPg 1975, S. 233):

Einerseits wirken sich Gewinnthesaurierungen beim assoziierten Unternehmen nicht auf den Buchwert beim beteiligten Unternehmen aus, so daß stille Reserven entstehen, andererseits werden Gewinnausschüttungen und Verluste des assoziierten Unternehmens i.d.R. nicht zeitkongruent, sondern zeitlich verschoben im Abschluß des beteiligten Unternehmens ausgewiesen.

Diese Nachteile sollen dadurch vermieden werden, daß außer den Anschaffungskosten und den bei der Anschaffungswertmethode zulässigen Modifikationen auch die nach dem Beteiligungserwerb erwirtschafteten Erfolge anteilig im Beteiligungsbuchwert berücksichtigt werden (vgl. Havermann, WPg 1975, S. 234).

Der Beteiligungsbuchwert bei Anwendung der Equity-Methode im Einzelabschluß ließe sich demnach gemäß folgendem Schema ermitteln (vgl. Schindler, Kapitalkonsolidierung, 1986, S. 161):

	Anschaffungskosten
+/-	anteiliger Jahresüberschuß/-fehlbetrag
-	vereinnahmte Ausschüttungen
-	außerplanmäßige Abschreibungen
+	Zuschreibungen
+	Kapitaleinzahlungen
-	Kapitalrückzahlungen
=	Beteiligungsbuchwert nach der Equity-Methode

Schaubild G.6: Beteiligungsbuchwert nach der Equity-Methode ohne Konsolidierungsmaßnahmen

Die Equity-Methode in dieser Form, in der sie übrigens auch im Konzernabschluß anwendbar wäre, ist somit eher eine Bewertungsmethode als eine Konsolidierungsmethode.

Da jedoch im Konzernabschluß nach geltendem Recht die Wertermittlung im Rahmen der Equity-Methode auf einer - in einer Nebenrechnung durchzuführenden - Kapitalaufrechnung basiert und diese Methode zudem unter bestimmten Bedingungen (vgl. E.6) als Alternative zu anderen Konsolidierungsmethoden in Frage kommt, liegt es nahe, diese "*Ersatzkonsolidierung*" (Havermann, WPg 1975, S. 237) unter die Methoden der Kapitalkonsolidierung einzuordnen.

4.3.2 Die Varianten der Equity-Methode nach § 312 HGB

Für die Durchführung der Equity-Methode (zum Anwendungsbereich vgl. E.6) bietet § 312 Abs. 1 HGB zwei Varianten (nachfolgend als Methoden bezeichnet) an:

- die sogenannte Buchwertmethode und
- die sogenannte Kapitalanteilsmethode.

Die Methoden weisen materiell keine Unterschiede auf. Sie unterscheiden sich lediglich beim Ausweis des Unterschiedsbetrags aus der fiktiven Kapitalkonsolidierung, wobei dieser Unterschied nur bei der erstmaligen Anwendung der Equity-Methode zwingend ist.

4.3.2.1 Erstmalige Anwendung nach der Buchwertmethode

Bei der Buchwertmethode wird die Beteiligung gem. § 312 Abs. 1 S. 1 Nr. 1 HGB mit ihrem Buchwert aus dem Einzelabschluß des beteiligten Unternehmens angesetzt.

Die Besonderheit gegenüber dem Ausweis im Einzelabschluß besteht darin, daß wie bei der Vollkonsolidierung ein Unterschiedsbetrag zwischen dem Beteiligungsbuchwert und dem anteiligen bilanziellen Eigenkapital ermittelt wird. Der Unterschiedsbetrag kann, da keine tatsächliche Eliminierung von Beteiligungsbuchwert und anteiligem Eigenkapital erfolgt, nur in einer Nebenrechnung ermittelt werden.

Der - im Beteiligungsbuchwert enthaltene - aktivische Unterschiedsbetrag ist entweder in der Konzernbilanz als "Davon"-Betrag in einer Vorspalte zum Beteiligungsbuchwert auszuweisen oder im Konzernanhang anzugeben. Entsteht ein passivischer Unterschiedsbetrag, so ist er in der Vorspalte der Bilanz als "Dazu"-Betrag auszuweisen (vgl. Harms/Küting, DB 1980, S. 2463) oder im Anhang anzugeben (vgl. Schäfer, Equity-Methode, 1982, S. 275).

Die Buchwertmethode ähnelt insoweit der Buchwertmethode im Rahmen der Vollkonsolidierung (vgl. G.4.1.1.2.1), als auch hier bei der Ermittlung des Unterschiedsbetrags das anteilige Eigenkapital auf der Basis von Buchwerten, also vor der Aufdeckung stiller Reserven (aber gegebenenfalls nach konzerneinheitlicher Bewertung), zugrundegelegt wird. Der Unterschiedsbetrag enthält somit neben einem eventuellen Geschäftswert auch einzelnen Vermögensgegenständen und Schulden zuordnungsfähige Beträge. Erst nach seiner Ermittlung wird der Unterschiedsbetrag durch Aufdeckung stiller Reserven einzelnen Positionen zugeordnet und als verbleibender Betrag der Geschäftswert bestimmt.

Folgendes Beispiel soll die erstmalige Anwendung nach der Buchwertmethode verdeutlichen:

Die M-AG hält eine 40 %-Beteiligung an der A-AG, auf die sie einen maßgeblichen Einfluß iSv. § 311 Abs. 1 HGB ausübt. Die Equity-Methode wird erstmals im Konzernabschluß der M-AG zum 31.12.01 angewendet. Die nachfolgende Übersicht zeigt die relevanten Daten und Buchungen, wobei Nebenrechnungen in eckige Klammern gesetzt wurden.

Im ersten Schritt werden der Beteiligungsbuchwert und das anteilige bilanzielle Eigenkapital gegeneinander aufgerechnet, wobei nur der resultierende Unterschiedsbetrag in Höhe von (200 - 40 % von (150+50+50) =) 100 DM Eingang in den Konzernabschluß findet und auch das nur als Zusatzvermerk. Die übrigen Werte tauchen nur in Nebenrechnungen auf.

Im Konsolidierungsschritt (2) wird - ebenfalls nur in einer Nebenrechnung - der Unterschiedsbetrag auf die aufdeckungsfähigen stillen Reserven in Höhe von (40 % von 100 =) 40 DM und auf den Geschäftswert (100 - 40 = 60 DM) verteilt.

Beispiel G.21: Erstmalige Anwendung der Equity-Methode nach der Buchwertmethode

	M	A	Konsolidierung		Konzern	Neben-rechnung
			Soll	Haben		
Übrige Aktiva	1550	450			1550	
[Stille Reserven]	-	[100]	(2) [40]			[40]
Geschäftswert	-	-	(2) [60]		-	[60]
Beteiligung an A	200	-		(1)[200]	200	
- davon Unterschiedsbetrag[1]	-	-	(1) 100	(2)[100]	100	
Summe	1750	450			1750	
Gezeichnetes Kapital	600	150	(1) [60]		600	
Rücklagen	400	50	(1) [20]		400	
Jahresüberschuß	-	50	(1) [20]		-	
Fremdkapital	750	200			750	
Summe	1750	450	300[2]	300[2]	1750	

[1] alternativ: Angabe im Anhang
[2] einschließlich der Beträge aus Nebenrechnungen

Die einzige Auswirkung der Buchwertmethode bei der erstmaligen Anwendung auf den Konzernabschluß besteht somit im Zusatzvermerk des Unterschiedsbetrags.

4.3.2.2 Erstmalige Anwendung nach der Kapitalanteilsmethode

Die Kapitalanteilsmethode verlangt gem. § 312 Abs. 1 S. 1 Nr. 2 HGB die Bewertung der Beteiligung zum anteiligen Eigenkapital. Hierbei ist - insofern weist diese Methode Parallelen zur Neubewertungsmethode bei Vollkonsolidierung (vgl. G.4.1.1.2.2) auf - nicht vom bilanziellen Eigenkapital, sondern vom Eigenkapital auszugehen, das sich nach Aufdeckung stiller Reserven ergibt.

Entsteht aus der Aufrechnung von Beteiligungsbuchwert und anteiligem "neubewertetem" Eigenkapital ein aktivischer Unterschiedsbetrag, so ist dieser als Geschäftswert gesondert in der Konzernbilanz auszuweisen.

Ob dagegen die vom Gesetzgeber alternativ eingeräumte Möglichkeit zur Angabe des Geschäftswerts im Anhang praktikabel ist, wird in der Literatur unterschiedlich beurteilt.

Einerseits wird bzw. wurde diese Variante abgelehnt, weil sie wegen eines ansonsten auf der Aktivseite auftretenden Fehlbetrags konsolidierungstechnisch nicht möglich sei (vgl. Küting/Zündorf, BB Beilage 7/1986, S. 7) oder weil sie bilanztechnisch die unmittelbare Vollabschreibung des Geschäftswerts erfordere, was wiederum eine Angabe im Anhang überflüssig mache (vgl. Schindler, Kapitalkonsolidierung, 1986, S. 318).

Andererseits wird es auch bei der Kapitalanteilsmethode für zulässig gehalten, den Geschäftswert in der Bilanz in den Beteiligungsbuchwert einzubeziehen und ihn nur im Anhang gesondert anzugeben (vgl. Ordelheide, WPg 1985, S. 578; WP-Handbuch, Band I, M Tz. 460). Daneben wird noch vorgeschlagen, den Geschäftswert, kombiniert mit einer Anhangangabe, unter einer anderen Bilanzposition, z.B. zusammen mit Geschäftswerten aus der Vollkonsolidierung auszuweisen (vgl. Küting/Zündorf in: Küting/Weber, Konzernrechnungslegung, § 312 Rn. 28). Der Ausweis mit anderen Geschäftswerten hätte den Vorteil, daß er mit dem Gesetzeswortlaut übereinstimmen würde, während der Ausweis im Beteiligungsbuchwert zu einer Buchwertmethode mit Angabe des Geschäftswerts statt des gesamten Unterschiedsbetrags führen würde.

Für den Fall, daß die Anschaffungskosten für die Beteiligung kleiner als das anteilige bilanzielle Eigenkapital sind, findet - wie bei der Neubewertungsmethode im Rahmen der Vollkonsolidierung - eine Beschränkung des Wertansatzes auf die Anschaffungskosten statt. Der Ausweis eines Geschäftswerts ist dann weder in der Bilanz noch im Anhang möglich (vgl. Küting/Zündorf, BB Beilage 7/1986, S. 7; Schindler, Kapitalkonsolidierung, 1986, S. 319).

Ausgehend von den Daten des Beispiels G.21 ist die erstmalige Konsolidierung nach der Kapitalanteilsmethode auf der Grundlage der Bilanz für A nach Neubewertung (AN) wie folgt vorzunehmen:

Im Konsolidierungsschritt (1) wird der Beteiligungsbuchwert gegen das anteilige Eigenkapital auf der Basis von Zeitwerten aufgerechnet. Zu beachten ist die Differenzierung beim Beteiligungsbuchwert: Soweit er betragsmäßig dem anteiligen Eigenkapital auf Zeitwertbasis entspricht (hier: 40 % von (150+50+50+100) = 140 DM), erfolgt die Konsolidierung nur als Nebenrechnung. In Höhe des Unterschiedsbetrags aus der Kapitalkonsolidierung (hier: 200 - 140 = 60 DM) mindert die Buchung dagegen den Wertansatz im Konzernabschluß.

Im Schritt (2) wird der Unterschiedsbetrag in die Position Geschäftswert umgebucht, so daß der Geschäftswert bei dieser Methode nicht in der Nebenrechnung erfaßt zu werden braucht. Letztere umfaßt nur die anteiligen aufgedeckten stillen Reserven in Höhe von (40 % von 100 =) 40 DM.

Beispiel G.22: Erstmalige Anwendung der Equity-Methode nach der Kapitalanteilsmethode

	M	AN	Konsolidierung		Konzern	Neben-rechnung
			Soll	Haben		
Übrige Aktiva	1550	450			1550	
[Stille Reserven]	-	100				[40]
Geschäftswert[1]	-	-	(2) 60		60	
Beteiligung an A	200	-		(1) 60 (1)[140]	140	
Unterschiedsbetrag	-	-	(1) 60	(2) 60	-	
Summe	1750	550			1750	
Gezeichnetes Kapital	600	150	(1) [60]		600	
Rücklagen	400	150[2]	(1) [60]		400	
Jahresüberschuß	-	50	(1) [20]		-	
Fremdkapital	750	200			750	
Summe	1750	550	260[3]	260[3]	1750	

[1] alternativ: Angabe im Anhang und Ausweis unter anderer Position

[2] einschließlich "Neubewertungsrücklage" aus der Aufdeckung stiller Reserven

[3] einschließlich der Beträge aus Nebenrechnungen

4.3.2.3 Anwendung im Folgejahr nach der Buchwertmethode

In den Folgeperioden ist der Beteiligungsbuchwert im Konzernabschluß fortzuschreiben, wobei sich die Modifikationen nach ihren Ursachen in drei Gruppen unterteilen lassen.

Erstens findet eine Modifikation des Beteiligungsbuchwerts durch die Zurechnung oder den Abzug des anteiligen Jahreserfolgs, gegebenenfalls korrigiert um vereinnahmte Gewinnausschüttungen, statt. Diese Modifikationen resultieren aus der allgemeinen Konzeption der Equity-Methode und wären auch bei einer Anwendung der Equity-Methode im Einzelabschluß durchzuführen.

Zweitens sind die Mehraufwendungen, die aus der Auflösung stiller Reserven und aus Abschreibungen auf den Geschäftswert resultieren, vom Beteiligungsbuchwert abzuziehen. Diese Modifikationen sind typisch für die Equity-Methode im Konzernabschluß. Da im Konzernabschluß weder die einzelnen Vermögensgegenstände und Schulden des Beteiligungsunternehmens noch der Geschäftswert ausgewiesen werden, können diese Abschreibungen nur vom Beteiligungsbuchwert abgesetzt werden.

Drittens kann es zu Wertänderungen kommen, die auch bei der Bewertung zu Anschaffungskosten auftreten, wie außerplanmäßige Abschreibungen, Zuschreibungen, Kapitalein- und -rückzahlungen.

Das Beispiel G.21 läßt sich für das Geschäftsjahr 02 wie folgt fortführen:

Ergänzend wird angenommen, daß A den im Vorjahr vor Erwerb der Beteiligung erwirtschafteten, von M erworbenen und daher auch anteilig in die Kapitalkonsolidierung einbezogenen Jahresüberschuß in voller Höhe ausgeschüttet hat. Hiervon entfallen 40 % von 50 DM, also 20 DM auf M. Da die M-AG den Jahresüberschuß insoweit im Preis vergütet hatte, bekommt sie praktisch einen Teil des Kaufpreises zurück. Dies führt in der Einzelbilanz von M dazu, daß der Beteiligungsbuchwert wegen nachträglicher Anschaffungskostenminderungen auf 180 DM vermindert wird (vgl. Weber, Beteiligungen, 1980, S. 176; Weber/Zündorf in: Küting/Weber, Konzernrechnungslegung, § 301 Rn. 176). Selbst habe M im Jahr 02 keinen Jahresüberschuß erwirtschaftet. Bei A dagegen schlage sich der Jahresüberschuß von 200 DM in einer Erhöhung der übrigen Aktiva nieder, so daß sich unter Berücksichtigung der Ausschüttungen des Vorjahresgewinns die übrigen Aktiva bei A um (200 - 50 =) 150 DM erhöht haben. Hinsichtlich der stillen Reserven gelten die Annahmen des Beispiels G.6 (vgl. G.4.1.1.2.1), d.h. die anteiligen aufgedeckten stillen Reserven betreffen eine über drei Jahre linear abzuschreibende Maschine (24 DM) und ein Grundstück (16 DM).

Die beiden ersten Konsolidierungsschritte zeigen die Kapitalaufrechnung und die anschließende Verteilung des Unterschiedsbetrags. Sie unterscheiden sich von der Konsolidierung im ersten Jahr dadurch, daß wegen der in die Form der Ausschüttung eines erworbenen Jahresüberschusses gekleideten Anschaffungskostenminderung beim Beteiligungsbuchwert und beim Jahresüberschuß jeweils 20 DM weniger eliminiert werden müssen. Auch ist der "Davon"-Vermerk des Unterschiedsbetrags bei den Folgekonsolidierungen nicht mehr erforderlich.

Im Schritt (3) wird der Beteiligungsbuchwert um den anteiligen Jahresüberschuß von (40 % von 200 =) 80 DM erhöht. Die Gegenbuchung erfolgt beim Jahresüberschuß, denn genau in diesem Umfang ist der Jahresüberschuß von A dem beteiligten Unternehmen M zuzurechnen.

In den Schritten (4) und (5) werden die Abschreibungen auf die anteilig aufgedeckten stillen Reserven (1/3 · 40 % · 60 = 8 DM) und auf den Geschäftswert (1/15 · 60 = 4 DM) ebenfalls erfolgswirksam vom Beteiligungsbuchwert abgesetzt.

Beispiel G.23: Anwendung der Equity-Methode im Folgejahr nach der Buchwertmethode

	M	A	Konsolidierung		Konzern	Nebenrechnung
			Soll	Haben		
Übrige Aktiva	1570	600			1570	
[Stille Reserven]	-	[100]	(2) [40]	(4a) [8]		[32]
Geschäftswert	-	-	(2) [60]	(5a) [4]	-	[56]
Beteiligung an A	180	-	(3) 80 (4a) [8] (5a) [4]	(1)[180] (4) 8 (5) 4	248	
- davon Unterschiedsbetrag	-	-	(1)[100]	(2)[100]	-	
Summe	1750	600			1818	
Gezeichnetes Kapital	600	150	(1) [60]		600	
Rücklagen	400	50	(1) [20]		400	
Jahresüberschuß	-	200	(4) 8 (5) 4	(3) 80	68	
Fremdkapital	750	200			750	
Summe	1750	600	384[1]	384[1]	1818	

[1] einschließlich der Beträge aus Nebenrechnungen

Während diese Buchungen also Eingang in den Konzernabschluß finden, erfolgt die in den Schritten (4a) und (5a) durchgeführte Fortschreibung der - im Konzernabschluß nicht ausgewiesenen - stillen Reserven und des Geschäftswerts in Form einer Nebenrechnung. Weitere Erfolgswirkungen können sich aus der konzerneinheitlichen Bewertung ergeben, die allerdings im Rahmen der Equity-Methode nicht vorgeschrieben ist und im Beispiel auch nicht vorgenommen wurde.

Die Ermittlung des Beteiligungsbuchwerts nach der Equity-Methode läßt sich auch durch folgendes Schema darstellen:

	Buchwert in der Vorperiode	200
-	Anschaffungskostenminderung durch Ausschüttung	20
=	Einzelabschlußwert am 31.12.02	180
+	anteiliger Jahresüberschuß	80
-	Geschäftswertabschreibung	4
-	Abschreibung stiller Reserven	8
=	Buchwert am 31.12.02	248

Da die Beteiligung im Einzelabschluß nicht nach der Equity-Methode bewertet werden darf, gibt es ab dem Jahr der zweiten Folgekonsolidierung ein zusätzliches Problem. Die Buchwerte aus der Vorperiode laut Konzernabschluß und laut Einzelabschluß unterscheiden sich in Höhe der im Vorjahr oder in den Vorjahren vorgenommenen erfolgswirksamen Modifikationen. Um vom Einzelabschlußwert zum Konzernabschlußwert zu gelangen, ist daher bei späteren Folgekonsolidierungen zunächst eine "*Angleichungsbuchung*" (Küting/Zündorf, BB Beilage 7/1986, S. 9) vom Einzelabschlußwert zum Equity-Wert der Vorperiode durchzuführen. Diese Buchung umfaßt die kumulierten erfolgswirksamen Modifikationen nach dem Stand am Ende des Vorjahres. Da der laufende Konzernerfolg nur durch die Modifikationen des betreffenden Jahres beeinflußt werden soll, ist die Gegenbuchung erfolgsunwirksam - hier bei den Konzernrücklagen - vorzunehmen (vgl. Coenenberg, Jahresabschluß, 1997, S. 503).

4.3.2.4 Anwendung im Folgejahr nach der Kapitalanteilsmethode

Die einzige Besonderheit der Kapitalanteilsmethode gegenüber der Buchwertmethode besteht im separaten Ausweis des Geschäftswerts in der Hauptspalte der Konzernbilanz.

Für das obige Beispiel ergibt sich zum 31.12.02 folgender Wertansatz der Beteiligung im Konzernabschluß:

Die Addition beider Werte ergibt selbstverständlich den Wertansatz der Beteiligung nach der Buchwertmethode.

Beispiel G.24: Anwendung der Equity-Methode im Folgejahr nach der Kapitalanteilsmethode

	Buchwert in der Vorperiode	140
-	Anschaffungskostenminderung durch Ausschüttung	20
=	Einzelabschlußwert am 31.12.02	120
+	anteiliger Jahresüberschuß	80
-	Abschreibungen stiller Reserven	8
=	Buchwert am 31.12.02	192

Für den Geschäftswert gilt:

	Buchwert in der Vorperiode	60
-	Abschreibung	4
=	Buchwert am 31.12.02	56

Da zudem auch bei der Kapitalanteilsmethode der gesonderte Ausweis des Geschäftswerts nur bei der erstmaligen Konsolidierung verlangt wird (vgl. § 312 Abs. 1 Satz 3 2. Halbsatz HGB), kann der Geschäftswert bei Folgekonsolidierungen auch zusammen mit anderen Geschäftswerten oder mit im Beteiligungsbuchwert ausgewiesen werden. Letztere Variante führt dazu, daß die Kapitalanteilsmethode der Buchwertmethode völlig gleicht.

4.3.3 Einzelfragen der Equity-Methode nach geltendem Recht

4.3.3.1 Konzerneinheitliche Bewertung

Bei assoziierten Unternehmen besteht nach § 312 Abs. 5 S. 1 HGB keine Pflicht, sondern nur ein Wahlrecht zu konzerneinheitlicher Bewertung. Allerdings ist ein Verzicht auf die Anpassung im Anhang anzugeben. Unklar ist, wie weit für den Fall einer Anpassung der Umfang der Einheitlichkeit geht, da der Gesetzgeber eine sehr enge Formulierung gewählt hat:

- Es wird nur von einheitlicher Bewertung und nicht von einheitlicher Bilanzierung gesprochen,
- es ist nur die Rede von einer Anpassung an die im Konzernabschluß "*angewandten*" Bewertungsmethoden und nicht, wie in § 308 Abs. 1 HGB, von einer Anpassung an die "*anwendbaren*" Bewertungsmethoden und
- es wird nicht auf die Möglichkeit zur Übernahme rein steuerlicher Wertansätze (vgl. § 308 Abs. 3 HGB) hingewiesen.

Ob es sich bei den zwei zuletzt genannten Punkten um eine bewußte Verschärfung des Einheitlichkeitsgrundsatzes handelt, muß bezweifelt werden (vgl.

Küting/Zündorf, BB Beilage 7/1986, S. 14 f.). Einerseits sind keine Gründe hierfür ersichtlich, andererseits wäre es paradox, zunächst strengere Vorschriften für assoziierte Unternehmen als für Tochterunternehmen zu erlassen und dann bei ihrer Anwendung ein Wahlrecht einzuräumen.

Auch die anscheinende Beschränkung des Einheitlichkeitsgrundsatzes auf die Bewertung (der Höhe nach) erscheint nicht sinnvoll: Wenn man schon der Konsolidierung einheitlich erstellte Abschlüsse zugrundelegen will, dann sollte die Einheitlichkeit alle Bereiche der Bilanzierung, also auch die der Bewertung vorgelagerte Frage des Ansatzes umfassen.

Wird im Rahmen der Equity-Methode konzerneinheitlich bewertet, so daß eine von der ursprünglichen Handelsbilanz abweichende Handelsbilanz II entsteht, müssen im Rahmen der Folgekonsolidierungen natürlich auch die aus der Umbewertung resultierenden Folgen beachtet werden.

4.3.3.2 Behandlung des Geschäftswerts

Hinsichtlich der Behandlung des Geschäftswerts verweist § 312 Abs. 2 S. 3 HGB auf die entsprechenden Vorschriften für die Vollkonsolidierung in § 309 HGB (vgl. G.4.1.1.6.; Küting/Zündorf, BB Beilage 7/1986, S. 6).

Der aktivische Geschäftswert beeinflußt somit - auch wenn er, wie bei der Buchwertmethode, nicht als eigenständiger Posten erscheint - den Konzernabschluß, sei es den Konzernerfolg (bei Abschreibung) oder nur die Konzernrücklagen (bei erfolgsneutraler Verrechnung). Entsprechendes gilt für die Erfolgswirkungen eines passivischen Geschäftswerts bei Eintritt der Bedingungen gem. § 309 Abs. 2 HGB (Eintritt einer erwarteten ungünstigen Entwicklung, Realisierung des Gewinns).

Schließlich dürfen auch aktivische und passivische Geschäftswerte aus der Anwendung der Equity-Methode miteinander verrechnet werden.

4.3.3.3 Stichtag der Aufstellung und Basiszeitpunkt der Konsolidierung

Gem. § 312 Abs. 6 S. 1 HGB wird für den Jahresabschluß assoziierter Unternehmen kein konzerneinheitlicher Stichtag verlangt. Es ist vielmehr der jeweils letzte Abschluß heranzuziehen.

Diese im Hinblick auf die Zielsetzung der Equity-Methode, nämlich eine möglichst aktuelle Bewertung der Beteiligung zu erreichen, sehr problematische Regelung (vgl. Maas/Schruff, WPg 1985, S. 6) muß vor dem Hintergrund der Praktikabilität der Equity-Methode gesehen werden: Häufig wird der Einfluß des beteiligten Unternehmens auf das assoziierte Unternehmen nicht ausreichen, die Aufstellung eines Zwischenabschlusses durchzusetzen (vgl. Harms/Küting, BB 1985, S. 442).

Als Basiszeitpunkte für die Aufrechnung von Beteiligungsbuchwert und anteiligem Eigenkapital läßt der Gesetzgeber gem. § 312 Abs. 3 HGB

- den Zeitpunkt des Erwerbs,
- den Zeitpunkt der erstmaligen Einbeziehung oder,
- beim Erwerb der Beteiligung in mehreren Tranchen, den Zeitpunkt zu, in dem das Beteiligungsunternehmen assoziiertes Unternehmen geworden ist

Diese Möglichkeiten entsprechen denen bei Vollkonsolidierung (vgl. G.4.1.1.7).

4.3.3.4 Das Entstehen eines negativen Beteiligungsbuchwerts

Die Berücksichtigung des anteiligen Jahresüberschusses/-fehlbetrags des assoziierten Unternehmens bei der Fortschreibung des Beteiligungsbuchwerts kann bei hohen Verlusten dazu führen, daß ein negativer Wert entsteht. Die Beantwortung der vom Gesetzgeber offengelassenen Frage, ob bei anteiligen Jahresfehlbeträgen, die den bisherigen Wertansatz übersteigen, ein negativer, also passivischer, Beteiligungsbuchwert auszuweisen ist, wird von den Haftungsverhältnissen abhängig gemacht.

Grundsätzlich wird für diesen Fall empfohlen, die Equity-Methode auszusetzen, damit kein negativer Beteiligungsbuchwert auszuweisen ist (vgl. AICPA 1971, APB-Opinion No. 18, § 19 i; Enke, Bilanzierung, 1977, S. 65; Schäfer, Equity-Methode, 1982, S. 321; Fricke, Rechnungslegung, 1983, S. 241). Eine Zuschreibung ist dann erst wieder möglich, wenn die anteiligen Jahresüberschüsse späterer Perioden die zwischenzeitlich nicht berücksichtigten anteiligen Jahresfehlbeträge übersteigen.

Besteht eine rechtliche Verpflichtung des beteiligten Unternehmens, anteilige Verluste auszugleichen, so ist ein negativer Betrag als Verbindlichkeit zu passivieren (vgl. Enke, Bilanzierung, 1977, S. 65 f.; Schäfer, Equity-Methode, 1982, S. 321; Fricke, Rechnungslegung, 1983, S. 242, die gegebenenfalls auch die Bildung einer Rückstellung für erforderlich hält).

4.3.3.5 Ausweis im Anlagengitter

Die Änderungen des Wertansatzes der Beteiligung nach der Equity-Methode sind im Anlagengitter zu erfassen.

Die Zuordnung der Änderungen zu den Positionen des Anlagengitters wirft zum Teil keine Probleme auf. Abschreibungen und Zuschreibungen des Beteiligungsbuchwerts sind ebenso in den Spalten "Abschreibungen" bzw. "Zuschreibungen" zu erfassen wie Abschreibungen auf den Geschäftswert und Abschreibungen auf die aufgedeckten stillen Reserven. Käufe und Verkäufe von Anteilen dagegen sind eindeutig der Zugangs- bzw. Abgangsspalte zuzuordnen. Problematisch ist allerdings die Zuordnung der Wertfortschreibungen um anteilige Jahreserfolge, um vereinnahmte Gewinnausschüttungen und um konsolidierte Zwischenerfolge (vgl. I.5.3).

Für diese problematischen Sachverhalte werden drei Ausweisalternativen im Anlagengitter vorgeschlagen (vgl. Küting/Zündorf, BB Beilage 7/1986, S. 12; Zündorf, Anlagenspiegel, 1990, S. 58-66):

Nach der ersten Alternative werden die obigen Vorgänge - nach der Netto- oder der Bruttomethode - in der Abschreibungs- bzw. Zuschreibungsspalte erfaßt. Bei dieser Vorgehensweise wird dem Umstand Rechnung getragen, daß anteilige Jahreserfolge und Zwischenerfolge keine mengenmäßigen Veränderungen des Anlagevermögens repräsentieren. Sie werden vielmehr zusammen mit den anderen wertmäßigen Änderungen unter den Abschreibungen bzw. Zuschreibungen ausgewiesen, während Abgänge und Zugänge nur mengenmäßige Änderungen beeinhalten. Der Nachteil dieser Vorgehensweise ist, daß die in den Vorperioden vorgenommenen Zuschreibungen die kumulierten Abschreibungen übersteigen können, so daß - wegen der Saldierung beider Größen - negative kumulierte Abschreibungen auszuweisen wären. Hiermit einhergehende Interpretationsschwierigkeiten könnten jedoch durch zusätzliche Erläuterungen im Anhang verringert werden.

Die zweite Alternative besteht in der Verbuchung unter Zugängen und Abgängen. Dies hat jedoch den Nachteil, daß dann die Zugänge und Abgänge neben mengenmäßigen Änderungen, für die sie eigentlich vorgesehen sind, auch wertmäßige Änderungen enthalten.

Schließlich besteht noch die Möglichkeit, anteilige Jahresergebnisse, vereinnahmte Gewinnausschüttungen und Zwischenerfolgseliminierungen in gesonderten Spalten zu erfassen. Dieser korrekten Methode steht allerdings ein erheblicher Buchungsaufwand gegenüber: Wegen einer Position (Beteiligungen an assoziierten Unternehmen) wären im gesamten Anlagengitter eine oder (beim Bruttoausweis) zwei zusätzliche Spalten einzuführen.

4.3.3.6 Der Konzernabschluß als Grundlage

Grundsätzlich ist bei der Kapitalaufrechnung das anteilige Eigenkapital aus dem Einzelabschluß des assoziierten Unternehmens zugrundezulegen. Stellt das assoziierte Unternehmen jedoch einen Konzernabschluß auf, so ist gem. § 312 Abs. 6 S. 2 HGB dieser zugrunde zu legen.

Wichtig ist, daß diese Vorschrift keine Aufstellungspflicht für das assoziierte Unternehmen begründet. Hat es also von einem Wahlrecht zur Nichtaufstellung gem. §§ 291-293 HGB Gebrauch gemacht, so muß es keinen Konzernabschluß speziell für Zwecke der Equity-Methode aufstellen.

4.3.4 Kritik

Durch die anteilige Zurechnung der Jahreserfolge zum Beteiligungsbuchwert soll die Equity-Methode zu einer von stillen Reserven freien und damit gegenüber der Anschaffungskostenmethode aussagefähigeren Bewertung führen.

Auch wenn die Equity-Methode in dieser Hinsicht Vorteile gegenüber der Anschaffungskostenmethode bringen kann, ist doch zweifelhaft, ob das anteilige bilanzielle Eigenkapital einziger Maßstab für den Wert einer Beteiligung ist (vgl. Schäfer, Equity-Methode, 1982, S. 29). Auch die Equity-Methode führt nur zu einem objektivierten Wertansatz der Beteiligung. Die Bildung stiller Reserven wird durch sie nicht ausgeschlossen (vgl. Havermann, WPg 1975, S. 241 f.).

Viel schlimmer ist jedoch, daß durch die Zurechnung thesaurierter Gewinne Beträge ausgewiesen werden, auf die das beteiligte Unternehmen keinen Zugriff hat. Der maßgebliche Einfluß auf das assoziierte Unternehmen reicht nämlich i.d.R. nicht aus, um eine Ausschüttung von Gewinnen veranlassen zu können. Somit werden Werte ausgewiesen, auf die der Konzern nicht zurückgreifen kann.

Dieser bereits im Rahmen der Quotenkonsolidierung (vgl. G.4.2.2) diskutierte Nachteil ließe sich zwar durch einen gesonderten Ausweis zugerechneter thesaurierter Gewinne mildern. Zu fragen wäre dann aber, warum das Privileg der Durchbrechung des Anschaffungswertprinzips nur für Beteiligungen an assoziierten Unternehmen gelten soll, wohingegen etwa "normale" Beteiligungen oder Grundstücke zu ihren Anschaffungskosten bilanziert werden, obwohl auch diese erhebliche stille Reserven beeinhalten können.

Eine zusätzliche Verzerrung des Wertansatzes der Beteiligung folgt aus den konsolidierungsähnlichen Fortschreibungen.

Die Abschreibungen stiller Reserven und des Geschäftswerts resultieren aus der Erwerbsfiktion. Diese Fiktion ist, abgesehen von den mit ihr einhergehenden Problemen, nicht auf assoziierte Unternehmen übertragbar. Hier liegt primär ein Beteiligungserwerb und nicht ein Erwerb einzelner Vermögensgegenstände und Schulden vor, was auch dadurch zum Ausdruck kommt, daß in den Konzernabschluß nur der Beteiligungsbuchwert eingeht.

Freilich ist aus diesem Grund der Schaden, den die Equity-Methode für die Darstellung der Vermögenslage anrichtet, nur begrenzt: Es sind nur die Positionen "*Beteiligungen an assoziierten Unternehmen*" und, über die Erfolgswirkungen, das Eigenkapital betroffen.

Diese scheinbare Harmlosigkeit darf jedoch nicht darüber hinwegtäuschen, daß die Equity-Methode Erfolgswirkungen hat, die mit denen einer "richtigen" Konsolidierung vergleichbar sind.

So treten hinsichtlich der Kapitalkonsolidierung die gleichen Erfolgswirkungen wie bei der Quotenkonsolidierung auf. Gleiches gilt für die Vollkonsolidierung nach der Buchwertmethode, da auch hier stille Reserven und Geschäftswert nur insoweit im Konzernabschluß berücksichtigt werden, als sie auf den Kapitalanteil einbezogener Unternehmen entfallen. Ein Unterschied ergibt sich allerdings, wenn stille Reserven im Rahmen der Erstellung der Handelsbilanz II aufgedeckt werden, da dies auch bei der Buchwertmethode voll (und nicht etwa anteilig) geschieht. Die Anwendung der Neubewertungsmethode führt hingegen insgesamt zu stärkeren Erfolgswirkungen, was aber dadurch relativiert wird, daß auf Minderheiten entfallende Erfolgswirkungen nicht in das Konzernergebnis einzugehen brauchen (vgl. G.4.1.1.3.2).

Hinsichtlich des bei einer Gesamtbetrachtung ebenfalls zu berücksichtigenden Einflusses der Zwischenergebniseliminierung wird auf I.5.3 verwiesen.

Gemessen an ihren Erfolgswirkungen hat die Equity-Methode, so wie sie in das deutsche Konzernbilanzrecht umgesetzt wurde, alles andere als den Charakter einer "*kleinen Konsolidierung*" (Havermann, WPg 1975, S. 237), so daß sie unabhängig von der obigen Kritik auch nicht in die Konzeption des Gesetzgebers paßt, die darin besteht, die Konzernunternehmen mit abnehmendem Einfluß des Mutterunternehmens in immer geringerem Ausmaß einzubeziehen.

Durch die Verpflichtung, die aus der Anwendung der Equity-Methode resultierenden Erfolgswirkungen in der Konzern-Gewinn- und Verlustrechnung gesondert auszuweisen, werden die Mängel zwar vermindert, aber keineswegs völlig ausgeräumt, zumal die einzelnen Komponenten nicht offengelegt werden müssen.

Die Equity-Methode stellt im Hinblick auf das Ziel, "*ein den tatsächlichen Verhältnissen entsprechendes Bild (...) zu vermitteln*" (§ 297 Abs. 2 S. 2 HGB), keinen Fortschritt, sondern eher einen Störfaktor dar.

Zudem verursacht sie, was durch zahlreiche Varianten und Unklarheiten noch verstärkt wird, einen erheblichen, den "echten" Konsolidierungsmethoden durchaus vergleichbaren, Buchungsaufwand.

Daher wird hier dafür plädiert, die Möglichkeit zur Nichtanwendung der Equity-Methode gem. § 311 Abs. 2 HGB sehr weit auszulegen.

4.4 Vollkonsolidierung bei Ausweis der Beteiligung im Einzelabschluß nach der Equity-Methode

Anders als in Deutschland ist es international üblich, auch im Einzelabschluß Beteiligungen auf Basis der Equity-Methode auszuweisen, wenn auf das Unternehmen, an dem die Beteiligung besteht, ein maßgeblicher Einfluß oder sogar „control" ausgeübt wird (etwa APB 18; IAS 28.12 und .14 (Wahlrecht)). Im Zweifel gilt das ab einem Anteil von 20 % am stimmberechtigten Kapital (APB 18.17; IAS 28.4). Soweit „control" über das Tochterunternehmen besteht, darf die nach der Equity-Methode bewertete Beteiligung allerdings nicht in den Konzernabschluß übernommen werden. Vielmehr müssen entsprechend den Grundsätzen der Konzernrechnungslegung die Bilanzen von Mutter und Tochter horizontal addiert und anschließend partiell verrechnet - konsolidiert - werden. Dieser Abschnitt behandelt die Frage, wie eine erfolgswirksame Vollkonsolidierung nach der echten angelsächsischen Methode der Kapitalkonsolidierung (purchase method) erfolgt, wenn bei Bestehen von „control" die Beteiligung im Einzelabschluß „at equity" ausgewiesen wird (vgl. auch Beams, Advanced Accounting, S. 78 ff.).

Die Probleme der Vollkonsolidierung bei Ausweis der Beteiligung im Einzelabschluß nach der Equity-Methode liegen eher in der Bewertung der Beteiligung „at equity" als in der nachfolgenden Konsolidierung. Wie im Abschnitt G.4.3 und speziell G.4.3.2.3 beschrieben, müssen bei Equity-Bewertung nach der Buchwertmethode die Anschaffungskosten bzw. muß ab dem zweiten Jahr der Buchwert der Beteiligung

- um den anteiligen Jahresüberschuß des betrachteten Jahres erhöht und/oder
- um den anteiligen Jahresfehlbetrag des betrachteten Jahres,
- um die im betrachteten Jahr durch Gewinnverwendungsentscheidungen bei der Tochter erworbenen Dividendenansprüche,
- um die zusätzlichen Abschreibungen im betrachteten Jahr auf die aufgedeckten stillen Reserven sowie
- um die Abschreibungen im betrachteten Jahr auf den Geschäftswert

vermindert werden, um den neuen Buchwert nach der Equity-Methode zu erhalten.

Mit dem Buchwert „at equity" geht auch der entsprechend modifizierte Gewinn der Mutter über deren Einzelbilanz in die Summenbilanz ein. Durch die Kapitalkonsolidierung wird der „at equity" bewertete Beteiligungsbuchwert gegen den Konzernanteil an Eigenkapital und Jahresüberschuß aufgerechnet. Als Differenz verbleiben genau die Werte der aufgedeckten stillen Reserven und des Geschäftswerts nach Berücksichtigung der Abschreibungen für das betrachtete Jahr.

Im Beispiel G.6 einer Folgekonsolidierung bei einer Beteiligung von 100 % sind die Anschaffungskosten der Beteiligung an T von 500 um den vollen Jahresüberschuß der Tochter von 140 zu erhöhen und um Abschreibungen von 20 auf die aufgedeckten stillen Reserven sowie 10 auf den Geschäftswert zu vermindern (500 + 140 - 20 - 10 = 610). Im gleichen Zuge steigt auch der Jahresüberschuß der Mutter von 100 um 140 - 20 - 10 auf 210. Die eigentliche Konsolidierung ist dann ein Kinderspiel:

Beispiel G.25: Vollkonsolidierung bei Equity-Bewertung einer 100 %igen Beteiligung im Einzelabschluß der Mutter auf Basis der Daten des Beispiels G.6

	M	T	Summe	Konsolidierung Soll	Konsolidierung Haben	Konzern
Übrige Aktiva	1250	590	1840			1840
[stille Reserven]	-	[100]	[100]	80		80
Geschäftswert	-	-	-	140		140
Beteiligung an T „at equity"	610	-	610		610	-
Summe	1860	590	2450			2060
Gezeichnetes Kapital	600	150	750	150		600
Rücklagen	300	100	400	100		300
Jahresüberschuß	210	140	350	140		210
Fremdkapital	750	200	950			950
Summe	1860	590	2450	610	610	2060

Die Konzernabschlüsse in den Beispielen G.25 und G.6 stimmen voll überein, was auch beabsichtigt war. Ebenfalls gleich sind die Jahresüberschüsse von Mutterunternehmen und Konzern, was ein zentrales Ziel der Equity-Methode ist.

Im Beispiel G.9 einer Folgekonsolidierung bei Minderheiten von 10 % ergibt sich der Wert der Beteiligung „at equity" am Jahresende aus den Anschaffungskosten (450) zuzüglich dem anteiligen Jahresüberschuß (0,9 · 140 = 126) und abzüglich der Abschreibungen auf die (nur anteilig aufgedeckten) stillen Reserven (18) sowie den Geschäftswert (9), also 450 + 126 - 18 - 9 = 549. Analog verändert sich der Jahresüberschuß der Mutter von 100 auf 100 + 126 - 18 - 9 = 199. Die Konsolidierung erfordert zwei Buchungen, eine für die Konzernmehrheit (1) und eine für die Minderheit (2).

Beispiel G.26: Vollkonsolidierung bei Equity-Bewertung einer nicht 100 %igen Beteiligung im Einzelabschluß der Mutter auf Basis der Daten des Beispiels G.9

	M	T	Summe	Konsolidierung Soll	Konsolidierung Haben	Konzern
Übrige Aktiva	1300	590	1890			1890
[stille Reserven]	-	[100]	[100]	(1) 72		72
Geschäftswert	-	-	-	(1) 126		126
Beteiligung an T „at equity"	549	-	549		(1) 549	-
Summe	1849	590	2439			2088
Gezeichnetes Kapital	600	150	750	(1) 135 (2) 15		600
Rücklagen	300	100	400	(1) 90 (2) 10		300
Jahresüberschuß	199	140	339	(1) 126 (2) 14		199
Minderheiten	-	-	-		(2) 39	39
Fremdkapital	750	200	950			950
Summe	1849	590	2439	588	588	2088

Erneut gleicht der Konzernabschluß im Beispiel G.26 demjenigen im Beispiel G.9.

Literaturhinweise

Außer der einschlägigen Kommentierung zu den §§ 301, 302, 307, 309, 310 und 312 HGB sei verwiesen auf:

Baetge, Jörg: Konzernbilanzen, 3. Aufl., Düsseldorf 1997, S. 195-292, 405-434, 437-464, und 475-493.

Beams, Floyd A.: Advanced Accounting, 6th edition, New Jersey 1996.

Busse von Colbe, Walther/Ordelheide, Dieter: Konzernabschlüsse, 5. Aufl., Wiesbaden 1984, S. 100-162.

Busse von Colbe, Walther/Ordelheide, Dieter: Konzernabschlüsse, 6. Aufl., Wiesbaden 1993, S. 191-321.

Dreger, Karl-Martin: Der Konzernabschluß, Wiesbaden 1969, S. 51-135.

Ewert, Ralf/Schenk, Gerald: Offene Probleme bei der Kapitalkonsolidierung im mehrstufigen Konzern, in: BB, 48. Jg., Beilage 14 zu Heft 20, 1993.

Havermann, Hans: Zur Bilanzierung von Beteiligungen an Kapitalgesellschaften in Einzel- und Konzernabschlüssen. Einige Anmerkungen zum Equity-Accounting, in: WPg, 28. Jg., 1975, S. 233-242.

Hoffmann, Ira: Die Kapitalkonsolidierung bei Interessenzusammenführung gemäß § 302 HGB, Bergisch Gladbach/Köln 1992.

IdW (Hrsg.): Wirtschaftsprüfer-Handbuch 1996, 11. Aufl., Bd. I, Düsseldorf 1996.

Küting, Karlheinz/Zündorf, Horst: Zurechnungsmodalitäten stiller Reserven im Rahmen der Kapitalkonsolidierung nach künftigem Konzernbilanzrecht, in: BB, 40. Jg., 1985, S. 1302-1311.

Küting, Karlheinz/Zündorf, Horst: Die Equity-Methode im deutschen Bilanzrecht, in: BB, 41. Jg., Beilage 7 zu Heft 21, 1986.

Lutter, Bernd/Rimmelspacher, Dirk: Einheitstheorie und Kapitalkonsolidierung - mehr Konflikt als Konsens?, in: DB, 45. Jg., 1992, S. 485-491.

Niehus, Rudolf J.: Die 7. EG-Richtlinie und die "Pooling-of-Interests"-Methode einer konsolidierten Rechnungslegung, in: WPg, 36. Jg., 1983, S. 437-446.

Ordelheide, Dieter: Anschaffungskostenprinzip im Rahmen der Erstkonsolidierung gem. § 301 HGB, in: DB, 39. Jg., 1986, S. 493-499.

Ordelheide, Dieter: Endkonsolidierung bei Ausscheiden eines Unternehmens aus dem Konsolidierungskreis, in: BB, 41. Jg., 1986, S. 766-772.

Ordelheide, Dieter: Anwendungsbereich und Erstkonsolidierung, in: Beck'sches Handbuch der Rechnungslegung (Beck HdR), hrsg. von Edgar Castan, Gerd Heymann, Eberhard Müller, Dieter Ordelheide und Eberhard Scheffler, Teil C 401, München 1987.

Ordelheide, Dieter: Folgekonsolidierung nach der Erwerbsmethode, in: Beck'sches Handbuch der Rechnungslegung (Beck HdR), hrsg. von Edgar Castan, Gerd Heymann, Eberhard Müller, Dieter Ordelheide und Eberhard Scheffler, Teil C 402, München 1987.

Schindler, Joachim: Der Ausgleichsposten für die Anteile anderer Gesellschafter nach § 307 HGB, in: WPg, 39. Jg., 1986, S. 588-596.

Schindler, Joachim: Kapitalkonsolidierung nach dem Bilanzrichtliniengesetz, Frankfurt a.M./Bern/New York 1986.

Sigle, Hermann: Betriebswirtschaftliche Aspekte der Quotenkonsolidierung, in: Bilanzrichtlinien-Gesetz, ZfB-Ergänzungsheft 1/1987, S. 321-337.

Sonderausschuß Bilanzrichtlinien-Gesetz (SABI): Stellungnahme SABI 2/1988: Behandlung des Unterschiedsbetrags aus der Kapitalkonsolidierung, in: WPg, 41. Jg., 1988, S. 622-625.

Wysocki, Klaus von/ Wohlgemuth, Michael: Konzernrechnungslegung, 4. Aufl., Düsseldorf 1996, S. 78-173.

Zündorf, Horst: Quotenkonsolidierung versus Equity-Methode, Stuttgart 1987.

H. Schuldenkonsolidierung

1. Einführung

Die Einheitstheorie geht von der wirtschaftlichen Unselbständigkeit der in den Konzern einbezogenen Unternehmen aus. Wenn die Konzernunternehmen dementsprechend nur als Teilbetriebe der wirtschaftlichen Einheit Konzern anzusehen sind, kann es zwischen ihnen keine bilanzierungsfähigen Schuldverhältnisse geben. Aus der Summenbilanz müssen daher Forderungen und Verbindlichkeiten, die zwischen einbezogenen Unternehmen bestehen, eliminiert werden. Mit dieser Eliminierung erzielt die Schuldenkonsolidierung den gleichen Effekt wie die Kapitalkonsolidierung, die Vermeidung von Doppelzählungen: Denn eine Bilanzierung der Forderung des Gläubigerunternehmens in der Konzernbilanz liefe auf eine zweite Erfassung des Vermögens des Schuldnerunternehmens hinaus. Ebenso würde das Kapital als Kapital des Gläubigerunternehmens und als Verbindlichkeit des Schuldnerunternehmens doppelt gezählt.

Wer angesichts dieser Parallelität befürchtet, das mühevolle Durchdringen der vielfältigen Regelungen zur Kapitalkonsolidierung könnte hier eine Fortsetzung oder gar Steigerung erfahren, wird freilich zunächst durch den Wortlaut des § 303 HGB beruhigt, dessen erster Absatz schlicht besagt: *"Ausleihungen und andere Forderungen, Rückstellungen und Verbindlichkeiten zwischen den in den Konzernabschluß einbezogenen Unternehmen sowie entsprechende Rechnungsabgrenzungsposten sind wegzulassen."*

Beruhigend ist dabei in der Tat, daß es bei der Schuldenkonsolidierung keine Vielzahl verschiedener Verfahren zu unterscheiden gibt. Allerdings gestaltet sich die Schuldenkonsolidierung nicht derart unproblematisch, wie dies der Gesetzestext vielleicht vermuten läßt. Vielmehr verbleiben vor allem noch zwei Fragen, die in den beiden folgenden Abschnitten geklärt werden sollen:

Zunächst ist in Abschnitt H.2. der Gegenstand der Schuldenkonsolidierung abzugrenzen, also in erster Linie zu bestimmen, wie die Aufzählung der wegzulassenden Positionen in § 303 Abs. 1 HGB zu interpretieren ist.

Das zweite Problem wird im Gesetzestext überhaupt nicht angesprochen. Einfaches Weglassen der konzerninternen Forderungen und Verbindlichkeiten ist nur dann zulässig und möglich, wenn sie sich in genau gleicher Höhe gegenüberstehen. Häufig ist dies nicht der Fall; es entstehen sog. Aufrechnungsdifferenzen. Diese Differenzen sind Gegenstand des dritten Abschnitts dieses Kapitels.

Verbleibende Einzelfragen zur Schuldenkonsolidierung werden schließlich im Abschnitt H.4. behandelt.

2. Zum Gegenstand der Schuldenkonsolidierung

Die Regelung der Schuldenkonsolidierung hat durch das Bilanzrichtlinien-Gesetz inhaltlich keine Änderung erfahren, die jetzige Formulierung ist jedoch etwas ausführlicher. Zusätzlich zu *"Forderungen"* und *"Verbindlichkeiten"* werden in § 303 Abs. 1 HGB auch ausdrücklich *"Ausleihungen"*, *"Rückstellungen"* und *"Rechnungsabgrenzungsposten"* als Gegenstand der Schuldenkonsolidierung genannt. Diese Neuformulierung bringt den Willen des Gesetzgebers zum Ausdruck, die Konsolidierung nicht nur auf Forderungen und Verbindlichkeiten im engeren Sinne zu beschränken (vgl. Biener/Berneke, Bilanzrichtlinien-Gesetz, 1986, S. 340); aber auch der neue Katalog darf nicht eng als vollständige Aufzählung der betroffenen Bilanzpositionen ausgelegt werden. Vielmehr sind bei der Schuldenkonsolidierung alle Posten zu berücksichtigen, durch die Schuldverhältnisse zwischen in die Konsolidierung einbezogenen Unternehmen abgebildet werden.

Schaubild H.1 auf der folgenden Seite zeigt als Ausschnitt einer Bilanz eines einbezogenen Unternehmens diejenigen Positionen, die bei der Eliminierung von Schuldverhältnissen zwischen vollkonsolidierten Unternehmen betroffen sein können (zu den übrigen Unternehmen des Konsolidierungskreises vgl. H.4.3). Diese Posten, deren Bezeichnung aus der Bilanzgliederung des § 266 Abs. 2 und 3 HGB stammt, werden zunächst zu erläutern sein.

Aber nicht nur Bilanzpositionen, sondern auch die Eventualverbindlichkeiten und Haftungsverhältnisse unter der Bilanz (§ 251 HGB) sowie die Angaben sonstiger finanzieller Verpflichtungen im Anhang (§ 285 Nr. 3 HGB) müssen daraufhin geprüft werden, ob sie nach § 298 Abs. 1 HGB in Verbindung mit § 251 HGB bzw. § 314 Abs. 1 Nr. 2 HGB in den Konzernabschluß übernommen werden können.

2.1 Erläuterung der zu eliminierenden Bilanzpositionen

2.1.1 Forderungen gegen verbundene Unternehmen und Verbindlichkeiten gegenüber verbundenen Unternehmen

Bei diesen Bilanzpositionen ist zu beachten, daß als *"verbundene Unternehmen"* nach § 271 Abs. 2 HGB nicht nur Unternehmen gelten, die in einen Konzernabschluß tatsächlich einbezogen werden, sondern alle, die nach § 290 HGB grundsätzlich einzubeziehen wären (oder nach §§ 291, 292 HGB einbezogen werden könnten). Im Rahmen der Schuldenkonsolidierung sind allerdings Forderungen und Verbindlichkeiten gegenüber verbundenen Unternehmen nur insoweit zu eliminieren, als sie einbezogene verbundene Unternehmen betreffen.

Aktivseite

* (Ausstehende Einlagen auf das gezeichnete Kapital,)
davon eingefordert

A. I. 3. geleistete Anzahlungen [auf immaterielles Anlagevermögen]
II. 4. geleistete Anzahlungen (...) [auf Sachanlagen]
III. 2. Ausleihungen an verbundene Unternehmen
5. Wertpapiere des Anlagevermögens

B. I. 4. geleistete Anzahlungen [auf Vorräte]
II. 1. Forderungen aus Lieferungen und Leistungen
II. 2. Forderungen gegen verbundene Unternehmen
* eingeforderte Einlagen auf das gezeichnete Kapital
II. 4. sonstige Vermögensgegenstände
III. 3. sonstige Wertpapiere
IV. Schecks (...), Guthaben bei Kreditinstituten

C. Rechnungsabgrenzungsposten
* Disagio
* andere Rechnungsabgrenzungsposten

Passivseite

B. 3. sonstige Rückstellungen

C. 1. Anleihen
2. Verbindlichkeiten gegenüber Kreditinstituten
3. erhaltene Anzahlungen auf Bestellungen
4. Verbindlichkeiten aus Lieferungen und Leistungen
5. Verbindlichkeiten aus der Annahme gezogener Wechsel und der Ausstellung eigener Wechsel
6. Verbindlichkeiten gegenüber verbundenen Unternehmen

D. Rechnungsabgrenzungsposten

Schaubild H.1: Bilanzpositionen, die Schuldverhältnisse zwischen vollkonsolidierten Unternehmen zum Inhalt haben können

2.1.2 Eingeforderte Einlagen auf das gezeichnete Kapital

Die ausstehenden Einlagen auf das gezeichnete Kapital besitzen einen Doppelcharakter - als aktivische Korrekturgröße zum Kapital und als Forderung.

Soweit sie nicht eingefordert sind, stellen sie einen reinen aktiven Korrekturposten zur Passivposition *"gezeichnetes Kapital"* dar. Dem entspricht das Wahlrecht im Einzelabschluß, entweder das gezeichnete Kapital in seiner vollen Höhe auf der Passivseite auszuweisen und dies durch den Ausweis der ausstehenden Einlagen auf das gezeichnete Kapital auf der Aktivseite zu korrigieren (Bruttoausweis) oder die nicht eingeforderten ausstehenden Einlagen auf der Passivseite offen (in einer Vorspalte) vom gezeichneten Kapital abzusetzen (Nettoausweis).

Der Charakter einer Forderung der Gesellschaft gegenüber den Anteilseignern kommt wirtschaftlich gesehen erst in dem Zeitpunkt und nur insoweit zum Tragen, als die ausstehenden Einlagen oder Teile davon eingefordert werden.

Gegenstand der Schuldenkonsolidierung sind nur eingeforderte Einlagen, soweit sich die Forderung gegen andere einbezogene Unternehmen richtet. Solche eingeforderten Einlagen, die *"davon"*-Bestandteil der *"Ausstehenden Einlagen auf das gezeichnete Kapital"* oder eine gesonderte Forderungsposition im Umlaufvermögen sein können, werden gegen die entsprechenden Verbindlichkeiten aus Kapitaleinzahlungsverpflichtungen aufgerechnet, die beim verpflichteten Konzernunternehmen als *"davon"*-Bestandteil etwa der *"Verbindlichkeiten gegenüber verbundenen Unternehmen"* ausgewiesen werden sollten. Von Dritten eingeforderte Einlagen hingegen sind in die Konzernbilanz zu übernehmen.

Nicht eingeforderte ausstehende Einlagen von einbezogenen Unternehmen schließlich werden in der Regel im Sinne des Nettoausweises mit dem gezeichneten Kapital verrechnet (vgl. G.1.2).

2.1.3 Geleistete und erhaltene Anzahlungen

Anzahlungen erscheinen in Bilanzen, wenn bei einem Kaufgeschäft der Kaufpreis zumindest teilweise schon entrichtet wurde, bevor der Verkäufer seine Leistung erbracht hat. Die aktivierten geleisteten Anzahlungen bringen demnach den Anspruch auf Leistung und die passivierten erhaltenen Anzahlungen die Verpflichtung zur Leistung zum Ausdruck. Handelt es sich bei den Vertragspartnern um einbezogene Unternehmen, müssen geleistete und erhaltene Anzahlungen grundsätzlich im Rahmen der Schuldenkonsolidierung aus der Summenbilanz eliminiert werden.

Lediglich bei den geleisteten Anzahlungen auf Sachanlagen wird in der Literatur teilweise ein Verzicht auf die Berücksichtigung bei der Schuldenkonsolidierung für zulässig erachtet, weil die Grenzziehung zwischen den Anzahlungen auf Sachanlagen und den Anlagen im Bau, die gemeinsam unter einer Bilanzposition ausgewiesen werden, nicht immer möglich sei. Dem wird allerdings entgegengehalten, daß der Betrag der Anzahlung aus der Bilanz des Empfängers der Zahlung eindeutig ermittelt werden kann (vgl. Scherrer in: Hofbauer/Kupsch, BHR § 303 Rz 12).

Inwieweit unfertige Erzeugnisse beim liefernden Konzernunternehmen im Konzernabschluß unter Anlagen im Bau ausgewiesen werden müssen, ist eine davon zu unterscheidende Frage.

2.1.4 Aktive und passive Rechnungsabgrenzungsposten

Aktive und passive Rechnungsabgrenzungsposten sind in die Schuldenkonsolidierung miteinzubeziehen, soweit das zugrunde liegende Schuldverhältnis (z.B. Darlehen, Miete, Pacht) gegenüber einem anderen einbezogenen Unternehmen besteht. Daran ändert auch die Tatsache nichts, *"daß der Ausgleich von Anspruch und Verpflichtung nicht in Geld, sondern durch eine andere Leistung erfolgt"* (NA 2/1967, WPg 1967, S. 489).

2.1.5 Rückstellungen

§ 303 Abs. 1 HGB bezeichnet ausdrücklich auch Rückstellungen als Gegenstand der Schuldenkonsolidierung. Das heißt aber nicht, daß sämtliche Rückstellungen aus den Einzelbilanzen der einbezogenen Unternehmen in der Konzernbilanz weggelassen werden müßten. Vielmehr ist eine neue Beurteilung der jeweiligen Sachverhalte aus der Sicht des fingierten einheitlichen Unternehmens erforderlich. Dabei kann es zu drei verschiedenen Ergebnissen kommen, und zwar:

- Übernahme der Rückstellung in die Konzernbilanz,
- Eliminierung oder
- Umgliederung.

Die Behandlung der verschiedenen Rückstellungsarten aus den Einzelbilanzen wird anhand des Schaubilds H.2 auf der nächsten Seite erläutert:

Die Rückstellungen aus den Einzelbilanzen sind dabei zunächst zu trennen in Rückstellungen für Verpflichtungen gegenüber sich selbst ("Aufwandsrückstellungen") und solche gegenüber Dritten (Rückstellungen für ungewisse Verbindlichkeiten, für drohende Verluste aus schwebenden Geschäften sowie für Gewährleistungen ohne rechtliche Verpflichtung). Ferner ist danach zu differenzieren, ob es sich bei den Dritten um einbezogene Unternehmen handelt oder nicht.

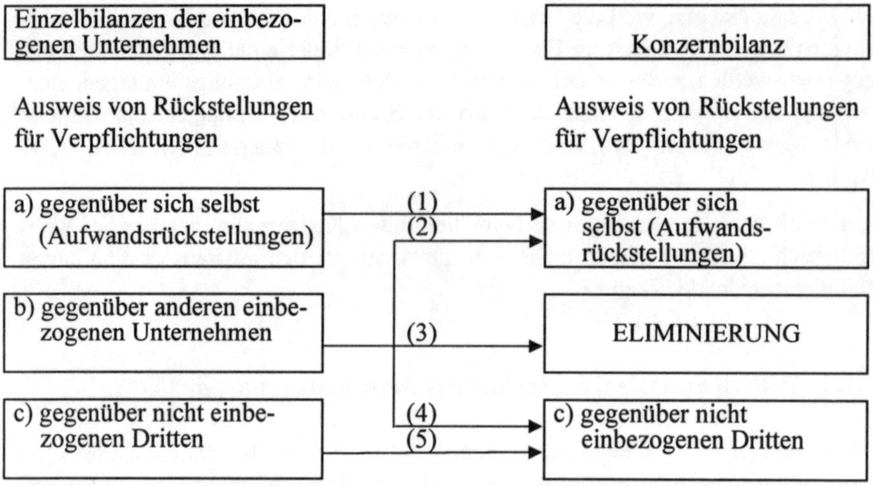

Schaubild H.2: Konsolidierung der Rückstellungen

In die Konzernbilanz zu übernehmen sind alle Aufwandsrückstellungen (1) sowie sämtliche Rückstellungen, die für Verpflichtungen gegenüber nicht einbezogenen Unternehmen gebildet worden sind (5).

In die Konzernbilanz zu übernehmen ist auch eine Rückstellung, wenn die Verpflichtung nur vordergründig gegenüber einem anderen einbezogenen Unternehmen, tatsächlich aber gegenüber einem Außenstehenden besteht. Droht beispielsweise dem einbezogenen Unternehmen A aus einem schwebenden Geschäft mit B, der Einkaufsgesellschaft des Konzerns, ein Verlust, und B derselbe Verlust aus dem entsprechenden Geschäft gegenüber einem Externen, so darf, da B in seiner Einzelbilanz keine Rückstellung bildet (durchlaufender Posten), die Rückstellung von A aus der Summenbilanz nicht eliminiert werden ((4), vgl. Heine, WPg 1967, S. 116 f.).
In der Regel aber dürfen Rückstellungen für (ungewisse) Verbindlichkeiten gegenüber einem anderen einbezogenen Unternehmen oder drohende Verluste aus schwebenden Geschäften mit einem solchen nicht in die Konzernbilanz eingehen (3).

Zu einer Umgliederung solcher Rückstellungen kann es ausnahmsweise kommen, wenn für den gesamten Konzern die Bildung einer Rückstellung aus anderem Grund erforderlich oder möglich ist. So kann etwa bei einer Rückstellung für Gewährleistungen aus Konzernsicht eine Passivierung als Rückstellung für unterlassene Instandhaltungsaufwendungen geboten oder zulässig sein ((2), Aufwandsrückstellung des Konzerns).

2.1.6 Anleihen

Erwirbt ein Unternehmen Anleihen, die es selbst am Kapitalmarkt begeben hat, so muß es diese in der Regel aktiv ausweisen und darf sie nur dann von der Anleiheschuld abziehen, wenn die Wiederveräußerung unmöglich oder endgültig nicht mehr vorgesehen ist (vgl. Dusemond/Knop in: Küting/Weber, Rechnungslegung, § 266 Rn. 147). Dementsprechend ist ein Schuldverhältnis zwischen zwei einbezogenen Unternehmen, das darin begründet ist, daß eines der Unternehmen Obligationen des anderen besitzt, nur ausnahmsweise dann zu konsolidieren, wenn keinerlei Absicht mehr besteht, die Anleihe an Externe weiterzugeben.

2.1.7 Sonstige

Es können noch weitere Bilanzpositionen von der Schuldenkonsolidierung betroffen sein, soweit jeweils Schuldverhältnisse mit einbezogenen Unternehmen zugrunde liegen:

- Ausleihungen (langfristige Finanzforderungen)
- Wertpapiere des Anlagevermögens (z.B. Obligationen unter den bei den Anleihen angesprochenen Voraussetzungen)
- Forderungen und Verbindlichkeiten aus Lieferungen und Leistungen
- sonstige Vermögensgegenstände (z.B. kurzfristige Darlehen)
- sonstige Wertpapiere (z.B. reine Finanzwechsel)
- Schecks
- Guthaben bei und Verbindlichkeiten gegenüber (einbezogenen) Kreditinstituten
- Wechselverbindlichkeiten

Einige dieser Positionen können allerdings nur dann konsolidierungspflichtige Schuldverhältnisse beinhalten, wenn den Kommentierungen nicht gefolgt wird, die den Ausweis unter den Posten *"Forderungen gegen verbundene Unternehmen"* und *"Verbindlichkeiten gegenüber verbundenen Unternehmen"* für vorrangig erachten (eindeutig für einen solchen Vorrang bei den Verbindlichkeiten z.B. Dusemond/Knop in: Küting/Weber, Rechnungslegung, § 266 Rn. 159; a.A. bei Forderungen z.B. Schnicke/Bartels-Hetzler in: Beck Bil-Komm., 3. Aufl., § 266 Anm. 119).

2.2 Konsolidierung von Eventualverbindlichkeiten und Haftungsverhältnissen

Neben den sicheren Verbindlichkeiten und den Rückstellungen gibt es eine dritte Art von Verbindlichkeiten, die sich dadurch auszeichnen, daß der Bilanzierende mit einer Inanspruchnahme nicht rechnet. Die Vermerkpflicht für diese Eventualverbindlichkeiten und Haftungsverhältnisse (vgl. § 251 HGB, für Kapitalgesellschaften zusätzlich § 268 Abs. 7 HGB) gilt nach § 298 Abs. 1 HGB grundsätzlich auch für den Konzernabschluß.

Aber die Übernahme solcher Angaben aus den Einzelabschlüssen in den Konzernabschluß hat ebenfalls nach einheitstheoretischen Grundsätzen zu erfolgen. Dies kann sich bei den folgenden beiden Konstellationen auswirken:

A) Die nach § 251 HGB vermerkte Verpflichtung besteht gegenüber einem anderen einbezogenen Unternehmen. Beispiel: Mutterunternehmen M leistet gegenüber ihrer 100 %-igen Tochter T eine Bürgschaft für die Verbindlichkeit, die ein konzernexterner Dritter gegenüber T hat.

B) Die Eventualverpflichtung besteht gegenüber einem Außenstehenden für die Verbindlichkeit eines anderen einbezogenen Unternehmens. Beispiel: Mutterunternehmen M stellt einen Wechsel aus, den ihre Tochter T akzeptiert, und gibt ihn an einen konzernfremden Dritten weiter.

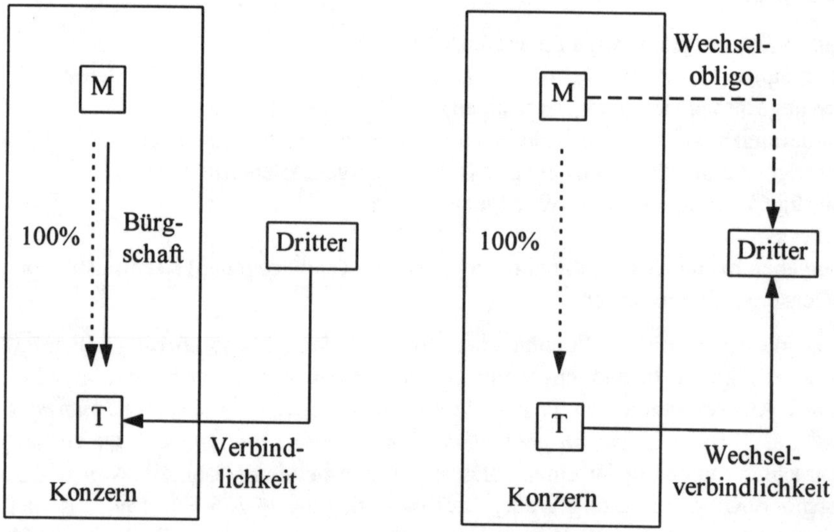

Konstellation A) Konstellation B)

Schaubild H.3: Konsolidierung von Eventualverbindlichkeiten

Wie die Betrachtung der Sachverhalte aus der Sicht der wirtschaftlichen Einheit Konzern ergibt, sind in beiden Fällen die Angaben aus dem Einzelabschluß der Mutter im Konzernabschluß nicht zu machen:

Das fingierte einheitliche Unternehmen kann zum einen nicht eine Verpflichtung gegenüber sich selbst vermerken. Die Verbindlichkeit aus der Bürgschaft (Beispiel zu A) ist also im Konzernabschluß nicht anzugeben.

Zum anderen kann nicht zusätzlich eine Eventualverbindlichkeit angegeben werden, wenn bereits die Grundverpflichtung als Verbindlichkeit passiviert ist. Da die Wechselverbindlichkeit aus der Einzelbilanz von T in den Konzernabschluß eingeht, ist die lediglich akzessorische Verpflichtung von M (Wechselobligo, Beispiel zu B) nicht zu vermerken.

Diese Ausführungen lassen sich auch auf Mehrfachsicherungen übertragen. In Konstellation A erscheint keine Angabe im Konzernabschluß, auch wenn mehrere Unternehmen des Konsolidierungskreises bürgen, in Konstellation B ist auch dann kein Wechselobligo zu vermerken, wenn in der Indossantenkette mehrere einbezogene Unternehmen sind. Schließlich darf, wenn verschiedene einbezogene Unternehmen für einen Außenstehenden gegenüber einem weiteren Außenstehenden bürgen, diese Bürgschaft im Konzernabschluß nur einmal angegeben werden.

2.3 Konsolidierung der sonstigen finanziellen Verpflichtungen

Auch bei der Angabe der sonstigen finanziellen Verpflichtungen im Konzernanhang (§ 314 Abs. 1 Nr. 2 HGB) ist zu beachten, daß solche Verpflichtungen aus den Einzelabschlüssen der einbezogenen Unternehmen nur anzugeben sind, wenn und soweit sie gegenüber Außenstehenden bestehen. Verpflichtungen gegenüber anderen einbezogenen Unternehmen sind aus dem Summenabschluß zu eliminieren.

3. Zum Problem der Aufrechnungsdifferenzen

Nachdem der Gegenstand der Schuldenkonsolidierung abgegrenzt ist, stellt sich als nächstes die Frage, wie diese Konsolidierung zu erfolgen hat. Der Gesetzgeber beschränkt sich hierbei auf den Hinweis, die betroffenen Bilanzpositionen seien *"wegzulassen"*. Dies gilt unabhängig von der Beteiligungshöhe, so daß auch bei Existenz von Minderheiten innerkonzernliche Schuldverhältnisse zu 100 % zu eliminieren sind. *Weglassen* wird freilich problematisch, wenn Forderungen und Verbindlichkeiten in unterschiedlichem Umfang zu eliminieren sind, d.h. bei der Aufrechnung Differenzen auftreten.

Im folgenden wird möglichen Entstehungsgründen dieser Unterschiedsbeträge nachgegangen und danach jeweils aufgezeigt, wie sie zu behandeln sind.

3.1 Ein Konsolidierungsbeispiel ohne Aufrechnungsdifferenzen

Das nachfolgende Beispiel H.1 veranschaulicht zunächst die Vorgehensweise, wenn sich Forderung und Verbindlichkeit in gleicher Höhe gegenüberstehen:

Die Muttergesellschaft M gewährt ihrer 100 %-igen Tochter T am 31.12.01 durch Bargeldübergabe einen Kredit über 605 DM für zwei Jahre (bare Rückzahlung 605 DM am 31.12.03). Der vereinbarte Zins von 10 % sei marktüblich.

Wie bei der Kapitalkonsolidierung werden in den Spalten von links nach rechts die Bilanzen von M und T am 31.12.01, die Konsolidierungsbuchungen und die Konzernbilanz gezeigt.

Beispiel H.1: Schuldenkonsolidierung ohne Aufrechnungsdifferenzen

Bilanz zum 31.12.01

	M	T	Konsolidierung		Konzern
			Soll	Haben	
Beteiligung	2000			(1) 2000	
Ausleihung	605			(2) 605	
Kasse	395	2605			3000
Summe	3000	2605			3000
Eigenkapital	3000	2000	(1) 2000		3000
Verbindlichkeiten		605	(2) 605		
Summe	3000	2605	2605	2605	3000

Mit Buchung (1) wird die Kapitalkonsolidierung durchgeführt, Buchung (2) stellt die Schuldenkonsolidierung dar.

3.2 "Unechte" Aufrechnungsdifferenzen

Als "unecht" werden Aufrechnungsdifferenzen bezeichnet, die *"buchungstechnisch bedingt"* (ADS, 6. Aufl., § 303 Tz. 33) sind. Hierunter können zum einen falsche oder fehlende Buchungen bei einem beteiligten Konzernunternehmen fallen. Zum anderen werden darunter Erfassungsprobleme verstanden, die auf zeitlich unterschiedlicher Verarbeitung eines Vorgangs um den Bilanzstichtag herum beruhen.

Solche unechten Aufrechnungsdifferenzen bilden mehr ein Problem mangelnder gegenseitiger Abstimmung der Einzelbilanzen als ein Konsolidierungsproblem.

Sie sind daher *"durch eine fiktive Buchung im Rahmen der Konsolidierung"* zu beseitigen (Arbeitskreis "Externe Unternehmensrechnung", Aufstellung, 1989, S. 87).

Übergibt beispielsweise das Mutterunternehmen am 30.12.01 einem Spediteur Handelswaren, die dieser erst am 03.01. des Folgejahres beim Tochterunternehmen abliefert, so folgt aus dem Realisationsprinzip, daß M am 31.12.01 die Forderung gegenüber T bereits ausweist. Bei T hingegen schlägt sich der Vorgang noch nicht in der Bilanz nieder.

In diesem Beispiel kann die Differenz zum einen beseitigt werden, indem bei der Konsolidierung die Buchung des Warenverkaufs bei M storniert wird. Ob diese Korrekturbuchung erfolgswirksam ist, ob also durch sie der Konzernjahreserfolg gegenüber der Summe der Einzeljahreserfolge verändert wird, hängt davon ab, ob M durch den Verkauf einen Erfolg erzielt hatte. Ist dies der Fall, weil M zu einem Preis über oder unter den eigenen Anschaffungskosten verkauft hatte, ist die Buchung erfolgswirksam (der Erfolg von M wird für den Konzernabschluß neutralisiert); entspricht hingegen der vereinbarte Kaufpreis den Anschaffungskosten von M, hat die Korrektur keine Erfolgswirkung.

Die Aufrechnungsdifferenz kann aber auch dadurch beseitigt werden, daß für den Konzernabschluß der Warenkauf bei T bereits zum 31.12.01 gebucht wird; diese Korrekturbuchung ist erfolgsunwirksam. Es ist freilich zu beachten, daß ein von M bei der Transaktion eventuell erzielter Erfolg in der Regel zu eliminieren ist (vgl. Kapitel I.).

3.3 Stichtagsbedingte Aufrechnungsdifferenzen

Eine zweite Art von Aufrechnungsdifferenzen kann sich aus der neuen Regelung des § 299 Abs. 2 S. 2 HGB ergeben. Durch diese Vorschrift wurde der Grundsatz, daß die Jahresabschlüsse aller einbezogenen Unternehmen auf einen einheitlichen Stichtag aufzustellen sind, aufgehoben (vgl. C.3.5). Entsteht (oder erlischt) zwischen den Stichtagen zweier einbezogener Unternehmen ein Schuldverhältnis zwischen den beiden Unternehmen, so kommt es zu Aufrechnungsdifferenzen.

Bezüglich der Behandlung solcher Aufrechnungsdifferenzen besteht keine Einigkeit. Einerseits wird die Parallelität zu den unechten Aufrechnungsdifferenzen betont und dementsprechend eine Gleichbehandlung (Ausgleich durch eine Nachbuchung) gefordert (vgl. ADS, 6. Aufl., § 299 Tz. 88-91). Von anderer Seite wird dies hingegen nicht für notwendig gehalten und der offene Ausweis solcher Differenzen als *"Ausgleichsposten"* für zulässig erachtet (vgl. Harms in: Küting/Weber, Konzernrechnungslegung, § 303 Rn. 38).

3.4 "Echte" Aufrechnungsdifferenzen

3.4.1 Ursachen echter Aufrechnungsdifferenzen

Wenn eine Forderung in der Einzelbilanz des Gläubigers nicht in derselben Höhe ausgewiesen wird wie die entsprechende Verbindlichkeit in der Bilanz des Schuldners, so ist dies häufig auf zwingend anzuwendende oder zulässigerweise angewandte gesetzliche Vorschriften zurückzuführen. Als Beispiele für diese als "echt" bezeichneten Aufrechnungsdifferenzen können genannt werden:

- Abschreibungen zweifelhafter Forderungen:
  Wird die Erfüllung einer Forderung unsicher, so ist die Forderung auf den niedrigeren beizulegenden Wert außerplanmäßig abzuschreiben. Die dieser zweifelhaften Forderung gegenüberstehende Verbindlichkeit hingegen ist in voller Höhe anzusetzen.

- Abzinsung un- oder minderverzinslicher Forderungen:
  Un- oder minderverzinsliche Forderungen sind bei einer Restlaufzeit von drei Monaten und mehr mit ihrem Barwert, die entsprechende Verbindlichkeit mit dem Rückzahlungsbetrag zu bewerten.

- Darlehen mit Disagio, sofern dieses nicht zeitanteilig abgeschrieben wird:
  Ist bei einem Darlehen der Rückzahlungsbetrag größer als der Auszahlungsbetrag, so muß der Gläubiger die Forderung zum Auszahlungsbetrag aktivieren und über die Laufzeit anteilig bis zum Rückzahlungsbetrag zuschreiben, der Schuldner hingegen muß die Verbindlichkeit sofort in Höhe des Rückzahlungsbetrages passivieren. Bezüglich des Disagios besteht lediglich ein Aktivierungswahlrecht (mit gegebenenfalls planmäßiger Abschreibung über die Laufzeit). Verzichtet der Schuldner auf diese Aktivierung oder schreibt er nach Aktivierung das Disagio anders als zeitanteilig ab, entstehen Aufrechnungsdifferenzen.

- Rückstellungen für ungewisse Verbindlichkeiten und Gewährleistungen:
  Sind Verpflichtungen eines einbezogenen Unternehmens (A) gegenüber einem anderen einbezogenen Unternehmen (B) bezüglich Eintritt und/oder Höhe ungewiß, so sind in der Regel keine mit den Verpflichtungen korrespondierenden Ansprüche (von B) bilanzierbar. In der Summenbilanz stehen daher den Rückstellungen (von A) keine Forderungen gegenüber.

All diese Vorschriften bringen den Grundsatz der Vorsicht zum Ausdruck. Aufgrund der vorsichtigen Bewertung gilt hier bei Ungleichheit der wegzulassenden Positionen stets "Forderungen < Verbindlichkeiten", d.h. es entstehen passive Aufrechnungsdifferenzen.

Ausnahmsweise können auch aktive Aufrechnungsdifferenzen auftreten, wenn Schuldverschreibungen eines einbezogenen Unternehmens von einem anderen einbezogenen Unternehmen zu einem Überparikurs erworben wurden. Aktive oder passive Restbeträge können resultieren, wenn aus den Einzelbilanzen ausländischer Konzernunternehmen zu unterschiedlichen Wechselkursen umgerechnete Forderungen und/oder Verbindlichkeiten eliminiert werden (bezüglich dieser Differenzen vgl. Wohlgemuth in: HWRev, 1992, Sp. 1754).

Im folgenden werden nurmehr passive Aufrechnungsdifferenzen betrachtet, die Ausführungen gelten aber für aktive Aufrechnungsdifferenzen analog.

3.4.2 Behandlung echter Aufrechnungsdifferenzen

Die Behandlung der echten Aufrechnungsdifferenzen ist gesetzlich nicht geregelt und in der Literatur in einem wesentlichen Punkt umstritten.

Einigkeit besteht darüber, daß die Verrechnung im Konzern-Eigenkapital stets in voller Höhe bei der Mehrheit und damit im Jahresergebnis zu erfolgen hat, eventuelle Minderheitenanteile also nicht tangiert werden.

Leitlinie bei der Behandlung echter Aufrechnungsdifferenzen ist die Fiktion der wirtschaftlichen Einheit des Konzerns. Danach dürfen interne Ansprüche und Verpflichtungen keinen Einfluß auf Konzernbilanz und -GuV ausüben, insbesondere auch nicht den Konzernjahreserfolg beeinflussen. Unumstritten ist daher auch der Grundsatz der periodenanteiligen Verrechnung.

Passive Aufrechnungsdifferenzen entstehen durch einseitige Aufwandsbuchungen eines einbezogenen Unternehmens, die aus Sicht der Einheit Konzern unbegründet sind und im Rahmen der GuV-Konsolidierung eliminiert werden müssen. Diese Aussage gilt genauso für die Ertragsbuchungen, die die Verminderung oder Beseitigung der Aufrechnungsdifferenzen bewirken. Insgesamt gilt also, daß sämtliche Veränderungen des Differenzbetrages erfolgswirksam zu behandeln sind: Eine Erhöhung der gesamten Aufrechnungsdifferenz erfordert die Rücknahme der aus einheitstheoretischer Sicht unbegründeten Belastungen der Einzelerfolge, so daß der Konzernjahreserfolg höher als die Summe der Einzeljahreserfolge ausfällt. Eine Verminderung der Aufrechnungsdifferenz läßt dementsprechend den Konzernjahreserfolg unter die Summe der Einzeljahreserfolge absinken.

Der Bestand vorjähriger Aufrechnungsdifferenzen hingegen wurde in den Jahren seiner Entstehung (erstmaliges Auftreten und Veränderungen) bereits erfolgswirksam verrechnet und darf daher den Konzernjahreserfolg nicht noch einmal beeinträchtigen. Die Aufrechnungsdifferenzen nach dem Stand am Ende des Vorjahres sind daher in der Bilanz erfolgsunwirksam zu verrechnen.

Uneinigkeit besteht allerdings darüber, unter welcher Position (Ergebnisvortrag, Rücklagen oder eigener Bilanzposten) diese erfolgsunwirksame Verrechnung erfolgen soll. Da diese Frage bei verschiedenen Konsolidierungsvorgängen, etwa auch bei der Zwischenergebniseliminierung, auftreten kann und dabei der Gewinnverwendungsteil der GuV die zentrale Rolle spielt, werden dieser Problemkreis und die verschiedenen Lösungsvorschläge dazu in Kapitel L. zusammenhängend dargestellt.

Der Grundsatz der periodenanteiligen Verrechnung soll anhand des gegenüber Beispiel H.1 (vgl. H.3.1) nur leicht modifizierten Beispiels H.2 veranschaulicht werden:

Es sei angenommen, daß M ihrer Tochter den Kredit über 605 DM unverzinslich zur Verfügung stellt, obwohl der marktübliche Zins weiterhin bei 10 % liegt, und daß M außer den Einflüssen aus dem Kreditgeschäft keine Erfolge erzielt und ihre Ergebnisse gegebenenfalls vorträgt. T erziele keinerlei Erfolge.

Die Einzelabschlüsse von M und T an den Abschlußstichtagen der Jahre 01, 02 und 03 sind jeweils aus den ersten beiden Spalten ersichtlich. M muß das Darlehen bei Ausgabe (31.12.01) auf den Barwert abschreiben; es entsteht ein Jahresfehlbetrag in Höhe von 105 DM, der auf das Jahr 02 vorgetragen wird. In den Jahren 02 und 03 erzielt M Zinserträge aus der allmählichen Zuschreibung auf den Rückzahlungsbetrag. Die resultierenden Jahresüberschüsse werden jeweils mit dem Verlustvortrag verrechnet und die verbleibende Differenz (im Jahr 02) auf neue Rechnung vorgetragen. Die Bilanzen werden vor Gewinnverwendung aufgestellt, um die differenzierte Behandlung der Aufrechnungsdifferenzen aufzeigen zu können. Verlustvorträge und Jahresfehlbeträge, die in einer Vorspalte offen vom Eigenkapital abzusetzen sind, sind hier in Klammern ausgewiesen.

Die erfolgsunwirksame Verrechnung der Aufrechnungsdifferenzen aus Vorjahren erfolgt mit dem Ergebnisvortrag (dies ist das Verfahren des Sonderausschusses Neues Aktienrecht, vgl. L.3.). Wie die nachfolgenden Buchungen zeigen werden, ist diese Vorgehensweise angemessen, weil so der aus Konzernsicht "falsche" Ausweis von Verlustvorträgen bei M gerade ausgeglichen wird.

Der Konzernabschluß zum 31.12.01 ergibt sich in dem auf der nächsten Seite dargestellten Beispiel H.2.1 durch folgende Buchungen. Mit Buchung (1) wird die Kapitalkonsolidierung durchgeführt. Buchung (2) zeigt die Schuldenkonsolidierung: Forderung und Verbindlichkeit werden eliminiert (2a), die Aufrechnungsdifferenz, die in diesem Jahr in voller Höhe neu entstanden ist, dem Konzernjahreserfolg zugerechnet (2b). In der GuV schließlich wird der auf dem internen Schuldverhältnis beruhende Aufwand eliminiert (3).

Beispiel H.2.1: Schuldenkonsolidierung mit Aufrechnungsdifferenz (Jahr 01)

Bilanz zum 31.12.01

	M	T	Konsolidierung		Konzern
			Soll	Haben	
Beteiligung	2000			(1) 2000	
Ausleihung	500			(2a) 500	
Kasse	395	2605			3000
Summe	2895	2605			3000
[gezeichnetes Kapital]	[3000]				[3000]
[Gewinn(+)-/ Verlust(-)-vortrag]					[0]
[Jahresüber-schuß(+)/ -fehlbetrag(-)]	[- 105]			(2b) 105	[0]
Eigenkapital	2895	2000	(1) 2000		3000
Verbindlichkeiten		605	(2a) 605		
Summe	2895	2605	2605	2605	3000

GuV 01

	M	T	Konsolidierung		Konzern
sonstige betriebliche Aufwendungen	105			(3) 105	0
Jahresüberschuß(+)/ Jahresfehlbetrag(-)	- 105		(3) 105		0

Zum 31.12.02 ergibt sich folgendes Bild (vgl. Beispiel H.2.2):

Nach Kapitalkonsolidierung (1) und Eliminierung von Forderung und Verbindlichkeit (2a) verbleibt eine passive Aufrechnungsdifferenz in Höhe von 55. Diese setzt sich aus zwei Teilen zusammen: Die Verminderung der Differenz um 50 senkt den Konzernjahreserfolg, die Differenz nach dem Stand des Vorjahres in Höhe von 105 ist als Gewinnvortrag des Konzerns aus dem Vorjahr zu berücksichtigen (2b). So werden Verlustvortrag und Jahresüberschuß der Mutter, die auf dem konzerninternen Kreditgeschäft beruhen, für den Konzern eliminiert. In der Konzern-GuV endlich darf der aus Konzernsicht nicht realisierte Zinsertrag der Mutter nicht erscheinen (3).

Am 31.12.03 (nach Rückzahlung des Kredits; vgl. Beispiel H.2.3) beschränkt sich die Schuldenkonsolidierung in der Bilanz auf die Verrechnung der Verminderung der Aufrechnungsdifferenz mit dem Bestand dieser Differenz am Ende des Vorjahres (2). Im Rahmen der GuV ist wie im Vorjahr der Zinsertrag der Mutter zu eliminieren (3).

Betrachtet man in allen Perioden jeweils nur die Konzernspalte, so sieht man, daß sich das Darlehen von M an T zu keinem Zeitpunkt im Konzernabschluß auswirkt, der Konzernabschluß also völlig dem eines einheitlichen Unternehmens entspricht.

Beispiel H.2.2: Schuldenkonsolidierung mit Aufrechnungsdifferenz (Jahr 02)

Bilanz zum 31.12.02

	M	T	Konsolidierung		Konzern
			Soll	Haben	
Beteiligung	2000			(1) 2000	
Ausleihung	550			(2a) 550	
Kasse	395	2605			3000
Summe	2945	2605			3000
[gezeichnetes Kapital]	[3000]				[3000]
[Gewinn(+)-/ Verlust(-)-vortrag]	[- 105]			(2b) 105	[0]
[Jahresüber-schuß(+)/ -fehlbetrag(-)]	[+ 50]		(2b) 50		[0]
Eigenkapital	2945	2000	(1) 2000		3000
Verbindlichkeiten		605	(2a) 605		
Summe	2945	2605	2655	2655	3000

GuV 02

	M	T	Konsolidierung		Konzern
sonst. Zinsen und ähnliche Erträge	50		(3) 50		0
Jahresüberschuß(+) /Jahresfehlbetrag(-)	50			(3) 50	0

Beispiel H.2.3: Schuldenkonsolidierung mit Aufrechnungsdifferenz (Jahr 03)

Bilanz zum 31.12.03

	M	T	Konsolidierung		Konzern
			Soll	Haben	
Beteiligung	2000			(1) 2000	
Ausleihung					
Kasse	1000	2000			3000
Summe	3000	2000			3000
[gezeichnetes Kapital]	[3000]				[3000]
[Gewinn(+)-/ Verlust(-)-vortrag]	[- 55]			(2) 55	[0]
[Jahresüber-schuß(+)/ -fehlbetrag(-)]	[+ 55]		(2) 55		[0]
Eigenkapital	3000	2000	(1) 2000		3000
Verbindlichkeiten					
Summe	3000	2000	2055	2055	3000

GuV 02

	M	T	Konsolidierung		Konzern
sonst. Zinsen und ähnliche Erträge	55		(3) 55		0
Jahresüberschuß(+)/ Jahresfehlbetrag(-)	55			(3) 55	0

4. Einzelfragen zur Schuldenkonsolidierung

Die Darstellung war bisher beschränkt auf den § 303 Abs. 1 HGB, der die Pflicht zur Konsolidierung von Schuldverhältnissen zwischen vollkonsolidierten Konzernunternehmen regelt. In diesem abschließenden Abschnitt soll zunächst auf die Möglichkeit eines Verzichts auf die Schuldenkonsolidierung eingegangen werden. Anschließend werden noch einige weitergehende Punkte betrachtet, und zwar die Behandlung von Drittschuldverhältnissen, die Schuldenkonsolidierung bei Unternehmen, die nicht vollkonsolidiert werden, sowie die Auswirkungen von Veränderungen des Konsolidierungskreises.

4.1 Befreiung von der Pflicht zur Schuldenkonsolidierung

Als einer der Grundsätze der Konsolidierung wurde die Forderung nach einem angemessenen Kosten-Nutzen-Verhältnis vorgestellt. Dieser Gedanke ist auch in § 303 Abs. 2 HGB niedergeschrieben, der einen Verzicht auf die Schuldenkonsolidierung für zulässig erklärt, wenn dadurch die Generalklausel des *"true and fair view"* nicht verletzt wird (zur Beurteilung dieser Festschreibung des Wirtschaftlichkeitsprinzips und der Problematik der mangelnden Konkretisierung vgl. C.3.6).

4.2 Zur Frage der Konsolidierung von Drittschuldverhältnissen

§ 303 Abs. 1 HGB fordert nur eine Konsolidierung der Ansprüche und Verpflichtungen *"zwischen den in den Konzernabschluß einbezogenen Unternehmen"*. Keine Eliminierungspflicht besteht danach für sog. Drittschuldverhältnisse, in denen ein Außenstehender gegenüber einem einbezogenen Unternehmen eine Verbindlichkeit und gegenüber einem anderen einbezogenen Unternehmen eine Forderung hat (vgl. Schaubild H.4 auf der nächsten Seite). Aus der Einheitstheorie ergibt sich jedoch ein Konsolidierungswahlrecht. Denn ein einzelnes Unternehmen, mit dem der Konzern fiktiv gleichzusetzen ist, darf Ansprüche und Verpflichtungen saldieren, wenn eine Identität von Schuldner und Gläubiger und die Voraussetzungen des § 387 BGB für eine Aufrechnung gegeben sind.

Freilich werden die praktischen Probleme bei der Feststellung solcher Drittschuldverhältnisse in der Regel einer Konsolidierung entgegenstehen.

4.3 Zur Schuldenkonsolidierung bei Gemeinschaftsunternehmen und bei assoziierten Unternehmen

Eine Pflicht zur Schuldenkonsolidierung besteht nicht nur im Rahmen der Vollkonsolidierung. Vielmehr ist nach § 310 Abs. 2 HGB eine Schuldenkonsolidierung auch durchzuführen, wenn Gemeinschaftsunternehmen anteilsmäßig in den Konzernabschluß einbezogen werden. Gegenüber den obigen Ausführungen ergeben sich hier zwei Besonderheiten:

Zum einen können bei der Schuldenkonsolidierung noch andere Bilanzpositionen betroffen sein: Denn Gesellschafter- und Gemeinschaftsunternehmen sind zueinander keine verbundenen Unternehmen, sondern *"Unternehmen, mit denen ein Beteiligungsverhältnis besteht"*, Gemeinschaftsunternehmen untereinander sind

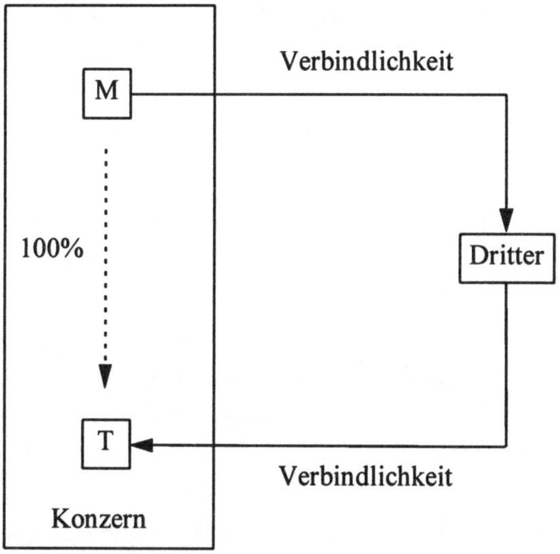

Schaubild H.4: Drittschuldverhältnis

weder verbunden noch stehen sie in einem Beteiligungsverhältnis. Bei Berücksichtigung von Gemeinschaftsunternehmen sind somit im Ergebnis alle Forderungs- und Verbindlichkeitspositionen daraufhin zu prüfen, ob und inwieweit die Ansprüche bzw. Verpflichtungen gegenüber einbezogenen Unternehmen bestehen.

Zum anderen sind Forderungen bzw. Verbindlichkeiten gegenüber Gemeinschaftsunternehmen nur quotal (entsprechend dem Kapitalanteil des Gesellschafterunternehmens am Gemeinschaftsunternehmen) zu eliminieren. Dies veranschaulicht das folgende Beispiel H.3, für das wieder die Daten des Beispiels H.1 (normalverzinsliches Darlehen über 605 DM; vgl. H.3.1) gelten. Nur gewährt M den Kredit jetzt dem Gemeinschaftsunternehmen G, an dem M zu 50 % beteiligt ist (Beteiligungsbuchwert daher 1.000 statt 2.000, dafür betrage der Kassenbestand bei M jetzt 1.395 DM statt 395 DM).

Beispiel H.3: Schuldenkonsolidierung bei Gemeinschaftsunternehmen

Bilanz zum 31.12.01

	M	GQ	Konsolidierung		Konzern
			Soll	Haben	
Beteiligung	1000			(1) 1000	
Ausleihung	605			(2) 302,5	302,5
Kasse	1395	1302,5			2697,5
Summe	3000	1302,5			3000
Eigenkapital	3000	1000	(1) 1000		3000
Verbindlichkeiten		302,5	(2) 302,5		
Summe	3000	1302,5	1302,5	1302,5	3000

Die ersten beiden Spalten zeigen die Bilanz von M und den quotalen Abschluß von G (GQ). Neben der Kapitalkonsolidierung (1) wird nun nur die Hälfte der Forderung von M eliminiert (2), der andere Teil wird in die Konzernbilanz übernommen.

Im Rahmen der Equity-Methode findet keine Schuldenkonsolidierung statt.

4.4 Auswirkungen von Veränderungen des Konsolidierungskreises

Zuletzt sind noch die Folgen von Ein- oder Austritten in den bzw. aus dem Konsolidierungskreis zu betrachten. Insbesondere ist hier der Frage nachzugehen, wie in diesen Fällen eventuelle Aufrechnungsdifferenzen zu behandeln sind.

Stand ein Unternehmen (A), das erstmals in den Konzernabschluß einbezogen wird, bereits zuvor in einer Schuldbeziehung zu einem einbezogenen Unternehmen (B), so sind zwei Fälle zu unterscheiden (vgl. ADS, 6. Aufl., § 303 Tz. 46):

War das Konzernergebnis durch das Schuldverhältnis vor Einbeziehung unbeeinflußt (z.B. Abzinsung einer Forderung von A), so darf das Schuldverhältnis sich auch weiterhin nicht auf das Konzernergebnis auswirken. Soweit Erfolgswirkungen aus dem Schuldverhältnis über die Erfolge der Einzelabschlüsse in den Konzernabschluß einzugehen drohen, müssen sie also eliminiert werden. Hat hingegen das Schuldverhältnis das Konzernergebnis bereits vor Einbeziehung beeinflußt (z.B. Abzinsung einer Forderung von B), so muß auch der gegenläufige Einfluß (allmähliche Aufwertung) im Konzernabschluß erfolgswirksam bleiben.

Die Aufrechnungsdifferenz ist in beiden Fällen in das Konzern-Eigenkapital (Ergebnisvortrag oder Rücklagen) einzustellen, in den Folgejahren aber unterschiedlich zu behandeln. Während im ersten Fall die Differenz erfolgswirksam, d.h. durch Verrechnung mit den späteren Erträgen, aufzulösen ist, darf im zweiten Fall eine solche Verrechnung nicht erfolgen, die Auflösung beeinflußt hier den Erfolg nicht.

Diese Ausführungen gelten nicht für die Behandlung von Aufrechnungsdifferenzen, die sich bei erstmaliger Anwendung von § 303 HGB ergeben. Diese Differenzen dürfen nach der Übergangsvorschrift des Art. 27 Abs. 4 EGHGB in die Gewinnrücklagen eingestellt oder offen mit diesen verrechnet werden; sie beeinträchtigen somit das Konzernergebnis nicht.

Die Fälle schließlich, in denen ein Unternehmen aus dem Konsolidierungskreis ausscheidet, das mit einem anderen einbezogenen Unternehmen in einem Schuldverhältnis steht, sind unkompliziert.

Scheidet das Gläubigerunternehmen aus dem Konsolidierungskreis aus, so geht fortan nur noch die Verbindlichkeit - unverändert in Höhe des Rückzahlungsbetrages - in die Konzernbilanz ein. Scheidet hingegen das Schuldnerunternehmen aus, so wird in diesem Zeitpunkt erstmals die Abzinsung der Forderung im Einzelabschluß des Gläubigerunternehmens auch im Konzernabschluß wirksam (vgl. Fischer in: Beck HdR, C 420, Rz 93).

Literaturhinweise

Außer den Kommentierungen des § 303 HGB sei verwiesen auf:

Arbeitskreis "Externe Unternehmensrechnung" der Schmalenbach-Gesellschaft - Deutsche Gesellschaft für Betriebswirtschaft e.V.: Aufstellung von Konzernabschlüssen, hrsg. von Walther Busse von Colbe, Eberhard Müller und Herbert Reinhard, 2. Aufl., Düsseldorf 1989, S. 85-91.

Fischer, Hans: Schuldenkonsolidierung, in: Beck'sches Handbuch der Rechnungslegung (Beck HdR), hrsg. von Edgar Castan, Gerd Heymann, Eberhard Müller, Dieter Ordelheide und Eberhard Scheffler, Teil C 420, München 1987.

Gross, Gerhard/Schruff, Lothar/Wysocki, Klaus von: Der Konzernabschluß nach neuem Recht, Aufstellung-Prüfung-Offenlegung, 2., überarbeitete Aufl., Düsseldorf 1987, S. 164-176.

Haegert, Lutz: Die Konsolidierung der Haftungsverhältnisse in der Konzernbilanz nach neuem Aktienrecht, in: WPg, 18. Jg., 1965, S. 501-504.

IdW (Hrsg.): Wirtschaftsprüfer-Handbuch 1996, 11. Aufl., Band I, Düsseldorf 1996, M Tz. 491-516.

Wohlgemuth, Michael: Die Schuldenkonsolidierung, in: Handbuch des Jahresabschlusses in Einzeldarstellungen (HdJ), hrsg. von Klaus von Wysocki und Joachim Schulze-Osterloh, Abt. V/4 (2. neubearbeitete Aufl. 1993), Köln 1985.

Wysocki, Klaus von/Kohlmann, Ulrike: Konzernrechnungslegung III: Schuldenkonsolidierung (I,II), in: WISU, 9. Jg., 1980, S. 538-542 und 592-594.

I. Zwischenergebniseliminierung

1. Einführung

Aus Vorsichts- und Gläubigerschutzgründen gelten nach handelsrechtlichen GoB Gewinne erst dann als entstanden, wenn die eigene Leistung in Erfüllung eines wirksamen Verpflichtungsgeschäftes an einen Dritten erbracht ist. Dieses Realisationsprinzip bedeutet für die Bewertung von Vermögensgegenständen, daß die (gegebenenfalls um planmäßige Abschreibungen fortgeschriebenen) Anschaffungs- bzw. Herstellungskosten die Wertobergrenze bilden. Erwartete künftige Gewinne hingegen sind keine zulässigen Bestandteile von Bilanzwerten.

Künftig drohende Verluste müssen nach Vorsichts- und Niederstwertprinzip zwar insoweit vorweggenommen werden, als sie sich konkret abzeichnen (§§ 249 Abs. 1 S. 1, 253 Abs. 2 und 3 HGB), diese Pflicht beinhaltet aber kein Recht, drohende Verluste unbegrenzt zu antizipieren. Dementsprechend dürfen zumindest Kapitalgesellschaften von den Anschaffungs- bzw. Herstellungskosten auch nach unten nicht beliebig abweichen. Da § 253 Abs. 4 HGB (Abschreibungen im Rahmen vernünftiger kaufmännischer Beurteilung) nach § 279 Abs. 1 S. 1 HGB für Kapitalgesellschaften nicht anwendbar ist, sind bei ihnen Abwertungen auf die in §§ 253 Abs. 2 und 3 sowie 254 HGB genannten Sachverhalte beschränkt. Durch dieses Verbot der Bildung stiller Reserven wird der Gefahr einer Verschleierung von Ertragsschwächen durch Auflösung der Reserven in späteren Perioden entgegengewirkt.

Bringt man diese beiden Grundsätze, die auch beim Konzernabschluß zu beachten sind, mit der Einheitstheorie in Verbindung, nach der die einbezogenen Unternehmen nur Teile einer wirtschaftlichen Einheit, nicht aber unabhängige Vertragspartner darstellen, so ergibt sich daraus die Notwendigkeit zu einer Korrektur der Summenbilanz. Über die Einzelabschlüsse gehen nämlich in diese Summenbilanz auch Ergebnisse ein, die auf Geschäften zwischen einbezogenen Unternehmen beruhen, die aber aus Sicht der Gesamtheit Konzern noch nicht durch einen Außenumsatz realisiert sind. Diese sogenannten Zwischenergebnisse aus innerkonzernlichen Transaktionen müssen aus der Summenbilanz bis zu ihrer Realisation durch Leistung an einen Außenstehenden - oder auch durch Abschreibungen (vgl. I.4.3) - bzw. bis zu dem Zeitpunkt eliminiert werden, an dem Vorsichts- und Niederstwertprinzip ihre Berücksichtigung zulassen. In Art. 26 Abs. 1 c) der 7. EG-Richtlinie kommt diese Regel dadurch zum Ausdruck, daß *"Gewinne und Verluste aus Geschäften zwischen in die Konsolidierung einbezogenen Unternehmen, die in den Buchwert der Aktiva eingehen, weggelassen"* werden.

§ 304 Abs. 1 HGB, der die Behandlung von Zwischenergebnissen im deutschen Handelsrecht regelt, knüpft nicht unmittelbar an die Gewinne bzw. Verluste aus konzerninternen Geschäften an, sondern ist als Bewertungsvorschrift gefaßt. Die Eliminierung von Zwischenergebnissen wird dabei mittelbar dadurch erreicht, daß die Werte innerkonzernlich transferierter Gegenstände in der Konzernbilanz keine Gewinnanteile beinhalten dürfen, andererseits aber auch bestimmte Teile der getätigten Ausgaben in diese Werte eingehen müssen und somit nicht als Aufwand behandelt werden dürfen.

Aus dieser gesetzlichen Ausgestaltung folgt die weitere Vorgehensweise: Nach einer Darstellung der allgemeinen Voraussetzungen einer Zwischenergebniseliminierung werden im dritten Abschnitt dieses Kapitels die zu eliminierenden Zwischenergebnisse aus einem Vergleich der in der Summenbilanz angesetzten Werte mit den nach § 304 Abs. 1 HGB zulässigen Werten abgeleitet.

Bezogen auf die drei Schritte der Konzernrechnungslegung (Erstellung der Handelsbilanz II, Summenbildung und Konsolidierung) ist die Zwischenergebniseliminierung der Konsolidierung zuzuordnen. Es geht also nur um die Eliminierung von Ergebnissen aus der Summenbilanz, die sich auf die gegebenenfalls konzerneinheitlich umbewerteten und in DM umgerechneten Einzelbilanzen der einbezogenen Konzernunternehmen (HB II) stützt. Korrekturen im Rahmen der konzerneinheitlichen Bewertung oder im Rahmen der Währungsumrechnung schlagen sich dort eventuell in verglichen mit den Handelsbilanzen I veränderten Jahreserfolgen nieder, sind aber kein Bestandteil der Zwischenergebniseliminierung.

Werden die Buchwerte von Vermögensgegenständen in der Summenbilanz um Zwischenergebnisse geändert (um darin enthaltene Zwischengewinne verringert oder um Zwischenverluste erhöht), so treten eben diese Zwischenergebnisse als Bewertungsdifferenzen auf. Die Behandlung dieser Differenzbeträge ist Gegenstand des vierten Teils dieses Kapitels.

Erst in Teil I.5. geht die Darstellung über die in § 304 Abs. 1 HGB geregelte Pflicht zur Eliminierung von Zwischenergebnissen bei Vollkonsolidierung hinaus. Dabei werden die Befreiungstatbestände der Absätze 2 und 3 des § 304 HGB, Fragen bezüglich einer Zwischenergebniseliminierung im Rahmen von Quotenkonsolidierung und Equity-Methode sowie die Auswirkungen von Veränderungen des Kreises einbezogener Unternehmen behandelt.

2. Voraussetzungen einer Zwischenergebniseliminierung

Eine Pflicht zur Zwischenergebniseliminierung besteht nur, wenn vier Voraussetzungen, die sich aus § 304 Abs. 1 HGB ergeben, erfüllt sind und keine Möglichkeit nach § 304 Abs. 2 oder 3 HGB besteht, auf eine Eliminierung zu verzichten. Die Voraussetzungen des § 304 Abs. 1 HGB sind hier zunächst zu erläutern (zu den Befreiungstatbeständen vgl. I.5.1).

2.1 Lieferungen oder Leistungen anderer einbezogener Unternehmen

Ergebnisse sind nur zu eliminieren, soweit sie bei *"Lieferungen oder Leistungen zwischen in den Konzernabschluß einbezogenen Unternehmen"* (§ 304 Abs. 1 HGB) entstanden sind. Lieferungen und Leistungen nicht einbezogener Unternehmen (also auch solcher Unternehmen, die nach §§ 295, 296 HGB nicht einbezogen werden) können somit nicht von einer Zwischenergebniseliminierung betroffen sein.

Problematisch ist der Fall, bei dem eine Lieferung zwar von einem außenstehenden Dritten bezogen wurde, dieser Dritte die Lieferung aber seinerseits von einem anderen einbezogenen Unternehmen empfangen hat (sog. Dreiecksgeschäft; vgl. das Problem des Drittschuldverhältnisses bei der Schuldenkonsolidierung, H.4.2). Eine Eliminierung von Zwischenergebnissen wird in diesem Fall grundsätzlich für nicht notwendig erachtet, weil die Ergebnisse durch den Außenumsatz mit dem Dritten bereits einmal bestätigt worden sind. Dies soll jedoch dann nicht gelten, wenn die Lieferung über einen Dritten offensichtlich nur zu dem Zweck erfolgt ist, die Pflicht zur Zwischenergebniseliminierung zu umgehen. Die Schwierigkeit dürfte dabei vor allem darin bestehen, im Einzelfall zu erkennen, ob der Dritte gezielt zur Umgehung der Eliminierungspflicht eingeschaltet wurde.

2.2 Vermögensgegenstände

Außerdem müssen die Lieferungen oder Leistungen Vermögensgegenstände betreffen. Zur Zwischenergebniseliminierung kann es demnach nur kommen, wenn die Vermögensgegenstände, Teile oder sonstige Leistungen, die von einem anderen einbezogenen Unternehmen bezogen wurden, in den Wert eines Vermögensgegenstandes eingingen. Hingegen sind Leistungen einbezogener Unternehmen, die zu keiner Aktivierung beim Empfänger der Leistung führen, nur bei der GuV-Konsolidierung (durch Aufrechnung von Aufwendungen und Erträgen; vgl. Kapitel J.), nicht aber im Rahmen der Zwischenergebniseliminierung zu berücksichtigen.

2.3 Bilanzierung des Vermögensgegenstandes im Konzernabschluß

Weitere Voraussetzung des § 304 HGB ist es, daß die betreffenden Vermögensgegenstände in den Konzernabschluß zu übernehmen sind, d.h. daß sie am Stichtag bei einem einbezogenen Unternehmen bilanziert werden. Diese Voraussetzung ergibt sich unmittelbar aus dem Sinn der Zwischenergebniseliminierung: Befinden sich die Vermögensgegenstände am Stichtag bereits bei einem Außenstehenden, so besteht kein Grund mehr für eine Zwischenergebniseliminierung, da eine Realisation der Ergebnisse durch einen Außenumsatz eingetreten ist.

Zu Problemen führt allerdings das Recht des § 299 HGB, wonach der Abschlußstichtag eines Tochterunternehmens T von dem des Mutterunternehmens M abweichen darf, also beispielsweise drei Monate vor dem Bilanzstichtag der Mutter liegen darf (vgl. C.3.5). Aufgrund dieser Vorschrift kann es im Konzernabschluß sowohl zu einer Nicht-Eliminierung entstandener Zwischenerfolge als auch zu einer Eliminierung bereits durch Außenumsatz realisierter Zwischenerfolge kommen (vgl. Weber in: Küting/Weber, Konzernrechnungslegung, § 304 Rn. 10):

Der zuerst beschriebene Fall ergibt sich, wenn M zwischen den Bilanzstichtagen einen Vermögensgegenstand mit Gewinn oder Verlust an T verkauft. Der Vermögensgegenstand, der bei M nicht mehr und bei T noch nicht im Einzelabschluß bilanziert wird, erscheint nicht im Konzernabschluß und kann daher auch nicht Gegenstand einer Zwischenergebniseliminierung sein.

Der genau entgegengesetzte Fall tritt ein, wenn T zwischen den Abschlußstichtagen einen Vermögensgegenstand an einen Dritten veräußert, den T zu einem früheren Zeitpunkt von M erworben hatte, wobei von M ein Erfolg erzielt worden war. Der Wert dieses Vermögensgegenstandes, der aufgrund des abweichenden Stichtages über den Einzelabschluß von T noch in den Konzernabschluß eingeht, ist aus Konzernsicht unzulässig. Daher ist der Zwischengewinn bzw. -verlust zu eliminieren, obwohl er durch einen Außenumsatz bereits realisiert wurde.

Freilich müssen diese Aussagen insofern relativiert werden, als § 299 Abs. 3 HGB vorschreibt, daß besonders bedeutsame Vorgänge zwischen den Stichtagen in Konzernbilanz und -GuV zu berücksichtigen oder zumindest im Konzernanhang anzugeben sind (allgemein zur Problematik des § 299 HGB vgl. C.3.5).

Ein Sonderproblem entsteht bei einer konzerninternen Veräußerung von Beteiligungen an einbezogenen Unternehmen. Obwohl solche Beteiligungen aufgrund der Kapitalkonsolidierung nicht in die Konzernbilanz eingehen, erscheint bei solchen Transaktionen eine Eliminierung von Zwischenergebnissen zweckmäßig, weil ansonsten bei der Kapitalkonsolidierung stille Reserven aufgedeckt werden könnten, die nicht von Dritten entgeltlich erworben wurden (vgl. ADS, 6. Aufl., § 304 Tz. 113-115).

2.4 Unzulässigkeit des Wertes in der Einzelbilanz aus Konzernsicht

Schließlich ist natürlich noch Voraussetzung, daß der Buchwert des Vermögensgegenstandes, wie er über den Summenabschluß in die Konzernbilanz eingehen würde, aus Konzernsicht unzulässig ist:

Ist der Einzelbilanzwert aus Konzernsicht zu hoch, so beruht dies in der Regel auf unrealisierten Gewinnen, die eliminiert werden müssen.

Ein aus Konzernsicht zu niedriger Wert andererseits ist meist Anzeichen dafür, daß an sich aktivierungspflichtige Teile unzulässigerweise zu Verlusten wurden, die damit ebenfalls zu eliminieren sind.

Mit der Frage, wann diese Voraussetzung erfüllt ist, beschäftigt sich der folgende Abschnitt dieses Kapitels.

3. Ermittlung der Zwischenergebnisse

Der Umfang der zu eliminierenden Zwischenergebnisse läßt sich nur indirekt aus einem Vergleich zweier Werte ableiten: dem Wert, mit dem der Vermögensgegenstand über die Summenbilanz in den Konzernabschluß eingehen würde, und dem aus Konzernsicht zulässigen Wert. Aus den Differenzen dieser Werte ergeben sich dann die Zwischenergebnisse.

3.1 Der Einzelbilanzwert

Der Wert des Vermögensgegenstandes in der Summenbilanz ist gleich dem Wert in der Einzelbilanz des bilanzierenden Unternehmens nach konzerneinheitlicher Bewertung (HB II). Er läßt sich in drei Stufen herleiten:

Primärer Wert im Einzelabschluß sind die (bei abnutzbarem Anlagevermögen um planmäßige Abschreibungen fortgeführten) Anschaffungs- bzw. Herstellungskosten. Beide Werte ergeben sich aus den gesetzlichen Vorschriften des § 255 HGB.

Die Anschaffungskosten (von außen bezogener, unbearbeiteter Gegenstände) liegen eindeutig fest und umfassen den Anschaffungspreis sowie als Einzelkosten unmittelbar zurechenbare Anschaffungsnebenkosten und nachträgliche Anschaffungskosten. Anschaffungspreisminderungen sind abzusetzen.

Bei der Bestimmung der Herstellungskosten der selbst hergestellten oder nach Erwerb weiterverarbeiteten Gegenstände besteht hingegen für den Bilanzierenden ein Spielraum: Die Untergrenze bilden die unmittelbar zurechenbaren Einzelkosten; Gemeinkosten, soweit sie auf den Zeitraum der Herstellung entfallen, dürfen jedoch auch einbezogen werden. Die Obergrenze wird dadurch markiert, daß allgemeine Forschungs- und Entwicklungs- sowie Vertriebskosten, ferner kalkulatorische Kosten und Leerkosten (Kosten offenbarer Unterbeschäftigung) unberücksichtigt bleiben müssen.

Nach der Ermittlung dieser primären Werte sind aber noch Abwertungswahlrechte und -pflichten nach den §§ 253 und 254 HGB zu berücksichtigen. Kapitalgesellschaften haben dabei die Modifikationen des § 279 HGB und zudem das Wertaufholungsgebot des § 280 HGB zu beachten, wonach grundsätzlich bei Wegfall der Gründe einer außerplanmäßigen Abschreibung eine Zuschreibungspflicht besteht. Diese Pflicht wird freilich weitgehend dadurch aufgehoben, daß eine Wertbeibehaltung bei formeller Maßgeblichkeit im Rahmen der umgekehrten Maßgeblichkeit möglich ist.

Für den Konzernabschluß sind allerdings nicht die Werte aus dem Einzelabschluß (HB I) maßgeblich, sondern die Werte nach Berücksichtigung des Grundsatzes konzerneinheitlicher Bewertung (§ 308 HGB, HB II). Daraus ergeben sich hier vor allem zwei Folgerungen:

Zunächst sind die Herstellungskosten den konzerneinheitlichen Richtlinien anzupassen. Wie streng die Forderung nach Einheitlichkeit innerhalb des Konzerns aufzufassen ist, ist umstritten (vgl. dazu Kapitel C.3.3). Die Herstellungskosten müssen aber wohl nicht stets so präzise definiert werden, daß nur ein möglicher Wertansatz übrig bleibt.

Bedeutung hat der Grundsatz konzerneinheitlicher Bewertung außerdem bei der Ausübung der genannten Abschreibungswahlrechte. Hier sind zunächst Abwertungen von Tochterunternehmen daraufhin zu prüfen, ob sie dem Recht des Mutterunternehmens entsprechen. Ist etwa das Mutterunternehmen eine Kapitalgesellschaft (und auf diesen Fall sollen sich alle weiteren Ausführungen beziehen), so müssen die diesbezüglichen Einschränkungen (§§ 279, 280 HGB) beachtet werden. Ferner sind die verbleibenden Wahlrechte grundsätzlich konzerneinheitlich auszuüben.

Die Zwischenergebniseliminierung selbst erfolgt weder in der Einzelbilanz noch in der HB II, so daß ohne weitere Konsolidierungsmaßnahmen die aus diesen drei Schritten hervorgehenden Werte der HB II über die Summenbilanz in den Konzernabschluß eingehen würden. Diese Werte sind also auf ihre Zulässigkeit aus Konzernsicht zu prüfen.

3.2 Der konzernspezifische Korrekturwert

Bei der Bestimmung der konzernspezifischen Korrekturwerte wird ebenfalls schrittweise vorgegangen. Zunächst werden wieder die primären Werte Konzernanschaffungskosten und Konzernherstellungskosten, die gegebenenfalls um planmäßige Abschreibungen fortzuschreiben sind, bestimmt. Um die Darstellung zu vereinfachen, wird dabei stets diejenige Situation betrachtet, in der ein einbezogenes Unternehmen (Konzernlieferant L) einen Vermögensgegenstand von einem außenstehenden Dritten erworben (3.2.1) bzw. selbst hergestellt (3.2.2) und anschließend an ein anderes einbezogenes Unternehmen (Konzernempfänger E) veräußert hat, das seinerseits den Gegenstand nicht weiter be- oder verarbeitet hat. Die Ausführungen gelten analog für den Fall eines mehrfachen Transfers innerhalb des Kreises einbezogener Unternehmen, bei dem eine vollständige Eliminierung von Ergebnissen auf allen Stufen vorgenommen werden muß.

Anschließend wird der Einfluß des Grundsatzes konzerneinheitlicher Bewertung sowie der Regelungen in §§ 253 und 254 HGB dargestellt.

3.2.1 Konzernanschaffungskosten

Primärer Wert eines auf die Notwendigkeit einer Zwischenergebniseliminierung hin zu untersuchenden Vermögensgegenstandes sind aus Konzernsicht die Konzernanschaffungskosten, wenn der Gegenstand zunächst von außen bezogen wurde und von keinem einbezogenen Unternehmen be- oder verarbeitet worden ist. Für die Ermittlung der Konzernanschaffungskosten ist nach § 298 Abs. 1 auch § 255 Abs. 1 HGB anzuwenden. Daher gilt:

Konzernanschaffungskosten =	
	Anschaffungspreis
+	Anschaffungsnebenkosten
+	nachträgliche Anschaffungskosten
./.	Anschaffungspreisminderungen

Schaubild I.1: Konzernanschaffungskosten

Die einzelnen Teilbeträge sind dabei jeweils aus dem Blickwinkel der Gesamtheit Konzern zu bestimmen. Der Anschaffungspreis darf demnach nur die Zahlungen an Außenstehende umfassen. Eventuelle Anschaffungsnebenkosten des Konzernempfängers (z.B. für Montage) dürfen keine Gewinne des Konzernlieferanten enthalten.

Fraglich ist, ob Nebenkosten der innerkonzernlichen Transaktion in die Konzernanschaffungskosten eingehen können, die aufgrund der rechtlichen Selbständigkeit der Konzernunternehmen gerade erst entstehen (z.B. Grunderwerbsteuer). Diese Frage läßt sich allein auf Grundlage der Einheitstheorie nicht beantworten, weil mit dieser Sichtweise weder eine Behandlung solcher Ausgaben als Bestandteil der Anschaffungskosten noch eine Verrechnung als Aufwand vereinbar wäre. Die Entscheidung kann daher nur nach den allgemeinen Kriterien der Ermittlung von Anschaffungskosten getroffen werden, und dabei spricht das Ziel einer periodengerechten Verteilung der geleisteten Ausgaben für eine Berücksichtigung aller an Dritte gezahlten Nebenkosten in den Konzernanschaffungskosten (vgl. Busse von Colbe/Ordelheide, Konzernabschlüsse, 1993, S. 358 f.).

3.2.2 Konzernherstellungskosten

Schwieriger gestaltet sich die Bestimmung der Konzernherstellungskosten, die als primärer Wert aus Konzernsicht zu betrachten sind, wenn der Gegenstand von mindestens einem konsolidierten Unternehmen hergestellt oder weiterverarbeitet worden ist. Die Konzernherstellungskosten lassen sich nach § 255 Abs. 2 und 3 in Verbindung mit § 298 Abs. 1 HGB nicht eindeutig ermitteln. Es müssen vielmehr die Unter- und die Obergrenze der Konzernherstellungskosten unterschieden werden.

Ein Fall kann allerdings bereits vorab behandelt werden. Veräußert der Konzernlieferant einen selbst geschaffenen, immateriellen Vermögensgegenstand, der zum Verbleib beim Empfänger bestimmt ist, so handelt es sich aus Konzernsicht um einen originär erworbenen Gegenstand des immateriellen Anlagevermögens, der nach § 248 Abs. 2 HGB nicht aktiviert werden darf, dessen Konzernherstellungskosten also gleich Null zu setzen sind (vgl. Arbeitskreis "Externe Unternehmensrechnung", Aufstellung, 1989, S. 102; anders NA 3/1968, WPg 1968, S. 133). Der Buchwert des immateriellen Anlagegegenstands beim Konzernempfänger ist damit in vollem Umfang zu hoch und als Zwischengewinn zu eliminieren. Anders ist der Fall freilich zu beurteilen, wenn der Vermögensgegenstand von einem Tochterunternehmen bereits beim Erwerb dieses Unternehmens geschaffen war. In diesem Fall wird er vom Konzern entgeltlich erworben und ist gegebenenfalls bei der Auflösung stiller Reserven im Rahmen der Erstkonsolidierung zu berücksichtigen (vgl. Kapitel G.4.1.1.1).

3.2.2.1 Untergrenze der Konzernherstellungskosten

Die Untergrenze der Konzernherstellungskosten liegt bei den von der Gesamtheit Konzern geleisteten, dem Gegenstand unmittelbar zurechenbaren Aufwendungen (Einzelkosten). Ausgangsbasis für deren Ermittlung sind die beim Konzernlieferanten angefallenen Einzelkosten, also dessen Herstellungskostenuntergrenze. Aus der speziellen Sichtweise des Konzerns als einer wirtschaftlichen Einheit muß dieser Wert allerdings gegebenenfalls korrigiert werden. Dabei kann es sowohl zu konzernspezifischen Herstellungskostenminderungen als auch zu konzernspezifischen Herstellungskostenmehrungen kommen.

Die Herstellungskostenminderungen betreffen all die Kosten, die zwar aktivierungspflichtige Einzelkosten des Konzernlieferanten darstellen, aus Konzernsicht aber nicht aktivierungsfähig sind. Beispielhaft können hier mengenabhängige

Lizenzgebühren genannt werden, die vom Konzernlieferanten an andere einbezogene Unternehmen fließen.

Herstellungskostenmehrungen sind Ausgaben des Konzernlieferanten, die dieser nicht in die Herstellungskosten einbezieht, die aus Konzernsicht aber aktivierungspflichtig sind, zum Beispiel Kosten einer speziellen Verpackung des Gegenstands für den Transport zum Konzernempfänger. Es handelt sich hierbei aus Sicht des Lieferanten um nicht aktivierbare Sondereinzelkosten des Vertriebs, aus Konzernsicht jedoch um Einzelkosten des innerbetrieblichen Transports, die als Fertigungseinzelkosten aktivierungspflichtig sind (zumindest, soweit sie nicht auch aus Konzernsicht Vertriebskosten darstellen, wenn etwa der Konzernempfänger reine Vertriebsgesellschaft des Konzerns ist; vgl. Weber in: Küting/Weber, Konzernrechnungslegung, § 304 Rn. 41).

Hinzuzurechnen sind schließlich auch gegebenenfalls entstandene Anschaffungsnebenkosten des Konzernempfängers, so daß die Untergrenze der Konzernherstellungskosten folgendermaßen zusammengefaßt werden kann:

Untergrenze der Konzernherstellungskosten=	
	Untergrenze der Herstellungskosten des Konzernlieferanten
./.	konzernspezifische Herstellungskostenminderungen (Einzelkosten)
+	konzernspezifische Herstellungskostenmehrungen (Einzelkosten)
+	Anschaffungsnebenkosten des Konzernempfängers

Schaubild I.2.1: Untergrenze der Konzernherstellungskosten

3.2.2.2 Obergrenze der Konzernherstellungskosten

Die Obergrenze der Konzernherstellungskosten umfaßt alle aus der Sicht des Konzerns aktivierbaren Herstellungsausgaben. Das sind zusätzlich zu den Einzelkosten noch die Gemeinkosten, soweit sie auf den Zeitraum der Herstellung entfallen. Nicht aktivierbar sind allerdings die Kosten allgemeiner Forschung und Entwicklung, des Vertriebs, kalkulatorische Kosten sowie Leerkosten.

Ausgangsbasis für die Ermittlung der Obergrenze der Konzernherstellungskosten ist die Obergrenze der Herstellungskosten beim Konzernlieferanten. Diese Basis muß anschließend gegebenenfalls durch Mehrungen und Minderungen modifiziert werden.

Zu mindern ist der Wert um alle Kosten, die der Lieferant aktivieren mußte oder in zulässiger Wahlrechtsausübung aktiviert hat, die aus Konzernsicht aber nicht aktivierungsfähig sind. Neben den bereits oben angeführten Lizenzgebühren können hier auch an ein anderes einbezogenes Unternehmen gezahlte Zinsen genannt werden, wenn der Empfänger dieser Zinsen seinerseits keinen Kredit aufgenommen hat, um das Kapital zur Verfügung zu stellen (damit sind die gezahlten Zinsen aus Konzernsicht kalkulatorische Eigenkapitalzinsen).

Zu mehren ist der Wert um Ausgaben, die der Lieferant nicht aktivieren durfte, die aus Konzernsicht aber aktivierungspflichtig oder auch -fähig sind. Hier lassen sich all die Vertriebskosten des Lieferanten anführen, die aus Konzernsicht Kosten des innerbetrieblichen Transports darstellen, also nicht nur Einzelkosten (z.B. spezielle Verpackung), sondern auch Gemeinkosten wie Abschreibungen auf Transportanlagen.

Schließlich sind wiederum die eventuell beim Konzernempfänger angefallenen Anschaffungsnebenkosten hinzuzurechnen:

Obergrenze der Konzernherstellungskosten=	
	Obergrenze der Herstellungskosten des Konzernlieferanten
./.	konzernspezifische Herstellungskostenminderungen
+	konzernspezifische Herstellungskostenmehrungen
+	Anschaffungsnebenkosten des Konzernempfängers

Schaubild I.2.2: Obergrenze der Konzernherstellungskosten

3.2.2.3 Beispiel zur Ermittlung der Konzernherstellungskosten

Das folgende Beispiel I.1 soll die Ausführungen zu den Konzernherstellungskosten verdeutlichen:

Konzernlieferant L liefert an Konzernempfänger E ein unfertiges Erzeugnis, das bei E am Bilanzstichtag unbearbeitet lagert. In der folgenden Tabelle sind in der ersten Spalte die bei L angefallenen Kosten verzeichnet. In der zweiten Spalte werden die Unter- und Obergrenze der Herstellungskosten des Konzernlieferanten bestimmt. Durch konzernspezifische Korrekturen gelangt man (dritte Spalte) zur Unter- und Obergrenze der Konzernherstellungskosten (KHK), die alternativ auch unmittelbar ermittelt werden (letzte Spalte).

Beispiel I.1: Ermittlung der Konzernherstellungskosten

	Kosten	HK_L	KHK indirekt	KHK direkt
Materialeinzelkosten	240	240		240
Fertigungseinzelkosten	150	150		150
Sondereinzelkosten der Fertigung [1]	20	20		
Sondereinzelkosten des Vertriebs [2]	10			10
Untergrenze HK_L		410	410	
konzernspezifische HK-Minderungen (Einzelkosten)			- 20	
konzernspezifische HK-Mehrungen (Einzelkosten)			+ 10	
Untergrenze der KHK			400	400
Untergrenze		410		400
Materialgemeinkosten	40	40		40
Fertigungsgemeinkosten	85	85		70
davon FK-Zinsen [3]	(15)	(15)		(0)
Verwaltungsgemeinkosten	60	60		60
Vertriebsgemeinkosten [4]	30			30
Obergrenze der HK_L		595	595	
konzernspezifische HK-Minderungen (-20-15) (Einzel- u. Gemeinkosten)			- 35	
konzernspezifische HK-Mehrungen (+10+30) (Einzel- u. Gemeinkosten)			+ 40	
Obergrenze der KHK			600	600

[1] Lizenzgebühr an das ebenfalls einbezogene Unternehmen C

[2] spezielle Verpackung für Transport zum Konzernempfänger E

[3] anteilige Zinszahlung an C (aus Konzernsicht Eigenkapitalkosten)

[4] anteilige Abschreibungen auf Transportanlagen (aus Konzernsicht Fertigungsgemeinkosten)

3.2.3 Konzerneinheitliche Bewertung und sekundäre Werte

Auch der konzernspezifische Korrekturwert ergibt sich erst nach Berücksichtigung zweier weiterer Punkte aus dem primären Wert:

So ist zunächst auch hier der Grundsatz der konzerneinheitlichen Bewertung zu beachten, dem nicht nur die Werte in der Handelsbilanz II, sondern auch diejenigen im Konzernabschluß zu genügen haben. Soweit die internen Richtlinien die einheitliche Ermittlung der Herstellungskosten nicht exakt festlegen, verbleibt auch nach Vereinheitlichung noch ein Spielraum für die Festlegung der Konzernherstellungskosten.

Weiterhin müssen die zwingenden Niederstwertvorschriften und die konzerneinheitlich wahrzunehmenden Abschreibungswahlrechte berücksichtigt werden. Die Beibehaltung einer im Einzelabschluß vorgenommenen Abwertung aus steuerlichen Gründen wird dabei durch § 308 Abs. 3 HGB ausdrücklich für zulässig erklärt.

3.3 Die Zwischenergebnisse

Sind der in die Summenbilanz eingehende Wert aus der Handelsbilanz II des bilanzierenden Unternehmens einerseits und der aus Konzernsicht zulässige Wert bzw. Wertebereich andererseits bekannt, so können daraus die zu eliminierenden oder eliminierbaren Ergebnisse abgeleitet werden. Dabei werden in der allgemeinen Herleitung die Auswirkungen des Niederstwertprinzips zunächst ausgeklammert und anschließend isoliert betrachtet.

3.3.1 Allgemeine Herleitung eliminierungspflichtiger und -fähiger Ergebnisse

Die allgemeine Herleitung eliminierungspflichtiger bzw. -fähiger Ergebnisse soll durch eine Fortführung des obigen Beispiels I.1 veranschaulicht werden. Während der konzernspezifische Korrekturwert vor Berücksichtigung der konzerneinheitlichen Bewertung nur als Wertebereich zwischen der Untergrenze der Konzernherstellungskosten (Konzernmindestwert: 400 DM) und der Obergrenze der Konzernherstellungskosten (Konzernhöchstwert: 600 DM) festliegt, ist der Einzelbilanzwert durch die Anschaffungskosten von Konzernempfänger E eindeutig gegeben. Diese Anschaffungskosten sollen sich in drei verschiedenen Fällen auf 900 DM (A), 550 DM (B) und 300 DM (C) belaufen, so daß die drei denkbaren Konstellationen gegeben sind:

A) Der Einzelbilanzwert ist höher als der Konzernhöchstwert.

B) Der Einzelbilanzwert liegt zwischen Konzernmindestwert und Konzernhöchstwert.
C) Der Einzelbilanzwert ist niedriger als der Konzernmindestwert.

Aus der Forderung, den Vermögensgegenstand in der Konzernbilanz mit einem konzernspezifisch zulässigen Wert anzusetzen, folgen in den Fällen A und C unabhängig von der konzerneinheitlichen Bewertung Pflichten zur Eliminierung von Zwischenergebnissen:

Im Fall A darf im Konzernabschluß höchstens der Wert 600 angesetzt werden, d.h. es ist eine Zwischengewinneliminierung in Höhe von (Einzelbilanzwert ./. Konzernhöchstwert = 900 - 600 =) 300 erforderlich.

Im entgegengesetzten Fall C muß im Konzernabschluß der Vermögensgegenstand mindestens mit einem Wert von 400 bilanziert werden, so daß ein Zwischenverlust von 100 (= Konzernmindestwert ./. Einzelbilanzwert = 400 - 300) zu eliminieren ist.

Zusätzlich zu den genannten Pflichten bestehen aber vor Berücksichtigung der konzerneinheitlichen Bewertung auch Eliminierungswahlrechte:

Im Fall A kann der Vermögensgegenstand auch mit einem niedrigeren als dem Konzernhöchstwert, mindestens allerdings mit dem Konzernmindestwert bewertet werden. Es besteht also grundsätzlich ein Bewertungsspielraum im Umfang von (Konzernhöchstwert ./. Konzernmindestwert= 600 - 400 =) 200 ("Wahlrecht zur Zwischengewinneliminierung").

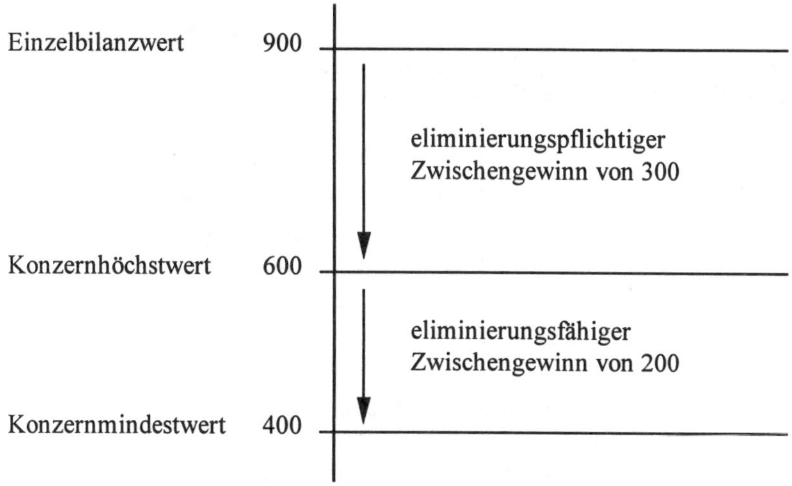

Schaubild I.3.1: Eliminierungspflicht und -wahlrecht (Fall A)

Analog kann in Konstellation C der Vermögensgegenstand auch höher, maximal mit dem Konzernhöchstwert angesetzt werden; der Spielraum zwischen Konzernhöchstwert und -mindestwert (= 200, wie oben) bildet hier den Wahlrechtsbereich der Zwischenverlusteliminierung.

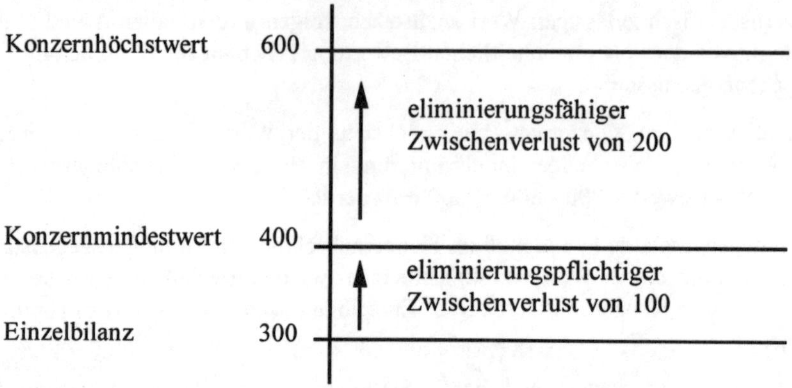

Schaubild I.3.2: Eliminierungspflicht und -wahlrecht (Fall C)

Und auch in Fall B schließlich, bei dem der Einzelbilanzwert aus Konzernsicht zulässig ist, steht der ganze Bereich zwischen Konzernmindest- und -höchstwert offen, so daß prinzipiell ein Wahlrecht zur Eliminierung sowohl eines Zwischenverlusts im Umfang von (Konzernhöchstwert ./. Einzelbilanzwert = 600 - 550 =) 50 als auch eines Zwischengewinns in Höhe von (Einzelbilanzwert ./. Konzernmindestwert = 550 - 400 =) 150 gegeben ist.

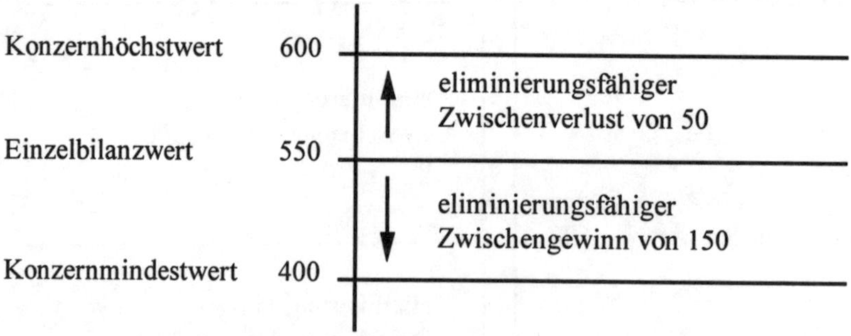

Schaubild I.3.3: Eliminierungswahlrechte (Fall B)

Durch die erforderliche konzerneinheitliche Bewertung wird der Umfang der eliminierungsfähigen Ergebnisse eingeschränkt bzw. bei punktgenauer Definition der Herstellungskosten auf Null reduziert. Wird in den behandelten Fällen der konzernspezifische Korrekturwert beispielsweise durch die konzerninternen Bewertungsrichtlinien eindeutig auf 500 festgelegt, so sind in den Fällen A und B Zwischengewinne von 400 bzw. 50 sowie im Fall C ein Zwischenverlust von 200 zu eliminieren. Soweit sich die Konzernherstellungskosten jedoch nicht punktgenau definieren lassen, verbleiben auch nach konzerneinheitlicher Bewertung Spielräume für eliminierungsfähige Zwischengewinne und -verluste.

3.3.2 Zum Einfluß niedrigerer Werte nach §§ 253 und 254 HGB

Auch zur Darstellung des Einflusses des Niederstwertprinzips wird das Beispiel I.1 fortgeführt. Vereinfachend wird allerdings angenommen, die Konzernherstellungskosten (KHK) seien auf einen Punkt festgelegt und zwar alternativ in Höhe des Konzernmindestwertes (Fälle A bis C) bzw. in Höhe des Konzernhöchstwertes (Fälle D bis F). Bezüglich der Anschaffungskosten von E (AK_E) werden sechs Einzelfälle unterschieden, in denen es dann jeweils zu folgenden Zwischenergebnissen (ZE; positive Werte sind Zwischengewinne, negative Werte sind Zwischenverluste) kommt:

Fall	A	B	C	D	E	F
AK_E	480	380	520	460	620	540
KHK	400	400	400	600	600	600
ZE	+ 80	- 20	+ 120	- 140	+ 20	- 60

Nun sei zusätzlich angenommen, der Stichtagswert des Vermögensgegenstandes betrage 500 DM und für den Vermögensgegenstand gelte das strenge Niederstwertprinzip (Umlaufvermögen). Der Einzelbilanzwert (EW) sowie der Konzernbilanzwert (KW) bestimmen sich dann jeweils als Minimum aus Stichtagswert einerseits und Anschaffungskosten von E bzw. Konzernherstellungskosten andererseits. Daraus resultiert auch eine veränderte Höhe des Zwischenergebnisses:

Fall	A	B	C	D	E	F
EW	480	380	500	460	500	500
KW	400	400	400	500	500	500
ZE	+ 80	- 20	+ 100	- 40	0	0

Die Berücksichtigung der §§ 253, 254 HGB bringt also verständlicherweise keine Veränderungen, falls weder Einzelbilanz des Bilanzierenden noch Konzernbilanz betroffen sind (Fälle A und B), vermindert andererseits den Umfang der Eliminierungspflicht, soweit nur in einem Abschluß eine Anpassung erfolgen muß (Fälle C und D), und kann schließlich sogar zu einem Wegfall jeglicher Zwischenergebniseliminierung führen, wenn in beiden Bilanzen der niedrigere Stichtagswert angesetzt werden muß (Fälle E und F).

3.4 Besonderheiten bei Vorräten

Besonderheiten ergeben sich bei der Eliminierung von Zwischenergebnissen, die durch einen Transfer von Vorratsgütern notwendig wird.

Aufgrund der Tatsache, daß es bei wenig hochwertigen Vorräten unwirtschaftlich wäre, einzelne Lieferungen getrennt zu lagern, ist am Abschlußstichtag nicht nachvollziehbar, welche Stoffe verbraucht sind bzw. aus welchen Lieferungen der Endbestand an Vorräten stammt. Ein erstes Problem erwächst daraus bereits im Einzelabschluß: Wurden bestimmte Werkstoffe, unfertige Erzeugnisse oder Waren zu unterschiedlichen Preisen gekauft, so muß bestimmt werden, zu welchen Preisen die vorhandenen Vorräte erworben wurden. Beim Konzernabschluß tritt ein weiteres Problem hinzu: Für die Zwischenergebniseliminierung muß zusätzlich bekannt sein, welche Bestände aus konzerninternen Lieferungen stammen und welche von Außenstehenden bezogen wurden.

Für die Lösung des ersten Problems wurden im Einzelabschluß verschiedene Verfahren entwickelt: das Durchschnitts- und die Verbrauchsfolgeverfahren (v.a. LIFO, FIFO und HIFO; § 256 HGB). Durch sie wird bestimmt, welche Stoffe jeweils als verbraucht gelten. Damit ist auch die Zusammensetzung des Endbestands eindeutig festgelegt. Wird beispielsweise unterstellt, die zuerst erworbenen Vorräte würden auch zuerst wieder verbraucht (FIFO), so stammt der Endbestand per Fiktion aus den zeitlich letzten Lieferungen. Zur Klärung der zweiten Frage muß dann noch ermittelt werden, inwieweit diese letzten Lieferungen aus externen oder konzerninternen Quellen stammen.

Aufgrund dieses zusätzlichen Ermittlungsaufwands sind diese Verfahren allerdings vergleichsweise aufwendig. Zur Vereinfachung des zweiten Problemkreises wurden daher speziell für den Konzern besondere Verbrauchsfolgeverfahren entwickelt, und zwar KIFO und KILO (Konzern in First out bzw. Konzern in Last out: die von anderen einbezogenen Unternehmen gelieferten Stoffe gelten als zuerst bzw. zuletzt verbraucht). Als besonders günstig bezüglich des Konsolidierungsaufwands erweist sich dabei die KIFO-Fiktion, da bei ihrer Anwendung die Bestände im geringsten Umfang als aus konzerninternen Lieferungen stammend betrachtet werden. KIFO- bzw. KILO-Fiktion sind allerdings wiederum in der Regel kein ausreichender Lösungsansatz für das Problem unterschiedlicher Preise. Zur Bestimmung der Wertkomponente müssen sie deshalb gegebenenfalls noch mit einer weiteren Fiktion (z.B. FIFO) kombiniert werden.

Gerade bei den Vorräten erscheint aber die individuelle Ermittlung von Zwischenergebnissen durch Vergleiche von Einzelbilanz- und konzernspezifischen

Korrekturwerten insgesamt unangemessen. Deshalb wird es für zulässig gehalten, das Verfahren zu vereinfachen, indem für einzelne Produkte, Produktgruppen, einzelne Lieferanten oder Lieferantengruppen Durchschnittssätze der Zwischenergebnisse ermittelt werden, die sich als Verhältnis von Zwischenergebnissen zu Umsätzen bei dem oder den konzerninternen Lieferanten berechnen. Durch Abschlag dieser pauschal ermittelten Zwischenergebnisse können dann aus den Einzelbilanzwerten die aus Konzernsicht zulässigen Werte abgeleitet werden.

4. Verrechnung der Zwischenergebnisse

Werden die Werte von Vermögensgegenständen in der Konzernbilanz gegenüber denen in der Summenbilanz verändert, so ist zum Ausgleich der Konzernbilanz eine weitere, gegenläufige Korrektur erforderlich. Da es sich bei den Wertveränderungen um die zu eliminierenden Zwischenergebnisse handelt, hat diese Korrektur im Konzern-Eigenkapital zu erfolgen, und zwar voll zu Lasten des Mehrheitsanteils. Eine Verrechnung von Zwischenergebnissen mit dem Minderheitenanteil wird nach herrschender Meinung als nicht zulässig angesehen (vgl. WP-Handbuch, Band I, M Tz. 287).

In diesem Abschnitt soll die bezüglich der Erfolgswirksamkeit differenzierte Behandlung von Zwischenergebnissen vorgestellt werden:

Die Eliminierung der Zwischenergebnisse erfolgt in der Regel nur vorübergehend, und zwar bis zu dem Zeitpunkt, in dem das Ergebnis auch aus Konzernsicht als realisiert betrachtet werden darf. Dabei ist nach der Art des jeweiligen Vermögensgegenstandes zu unterscheiden.

Bei Gegenständen des nicht abnutzbaren Anlagevermögens bleiben die Zwischenergebnisse während des gewöhnlichen Geschäftsverlaufs erhalten. Zu einer Realisation kommt es erst bei einer späteren Veräußerung. In den Werten von Gegenständen des abnutzbaren Anlagevermögens enthaltene Zwischengewinne (bzw. nicht enthaltene Zwischenverluste) werden im Zeitablauf dadurch abgebaut, daß im Einzelabschluß von der um diesen Zwischengewinn höheren (bzw. um den Zwischenverlust niedrigeren) Abschreibungsbasis abgeschrieben wird (vgl. I.4.3). Beim Umlaufvermögen schließlich kommt es zu einer Auflösung der Zwischenergebnisse bei ihrer Realisierung durch einen Außenumsatz (vgl. I.4.2).

Bei der Behandlung der Zwischenergebnisse ist nun zu unterscheiden zwischen den Zeitpunkten der Entstehung bzw. Auflösung von Zwischenergebnissen und den dazwischen liegenden Perioden.

4.1 Der Grundsatz der periodenanteiligen Verrechnung

Die Verrechnung der Zwischenergebnisse erfolgt unter der Zielsetzung, den einzelnen Perioden die Erfolge nach den üblichen Grundsätzen und unter Beachtung der Einheitstheorie zuzuordnen. Daraus ergibt sich für die Zwischenergebniseliminierung das Gebot, neu entstandene Zwischenergebnisse sowie realisierte, vormals eliminierte Zwischenergebnisse erfolgswirksam zu verrechnen, d.h. im Konzernjahreserfolg zu berücksichtigen. Der Begriff der 'erfolgswirksamen' Behandlung mag dabei vor allem im Jahr der Entstehung eines Zwischenergebnisses irreführend sein, weil die erfolgswirksame Behandlung bewirkt, daß auf Ebene des Konzerns insgesamt gerade kein Ergebnis aus der Transaktion ausgewiesen wird: Erfolgswirksame Verrechnung heißt beispielsweise im Falle eines neu entstandenen Zwischengewinnes, daß der Erfolg, der aus der Einzelbilanz des Konzernlieferanten in die Konzernbilanz einzugehen droht, durch die Konsolidierung neutralisiert wird.

Zu einer erfolgswirksamen Verrechnung kann es in vier Fällen kommen:
- Erstmalige Eliminierung eines Zwischengewinns
- Realisierung eines eliminierten Zwischengewinns
- Erstmalige Eliminierung eines Zwischenverlusts
- Realisierung eines eliminierten Zwischenverlusts

Werden neu entstandene Zwischengewinne eliminiert (also Vermögensgegenstände in der Konzernbilanz erstmals niedriger bewertet als in der Einzelbilanz), so ist durch die erfolgswirksame Verrechnung der Konzernjahreserfolg gegenüber der Summe der Einzelerfolge zu vermindern, im Jahr der späteren Realisierung des Zwischengewinns hingegen zu erhöhen. Denn der Erfolg aus der Veräußerung des Gegenstands an einen Dritten umfaßt aus Konzernsicht neben dem Erfolg des veräußernden Konzernempfängers auch den zuvor eliminierten Erfolg des Konzernlieferanten. Für die Zwischenverluste gilt das Gesagte jeweils mit umgekehrten Vorzeichen.

So ergibt sich der Konzernjahreserfolg insgesamt (unter Vernachlässigung aller Konsolidierungsmaßnahmen außer der Zwischenergebniseliminierung) wie folgt:

Konzernjahreserfolg =

Summe der Einzeljahreserfolge der einbezogenen Unternehmen (HB II)
./. neu entstandene Zwischengewinne
\+ realisierte Zwischengewinne
\+ neu entstandene Zwischenverluste
./. realisierte Zwischenverluste

bzw.

Konzernjahreserfolg =

Summe der Einzeljahreserfolge der einbezogenen Unternehmen (HB II)
./. Zunahme (bzw. + Abnahme) der Zwischengewinne
\+ Zunahme (bzw. ./. Abnahme) der Zwischenverluste

In Jahren des unveränderten Fortbestehens von Zwischenergebnissen darf der Konzernerfolg dann allerdings nicht neuerlich belastet werden. Zwischenergebnisse sind in solchen Perioden daher erfolgsneutral zu behandeln. Wie bereits bei der Erläuterung der Schuldenkonsolidierung dargestellt wurde, ist dabei umstritten, wie diese erfolgsneutrale Verrechnung erfolgen soll: Eine individuelle Korrektur ("Rückbuchung") der im Einzelabschluß vorgenommenen Ergebnisverwendung ist nicht möglich, weil nicht nachvollziehbar ist, wie die Zwischenergebnisse in den Einzelabschlüssen verwendet wurden (bei Zwischenverlusten müßte sogar bekannt sein, wie um die Zwischenverluste höhere Ergebnisse verwendet worden wären). Es bleibt daher nur die Möglichkeit einer pauschalen Korrektur, für die alternative Vorschläge ausgearbeitet wurden. (Das hier aufgeworfene Problem wird in Kapitel L. eingehend behandelt.)

4.2 Ein Beispiel zur periodenanteiligen Verrechnung von Zwischenergebnissen

Die Ausführungen zur periodenanteiligen Verrechnung sollen nun anhand des folgenden, sehr einfach gestalteten Beispiels I.2 veranschaulicht werden:

Konzernmutter M produziert ab Juli 01 monatlich 1000 Farbfernseher und verkauft sie sofort nach Fertigstellung an ihre 100 %-ige Vertriebstochtergesellschaft T zum konstanten Verrechnungspreis von 1000 DM. T wiederum verkauft die Geräte jeweils drei Monate später zum Preis von 1500 DM an konzernexterne Dritte. Am Bilanzstichtag 31.12. sind damit jeweils die Lieferungen von 3 Monaten, also 3000 Fernsehgeräte auf Lager.

Die bei M anfallenden Herstellungskosten (= konzernspezifischer Korrekturwert) schwanken im Zeitablauf und betragen in den Monaten der Herstellung und Lieferung an T jeweils:

Juli 01	–	Juni 02	DM	980
Juli 02	–	Juni 03	DM	970
Juli 03	–	Juni 04	DM	1015
ab Juni 04			DM	1000

Der Bestand an Zwischenergebnissen ergibt sich danach an den Bilanzstichtagen in folgender Höhe:

31.12.01	3000 · (1000 - 980) =	60000	Zwischengewinn
31.12.02	3000 · (1000 - 970) =	90000	Zwischengewinn
31.12.03	3000 · (1000 - 1015) =	- 45000	Zwischenverlust
31.12.04	3000 · (1000 - 1000) =	0	

Die Veränderungen der Konzernjahreserfolge gegenüber den Summen der Jahreserfolge aus den Einzelabschlüssen (zerlegt in die oben bestimmten Komponenten) lassen sich danach aus Beispiel I.2.1 ablesen.

Beispiel I.2.1: Erfolgswirksame Behandlung von Zwischenergebnissen

Jahr	01	02	03	04
./. entstandene ZG	- 60000	- 90000		
+ realisierte ZG		+ 60000	+ 90000	
+ entstandene ZV			+ 45000	
./. realisierte ZV				- 45000
(./. Zu- bzw. + Abnahme der ZG	- 60000	- 30000	+ 90000	)
(+ Zu- bzw. ./. Abnahme der ZV			+ 45000	- 45000)
gesamte Veränderung des Konzernerfolges	- 60000	- 30000	+ 135000	- 45000

Über die Jahre gleichen sich die Veränderungen des Konzernerfolgs wieder aus, d.h. der Gesamterfolg des Konzerns in den Jahren 01 bis 04 entspricht der Summe der Gesamterfolge der einzelnen einbezogenen Unternehmen.

Zusammen mit der erfolgsunwirksamen Behandlung des jeweiligen Vorjahresbestands kommt es so in jedem Jahr zur Verrechnung aller Zwischenergebnisse, die in den Werten der Bestände an den Stichtagen verborgen sind.

Beispiel I.2.2: Erfolgswirksame und -neutrale Behandlung von Zwischenergebnissen

Jahr	01	02	03	04
erfolgswirksam verrechnete ZE	- 60000	- 30000	+ 135000	- 45000
erfolgsunwirksam verrechnete ZE	0	- 60000	- 90000	+ 45000
insgesamt verrechnete Zwischenergebnisse	- 60000	- 90000	+ 45000	0

4.3 Zur Realisierung von Zwischenergebnissen durch planmäßige Abschreibungen

Zwischenergebnisse werden nicht nur durch Außenumsatz realisiert. Beim abnutzbaren Anlagevermögen lösen sie sich vielmehr regelmäßig durch die planmäßigen Abschreibungen auf. Wurden innerhalb eines Konzerns Zwischenergebnisse aus dem Verkauf abnutzbarer Anlagen erzielt, so weichen die Werte dieser Anlagen in Einzel- und Konzernabschluß voneinander ab. Die daraus zugleich resultierenden Abschreibungsunterschiede tragen diese Wertdifferenz aber sukzessive wieder ab. Dies soll sowohl für einen Zwischengewinn als auch für einen Zwischenverlust durch die Beispiele I.3.1 und I.3.2 gezeigt werden.

Es sei angenommen, daß das einbezogene Unternehmen L dem ebenfalls einbezogenen Unternehmen E am 01.01. des Jahres 01 eine Maschine zum Preis von 28000 DM (= Anschaffungskosten bei E) geliefert hat. Diese Maschine sei von L zu Herstellungskosten von 24500 (I.3.1) bzw. 30800 (I.3.2) erstellt worden und habe eine Nutzungsdauer von sieben Jahren. Im Einzelabschluß von E und im Konzernabschluß werden jeweils die gleiche Abschreibungsmethode gewählt, und zwar in Beispiel I.3.1 die lineare Abschreibung und in Beispiel I.3.2 die digitale Abschreibung (zu den Fällen abweichender Abschreibungsverfahren und/oder Nutzungsdauern vgl. Klein in: Beck HdR, C 430, Rz 155-157).

Die Buchwerte des Vermögensgegenstandes in Einzel- und Konzernbilanz sowie das daraus ableitbare Zwischenergebnis entwickeln sich somit wie folgt:

Beispiel I.3.1: Auflösung eines Zwischengewinns durch Abschreibungen

	Buchwert in Einzelbilanz von E	Buchwert in Konzernbilanz	Bestand an Zwischengewinn	realisierter Gewinn	
				Periode	gesamt
01.01.01	28000	24500	3500		
31.12.01	24000	21000	3000	500	500
31.12.02	20000	17500	2500	500	1000
31.12.03	16000	14000	2000	500	1500
31.12.04	12000	10500	1500	500	2000
31.12.05	8000	7000	1000	500	2500
31.12.06	4000	3500	500	500	3000
31.12.07	0	0	0	500	3500

Beispiel I.3.2: Auflösung eines Zwischenverlusts durch Abschreibungen

	Buchwert in Einzelbilanz von B	Buchwert in Konzern-bilanz	Bestand an Zwischen-verlust	realisierter Verlust Periode	gesamt
01.01.01	28000	30800	2800		
31.12.01	21000	23100	2100	700	700
31.12.02	15000	16500	1500	600	1300
31.12.03	10000	11000	1000	500	1800
31.12.04	6000	6600	600	400	2200
31.12.05	3000	3300	300	300	2500
31.12.06	1000	1100	100	200	2700
31.12.07	0	0	0	100	2800

5. Einzelfragen zur Zwischenergebniseliminierung

Im folgenden werden noch einige Punkte behandelt, die über den ersten Absatz des § 304 HGB hinausgehen, und zwar die Befreiungstatbestände der Absätze 2 und 3, die Eliminierung von Zwischenergebnissen aus Transaktionen mit Gemeinschafts- und assoziierten Unternehmen sowie Auswirkungen von Veränderungen des Kreises einbezogener Unternehmen.

5.1 Ausnahmen der Eliminierungspflicht

Wie bereits erwähnt, tritt zu den Voraussetzungen der Eliminierungspflicht in § 304 Abs. 1 HGB eine weitere Negativ-Voraussetzung hinzu: Es darf keiner der in § 304 Abs. 2 und 3 HGB genannten Befreiungstatbestände erfüllt sein.

Von einer Zwischenergebniseliminierung kann zunächst nach Absatz 2 des § 304 HGB abgesehen werden, wenn zwei Voraussetzungen kumulativ vorliegen: es muß sich um eine *"Lieferung oder Leistung zu üblichen Marktbedingungen"* handeln und zugleich muß die Eliminierung *"einen unverhältnismäßig hohen Aufwand erfordern"*.

"Übliche Marktbedingungen" sind als gegeben anzusehen, wenn gegenüber einbezogenen Unternehmen die gleichen Konditionen bezüglich Preis, Menge, Qualitäten etc. gelten, die außenstehenden Dritten gegenüber auch gelten bzw. - falls gegenüber Dritten die fragliche Lieferung oder Leistung nicht erbracht wird - nach den üblichen Kalkulationen gelten würden. Die Möglichkeit eines Verzichts auf die Eliminierung von Zwischenergebnissen wird wohl deshalb für zulässig erachtet, weil eine freie Manipulation der Verrechnungspreise durch die Forde-

rung nach Marktüblichkeit der Konditionen ausgeschlossen ist. Allerdings muß gesehen werden, daß gerade bei diesen marktüblichen Bedingungen regelmäßig Erfolge realisiert werden, deren Ausweis bei Betrachtung des Konzerns als wirtschaftliche Einheit mit dem Realisationsprinzip unvereinbar ist. Dies wiegt umso schwerer, als eine Einschränkung auf Vorgänge von nur unwesentlicher Bedeutung in Absatz 2 nicht vorgesehen ist. Damit ist die Gefahr gegeben, daß wesentliche Zwischenergebnisse nicht eliminiert werden.

Wegen dieser Gefahr ist die zweite Voraussetzung des *"unverhältnismäßig hohen"* Ermittlungsaufwands streng auszulegen (vgl. ADS, 6. Aufl., § 304 Tz. 135). Die Möglichkeiten einer Verminderung des Aufwands durch die Verfahren einer vereinfachten Zwischenergebnisermittlung (vgl. I.3.4) müssen dabei berücksichtigt werden.

Etwas gemildert werden die Folgen eines Verzichts auf die Eliminierung nach § 304 Abs. 2 HGB allerdings durch die Pflicht zur Angabe und - bei Wesentlichkeit - auch Erläuterung im Anhang.

Ferner ist auch für die Zwischenergebniseliminierung die Möglichkeit auf einen Verzicht aus Wirtschaftlichkeitsgründen vorgesehen. Die Festschreibung des Wesentlichkeitsgrundsatzes in § 304 Abs. 3 HGB erfolgt analog zu den Regelungen zur Schuldenkonsolidierung (und auch der GuV-Konsolidierung) und muß deshalb hier nicht erneut ausführlich dargestellt werden (bezüglich der Probleme des unbestimmten Begriffes "wesentlich" vgl. C.3.6).

5.2 Zwischenergebniseliminierung bei Quotenkonsolidierung

Werden gemeinschaftlich geführte Unternehmen durch Ausübung des Wahlrechts in § 310 Abs. 1 HGB in den Konzernabschluß quotal einbezogen, so ist dabei nach § 310 Abs. 2 HGB eine Zwischenergebniseliminierung entsprechend § 304 HGB durchzuführen. Davon sind nicht nur Lieferungen und Leistungen zwischen Gemeinschafts- und Gesellschafterunternehmen betroffen, sondern der gesamte Leistungsverkehr zwischen dem Gemeinschaftsunternehmen und allen anderen einbezogenen Unternehmen.

Zwei Fälle sind dabei grundlegend zu unterscheiden, und zwar Lieferungen von Gemeinschaftsunternehmen an den Konzern ("upstream"-Lieferungen) sowie Lieferungen vom Konzern an das Gemeinschaftsunternehmen ("downstream"-Lieferungen).

Bei der "downstream"-Lieferung geht der Vermögensgegenstand nur anteilig (entsprechend der Beteiligungshöhe des Gesellschafterunternehmens am Gemeinschaftsunternehmen) in die Konzernbilanz ein. Für diesen Fall ist daher auch unumstritten, daß nur eine quotale Eliminierung eventueller Zwischenergebnisse zweckmäßig ist. Der Vermögensgegenstand wird demzufolge nach der Eliminierung mit dem (anteiligen) konzernspezifischen Korrekturwert in der Konzernbilanz angesetzt. Das Konzernergebnis wird um das anteilige Zwischenergebnis korrigiert, während das übrige Ergebnis als (durch Außenumsatz gegenüber Dritten, den außenstehenden übrigen Gesellschaftern des Gemeinschaftsunternehmens) realisiert betrachtet wird.

Liefert beispielsweise das Gesellschafterunternehmen einen Vermögensgegenstand, den es selbst zum Preis von 800 DM (= Konzernanschaffungskosten) erworben hat, zum Preis von 1000 DM an das Gemeinschaftsunternehmen, an dem es zu 50 % beteiligt ist, so würde ohne Zwischenergebniseliminierung der Vermögensgegenstand mit einem Wert von 0,5 • 1000 = 500 in die Konzernbilanz eingehen. Außerdem würde der im Einzelabschluß des Gesellschafterunternehmens angefallene Gewinn von 200 DM auch voll in der Konzernbilanz ausgewiesen. Nach quotaler (50% -iger) Eliminierung des Zwischenergebnisses (1000 - 800 = 200), wird der Vermögensgegenstand mit einem Wert von 500 - 0,5 • 200 = 400, also den anteiligen Konzernanschaffungskosten, in der Konzernbilanz angesetzt. Das nicht eliminierte, in die Konzernbilanz eingehende Ergebnis in Höhe von 100 DM ist als realisiert anzusehen.

Im Fall einer "upstream-Lieferung" hingegen geht der gelieferte Vermögensgegenstand in voller Höhe in die Summenbilanz ein. Deshalb wird hier in der Literatur zum Teil auch eine vollständige Zwischenergebniseliminierung für zulässig gehalten (vgl. Sigle in: Küting/Weber, Konzernrechnungslegung, § 310, Rn. 100). Die quotale Eliminierung entspricht jedoch dem Hauptzweck der Zwischenergebniseliminierung, ein durch die Konzernbeziehungen unbeeinträchtigtes Konzernergebnis zu ermitteln, eher.

Liefert in Umkehrung des obigen Falls das Gemeinschaftsunternehmen den zum Preis von 800 DM erworbenen Vermögensgegenstand zum Preis von 1000 DM an das Gesellschafterunternehmen, so würde der Vermögensgegenstand ohne Zwischenergebniseliminierung mit einem Wert von 1000 in der Konzernbilanz eingehen. Der bei der Transaktion erzielte Erfolg des Gemeinschaftsunternehmens (in Höhe von 200 DM) würde quotal, also in Höhe von 0,5 • 200 = 100 in das Konzernergebnis einfließen.

Bei vollständiger Eliminierung wird zwar der Vermögensgegenstand mit den Anschaffungskosten des Gemeinschaftsunternehmens (800 DM) angesetzt, diese können aber nicht mit den Konzernanschaffungskosten gleichgesetzt werden, da das Gemeinschaftsunternehmen dem Konzern nur anteilig zugerechnet wird. Vor allem aber wird bei einer solchen Vorgehensweise ein Ergebnis (200 DM) eliminiert, das zum Teil ohnehin nicht in den Konzernabschluß eingeht (nämlich das Ergebnis der übrigen Gesellschafter in Höhe von 100 DM).

Bei quotaler (50 % -iger) Eliminierung des Zwischenerfolges (1000 - 800 = 200) wird hingegen das Konzernergebnis gegenüber dem Summenergebnis zutreffend um 100 DM verringert; der Vermögensgegenstand wird mit einem Wert von 900 DM ausgewiesen.

Abschließend ist noch zu bemerken, daß auch bei der Zwischenergebniseliminierung bei Quotenkonsolidierung die Befreiungstatbestände des § 304 Abs. 2 und 3 HGB greifen können.

5.3 Zwischenergebniseliminierung bei Anwendung der Equity-Methode

Im Rahmen der Equity-Methode schließlich ist nach § 312 Abs. 5 S. 3 und 4 in Verbindung mit § 304 HGB ebenfalls eine Eliminierung von Zwischenergebnissen (hier als Verbundergebnisse bezeichnet) durchzuführen, wenn die zusätzliche Voraussetzung erfüllt ist, daß *"die für die Beurteilung maßgeblichen Sachverhalte bekannt oder zugänglich sind"*.

Nahezu alle Detailfragen bezüglich dieser Eliminierungspflicht sind jedoch umstritten (vgl. dazu Schäfer, Equity-Methode, 1982, S. 286-303, Fricke, Rechnungslegung, 1983, S. 266-277 und 322-326 sowie Haase, BB 1985, S. 1702-1707). Sie können hier nur knapp behandelt werden:

Umstritten ist zunächst, ob eine Eliminierung aller Lieferungen zwischen assoziierten Unternehmen und den übrigen Unternehmen des Konsolidierungskreises erforderlich ist. Nach herrschender Meinung ist dies nicht der Fall. Vielmehr wird eine Eliminierung nur bei "upstream"-Lieferungen für erforderlich gehalten. Dies wird einerseits formal damit begründet, daß nur in diesem Fall der transferierte Vermögensgegenstand in der Konzernbilanz bilanziert wird, andererseits wird angeführt, daß eine Ergebniseliminierung vom Konzept der Equity-Methode her nur in diesem Fall notwendig ist. Sieht man die Equity-Methode nicht als verkürzte Konsolidierung, sondern als spezielle Beteiligungsbewertung an, so ist nur darauf zu achten, daß in den Beteiligungswert keine Verbundergebnisse einfließen (vgl. Klein in: Beck HdR, C 430, Rz 60).

Weiterhin wird (ebenfalls nicht einhellig) in der Regel nur die quotale Eliminierung für sachgerecht gehalten. Das in § 312 Abs. 5 S. 4 HGB gewährte Wahlrecht sei nur dann nicht in Anspruch zu nehmen, wenn nach §§ 295, 296 Abs. 1 HGB nicht vollkonsolidierte, aber einheitlich geleitete Unternehmen nach der Equity-Methode einbezogen werden.

Schließlich ist auch die Technik einer solchen Eliminierung umstritten, und zwar die Frage, ob in Höhe der Ergebnisse die Buchwerte der "upstream" gelieferten Vermögensgegenstände oder der Beteiligungsbuchwert des assoziierten Unternehmens zu kürzen ist.

Grundsätzlicher jedoch ist in Frage zu stellen, ob eine Eliminierung von Verbundergebnissen überhaupt sinnvoll ist. Angesichts des fehlenden herrschenden Einflusses seitens des beteiligten Unternehmens erscheint es gerechtfertigt, von einer solchen Eliminierung ganz abzusehen.

5.4 Auswirkungen von Veränderungen des Konsolidierungskreises

Zuletzt soll noch der Frage nachgegangen werden, ob und wie sich Veränderungen des Konsolidierungskreises im Rahmen der Zwischenergebniseliminierung auswirken.

Hierbei ist zunächst auf Art. 27 Abs. 4 EGHGB zu verweisen, nach dem bei erstmaliger Zwischenergebniseliminierung nach § 304 HGB auftretende Ergebnisveränderungen *"in die Gewinnrücklagen eingestellt oder mit diesen offen verrechnet werden"* können. Dieser Vorschrift kommt bei der Zwischenergebniseliminierung besondere Bedeutung zu, weil sich der Umfang der Eliminierungspflicht durch das neue Recht erweitert hat.

Zur Behandlung von Ein- oder Austritten von Unternehmen werden vier Varianten des einen Grundfalls betrachtet, in dem L an E zum Preis von 120 DM einen Vermögensgegenstand veräußert, den L selbst zum Preis von 100 DM erworben hatte.

Erfolgte diese Transaktion vor Einbeziehung von L (erste Variante), so ist das Konzernergebnis vom Erfolg bei L nicht beeinflußt. Gehörte E beim Kauf des Gegenstands nicht zum Konsolidierungskreis (zweite Variante), so wurde der Erfolg aus Konzernsicht gegenüber einem außenstehenden Dritten erzielt. Eine Ergebniseliminierung ergibt daher auch nach Eintritt von L bzw. E keinen Sinn (vgl. ADS, 6. Aufl., § 304 Tz. 123).

Nun sei alternativ angenommen, daß L und E beim Transfer des Vermögensgegenstandes einbezogene Unternehmen waren und deshalb der Erfolg von L als Zwischenerfolg eliminiert worden war. Diese Eliminierung darf auch dann nicht rückgängig gemacht werden, wenn L später aus dem Konzern ausscheidet (dritte Variante), weil der Erfolg aus Konzernsicht weiterhin nicht realisiert ist (vgl. ADS, 6. Aufl., § 304 Tz. 128). Verläßt schließlich E den Konsolidierungskreis (vierte Variante), so wird der eliminierte Zwischenerfolg von L dadurch realisiert, daß beim Verkauf von E aus Konzernsicht (unter der Fiktion des Einzelabgangs; vgl. G.4.1.1.8) ein höherer Erfolg erzielt wird als aus Sicht des (oder der) an E beteiligten einbezogenen Unternehmen.

Literaturhinweise

Kommentierungen des § 304 HGB, sowie:

Arbeitskreis "Externe Unternehmensrechnung" der Schmalenbach-Gesellschaft - Deutsche Gesellschaft für Betriebswirtschaft e.V. : Aufstellung von Konzernabschlüssen, hrsg. von Walther Busse von Colbe, Eberhard Müller und Herbert Reinhard, 2. Aufl., Düsseldorf 1989, S. 92-103.

Coenenberg, Adolf G., unter Mitarbeit von Christian Federspieler, Susanne Gröner, Axel Haller, Georg Klein: Jahresabschluß und Jahresabschlußanalyse, Grundfragen der Bilanzierung nach betriebswirtschaftlichen, handelsrechtlichen, steuerrechtlichen und internationalen Grundsätzen, 16. Aufl., Landsberg am Lech 1997, S. 505-520.

Gross, Gerhard/Schruff, Lothar/Wysocki, Klaus von: Der Konzernabschluß nach neuem Recht, Aufstellung-Prüfung-Offenlegung, 2., überarbeitete Auflage, Düsseldorf 1987, S. 177-188.

Haase, Klaus-Dittmar: Zur Zwischenerfolgseliminierung bei Equity-Bilanzierung, in: BB, 40. Jg., 1985, S. 1702-1707.

Harms, Jens E./Küting, Karlheinz: Die Eliminierung von Zwischenverlusten nach der 7. EG-Richtlinie, in: BB, 38. Jg., 1983, S. 1891-1901.

IdW (Hrsg.): Wirtschaftsprüfer-Handbuch 1996, 11. Aufl., Band I, Düsseldorf 1996, M Tz. 282-318.

Klein, Klaus-Günter: Zwischenergebniseliminierung, in: Beck'sches Handbuch der Rechnungslegung (Beck HdR), hrsg. von Edgar Castan, Gerd Heymann, Eberhard Müller und Dieter Ordelheide, Teil C 430, München 1987.

Küting, Karlheinz/Weber, Claus-Peter: Einzelfragen der Eliminierung von Zwischenergebnissen nach neuem Bilanzrecht - unter besonderer Berücksichtigung konzernbilanzpolitischer Aspekte, in: Bilanzrichtlinien-Gesetz, ZfB-Ergänzungsheft 1/1987, S. 299-319.

Wysocki, Klaus von/Kohlmann, Ulrike: Konzernrechnungslegung IV: Zwischenerfolgseliminierung (I,II), in: WISU, 10. Jg., 1981, S. 533-542 und 589-592.

J. GuV-Konsolidierung

1. Grundüberlegungen

Die Gewinn- und Verlustrechnung des Konzerns ist aus den Gewinn- und Verlustrechnungen der in den Konzernabschluß einbezogenen Unternehmen herzuleiten. Wie bei der Bilanz geschieht dies in den folgenden drei Schritten:

1. Zunächst werden - soweit erforderlich - die Gewinn- und Verlustrechnungen der in den Konzernabschluß einbezogenen Unternehmen in Konzernwährung umgerechnet und/oder so modifiziert, daß sie analog zur Handelsbilanz II den Auswirkungen einer einheitlichen Bewertung auf den Erfolg Rechnung tragen (vgl. C.3.3).
2. Im Anschluß daran werden alle Aufwendungen und Erträge jeweils positionsweise über sämtliche einbezogenen Unternehmen aufaddiert (Summenbildung zur Summen-GuV).
3. Hieran schließt sich im dritten und letzten Schritt die eigentliche Konsolidierung an, durch die aus Konzernsicht nicht vorhandene Aufwendungen und Erträge einschließlich innerkonzernlicher Erfolge eliminiert sowie aus Konzernsicht anders einzuordnende Aufwendungen und Erträge umgegliedert werden sollen. Buchhalterisch schlagen sich Konsolidierungen in Konsolidierungsbuchungen nieder (Horizontalmethode, vgl. Bores, Erfolgsbilanzen, 1935, S. 184 ff.).

Gemäß § 298 Abs. 1 HGB, der auf § 275 HGB verweist, ist die GuV des Konzerns analog zu der des Einzelabschlusses zu erstellen. Demzufolge kann die Konzernleitung sich für das Gesamtkostenverfahren oder das Umsatzkostenverfahren entscheiden (zu Grundlagen und Wirkungsweise der beiden Verfahren vgl. Schildbach, Jahresabschluß, 1997, S. 308-342; Coenenberg, Jahresabschluß, 1997, S. 308-356).

Als Leitlinie für die Konzern-GuV orientiert sich das HGB an der Einheitstheorie, wonach die Konzern-GuV der GuV eines fiktiv wirtschaftlich einheitlichen Unternehmens entsprechen soll (§ 297 Abs. 3 S. 1 HGB).

Als Geschäftsvorfälle sind demzufolge in der vollkonsolidierten GuV nur diejenigen auszuweisen, die in einem wirtschaftlich einheitlichen Unternehmen ebenfalls abgebildet werden (zu den nach jetzigem Recht nicht mehr zulässigen Varianten einer teilkonsolidierten Konzern-GuV bzw. einer konsolidierten GuV in vereinfachter Form vgl. v. Wysocki/Wohlgemuth, Konzernrechnungslegung, 1986, S. 219-221). Dies bedeutet, daß Umsätze zwischen rechtlich selbständigen Konzernunternehmen (sogenannte Innenumsätze) so behandelt werden wie bloße

Transaktionen zwischen wirtschaftlich unselbständigen Betriebsstätten in einem Einheitsunternehmen. Solche Umsätze sind noch nicht am Markt realisiert und müssen durch Konsolidierungsbuchungen eliminiert werden.

Wenn das Konzernunternehmen L an das Konzernunternehmen E Waren für 100 DM liefert, dann muß in der Konsolidierungsspalte der Umsatz von L in voller Höhe entfernt werden, da ein fiktives Einheitsunternehmen den innerbetrieblichen Gütertransfer nicht als Umsatz ausweisen dürfte.

Wie aus dem Kapitel I. über die Zwischenergebniseliminierung bereits bekannt ist, müssen Zwischenergebnisse aus konzerninternen Lieferungen in der Konsolidierungsspalte aus der Summen-Bilanz entfernt werden. Diese Notwendigkeit der Zwischenergebniseliminierung gilt für die GuV-Konsolidierung ebenso. Das im Geschäftsjahr entstandene Zwischenergebnis ist entsprechend dem Prinzip der doppelten Buchführung zunächst auch im Erfolg der Summen-GuV enthalten. Er muß hier ebenfalls innerhalb der Konsolidierungsspalte eliminiert werden - diesmal erfolgswirksam aus dem Jahreserfolg der GuV.

Sofern bei L für die an E veräußerten Waren nur Materialaufwendungen von 80 DM entstanden sind, muß innerhalb der Konsolidierungsspalte ein Zwischengewinn von 20 DM herausgerechnet und damit vom Summen-Jahreserfolg abgezogen werden.

Allerdings ergibt sich die Notwendigkeit einer GuV-Konsolidierung unabhängig davon, ob konzerninterne Geschäftsvorfälle zu Zwischenergebnissen führten oder erfolgsneutral, d.h. ohne Veränderung des Summen-Jahresüberschusses, vorgenommen wurden.

Auch wenn in Abänderung des Beispieles ein Materialaufwand von 100 DM entstanden wäre, müßte der Umsatzerlös in Höhe von 100 DM in der Konsolidierungsspalte vollständig, allerdings erfolgsneutral, entfernt werden.

In der Konsolidierungsspalte kann schließlich eine Umgliederung notwendig werden, wenn Geschäftsvorfällen aus Konzernsicht ein anderer Charakter als aus einzelbetrieblicher Sicht zukommt. Ein innerkonzernlicher Umsatzvorgang muß dann u.U. als Erstellung eines innerbetrieblichen Gutes interpretiert und somit beispielsweise im Gesamtkostenverfahren in eine Bestandserhöhung oder eine andere aktivierte Eigenleistung umgegliedert werden.

Für die Behandlung der Innenumsätze ist eine umfangreiche Differenzierung notwendig, wenn man die diversen Konsolidierungsmöglichkeiten systematisch erfassen will. An dieser Stelle sei bereits unterschieden zwischen Innenumsätzen, die aus der Lieferung von Gegenständen resultieren, und der entgeltlichen Erbringung von Leistungen sonstiger Art wie Beratungsleistungen etc.

Bisher wurde in allen Beispielen davon ausgegangen, daß durch Geschäfte zwischen den Konzernunternehmen Umsätze entstehen. Umsätze resultieren allerdings nur aus dem Absatz von Lieferungen bzw. Leistungen, die der gewöhnlichen Geschäftstätigkeit, dem eigentlichen Sachziel des liefernden oder leistenden Unternehmens, entsprechen. Auch eine Lieferung bzw. ein Leistungsaustausch jenseits der gewöhnlichen Geschäftstätigkeit des einzelnen Konzernunternehmens muß aber gemäß der Einheitstheorie behandelt werden, so daß auch "sonstige betriebliche Erträge" aus Transaktionen mit Konzernunternehmen zu konsolidieren sind.

Die Unterscheidung zwischen Umsätzen und anderen Erträgen kann Umgliederungen im Rahmen der Konsolidierung auch dann erforderlich machen, wenn Konzernunternehmen an Unternehmen außerhalb des Konsolidierungskreises liefern oder leisten (Außengeschäfte). So können aus Sicht eines Konzernunternehmens typische Außenumsätze aus Konzernsicht untypische Lieferungen oder Leistungen sein, die dementsprechend aus den Umsatzerlösen in die sonstigen betrieblichen Erträge umzugliedern sind - man denke an die Leasingerträge einer Konzern-Leasing-Gesellschaft eines Automobilkonzerns, die ihre Dienstleistungen am Markt offeriert. Umgekehrt kann der Fall auftreten, daß die in einer Einzel-GuV ausgewiesenen und am Markt erzielten sonstigen betrieblichen Erträge, die zwar nicht aus einzelbetrieblicher, jedoch aus Konzernsicht die gewöhnliche Geschäftstätigkeit darstellen, in Außenumsatzerlöse umgegliedert werden müssen.

Weitere Konsolidierungsaufgaben stellen sich im Bereich der einem Einheitsunternehmen unbekannten Ergebnisübernahmen sowie bei der Anwendung der Equity-Methode, der Kapitalkonsolidierung, der Schuldenkonsolidierung und bei der Einbeziehung latenter Steuern.

Im Schaubild J.1 werden die verschiedenen Konsolidierungsvorgänge in einer vollkonsolidierten Gewinn- und Verlustrechnung zusammengestellt, die in späteren Teilen dieses Kapitels erläutert werden.

Die GuV-Konsolidierung findet ihren ausdrücklichen Niederschlag in § 305 HGB, in dem einige Grundregeln angesprochen werden.

2. Abgrenzung der zu konsolidierenden Konzerngesellschaften

Die GuV-Konsolidierung erstreckt sich in erster Linie auf die in den Konzernabschluß nach § 294 HGB einbezogenen Unternehmen, d.h. die Mutter und diejenigen Töchter, deren Einbeziehung in den Abschluß weder nach § 295 HGB verboten noch entsprechend § 296 HGB unterblieben ist.

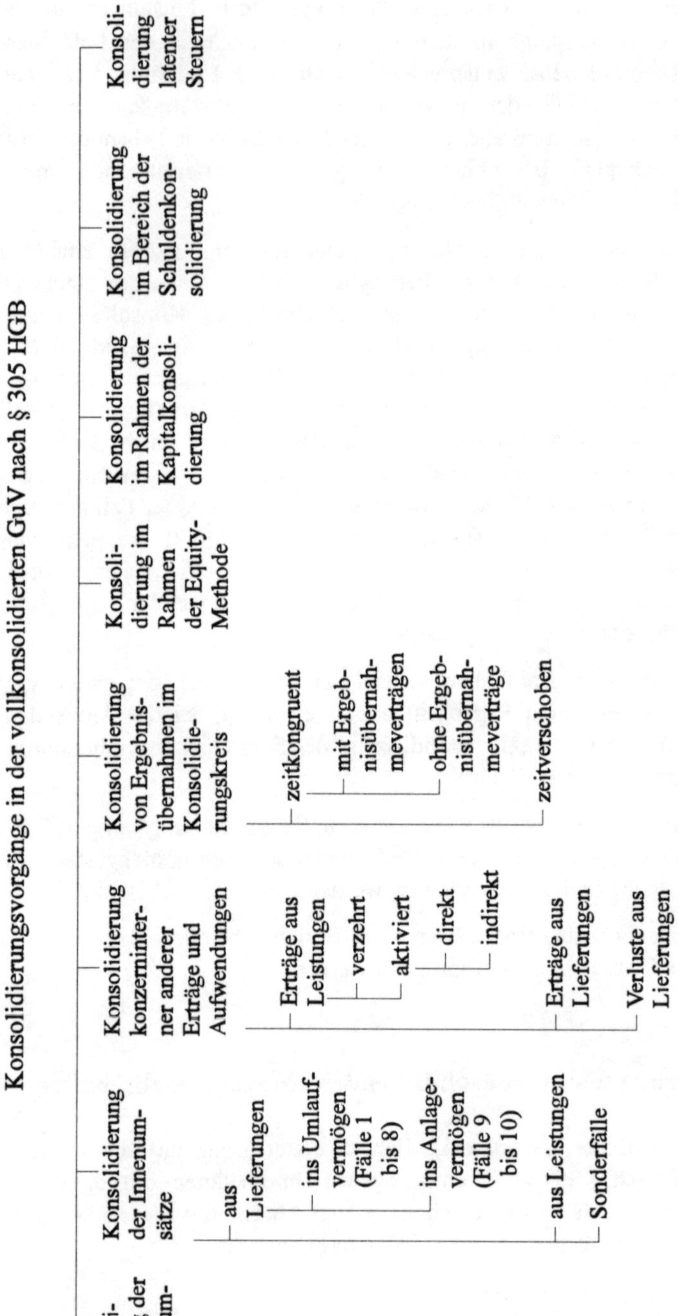
Konsolidierungsvorgänge in der vollkonsolidierten GuV nach § 305 HGB
Konsolidierung der Außenumsätze
Konsolidierung der Innenumsätze
aus Lieferungen
ins Umlaufvermögen (Fälle 1 bis 8)
ins Anlagevermögen (Fälle 9 bis 10)
aus Leistungen
Sonderfälle
Konsolidierung konzerninterner anderer Erträge und Aufwendungen
Erträge aus Leistungen
verzehrt
aktiviert
direkt
indirekt
Erträge aus Lieferungen
Verluste aus Lieferungen
Konsolidierung von Ergebnisübernahmen im Konsolidierungskreis
zeitkongruent
mit Ergebnisübernahmeverträgen
ohne Ergebnisübernahmeverträge
zeitverschoben
Konsolidierung im Rahmen der Equity-Methode
Konsolidierung im Rahmen der Kapitalkonsolidierung
Konsolidierung im Bereich der Schuldenkonsolidierung
Konsolidierung latenter Steuern

Schaubild J.1: Konsolidierungsvorgänge in der GuV

Neben den in vollem Umfang einbezogenen Unternehmen unterliegen quotenkonsolidierte Unternehmen ebenfalls der GuV-Konsolidierung; § 310 Abs. 2 HGB verweist auf § 305 HGB, so daß die entsprechenden Geschäftsvorfälle zwischen Gemeinschaftsunternehmen und Konzerngesellschaften anteilig zu konsolidieren sind.

Auch assoziierte Unternehmen sind von der Konsolidierung betroffen (vgl. § 312 Abs. 4 S. 2 HGB), obwohl ihre einzelnen Aufwands- und Ertragspositionen, anders als bei den eben genannten Unternehmensgruppen, nicht in die Summen-GuV eingehen. Die im Rahmen der Equity-Methode ausgelösten Veränderungen des Beteiligungsbuchwertes des beteiligten Unternehmens am assoziierten Unternehmen sind nämlich erst in der Konsolidierungsphase zu erfassen, da die Equity-Methode dem Einzelabschluß und somit der Summen-Bilanz ebenso wie der Summen-GuV unbekannt ist.

3. Konsolidierungsvorgänge

3.1 Konsolidierung der Innenumsatzerlöse

3.1.1 Konsolidierung der Innenumsatzerlöse aus Lieferungen

Lieferungen können in das Umlauf- oder Anlagevermögen eines Konzernunternehmens erfolgen (vgl. Schaubild J.1).

Unter J.3.1.1.1 werden Lieferungen in das Umlaufvermögen und unter J.3.1.1.2 Lieferungen in das Anlagevermögen angesprochen.

3.1.1.1 Lieferungen in das Umlaufvermögen

Die Fülle der möglichen Fälle soll dadurch bewältigt werden, daß diese Fälle systematisch gegliedert werden (vgl. Schaubild J.2). Für die meisten dieser Fälle wird dann ein Beispiel gebildet, anhand dessen die jeweils erforderlichen Konsolidierungsbuchungen erläutert werden.

Im Umlaufvermögen ist zunächst nach der Herkunft der gelieferten Güter der Konzerntransaktionen zu fragen: Entweder sind die Objekte der konzerninternen Transaktion in der liefernden Konzerngesellschaft erstellt worden, oder sie sind von dieser nur als Handelsware bezogen und unverarbeitet weiterveräußert worden.

Als zweites Differenzierungsmerkmal auf der Ebene des Umlaufvermögens wird das Schicksal der Lieferung im belieferten Konzernunternehmen herangezogen: Die gelieferten Güter können im Jahr der Lieferung betrachtet werden, wo sie unbearbeitet oder bearbeitet auf Lager des belieferten Konzernunternehmens liegen oder konzernextern veräußert wurden, oder sie können in einem Folgejahr betrachtet werden, in dem sie durch Lieferung nach außen den Konzern verlassen.

HERKUNFT / SCHICKSAL		gelieferte Güter sind	
		Erzeugnisse der liefernden Konzern-gesellschaft	Güter, die von der liefernden Gesellschaft gekauft wurden (Handelsware)
Die gelieferten Güter wurden von dem empfangenden Konzern-unternehmen	nicht bearbeitet, liegen auf Lager	1v	5v
	bearbeitet, liegen auf Lager	2v 2t	6v
	im Folgejahr verkauft	3.1v 3.2v, 3.2t	7.6v
	(un)bearbeitet im gleichen Jahr verkauft	4v	8v

Schaubild J.2: Fälle konzerninterner Lieferungen in das Umlaufvermögen

Die Nummern in den Feldern der Matrix geben die jeweiligen Nummern der ausgewählten Fälle an. Eine Doppelnummer, etwa 3.1, signalisiert, daß sich der Fall 3 als Fortsetzung des Falles 1 ergibt. Die mit v bzw. t indizierten und als handelsrechtliche Ober- bzw. Untergrenze konstruierten Fälle zeigen an, daß die internen Konzernrichtlinien für die Bilanzen der HB II sowie für die Konzernbilanz eine Bewertung zu Voll- bzw. Teilkosten (Material und Löhne) vorsehen. Durch die internen Konzernrichtlinien sei es möglich, die (Konzern-)Herstellungskosten auf genau einen Punkt festzulegen, so daß stets eindeutige eliminierungspflichtige Zwischenergebnisse entstehen (vgl. C.3.3, I.3.3.1).

Den Fällen 1-4 liegen folgende Ausgangsdaten zugrunde:

Das Konzernunternehmen L liefert an Konzernunternehmen E Vorprodukte zu 170 DM. Folgende Aufwendungen entstehen bei L:

Im Fertigungsbereich:

Materialaufwendungen:	30
Löhne:	30
Abschreibungen:	15

Im Vertriebsbereich fallen an:

Material (Verpackung für Transport zu E): 11
Abschreibungen: 5

Die Vertriebskosten sind im Rahmen des Transportes zum Konzernunternehmen E angefallen.

Anders dargestellt ergibt sich folgende Übersicht der bei L angefallenen Aufwendungen:

L	Fertigung	Vertrieb	Σ
Material	30	11	41
Löhne	30	–	30
Abschreibungen	15	5	20
	75	16	91

Wenn der Konzern sich für die Aufstellung einer Konzern-GuV nach dem Gesamtkostenverfahren entschieden hat, ist bei der Konsolidierung des Falles 1v (Beispiel J.1) zu beachten, daß aus Sicht eines fiktiven Einheitsunternehmens kein Umsatz getätigt wurde, sondern unfertige Erzeugnisse produziert und auf Lager genommen wurden, die dementsprechend in eine Bestandserhöhung umzugliedern sind.

Eine Aktivierung kann in Höhe von 91 DM (= 41 Material + 30 Löhne + 20 Abschreibungen) vorgenommen werden, da die Vertriebskosten des Konzernunternehmens L aus Sicht des Konzerns als Herstellungskosten (spezielle Verpackung für innerbetrieblichen Transport) zu interpretieren sind (vgl. I.3.2.2.1).

Eine Aufstellung der Konzern-GuV nach dem Umsatzkostenverfahren führt im Beispielfall 1v dazu, daß zunächst die Vertriebskosten von L in die Position 2 umzugliedern sind, da sie aus Konzernsicht den Charakter von Herstellungskosten besitzen. Im Umsatzkostenverfahren werden die Herstellungskosten nicht abgesetzter Produkte nicht ausgewiesen, sondern direkt in die Bilanz eingestellt. Da aus Sicht eines fiktiven Einheitsunternehmens keine Produkte abgesetzt wurden, müssen folglich die eben genannten Herstellungskosten sowie der Innenumsatz in der Konsolidierungsspalte entfernt werden.

Der Jahresüberschuß in der Konzern-GuV beträgt bei Verwendung beider Verfahren 0 DM, da beide den Zwischengewinn der Lieferung von 79 DM in der Konsolidierungsspalte erfolgswirksam eliminieren.

Beispiel J.1: Konsolidierungsschema des Falles 1v:

Eigenerzeugnis des Lieferanten beim Empfänger unbearbeitet auf Lager	GuV Lieferant		GuV Empfänger		Umbuchungen		GuV Konzern	
	Aufw.	Ertr.	Aufw.	Ertr.	Soll	Haben	Aufw.	Ertr.
Gesamtkostenverfahren								
1. Umsatzerlöse		170			170			
2. Erhöhung oder Verminderung des Bestands an fertigen oder unfertigen Erzeugnissen						91		91
3. andere aktivierte Eigenleistungen								
5a. Aufwendungen für Roh-, Hilfs- und Betriebsstoffe und für bezogene Waren (Materialaufwand)	41						41	
6a. Löhne und Gehälter	30						30	
7a. Abschreibungen auf Sachanlagen	20						20	
20. Jahresüberschuß/ -fehlbetrag	79					79		0
Umsatzkostenverfahren								
1. Umsatzerlöse		170			2) 170			
2. Herstellungskosten der zur Erzielung der Umsatzerlöse erbrachten Leistungen	75				1) 16	2) 91		
4. Vertriebskosten	16					1) 16		
6. Sonstige betriebliche Erträge								
7. Sonstige betriebliche Aufwendungen								
8. Erträge aus Beteiligungen, davon aus verbundenen Unternehmen								
19. Jahresüberschuß	79					2) 79		0

Werden die Produkte durch das Konzernunternehmen E unbearbeitet im Folgejahr zu 250 DM weiterverkauft (Fall 3.1v, Fortsetzung des Falles 1v im Folgejahr), so werden die im Beispiel J.2 gezeigten Konsolidierungen erforderlich.

Beispiel J.2: Konsolidierungsschema des Falles 3.1v:

Eigenerzeugnis des Lieferanten, Handelsware von E, im Folgejahr weiterveräußert	GuV Lieferant		GuV Empfänger		Umbuchungen		GuV Konzern	
	Aufw.	Ertr.	Aufw.	Ertr.	Soll	Haben	Aufw.	Ertr.
Gesamtkostenverfahren								
1. Umsatzerlöse				250				250
2. Erhöhung oder Verminderung des Bestands an fertigen oder unfertigen Erzeugnissen					1) 170	2) 79	91	
3. andere aktivierte Eigenleistungen								
5a. Aufwendungen für Roh-, Hilfs- und Betriebsstoffe und für bezogene Waren (Materialaufwand)			170			1) 170		
6a. Löhne und Gehälter								
7a. Abschreibungen auf Sachanlagen								
20. Jahresüberschuß/-fehlbetrag			80		2) 79		159	
Umsatzkostenverfahren								
1. Umsatzerlöse				250				250
2. Herstellungskosten der zur Erzielung der Umsatzerlöse erbrachten Leistungen			170			79	91	
4. Vertriebskosten								
6. Sonstige betriebliche Erträge								
7. Sonstige betriebliche Aufwendungen								
8. Erträge aus Beteiligungen, davon aus verbundenen Unternehmen								
19. Jahresüberschuß			80		79		159	

Der Materialaufwand des Konzernunternehmens E im Gesamtkostenverfahren muß umgegliedert werden in eine Bestandsminderung (1), weil aus Konzernsicht keine Handelsware, sondern eigene Erzeugnisse veräußert wurden. Zudem fällt die Bestandsminderung um den Zwischengewinn zu hoch aus, was erfolgserhöhend zu korrigieren ist (2).

Im Umsatzkostenverfahren sind die aus Konzernsicht zu hoch ausgewiesenen Herstellungskosten ebenfalls erfolgswirksam um den Zwischengewinn zu mindern.

Nunmehr soll der Empfänger die bezogenen Produkte weiterverarbeitet und auf Lager genommen haben (Fallgruppe 2).

Beim Empfänger seien im Fertigungsbereich folgende Löhne und Abschreibungen angefallen:

E	Fertigung	
Material	170	
Löhne	25	} 33
Abschreibungen	8	
	203	

Wenn die selbsterstellten Produkte im Konzern zu Vollkosten bewertet werden (Fall 2v), zeigt Beispiel J.3 die erforderlichen Konsolidierungsbuchungen.

Im Rahmen des Gesamtkostenverfahrens sind zunächst die Umsatzerlöse des Lieferanten mit dem Materialaufwand des Empfängers zu verrechnen; letzterer muß in der Konsolidierungsspalte entfernt werden, um eine Doppelzählung der originären Aufwendungen von L einerseits und der Materialaufwendungen von E andererseits zu verhindern. Weiter ist zu berücksichtigen, daß die Bestandserhöhung des Empfängers aus Sicht eines fiktiven Einheitsunternehmens um den Zwischengewinn in Höhe von 79 DM zu hoch ausfällt; dieser ist unter Kürzung des Jahresüberschusses, d.h. erfolgswirksam, zu eliminieren. Somit erscheinen in der Konzern-GuV einheitstheoretisch korrekt die originären Aufwendungen des Konzerns sowie die Bestandsänderung.

Bei Wahl des Umsatzkostenverfahrens ergibt sich, daß in der Konsolidierungsspalte zuerst die Vertriebskosten des Lieferanten in Herstellungskosten umgegliedert werden. Da die Herstellungskosten der aus Konzernsicht noch nicht abgesetzten Produkte und die Innenumsatzerlöse aus der GuV zu eliminieren sind, werden diese gegeneinander aufgerechnet - die Differenz, der Zwischengewinn, kürzt erneut den Jahresüberschuß.

Beispiel J.3: Konsolidierungsschema des Falles 2v:

Eigenerzeugnis des Lieferanten beim Empfänger bearbeitet auf Lager	GuV Lieferant		GuV Empfänger		Umbuchungen		GuV Konzern	
	Aufw.	Ertr.	Aufw.	Ertr.	Soll	Haben	Aufw.	Ertr.
Gesamtkostenverfahren								
1. Umsatzerlöse		170			1) 170			
2. Erhöhung oder Verminderung des Bestands an fertigen oder unfertigen Erzeugnissen				203	2) 79			124
3. andere aktivierte Eigenleistungen								
5a. Aufwendungen für Roh-, Hilfs- und Betriebsstoffe und für bezogene Waren (Materialaufwand)	41		170			1) 170	41	
6a. Löhne und Gehälter	30		25				55	
7a. Abschreibungen auf Sachanlagen	20		8				28	
20. Jahresüberschuß/ -fehlbetrag	79					2) 79		0
Umsatzkostenverfahren								
1. Umsatzerlöse		170			2) 170			
2. Herstellungskosten der zur Erzielung der Umsatzerlöse erbrachten Leistungen	75				1) 16	2) 91		
4. Vertriebskosten	16					1) 16		
6. Sonstige betriebliche Erträge								
7. Sonstige betriebliche Aufwendungen								
8. Erträge aus Beteiligungen, davon aus verbundenen Unternehmen								
19. Jahresüberschuß	79					2) 79		0

Werden die Erzeugnisse im Konzern nur zu Teilkosten bewertet (Fall 2t), so stellt Beispiel J.4 die Konsolidierungsbuchungen dar.

Bei einer Bewertung zu Teilkosten (Material und Fertigungslöhne einschließlich des Verpackungsmaterials für den innerbetrieblichen Transport) ist beim

Gesamtkostenverfahren die Bestandsänderung im Konzern letztlich in Höhe von 96 DM auszuweisen (= 41 Material + 30 Löhne L + 25 Löhne E). Zu konsolidieren sind folglich die Innenumsätze des Lieferanten mit dem Materialaufwand des Empfängers sowie der Zwischengewinn von 99 DM (195 - 96 bzw. 170 - (41 + 30)) in den Bestandsveränderungen einerseits und im Jahresüberschuß andererseits. Der verbleibende Jahresfehlbetrag von 28 DM resultiert dann aus den nicht aktivierten Abschreibungen.

Die Herstellungskosten in Position 2 des Umsatzkostenverfahrens nach § 275 Abs. 3 HGB können ganz unterschiedlich abgegrenzt werden (vgl. hierzu Schildbach, Jahresabschluß, 1997, S. 330-339, SABI 1/1987, WPg 1987, S. 142). Hier wird fortan stets davon ausgegangen, daß sich die Herstellungskosten in Bilanz und GuV gleichen.

Demzufolge müssen die nicht zu aktivierenden Aufwendungen des Herstellungsbereiches schon in den Gewinn- und Verlustrechnungen der Einzelunternehmen statt in der Position 2 in der Position 7 (sonstige betriebliche Aufwendungen) erscheinen.

In der Einzel-GuV von L zeigen sich somit im Fall 2t unter Position Nr. 2 die Einzelkosten in Höhe von 60 DM (= 30 Material + 30 Lohn), unter Position Nr. 7 die Abschreibungen des Fertigungsbereiches sowie in Position Nr. 4 die 16 DM Vertriebskosten.

Nach Umgliederung der Vertriebskosten in die Herstellungskosten - soweit es um Verpackungsmaterial für den innerbetrieblichen Transport geht - bzw. in sonstige betriebliche Aufwendungen - soweit es sich um nicht zu aktivierende Abschreibungen handelt - wird die Summen-GuV um die 170 DM Umsatzerlöse und die bei L angefallenen Herstellungskosten in Höhe von 71 DM (= 41 Material + 30 Löhne) sowie um den Zwischengewinn von 99 DM erfolgswirksam bereinigt.

Beispiel J.4: Konsolidierungsschema des Falles 2t:

Eigenerzeugnis des Lieferanten beim Empfänger bearbeitet auf Lager	GuV Lieferant		GuV Empfänger		Umbuchungen		GuV Konzern	
	Aufw.	Ertr.	Aufw.	Ertr.	Soll	Haben	Aufw.	Ertr.
Gesamtkostenverfahren								
1. Umsatzerlöse		170			1) 170			
2. Erhöhung oder Verminderung des Bestands an fertigen oder unfertigen Erzeugnissen				195	2) 99			96
3. andere aktivierte Eigenleistungen								
5a. Aufwendungen für Roh-, Hilfs- und Betriebsstoffe und für bezogene Waren (Materialaufwand)	41		170			1) 170	41	
6a. Löhne und Gehälter	30		25				55	
7a. Abschreibungen auf Sachanlagen	20		8				28	
20. Jahresüberschuß/ -fehlbetrag	79			8		2) 99		28
Umsatzkostenverfahren								
1. Umsatzerlöse		170			2) 170			
2. Herstellungskosten der zur Erzielung der Umsatzerlöse erbrachten Leistungen	60				1) 11	2) 71		
4. Vertriebskosten	16					1) 16		
6. Sonstige betriebliche Erträge								
7. Sonstige betriebliche Aufwendungen	15		8		1) 5		28	
8. Erträge aus Beteiligungen, davon aus verbundenen Unternehmen								
19. Jahresüberschuß	79			8		2) 99		28

Werden die Produkte durch das Konzernunternehmen E dann im Folgejahr zu 250 DM an Konzernexterne veräußert (Fall 3.2, Fortsetzung des Falles 2 im Folgejahr), so muß danach unterschieden werden, ob in der Bilanz zu Vollkosten oder zu Teilkosten bewertet wird.

Beispiel J.5: Konsolidierungsschema des Falles 3.2v:

Eigenerzeugnis des Lieferanten beim Empfänger weiterbearbeitet, im Folgejahr weiterveräußert	GuV Lieferant		GuV Empfänger		Umbuchungen		GuV Konzern	
	Aufw.	Ertr.	Aufw.	Ertr.	Soll	Haben	Aufw.	Ertr.
Gesamtkostenverfahren								
1. Umsatzerlöse				250				250
2. Erhöhung oder Verminderung des Bestands an fertigen oder unfertigen Erzeugnissen			203			79	124	
3. andere aktivierte Eigenleistungen								
5a. Aufwendungen für Roh-, Hilfs- und Betriebsstoffe und für bezogene Waren (Materialaufwand)								
6a. Löhne und Gehälter								
7a. Abschreibungen auf Sachanlagen								
20. Jahresüberschuß/ -fehlbetrag			47		79		126	
Umsatzkostenverfahren								
1. Umsatzerlöse				250				250
2. Herstellungskosten der zur Erzielung der Umsatzerlöse erbrachten Leistungen			203			79	124	
4. Vertriebskosten								
6. Sonstige betriebliche Erträge								
7. Sonstige betriebliche Aufwendungen								
8. Erträge aus Beteiligungen, davon aus verbundenen Unternehmen								
19. Jahresüberschuß			47		79		126	

Bei Vollkostenbewertung (Fall 3.2v) wurden die Erzeugnisse im Vorjahr bei E zu 203 DM und in der Konzernbilanz zu 124 DM bewertet. Im Rahmen des Gesamtkostenverfahrens muß die Bestandsänderung erfolgssteigernd auf die vollen Konzernherstellungskosten von 124 DM gesenkt werden, so daß der im Vorjahr eliminierte Zwischengewinn jetzt realisiert wird.

Gleiches geschieht im Umsatzkostenverfahren durch eine Senkung der Herstellungskosten.

Bei Teilkostenbewertung (Fall 3.2t, Bewertung der Erzeugnisse im Vorjahr bei E zu 195 DM und im Konzern zu 96 DM) stimmen die Konsolidierungen im Prinzip mit denjenigen bei Vollkostenbewertung überein, nur sind die Bestandsminderungen bzw. die Herstellungskosten auf die niedrigeren Teilkosten von 96 DM zu reduzieren, so daß der jetzt realisierte Zwischengewinn mit 99 DM entsprechend höher ausfällt.

Nunmehr soll der Fall 4v betrachtet werden, bei dem die Produkte bei E ceteris paribus weiterverarbeitet und in demselben Jahr veräußert werden. Daß mit Vollkosten bewertet wird, ist in diesem Fall für die Ableitung der Gewinn- und Verlustrechnungen von L und von E nach dem Umsatzkostenverfahren von Bedeutung; die Abschreibungen des Fertigungs' « eiches erscheinen somit unter der Position Herstellungskosten.

Erfolgswirkungen dürfen von der Konsolidierung in diesem Fall nicht ausgehen, weil am Periodenende keine Produkte aus dem Konzernkreis mit "zwischenergebnisträchtigen" Werten bei Konzernunternehmen lagern. Zwischenergebnisse können somit im Erfolg weder der Summen-Bilanz noch der Summen-GuV enthalten sein.

Durch die Konsolidierung muß aber eine Doppelzählung bei Umsätzen und Aufwendungen verhindert werden - beim Gesamtkostenverfahren durch Aufrechnung von Umsatzerlösen mit Materialaufwendungen und beim Umsatzkostenverfahren durch Aufrechnung der Umsatzerlöse mit den Herstellungskosten in Höhe der Innenumsatzerlöse in Höhe von 170 DM. Beim Umsatzkostenverfahren müssen außerdem die "innerbetrieblichen" Transportkosten von Vertriebskosten in Herstellungskosten umgegliedert werden.

Beispiel J.6: Konsolidierungsschema des Falles 4v:

Eigenerzeugnis des Lieferanten beim Empfänger bearbeitet und im selben Jahr verkauft	GuV Lieferant		GuV Empfänger		Umbuchungen		GuV Konzern	
	Aufw.	Ertr.	Aufw.	Ertr.	Soll	Haben	Aufw.	Ertr.
Gesamtkostenverfahren								
1. Umsatzerlöse		170		250	170			250
2. Erhöhung oder Verminderung des Bestands an fertigen oder unfertigen Erzeugnissen								
3. andere aktivierte Eigenleistungen								
5a. Aufwendungen für Roh-, Hilfs- und Betriebsstoffe und für bezogene Waren (Materialaufwand)	41		170			170	41	
6a. Löhne und Gehälter	30		25				55	
7a. Abschreibungen auf Sachanlagen	20		8				28	
20. Jahresüberschuß/-fehlbetrag	79		47				126	
Umsatzkostenverfahren								
1. Umsatzerlöse		170		250	2) 170			250
2. Herstellungskosten der zur Erzielung der Umsatzerlöse erbrachten Leistungen	75		203		1) 16	2) 170	124	
4. Vertriebskosten	16					1) 16		
6. Sonstige betriebliche Erträge								
7. Sonstige betriebliche Aufwendungen								
8. Erträge aus Beteiligungen, davon aus verbundenen Unternehmen								
19. Jahresüberschuß	79		47				126	

Nunmehr sollen Handelswaren des Konzernunternehmens L an Konzernunternehmen E veräußert und fallweise weiterverarbeitet werden (Fälle 5-8). Dabei wird von folgenden Daten ausgegangen:

Anschaffungskosten der Handelswaren für L: 80 DM.
Weitere Aufwendungen sollen bei L nicht anfallen.

Umsatzerlöse für L:	70 DM
Umsatzerlöse für E:	250 DM

Sofern E die bezogenen Produkte weiterverarbeitet, kommt es dort zu der bis auf den Materialaufwand bereits bekannten Aufwandsstruktur:

E	Fertigung
Materialaufwand	70
Löhne	25
Abschreibungen	8
	103

L erwirtschaftet somit im Unterschied zu den Fällen 1-4 einen Zwischenverlust.

Für den Fall 5v (L veräußert Handelsware an E, die dort unverarbeitet gelagert wird) ergibt sich folgendes:

In der nach dem Gesamtkostenverfahren aufgestellten GuV von L stehen 70 DM Umsatzerlöse und 10 DM Jahresfehlbetrag 80 DM Materialaufwand gegenüber. Die GuV von E weist keine Zahlen auf. Die Konzern-GuV darf ebenso keine Beträge aufweisen, weil aus Konzernsicht bloß vom Konzern gekaufte Waren ohne Berührung der GuV aktiviert werden.

In der Konsolidierungsspalte werden folglich die Umsatzerlöse des Lieferanten erfolgswirksam mit dem Materialaufwand des Lieferanten aufgerechnet: per Umsatzerlöse 70 und per Jahresüberschuß 10 an Materialaufwand 80.

Beim Umsatzkostenverfahren weist die L-GuV 70 DM Umsatzerlöse, 80 DM Herstellungskosten in Position Nr. 2 und 10 DM Jahresfehlbetrag aus. Die GuV von E enthält keine Beträge, was auch für die Konzern-GuV gelten muß. Durch die Konsolidierungsbuchung "per Umsatzerlöse 70 und per Jahresüberschuß 10 an Herstellungskosten 80" wird das erreicht.

Die Konsolidierungsbuchungen für den zu 2v analogen Fall 6v (E bezieht Handelsware von L, verarbeitet diese weiter und nimmt sie auf Lager) zeigt Beispiel J.7.

Beispiel J.7: Konsolidierungsschema des Falles 6v:

Handelsware des Lieferanten beim Empfänger bearbeitet und auf Lager genommen	GuV Lieferant		GuV Empfänger		Umbuchungen		GuV Konzern	
	Aufw.	Ertr.	Aufw.	Ertr.	Soll	Haben	Aufw.	Ertr.
Gesamtkostenverfahren								
1. Umsatzerlöse		70			1) 70			
2. Erhöhung oder Verminderung des Bestands an fertigen oder unfertigen Erzeugnissen				103		2) 10		113
3. andere aktivierte Eigenleistungen								
5a. Aufwendungen für Roh-, Hilfs- und Betriebsstoffe und für bezogene Waren (Materialaufwand)	80		70			1) 70	80	
6a. Löhne und Gehälter			25				25	
7a. Abschreibungen auf Sachanlagen			8				8	
20. Jahresüberschuß/ -fehlbetrag		10			2) 10			
Umsatzkostenverfahren								
1. Umsatzerlöse		70			70			
2. Herstellungskosten der zur Erzielung der Umsatzerlöse erbrachten Leistungen	80					80		
4. Vertriebskosten								
6. Sonstige betriebliche Erträge								
7. Sonstige betriebliche Aufwendungen								
8. Erträge aus Beteiligungen, davon aus verbundenen Unternehmen								
19. Jahresüberschuß		10			10			

Beim Gesamtkostenverfahren wird die Bestandserhöhung in der Konzern-GuV relativ zur Summen-GuV um den Zwischenverlust erhöht. Die Bestandserhöhung in Höhe von 113 DM in der Konzern-GuV setzt sich aus 80 DM Materialaufwendungen (bei L), 25 DM Löhnen und 8 DM Abschreibungen (bei

E) zusammen. Zudem wird die Doppelzählung von Umsatz und Materialaufwand in Höhe von 70 DM beseitigt. Das Umsatzkostenverfahren führt wie im Fall 2v zu einer "leeren" Konzern-GuV, da keine Umsätze mit Externen erzielt wurden.

Für den Fall 7.6v (im Folgejahr verkauft E Eigenerzeugnisse des Vorjahres) gleicht die Struktur der GuV von Konzernunternehmen E in beiden Verfahren der des Falles 3.2v.

Im Gesamtkostenverfahren ist in der Konsolidierungsspalte die Bestandsminderung um den Zwischenverlust in Höhe von 10 DM erfolgsmindernd zu erhöhen (per Bestandsminderung an Jahresüberschuß 10).

Im Umsatzkostenverfahren sind in der Konsolidierungsspalte die Herstellungskosten um 10 DM erfolgsmindernd zu erhöhen (per Herstellungskosten an Jahresüberschuß 10).

Im Fall 8v (Handelsware von L wird bei E weiterverarbeitet und in demselben Jahr veräußert) sieht die Konsolidierungsspalte des Gesamtkostenverfahrens strukturell so wie im Fall 4v aus: Die größengleichen Umsatzerlöse des Lieferanten werden gegen den Materialaufwand des Empfängers erfolgsneutral aufgerechnet; ein Zwischenergebnis kann wegen des Außenumsatzes nicht mehr vorliegen. In der Konzern-GuV erscheinen:

Umsatzerlöse:	250
Material:	./. 80
Löhne:	./. 25
Abschreibungen:	./. 8
Jahresüberschuß:	137

Im Umsatzkostenverfahren werden wie im Fall 4v die Umsatzerlöse mit den Herstellungskosten in Höhe der Innenumsatzerlöse aufgerechnet: per Umsatzerlöse an Herstellungskosten 70 DM. Die Konzern-GuV ergibt sich mit:

Umsatzerlöse:	250
Herstellungskosten:	./. 113
Jahresüberschuß:	137

3.1.1.2 Lieferungen in das Anlagevermögen

Für konzerninterne Lieferungen in das Anlagevermögen des Konzerns sind zwei Fälle voneinander zu unterscheiden:

- konzernintern erstelltes Anlagevermögen wird innerhalb des Konzerns weiterverkauft (Produktion und Verkauf, Fall 9),
- konzernextern erstelltes Anlagevermögen wird innerhalb des Konzerns weiterverkauft (Handel, Fall 10).

Im Fall 9v ist das gelieferte Anlagegut Eigenprodukt des liefernden Konzernunternehmens.
Die Aufwandsstruktur sei dieselbe wie in den Fällen 1-4, also:

L	Fertigung	Vertrieb	Σ
Material	30	11	41
Löhne	30	-	30
Abschreibungen	15	5	20
	75	16	91

Der konzerninterne Umsatz beläuft sich auf 170 DM.

Wird der Anlagegegenstand bei E im Vertrieb eingesetzt, mit vollen Herstellungskosten bewertet und über 10 Jahre linear abgeschrieben, so sind die in Beispiel J.8 dargestellten Konsolidierungsbuchungen erforderlich.

Im Gesamtkostenverfahren stellt sich die Transaktion aus Konzernsicht als selbsterstellte Eigenleistung mit Konzernherstellungskosten in Höhe von 91 DM dar, die folglich unter Eliminierung der Innenumsatzerlöse von 170 DM und des Zwischengewinnes von 79 DM als andere aktivierte Eigenleistung auszuweisen ist (1). Außerdem muß in der Konzern-GuV die Abschreibung auf Basis der Konzernherstellungskosten berechnet werden, was in der Konsolidierungsspalte zu einer Minderung der Abschreibungen führt (2).

Die in der GuV von L nach dem Umsatzkostenverfahren ausgewiesenen 16 DM Vertriebskosten stellen wiederum "innerbetriebliche" Transportkosten dar, die aus Konzernsicht in die Herstellungskosten der selbsterstellten Anlagen einbezogen werden können und dann nicht erfolgswirksam werden. Da sich aktivierte Eigenleistungen in einer GuV nach dem Umsatzkostenverfahren nicht niederschlagen und im Beispiel alle entstandenen Kosten als Herstellungskosten aktiviert werden können, sind im Rahmen der Konsolidierung die Innenumsatzerlöse von 170 DM gegen die Aufwendungen (75 + 16) und gegen den Zwischengewinn von 79 DM aufzurechnen. Zusätzlich müssen die Abschreibungen auf die Eigenleistung von ursprünglich 17 DM auf 10 % ihres Wertes aus Konzernsicht - auf 9,1 DM also - reduziert werden. Die Konzern-GuV weist dann als einzige Position die auf Basis der Konzernherstellungskosten berechneten Abschreibungen des im Vertrieb eingesetzten Anlagegegenstandes unter Nr. 4 aus.

Beispiel J.8: Konsolidierungsschema des Falles 9v:

Eigenerzeugnis des Lieferanten beim Empfänger im Anlagevermögen, AfA 10 %	GuV Lieferant		GuV Empfänger		Umbuchungen		GuV Konzern	
	Aufw.	Ertr.	Aufw.	Ertr.	Soll	Haben	Aufw.	Ertr.
Gesamtkostenverfahren								
1. Umsatzerlöse		170			1) 170			
2. Erhöhung oder Verminderung des Bestands an fertigen oder unfertigen Erzeugnissen								
3. andere aktivierte Eigenleistungen						1) 91		91
5a. Aufwendungen für Roh-, Hilfs- und Betriebsstoffe und für bezogene Waren (Materialaufwand)	41						41	
6a. Löhne und Gehälter	30						30	
7a. Abschreibungen auf Sachanlagen	20		17			2) 7,9	29,1	
20. Jahresüberschuß/ -fehlbetrag	79			17	2) 7,9	1) 79		9,1
Umsatzkostenverfahren								
1. Umsatzerlöse		170			2) 170			
2. Herstellungskosten der zur Erzielung der Umsatzerlöse erbrachten Leistungen	75				1) 16	2) 91		
4. Vertriebskosten	16		17			1) 16 3) 7,9	9,1	
6. Sonstige betriebliche Erträge								
7. Sonstige betriebliche Aufwendungen								
8. Erträge aus Beteiligungen, davon aus verbundenen Unternehmen								
19. Jahresüberschuß	79			17	3) 7,9	2) 79		9,1

Auch in den Folgejahren 02-10 sind die Abschreibungen um die anteiligen Zwischengewinne in Höhe von 7,9 in der Konsolidierungsspalte erfolgserhöhend zu korrigieren, im Gesamtkostenverfahren wird wieder Pos. 7a, im Umsatzkostenverfahren Pos. 4 angesprochen.

Schwieriger zu lösen wäre der Fall, wenn der Anlagegegenstand bei E im Fertigungsbereich eingesetzt würde und die Abschreibungen von E als Herstellungskostenbestandteil (un)fertiger Erzeugnisse aktiviert worden wären.

Im Gesamtkostenverfahren müßten dann nämlich zusätzlich zu (2) die Bestandserhöhungen um die aktivierten überhöhten Abschreibungen in Höhe von 7,9 DM erfolgswirksam gemindert werden. Der Zwischengewinn wird in der Konzern-GuV erst bei Verkauf der (un)fertigen Erzeugnisse an Dritte realisiert.

Im Umsatzkostenverfahren würden die Abschreibungen im Jahr der Aktivierung der (un)fertigen Erzeugnisse gar nicht ausgewiesen, so daß keine zu Konsolidierungsbuchung (3) analoge Buchung notwendig würde. Allerdings würden in dem Jahr, in dem die unter Einsatz der Eigenleistung erstellten Erzeugnisse nach außen veräußert werden, die Herstellungskosten von E aus Konzernsicht um die Abschreibungen überhöht sein, was dann zu eliminieren ist.

Abschließend sei der Fall 10 angesprochen, in dem Konzernunternehmen L den Anlagegegenstand nur als Handelsware an E zur Nutzung im Vertriebsbereich von E weiterreicht. Aus Konzernsicht berühren diese Handelsgeschäfte die GuV nicht, so daß sie einschließlich des Zwischenergebnisses eliminiert werden müssen. Allerdings werden die Abschreibungen der Anlage erneut zu hoch ausgewiesen, so daß insoweit die Konsolidierungsbuchungen (2) im Gesamtkostenverfahren bzw. (3) im Umsatzkostenverfahren aus dem Beispiel 9v analog vorzunehmen sind.

3.1.2 Konsolidierung der Innenumsatzerlöse aus Leistungen

Die Konsolidierung von betriebsüblichen Erträgen aus Leistungen wie z.B. Pacht-, Miet- und Lizenzerträgen gestaltet sich im Gesamtkostenverfahren dann besonders einfach, wenn den Umsätzen der leistenden Seite gleichgroße Aufwendungen etwa unter Position 5b oder 8 des Gesamtkostenverfahrens auf der Empfängerseite gegenüberstehen, die weder aus Konzernsicht noch aus Sicht des Empfängerunternehmens aktivierungsfähig sind. In diesem Fall werden die Umsatzerlöse des Leistenden mit den entsprechenden Aufwendungen des Empfängers erfolgsneutral aufgerechnet. Die eventuellen Aufwendungen des Leistenden aus seiner Einzel-GuV müssen gegebenenfalls für die Konzern-GuV umgegliedert werden (Beispiel: Die Aufwendungen für Farben, Lacke etc. einer Konzerngesellschaft, die im Konzern die Aufgabe einer konzerninternen Malerwerkstatt übernimmt, müssen aus der Position Nr. 5a in die Position Nr. 8 umgegliedert werden, da die Position Materialaufwand nach der hier vertretenen Meinung nur die Aufwendungen aus dem Einsatz von Roh-, Hilfs-, und Betriebsstoffen in der Produktion erfaßt).

Im Umsatzkostenverfahren sind eventuell Herstellungskosten des Leistenden aus Position 2 in sonstige betriebliche Aufwendungen umzuordnen (dies gilt z.B. im Falle der genannten Aufwendungen der Malerwerkstatt). Ferner müssen Innenumsätze des Leistenden mit den Aufwendungen des Empfängers erfolgsneutral, also ohne daß das Ergebnis der Summen-GuV in der Konsolidierungsspalte verändert wird, aufgerechnet werden.

Sind die Leistungen auf der Empfängerseite im Gesamtkostenverfahren ohne Berührung der GuV direkt (als Anschaffungsnebenkosten, z.B. im Falle einer Installation oder eines konzerninternen Transportes eines Anlagegegenstandes) oder über den Umweg der GuV indirekt aktiviert worden (z.B. andere aktivierte Eigenleistung), dann ergibt sich folgendes:

Im direkten Fall sind die Umsatzerlöse in Höhe der Konzernherstellungskosten in die Position Nr. 3 (Konzern-Anlagevermögen) oder 2 (Konzern-Umlaufvermögen) des Gesamtkostenverfahrens umzugliedern und in Höhe der Zwischenergebnisse erfolgswirksam zu konsolidieren.

Im indirekten Fall müssen zunächst die Umsatzerlöse des Lieferanten mit den Aufwendungen des Empfängers verrechnet werden. Zudem sind Zwischenergebnisse aus den Bestandserhöhungen bzw. aktivierten Eigenleistungen erfolgswirksam zu entfernen.

Für das Umsatzkostenverfahren erübrigt sich im Jahr der Leistung eine Unterscheidung zwischen direkter und indirekter Aktivierung beim Empfänger, weil die Aktivierung der Leistung stets ohne Berührung der GuV des Empfängers erfolgt. Die Innenumsatzerlöse des Leistenden sind mit den zugehörigen Herstellungskosten des Leistenden aus Position 2 der GuV - im Falle eines Zwischengewinnes zusätzlich unter Berührung des Jahresüberschusses - aufzurechnen.

3.1.3 Sonderfälle

Bisher wurde die Konzern-GuV getreu der Einheitstheorie abgeleitet. Das Gesetz läßt aber Ausnahmen von dieser Vorgehensweise zu, die im folgenden näher betrachtet werden.

In § 304 Abs. 2 HGB wird das Wahlrecht eröffnet, auf die Zwischenergebniseliminierung zu verzichten, wenn die Lieferung oder Leistung zu üblichen Marktbedingungen vorgenommen wurde und die Ermittlung der Konzernanschaffungs- oder -herstellungskosten einen unverhältnismäßig hohen Aufwand erfordern würde.

Gemäß § 304 Abs. 3 HGB wird dieses Wahlrecht erweitert um den Fall, daß die Zwischenergebniseliminierung *"für die Vermittlung eines den tatsächlichen*

Verhältnissen entsprechenden Bildes der Vermögens-, Finanz- und Ertragslage des Konzerns nur von untergeordneter Bedeutung ist."

Für die GuV-Konsolidierung gilt in diesen Fällen, daß der Jahresüberschuß der Summen-GuV nicht um den Zwischengewinn gekürzt bzw. um den Zwischenverlust erhöht werden muß. Dennoch sind natürlich weiterhin Innenumsatzerlöse etwa in Bestandsänderungen umzugliedern oder mit Materialaufwendungen aufzurechnen, allerdings in erfolgsneutraler Weise, also ohne Berührung des Jahresüberschusses.

Von § 304 Abs. 2 und 3 HGB streng zu trennen ist § 305 Abs. 2 HGB, in dem die Möglichkeit aufgezeigt wird, auf die Konsolidierung von Aufwendungen und Erträgen einschließlich der Innenumsätze zu verzichten, wenn die wegzulassenden Beträge von nur untergeordneter Bedeutung für den "true and fair view" sind. Bei einer Beurteilung der Bedeutung ist nicht auf jede einzelne konsolidierungspflichtige Maßnahme, sondern auf die Gesamtheit der hier relevanten wegzulassenden Aufwendungen und Erträge abzustellen (vgl. ADS, 6. Aufl., § 305 Tz. 100).

Bei Erfüllung des Tatbestandes des § 305 Abs. 2 HGB würde die Summen-GuV bezüglich der unbedeutenden Aufwendungen und Erträge unmodifiziert in die Konzern-GuV eingehen. Dennoch müßten entsprechend § 304 Abs. 1 HGB Zwischenerfolge aus der Konzern-Bilanz und der Konzern-GuV verbannt, d.h. erfolgswirksam eliminiert werden, sofern nicht auch insoweit eine der Ausnahmeregelungen anwendbar ist.

Nur wenn also

- der Tatbestand des § 304 Abs. 2 HGB und der des § 305 Abs. 2 HGB oder
- der Tatbestand des § 304 Abs. 3 HGB und der des § 305 Abs. 2 HGB erfüllt sind,

brauchen Zwischenergebnisse nicht eliminiert und müssen Innenumsätze nicht konsolidiert (zu) werden.

Die ähnliche Formulierung der §§ 304 Abs. 3 und 305 Abs. 2 HGB legt allerdings die Vermutung nahe, daß die jeweiligen Tatbestände in beiden Fällen meist entweder gleichzeitig erfüllt oder gleichzeitig nicht erfüllt sind.

Im folgenden werden Fälle betrachtet, bei denen zwar der Tatbestand des § 304 Abs. 2 HGB, nicht aber der des § 305 Abs. 2 HGB erfüllt ist (keine Zwischenergebniseliminierung, aber Innenumsatzkonsolidierung erforderlich).

Im Beispiel J.9 wird exemplarisch ein Sonderfall mit Zwischengewinn (SF G) betrachtet, der von den Ausgangsdaten her dem Fall 1v entspricht, allerdings abweichend eine Lieferung in das Vertriebs-Anlagevermögen vorsieht und der nun annahmegemäß die isolierte Voraussetzung des § 304 Abs. 2 HGB erfüllt.

Beispiel J.9: Konsolidierungsschema des Falles 2 SF G:

Eigenerzeugnis des Lieferanten beim Empfänger unbearbeitet auf Lager, Lieferung in das Anlagevermögen (Gewinn)	GuV Lieferant		GuV Empfänger		Umbuchungen		GuV Konzern	
	Aufw.	Ertr.	Aufw.	Ertr.	Soll	Haben	Aufw.	Ertr.
Gesamtkostenverfahren								
1. Umsatzerlöse		170			170			
2. Erhöhung oder Verminderung des Bestands an fertigen oder unfertigen Erzeugnissen								
3. andere aktivierte Eigenleistungen						170		170
5a. Aufwendungen für Roh-, Hilfs- und Betriebsstoffe und für bezogene Waren (Materialaufwand)	41						41	
6a. Löhne und Gehälter	30						30	
7a. Abschreibungen auf Sachanlagen	20		17				37	
20. Jahresüberschuß/ -fehlbetrag	79			17			62	
Umsatzkostenverfahren								
1. Umsatzerlöse		170			2) 170			
2. Herstellungskosten der zur Erzielung der Umsatzerlöse erbrachten Leistungen	75				1) 16	2) 91		
4. Vertriebskosten	16		17			1) 16	17	
6. Sonstige betriebliche Erträge						2) 79		79
7. Sonstige betriebliche Aufwendungen								
8. Erträge aus Beteiligungen, davon aus verbundenen Unternehmen								
19. Jahresüberschuß	79			17			62	

Weil der Tatbestand des § 305 Abs. 2 HGB nicht vorliegt, müssen die Innenumsätze weiterhin konsolidiert werden - im vorliegenden Fall beim Gesamtkostenverfahren dadurch, daß sie in die anderen aktivierten Eigenleistungen umgegliedert werden -, Zwischengewinne aber brauchen nicht eliminiert zu werden. Sie bleiben daher Teil der anderen aktivierten Eigenleistungen sowie des Jahresüberschusses. Entsprechend werden auch die Abschreibungen des Empfängers in der Konsolidierungsspalte nicht korrigiert.

Wäre die Lieferung in das Umlaufvermögen erfolgt, so wäre der Zwischengewinn Bestandteil der Bestandsänderungen in Pos. 2.

Beim Umsatzkostenverfahren werden ebenfalls die Innenumsatzerlöse sowie die Herstellungs- und Vertriebskosten des Lieferanten eliminiert. Der restliche Zwischengewinn aber, der voraussetzungsgemäß nicht zu konsolidieren sein soll, bleibt durch Schaffung sonstiger betrieblicher Erträge erhalten (2). Die Abschreibungen in Höhe von 17 DM aus der Position 4 des Empfängers gehen unverändert in die Konzern-GuV ein.

Allerdings ist zu fragen, ob sich diese Vorgehensweise noch mit Wirtschaftlichkeitsargumenten rechtfertigen läßt, denn der Zwischengewinn muß wie bei der einheitstheoretisch konsequenten Lösung ermittelt werden - nur wird er nicht eliminiert, sondern als sonstiger betrieblicher Ertrag konkretisiert. Die einfachere Lösung einer Aufrechnung der vollen Umsatzerlöse gegen die Herstellungskosten (per Pos. 1 170 an Pos. 2 170) hätte einen anderen Nachteil. Sie würde zu zu geringen - im Beispiel sogar zu negativen - Herstellungskosten führen.

Im analogen Verlustfall SF V werden im Umsatzkostenverfahren bei dieser einfacheren Vorgehensweise die Herstellungskosten zu hoch ausgewiesen.

Beim Gesamtkostenverfahren führt, wie das Beispiel J.10 auf der folgenden Seite zeigt, der Fall SF V zu einer ähnlichen Lösung wie der Fall SF G.

Eine annahmegemäß erfolgsneutrale Konsolidierung ist ohne Kenntnis des Zwischenverlustes möglich, wenn die Innenumsatzerlöse in die anderen aktivierten Eigenleistungen umgegliedert werden. Der Zwischenverlust kommt dann in der Konzern-GuV dadurch zum Ausdruck, daß die Primäraufwendungen (Material, Löhne, Abschreibungen) die anderen aktivierten Eigenleistungen übersteigen.

3.2 Konsolidierung anderer Erträge und Aufwendungen nach § 305 Abs. 1 Nr. 2 HGB

In Ergänzung zu den von § 305 Abs. 1 Nr. 1 HGB erfaßten Umsatzerlösen sieht § 305 Abs. 1 Nr. 2 HGB ausdrücklich nur die Konsolidierung anderer Erträge aus Lieferungen und Leistungen vor. Dennoch ergibt sich aus der Einheitstheorie zwingend die Pflicht auch zur Konsolidierung von verlustbringenden konzernin-

Beispiel J.10: Konsolidierungsschema des SF V:

Eigenerzeugnis des Lieferanten, beim Empfänger unbearbeitet, Lieferung in das Anlageverm. (Verlust)	GuV Lieferant		GuV Empfänger		Umbuchungen		GuV Konzern	
	Aufw.	Ertr.	Aufw.	Ertr.	Soll	Haben	Aufw.	Ertr.
Gesamtkostenverfahren								
1. Umsatzerlöse		60			60			
2. Erhöhung oder Verminderung des Bestands an fertigen oder unfertigen Erzeugnissen								
3. andere aktivierte Eigenleistungen						60		60
5a. Aufwendungen für Roh-, Hilfs- und Betriebsstoffe und für bezogene Waren (Materialaufwand)	41						41	
6a. Löhne und Gehälter	30						30	
7a. Abschreibungen auf Sachanlagen	20		6				26	
20. Jahresüberschuß/ -fehlbetrag		31		6				37
Umsatzkostenverfahren								
1. Umsatzerlöse		60			2) 60			
2. Herstellungskosten der zur Erzielung der Umsatzerlöse erbrachten Leistungen	75				1) 16	2) 60	31	
4. Vertriebskosten	16		6			1) 16	6	
6. Sonstige betriebliche Erträge								
7. Sonstige betriebliche Aufwendungen								
8. Erträge aus Beteiligungen, davon aus verbundenen Unternehmen								
19. Jahresüberschuß		31		6				37

ternen Geschäften (anderen Aufwendungen), die sich nicht in den Umsatzerlösen niederschlagen. § 305 HGB hat insofern nicht abschließenden Charakter (vgl. ADS, 6. Aufl., § 305 Tz. 57).

Andere Erträge in der Einzel-GuV unterscheiden sich von Umsatzerlösen darin, daß ihnen keine gewöhnlichen und typischen Geschäftsvorfälle des Einzelunternehmens zugrunde liegen. Konkret geht es dabei zunächst um Veräußerungen von gebrauchten Anlagen oder von Wertpapieren, bei denen innerhalb des Konzerns Gewinne (sonstige betriebliche Erträge beim Lieferer) oder Verluste (sonstige betriebliche Aufwendungen beim Lieferer) entstehen. Diese Zwischenergebnisse sind aus Konzernsicht grundsätzlich zu eliminieren, was durch Buchungen "per sonstige betriebliche Erträge an Jahresüberschuß" bzw. "per Jahresfehlbetrag an sonstige betriebliche Aufwendungen" in beiden Formen der GuV leicht erreichbar ist.

Ferner sind sonstige betriebliche Aufwendungen aus innerkonzernlichen Leistungen wie z.B. Zinsen, Pachterträge, Mieten etc. zu eliminieren, die nicht bereits bei der Konsolidierung der Innenumsatzerlöse erfaßt wurden. Die Konsolidierung ist in diesen Fällen durch Aufrechnung der Zinserträge und -aufwendungen (Pos. 11 und 13 des Gesamtkosten- bzw. Pos. 10 und 12 des Umsatzkostenverfahrens) oder der sonstigen betrieblichen Erträge und Aufwendungen, in denen sich Pacht und Miete niederschlagen, leicht zu erreichen.

Analoge Probleme zu denen aus J.3.1.2 ergeben sich, wenn andere Leistungen beim Empfänger direkt oder indirekt aktiviert wurden.

3.3 Gewinntransfer im Konsolidierungskreis

Gewinntransfers innerhalb des Konzerns und die daraus folgenden Konsolidierungsvorgänge werden der Übersichtlichkeit halber in einem gesonderten Abschnitt behandelt, obwohl sie strenggenommen unter die Konsolidierung anderer Erträge und Aufwendungen zu subsumieren sind. Eine Unterscheidung zwischen dem Gesamt- und dem Umsatzkostenverfahren erübrigt sich allerdings in diesem Zusammenhang, da das Finanzergebnis in beiden Verfahren identisch, wenn auch unter verschiedenen Positionsnummern, abgebildet wird.

Insbesondere die Übernahme von Beteiligungserträgen aus der Summen-GuV in die Konzern-GuV würde regelmäßig dazu führen, daß erwirtschaftete Teilergebnisse in dem Konzernergebnis doppelt erfaßt werden, wie das folgende Beispiel verdeutlicht. Eine 100 %-ige Tochter-Kapitalgesellschaft habe einen Jahresüberschuß erwirtschaftet und schütte diesen in voller Höhe an die Mutter aus. In diesem Fall besteht die Gefahr, daß der Erfolg der Tochter in der Summen-GuV doppelt erfaßt wird, nämlich über das Ergebnis der Tochter und über das durch Beteiligungserträge ausgeweitete Ergebnis der Mutter. Solchen Doppelzählungen muß durch geeignete Konsolidierungen entgegengewirkt werden. Ob es allerdings zu Doppelzählungen kommt, wann das geschieht und wie dem abgeholfen werden kann, hängt von der Art des Gewinntransfers ab. Auch ist gegebenenfalls auf Auswirkungen der Existenz von Minderheiten einzugehen.

3.3.1 Zeitkongruente Gewinnvereinnahmung

In diesem Fall wird der Gewinntransfer bereits in dem Jahr im Abschluß der Mutter ausgewiesen, in dem der Jahresüberschuß bei der Tochter erwirtschaftet wurde. Es sind wiederum zwei Fälle zu unterscheiden:

- zeitkongruente Gewinnvereinnahmung mit Gewinnabführungsvertrag und
- zeitkongruente Gewinnvereinnahmung ohne Gewinnabführungsvertrag.

3.3.1.1 Zeitkongruente Gewinnvereinnahmung mit Gewinnabführungsvertrag

Die Erträge aus Gewinnabführungsverträgen sind erfolgsneutral mit den Aufwendungen aus der Abführung von Gewinnen aufzurechnen, so daß in der Konzern-GuV ausschließlich die originären Aufwendungen (hier für Material von 90 DM) und Erträge (hier Umsätze von 170 DM) ausgewiesen werden.

Beispiel J.11: Gewinnabführungsvertrag ohne Minderheiten

Gewinnabführungsvertrag ohne Minderheiten	GuV Tochter		GuV Mutter		Umbuchungen		GuV Konzern	
	Aufw	Ertr.	Aufw.	Ertr.	Soll	Haben	Aufw.	Ertr.
Gesamtkostenverfahren								
1. Umsatzerlöse		170						170
5a. Aufwendungen für Roh-, Hilfs- und Betriebsstoffe und für bezogene Waren (Materialaufwand)	90						90	
• Abführung von Gewinnen	80					80		
• Erträge aus Gewinnabführungsverträgen (§ 277 Abs. 3 S. 2 HGB)				80	80			
20. Jahresüberschuß	0		80				80	

Analog wären die Positionen für übernommene und abgeführte Verluste erfolgsneutral aufzurechnen.

Bei der Existenz von Minderheiten tritt eine weitere Schwierigkeit auf, wenn diese eine Ausgleichszahlung erhalten, die von der Mutter oder der Tochter zu leisten ist.

In unserem Beispiel sei die Tochter zur Abführung einer Garantiedividende an die außenstehenden Aktionäre in Höhe von 20 DM verpflichtet.

Beispiel J.12: Gewinnabführungsvertrag mit Minderheiten

Gewinnabführungsvertrag mit Minderheiten	GuV Tochter		GuV Mutter		Umbuchungen		GuV Konzern	
	Aufw.	Ertr.	Aufw.	Ertr.	Soll	Haben	Aufw.	Ertr.
Gesamtkostenverfahren								
1. Umsatzerlöse		170						170
5a. Aufwendungen für Roh-, Hilfs- und Betriebsstoffe und für bezogene Waren (Materialaufwand)	90						90	
• Abführung der Garantiedividende	20					2) 20		
• Abführung von Gewinnen	60					1) 60		
• Erträge aus Gewinnabführungsverträgen (§ 277 Abs. 3 S. 2 HGB)				60	1) 60			
20. Jahresüberschuß	0		60		2) 20		80	

Nachdem die Positionen "Abführung von Gewinnen" und "Erträge aus Gewinnabführungsverträgen" erfolgsneutral aufgerechnet wurden, muß der Konzernjahresüberschuß um die abgeführte Garantiedividende erhöht werden, weil die "außenstehenden Aktionäre" aus einheitstheoretischer Sicht gleichberechtigte Konzernaktionäre sind.

3.3.1.2 Zeitkongruente Gewinnvereinnahmung ohne Gewinnabführungsvertrag

Zu einer zeitkongruenten Vereinnahmung ohne Gewinnabführungsvertrag kommt es bei der Vereinnahmung von Beteiligungserträgen an

- Personengesellschaften.
- Auch bei Mehrheitsbeteiligungen an Kapitalgesellschaften kann die zeitkongruente Gewinnvereinnahmung eingesetzt werden, wenn der Vorstand der Tochter einen entsprechenden Gewinnverwendungsvorschlag unterbreitet hat und wenn der Jahresabschluß der Tochter vor Abschluß der Prüfung bei der Mutter festgestellt wird. Die Verwaltung der Mutter hat dann nämlich alle Möglichkeiten, aufgrund der Vertretung der Mehrheit der Stimmrechte die befürwortete Gewinnverwendung bei der Tochter durchzusetzen (vgl. ADS, 6. Aufl., § 275 Tz. 152, 153, § 305 Tz. 71).

In beiden Fällen sind die Beteiligungserträge bei der Mutter in der Konsolidierungsspalte erfolgsmindernd zu eliminieren (per Beteiligungserträge an Jahresüberschuß), weil der Erfolg der Tochter ansonsten im Konzernerfolg doppelt gezählt würde.

3.3.2 Zeitverschobene Gewinnvereinnahmung

Bei zeitverschobener Gewinnvereinnahmung wird der Beteiligungsertrag bei der Mutter erst dann ausgewiesen, wenn er im Jahr nach der Erwirtschaftung durch die Tochter oder - bei vorübergehender Thesaurierung durch die Tochter - noch später von der Tochter an die Mutter ausgeschüttet wird.

Die Konzern-GuV darf nur die in der Abrechnungsperiode im Konzern erwirtschafteten Überschüsse erfassen - diese allerdings vollständig. Ausschüttungen von Überschüssen früherer Perioden dürfen nicht einbezogen werden. Folglich sind die Beteiligungserträge in dem Jahr der Vereinnahmung - bzw. im mehrstufigen Konzern in den Jahren der Gewinnvereinnahmung - erfolgsmindernd zu eliminieren.

Im Jahr 01 gehen die Aufwands- und Ertragspositionen der Tochter unmodifiziert in die Konzern-GuV ein (Beispiel J.13).

Im Jahr 02 (Beispiel J.14) wird zunächst der im Beteiligungsertrag enthaltene Körperschaftsteuer-Anrechnungsanspruch mit dem Steueraufwand verrechnet. Anschließend erfolgt eine Minderung des Konzernjahresüberschusses um die zugeflossene Ausschüttung. Der Jahresfehlbetrag des Konzerns rührt ausschließlich aus dem - infolge des gespaltenen Körperschaftsteuer-Tarifs - zusätzlich entstehenden Steueraufwand der Mutter her.

Beispiel J.13 : Zeitverschobene Gewinnvereinnahmung, Jahr 01

Gewinnentstehung bei der Tochter im Jahr 01	GuV Tochter		GuV Mutter		Umbuchungen		GuV Konzern	
	Aufw.	Ertr.	Aufw.	Ertr.	Soll	Haben	Aufw.	Ertr.
Gesamtkostenverfahren								
1. Umsatzerlöse		1200						1200
5a. Aufwendungen für Roh-, Hilfs- und Betriebsstoffe und für bezogene Waren (Materialaufwand)	200						200	
• Körperschaftsteuer, fällig	300						300	
• latent **								
20. Jahresüberschuß	700						700	

** ohne Berücksichtigung latenter Steuern

Beispiel J.14: Zeitverschobene Gewinnvereinnahmung, Jahr 02

Gewinnabführung an Mutter, Jahr 02, Mutter thesauriert Gewinne	GuV Tochter		GuV Mutter		Umbuchungen		GuV Konzern	
	Aufw.	Ertr.	Aufw.	Ertr.	Soll	Haben	Aufw.	Ertr.
9. Erträge aus Beteiligungen				1000*	1) 300 2) 700			
• Körperschaftsteuer, fällig			450			1) 300	150	
• latent **								
20. Jahresüberschuß/-fehlbetrag			550			2) 700		150

* unter Einbeziehung des KSt-Anrechnungsanspruches
** ohne Berücksichtigung latenter Steuern

3.4 Die Equity-Methode

Gemäß § 312 Abs. 4 S. 2 HGB ist das auf assoziierte Beteiligungen entfallende Ergebnis unter einem gesonderten Posten in der Konzern-GuV auszuweisen (vgl. Küting/Zündorf in: Küting/Weber, Konzernrechnungslegung, § 312 Rn. 114).

In dieses Ergebnis können eingehen (vgl. G.4.3):

- der anteilig bei dem assoziierten Unternehmen erwirtschaftete Jahreserfolg, und zwar unabhängig von der Ausschüttungspolitik (spätere Ausschüttungen vom assoziierten Unternehmen an ein Konzernunternehmen dürfen den Konzernerfolg somit nicht ein zweites Mal erhöhen),
- die Abschreibungen auf die im Rahmen der Anwendung der Buchwert- oder Kapitalanteilsmethode aufgedeckten stillen Reserven,
- Abschreibungen auf den Geschäftswert und
- bei entsprechender Verrechnungstechnik gegebenenfalls eliminierte Zwischenergebnisse (vgl. I.5.3; zur Verrechnungstechnik vgl. Küting/Zündorf in: Küting/Weber, Konzernrechnungslegung, § 312 Rn. 203-210; zum Umfang eliminierungspflichtiger bzw. -fähiger Geschäfte vgl. ebenda, Rn. 198-202).

Folgendes Beispiel soll betrachtet werden:

Das assoziierte Unternehmen erzielt im betrachteten Jahr einen anteiligen Fehlbetrag von 95 DM.
In demselben Jahr fließen dem beteiligten Unternehmen Dividendenerträge von 28 DM aus dem im Vorjahr beim assoziierten Unternehmen erzielten Bilanzgewinn zu.

Die Erfolgswirkungen aus der in einer Nebenrechnung durchgeführten Kapitalaufrechnung betragen:

- Abschreibung auf die aufgedeckten stillen Reserven: 5 DM
- Geschäftswertabschreibung: 8 DM.

Beispiel J.15: Equity-Methode

Equity-Bewertung	GuV Konzernunt.		Umbuchungen		GuV Konzern	
	Aufw.	Ertr.	Soll	Haben	Aufw.	Ertr.
Gesamtkostenverfahren						
9. Erträge aus Beteiligungen		28	28			
• Ergebnis aus assoziierten Unternehmen			108		108	
20. Jahresüberschuß/-fehlbetrag	28			28+108		108

Die Erträge aus Beteiligungen in Höhe von 28 DM müssen erfolgsmindernd eliminiert werden, weil diese Beteiligungserträge im Vorjahr bereits unter der Position "Ergebnis aus assoziierten Unternehmen" erfolgserhöhend erfaßt wurden. Die Dividende fließt daher erfolgsneutral zu.

Das Ergebnis aus dem assoziierten Unternehmen im laufenden Jahr ergibt sich aus dem Jahresfehlbetrag von 95 DM, den Abschreibungen auf die aufgedeckten stillen Reserven (5 DM) und der Geschäftswertabschreibung (8 DM).

Auch im Rahmen der Equity-Methode ergeben sich Probleme aus dem deutschen Körperschaftsteuer-Anrechnungssystem, die an einem kleinen Beispiel verdeutlicht werden sollen. Das assoziierte Unternehmen, eine inländische Kapitalgesellschaft, erwirtschaftet für das beteiligte Unternehmen einen anteiligen Jahresüberschuß von 700 DM. Wenn nun das anteilige Ergebnis des assoziierten Unternehmens dem Gesetzeswortlaut des § 312 Abs. 4 S. 2 HGB entsprechend unter einem Posten ausgewiesen wird, so erhöht sich der Konzernjahresüberschuß um 700 DM, ohne daß entsprechende Steueraufwendungen in der GuV ausgewiesen werden. Diese Folge ist insofern unerwünscht, als der Eindruck entstehen könnte, der Konzern habe steuerfreie Erträge erwirtschaftet. Die Steueraufwendungen passen nicht zum erwirtschafteten Ergebnis. Deshalb scheint ein Bruttoausweis in der GuV sehr sinnvoll zu sein, der als Ergebnis aus assoziierten Unternehmen den Jahresüberschuß vor anrechenbarer Körperschaftsteuer - im Beispiel 1000 DM - ausweist und diesem Erfolg die 300 DM Körperschaftsteuer gegenüberstellt (vgl. zur Bruttomethode WP-Handbuch, Band I, M Tz. 597-601; ADS, 6. Aufl., § 305 Tz. 83). Die bilanzielle Veränderung des Beteiligungsbuchwertes in Höhe des anteiligen Eigenkapitals von 700 DM bliebe von dieser GuV-Ausweisvariante unbenommen. Fließen dann im Folgejahr die Erträge dem beteiligten Unternehmen tatsächlich zu, dann ergeben sich dieselbe Einzel-GuV, dieselben Konsolidierungsbuchungen sowie dieselbe Konzern-GuV wie in Beispiel J.14.

3.5 GuV-Konsolidierung als Ausfluß der Kapitalkonsolidierung

Die Kapitalkonsolidierung wirkt sich auf die GuV-Konsolidierung aus, wenn bei der Aufrechnung des Beteiligungsbuchwertes aus der Bilanz der Mutter mit dem anteiligen Eigenkapital der Tochter im Rahmen der Erstkonsolidierung

- stille Reserven aufgedeckt wurden und/oder
- ein derivativer Geschäftswert aktiviert wurde (vgl. Kapitel G.4.1.1.1).

In den Folgejahren sind diese aufgedeckten stillen Reserven nämlich im Konzernabschluß gegebenenfalls - z.B. durch Abschreibungen - aufzulösen; diese Mehraufwendungen erscheinen allerdings nur in der Konzern-GuV, nicht aber in der GuV der Tochter.

Ebenso ist die Abschreibung auf den Geschäftswert in der Konzern-GuV erfolgsmindernd zu berücksichtigen, soweit nicht vom Wahlrecht des § 309 Abs. 1 S. 3 HGB Gebrauch gemacht wird, das eine erfolgsneutrale Verrechnung des

Geschäftswertes mit den Rücklagen vorsieht. Falls die aufgedeckten stillen Reserven in Form von selbst erstellten Anlagen oder (Halb-) Fertigerzeugnissen aktiviert wurden, erhöhen sich entsprechend die anderen aktivierten Eigenleistungen oder die Bestandserhöhungen der Konzern-GuV.

Das Beispiel J.16 soll diese Aussagen verdeutlichen. Es wird unterstellt, daß im Rahmen der erstmaligen Kapitalkonsolidierung stille Reserven aufgedeckt wurden.

Aufgegliedert nach den Bereichen, in denen stille Reserven aufgedeckt wurden, ergaben sich im Geschäftsjahr folgende Mehraufwendungen:

abnutzbares Anlagevermögen	10
nicht abnutzbares Anlagevermögen	0
Materialbestand	13
Geschäftswert	20

Beispiel J.16: Kapitalkonsolidierung und GuV

Folgen der Kapitalkonsolidierung, Tochter T realisiert externe Umsatzerlöse	GuV Mutter		GuV Tochter		Umbuchungen		GuV Konzern	
	Aufw.	Ertr.	Aufw.	Ertr.	Soll	Haben	Aufw.	Ertr.
Gesamtkostenverfahren								
1. Umsatzerlöse				170				170
2. Erhöhung oder Verminderung des Bestands an fertigen oder unfertigen Erzeugnissen								
3. andere aktivierte Eigenleistungen								
5a. Aufwendungen für Roh-, Hilfs- und Betriebsstoffe und für bezogene Waren (Materialaufwand)			50		13		63	
6a. Löhne und Gehälter			25				25	
7a. Abschr. auf imm. Vermögen, Sachanlagen			12		30		42	
20. Jahresüberschuß/ -fehlbetrag			83			43	40	

Für das Umsatzkostenverfahren ist zu untersuchen, welchen funktionalen Bereichen die Auflösung der stillen Reserven zuzuordnen ist und ob gegebenenfalls eine Aktivierung derselben vorgenommen wurde (vgl. J.3.1.1.2).

3.6 Auswirkungen der Schuldenkonsolidierung auf die GuV-Konsolidierung

Die GuV-Konsolidierung als Ausfluß der Schuldenkonsolidierung ist ein Spezialfall der Konsolidierung anderer Erträge und Aufwendungen (vgl. J.3.2).

Sie kann

- erfolgsneutral erfolgen, wenn (Zins-)Aufwendungen des Schuldners mit größengleichen (Zins-)Erträgen des Gläubigers aufgerechnet werden, oder
- bei nicht gleichgroßen Positionen erfolgswirksam ablaufen, wenn etwa die Aufwendungen des Schuldners größer als die Erträge des Gläubigers sind.

In einem Beispiel für eine erfolgswirksame Konsolidierung wird das deutlich.

G gewährt S ein konzerninternes Darlehen zum 1.1. Jahr 01, Auszahlung 97 %, Nominalwert 10000 DM, Zins 5 % = 500 DM, Laufzeit 5 Jahre. S schreibt das Disagio in Höhe von 300 DM sofort ab, G aktiviert dies periodenanteilig mit 60 DM. Die Konsolidierungsspalte macht sämtliche Geschäftsvorfälle rückgängig.

Beispiel J.17: Schuldenkonsolidierung und GuV

Schuldenkonsoldierung	GuV G		GuV S		Umbuchungen		GuV Konzern	
	Aufw.	Ertr.	Aufw.	Ertr.	Soll	Haben	Aufw.	Ertr.
Gesamtkostenverfahren (Umsatzkostenverfahren)								
11. (10.) Zinsen und ähnliche Erträge		60 500			560			
13. (12.) Zinsen und ähnliche Aufwendungen			800			800		
20. Jahresüberschuß/ -fehlbetrag	560			800	240			

3.7 Konsolidierung latenter Steuern in der GuV

Relevant für die GuV-Konsolidierung sind an dieser Stelle latente Steuern, die nicht bereits in den Gewinn- und Verlustrechnungen der Handelsbilanz II eingestellt und somit nicht in der Summen-GuV enthalten sind. Die Einstellung von latenten Steuern aufgrund in dem Geschäftsjahr entstandener oder aufgelöster temporärer Differenzen verläuft erfolgswirksam (vgl. später K.).

Das Beispiel zur Schuldenkonsolidierung soll fortgeführt werden, allerdings unter Berücksichtigung latenter Steuern bei einem Steuersatz s = 0,4. Da S das Disagio in seiner Steuerbilanz anteilig in Höhe von 60, in seiner HB II hingegen vollständig in Höhe von 300 DM abgeschrieben hat, weist er in seiner Einzel-GuV latente Steuererträge auf die temporäre Differenz (240 DM) in Höhe von 0,4 • 240 = 96 DM aus, die demzufolge auch in der Summen-GuV erscheinen. Da der Erfolg der Summen-GuV infolge der Schuldenkonsolidierung um die temporäre Differenz von 240 DM kleiner ausfällt als der Konzernerfolg (Buchung 1), müssen in der Konsolidierungsspalte 0,4 • 240 = 96 DM latente Steueraufwendungen berücksichtigt werden (Buchung 2). Insoweit wird in diesem Fall in der Konsolidierungsspalte durch die passive latente Steuer nur die aktive latente Steuer aus dem Einzelabschluß von S rückgängig gemacht.

Beispiel J.18: Latente Steuern aus der Schuldenkonsolidierung

Latente Steuern im Zusammenhang mit der Schuldenkonsolidierung	GuV G		GuV S		Umbuchungen		GuV Konzern	
	Aufw.	Ertr.	Aufw.	Ertr.	Soll	Haben	Aufw.	Ertr.
Gesamtkostenverfahren (Umsatzkostenverfahren)								
11. (10.) Zinsen und ähnliche Erträge		560			1) 560			
13. (12.) Zinsen und ähnliche Aufwendungen			800			1) 800		
18. (17.) Steuern vom Einkommen und vom Ertrag davon latent				96	2) 96		0	
20. Jahresüberschuß/ -fehlbetrag	560			704	1) 240	2) 96		0

In Kapitel K. wird noch näher auf die latenten Steuern und die innerkonzernliche Gewinnvereinnahmung als Sondertatbestand latenter Steuern eingegangen. Latente Steuern sollen in diesem Zusammenhang dazu beitragen, den erwirtschafteten Erfolgen die mit diesen wirtschaftlich verknüpften Steuerzahlungen zuzuordnen, und zwar unabhängig davon, wann die Steuerzahlungen steuerrechtlich fällig werden. Zur Verdeutlichung seien die Beispiele J.13 und J.14, nunmehr unter Einbeziehung latenter Steuern, weitergeführt.

Beispiel J.19: Latente Steuern bei zeitverschobener Gewinnvereinnahmung, Jahr 01

Gewinnentstehung bei der Tochter im Jahr 01	GuV Tochter		GuV Mutter		Umbuchungen		GuV Konzern	
	Aufw.	Ertr.	Aufw.	Ertr.	Soll	Haben	Aufw.	Ertr.
Gesamtkostenverfahren								
1. Umsatzerlöse		1200						1200
5a. Aufwendungen für Roh-, Hilfs- und Betriebsstoffe und für bezogene Waren (Materialaufwand)	200						200	
• Körperschaftsteuer, fällig	300						300	
• latent					150		150	
20. Jahresüberschuß	700					150	550	

Beispiel J.20: Latente Steuern bei zeitverschobener Gewinnvereinnahmung, Jahr 02

Gewinnabführung an die Mutter, Jahr 02, Mutter thesauriert Gewinne	GuV Tochter		GuV Mutter		Umbuchungen		GuV Konzern	
	Aufw.	Ertr.	Aufw.	Ertr.	Soll	Haben	Aufw.	Ertr.
9. Erträge aus Beteiligungen				1000*	1) 300 2) 700			
• Körperschaftsteuer, fällig			450			1) 300	150	
• latent						3) 150		150
20. Jahresüberschuß			550		3) 150	2) 700		

* unter Einbeziehung des KSt-Anrechnungsanspruches

Bereits im Jahr 01 werden die erst im Folgejahr bei der Mutter effektiv geschuldeten Steuern von 150 DM als latente Steueraufwendungen berücksichtigt. Wie in J.3.3.2 wird dann im Jahr 02 zunächst der Körperschaftsteuer-Anrechnungsanspruch eliminiert. Die an die Muttergesellschaft effektiv in Höhe von 700 DM gezahlte Dividende wird in der Konsolidierungsspalte erfolgswirksam eliminiert (2).

Die bei der Muttergesellschaft effektiv zu zahlende Körperschaftsteuer von 150 DM wird durch Auflösung der passiven latenten Steuer schließlich aus der Konzernbilanz des Jahres 01 neutralisiert. Der Konzernerfolg im Jahr 02 beläuft sich auf Null.

Literaturhinweise

über die üblichen Kommentierungen hinaus:

Coenenberg, Adolf G. , unter Mitarbeit von Christian Federspieler, Susanne Gröner, Axel Haller und Georg Klein: Jahresabschluß und Jahresabschlußanalyse, Grundfragen der Bilanzierung nach betriebswirtschaftlichen, handelsrechtlichen, steuerrechtlichen und internationalen Grundsätzen, 16. Aufl., Landsberg am Lech 1997.

Schildbach, Thomas: Der handelsrechtliche Jahresabschluß, 5. Aufl., Herne/Berlin 1997.

Sonderausschuß Bilanzrichtlinien-Gesetz: Stellungnahme 1/1987: Probleme des Umsatzkostenverfahrens, in: WPg, 40. Jg., 1987, S. 141-143.

Wysocki, Klaus von: Die Konsolidierung der Innenumsatzerlöse nach § 305 Abs. 1 Nr. 1 HGB, in: Bilanz- und Konzernrecht, Festschrift für Reinhard Goerdeler, hrsg. von Hans Havermann, Düsseldorf 1987, S. 723-749.

K. Latente Steuern im Konzernabschluß

1. Grundlagen

Im Konzernabschluß tritt das schon im Einzelabschluß wichtige Problem der latenten Steuern in veränderter, konzernspezifischer Form ebenfalls auf.

Beim unabhängigen wie beim konzerngebundenen Unternehmen bemessen sich die Ertragsteuern nach dem jeweiligen Steuerbilanzergebnis. Das Steuerbilanzergebnis weicht allerdings in der Regel vom handelsrechtlichen Jahresüberschuß/-fehlbetrag ab. Aus diesen Abweichungen ergeben sich Probleme, wenn der Ertragsteueraufwand in der handelsrechtlichen GuV und die Steuerrückstellungen in der handelsrechtlichen Bilanz aus der steuerrechtlichen Bemessungsgrundlage, dem Steuerbilanzergebnis, abgeleitet werden: Ertragsteueraufwendungen und Steuerrückstellungen passen nicht zum handelsrechtlichen Jahresüberschuß. Solche Mißverhältnisse müssen wegen des Grundsatzes der sachlichen Abgrenzung und wegen ausdrücklicher Regelungen des Gesetzgebers im Rahmen des Möglichen durch Ansatz latenter steuerlicher Mehr- und Minderbelastungen (latente Steuern) gemildert werden (zum Grundgedanken der sogenannten Interperiod Tax Allocation vgl. Coenenberg/Hille, DBW 1979, S. 601 f.; Hille, Latente Steuern, 1982, S. 16-33).

Ob Steueraufwand und Steuerrückstellungen enger an das handelsrechtliche Jahresergebnis angepaßt werden können, hängt von der Art der Abweichung zwischen Steuerbilanzergebnis und handelsrechtlichem Jahresüberschuß/-fehlbetrag ab. In diesem Zusammenhang hat sich in der Literatur eine Aufgliederung der Abweichungen in drei Gruppen durchgesetzt. Diese Aufgliederung, die im folgenden näher erläutert wird, ist für den Konzernabschluß ebenso fruchtbar wie für den Einzelabschluß. Spezifisch für den Konzernabschluß sind die konkreten, später noch näher zu betrachtenden Gründe für Abweichungen, deren Zuordnung zu einer der drei jetzt zu erläuternden Gruppen von Abweichungen nicht immer leicht fällt.

Beim Vergleich von Steuerbilanzergebnis und handelsrechtlichem Jahresüberschuß/-fehlbetrag und damit beim Vergleich der beiden Rechnungslegungssysteme, aus denen sich diese Erfolgsgrößen ergeben, werden in einer ersten Gruppe Abweichungen erfaßt, die darauf beruhen, daß bestimmte Aufwendungen oder Erträge nur in einem System, nicht aber in dem anderen anerkannt bzw. erfaßt werden. Beispiele dafür sind steuerlich nicht anerkannte Aufwendungen wie die körperschaftsteuerlich zur Hälfte nicht abziehbaren Aufsichtsratsvergütungen. Solche permanenten Differenzen bewirken zwar, daß der aus der Steuerbilanz abgeleitete Steueraufwand nicht zum handelsrechtlichen Jahresüberschuß paßt. Da sich diese Differenzen aber niemals aufheben, ist es unmöglich, durch zeitliche Vorverlagerungen oder Verschiebungen der Steuern auf spätere Perioden eine sachlich bessere Zuordnung von Steueraufwendungen zu Jahresüberschüssen im Zeitablauf zu erreichen. Permanente Differenzen können somit durch latente Steuern nicht ausgeglichen werden.

In einer zweiten Gruppe werden solche Abweichungen zusammengefaßt, die dadurch entstehen, daß Aufwendungen oder Erträge zwar summiert über mehrere Perioden in beiden Rechnungslegungssystemen übereinstimmen, aber überschaubar unterschiedlich auf die einzelnen Perioden verteilt werden. Die Unterschiede sind vorübergehender Natur und kehren sich in absehbarer Zeit um. Mehraufwand oder Mehrertrag in dem einen System heute wird durch Mehraufwand bzw. Mehrertrag in dem anderen System später wieder ausgeglichen. Zu derartigen zeitlich genau absehbaren Differenzen („timing differences") kommt es im Einzelabschluß, wenn etwa Sachanlagen in Handels- und Steuerbilanz nach unterschiedlichen Verfahren, stets aber so abgeschrieben werden, daß insgesamt die Anschaffungskosten - gegebenenfalls abzüglich des Restwerts - erfolgswirksam verrechnet werden. Bei zeitlich genau absehbaren Differenzen besteht im Prinzip die Möglichkeit, durch Neuzuordnung der Steuerlasten die Steueraufwendungen im Zeitablauf den handelsrechtlichen Jahresüberschüssen besser anzupassen. Dieses Ziel wird durch Bildung latenter Steuern ebenso erreicht wie das Ziel einer verbesserten Darstellung des Vermögens bzw. der Schulden in der Bilanz: Ohne latente Steuern passen die aus den Steuerbilanzergebnissen abgeleiteten Steuerrückstellungen nicht zu den handelsrechtlichen Jahresüberschüssen. Es ist notwendig, in der Bilanz passive latente Steuern "*in Höhe der voraussichtlichen Steuerbelastung nachfolgender Geschäftsjahre*" (§ 274 Abs. 1 HGB), oder möglich, aktive latente Steuern "*in Höhe der voraussichtlichen Steuerentlastung nachfolgender Geschäftsjahre*" (§ 274 Abs. 2 HGB) zu bilden.

Einer dritten Gruppe schließlich ließen sich solche Differenzen zuordnen, die sich zwar wie die oben beschriebenen Differenzen im Zeitablauf umkehren, bei denen der Zeitraum der Umkehr aber nicht absehbar ist. Zu solchen quasi-permanenten Differenzen kommt es beispielsweise, wenn ein Grundstück oder eine Beteiligung nur in der Handelsbilanz außerplanmäßig abgeschrieben wird. Die vorübergehende Differenz zur Steuerbilanz gleicht sich nämlich aus, sobald das Grundstück oder die Beteiligung verkauft oder zugeschrieben werden, nur ist völlig offen, wann es zu diesem Ausgleich kommen wird. Angesichts dieser Unsicherheit darf bei quasi-permanenten wie bei permanenten Differenzen nicht versucht werden, durch latente Steuern eine den handelsrechtlichen Jahresüberschüssen im Zeitablauf eher entsprechende Verteilung der Steueraufwendungen zu schaffen.

2. Ursachen und Probleme latenter Steuern im Konzernabschluß

Im Konzernabschluß kommen weitere Ursachen für latente Steuern hinzu, denn während sich der Steueraufwand des Konzerns vor konzernspezifischen latenten Steuern durch bloße Addition der Steueraufwendungen der einbezogenen Unternehmen ergibt, ist der Konzernerfolg nicht die bloße Summe der Einzelerfolge. Vielmehr wird der Konzernerfolg durch eine Vielzahl von Maßnahmen verändert, die im Rahmen der Ableitung des Konzernabschlusses aus den summierten Handelsbilanz I-Ergebnissen der einbezogenen Unternehmen ergriffen werden müssen (vgl. hierzu § 306 HGB).

Zunächst kann der Konzernerfolg durch Maßnahmen zur Aufbereitung der Einzelabschlüsse der Konzernunternehmen (konzerneinheitliche Bilanzierung und Bewertung in der Handelsbilanz II, Währungsumrechnung) beeinflußt werden. Latente Steuern sind dann auf Basis der gleichen Überlegungen zu bilden wie die latenten Steuern im Einzelabschluß. Allerdings sind sie nur noch zum Ausgleich zeitlich genau absehbarer Differenzen zwischen den handelsrechtlichen Ergebnissen in den Handelsbilanzen I und II bzw. vor und nach Währungsumrechnung erforderlich, denn zeitlich genau absehbaren Differenzen zwischen Steuerbilanz und Handelsbilanz I wurde bereits durch latente Steuern im Einzelabschluß entsprechend § 274 HGB Rechnung getragen, auf dem die zusätzliche Bereinigung aufbaut.

Darüber hinaus wird der Konzernerfolg durch vielfältige, zumindest häufig erfolgswirksame Konsolidierungsmaßnahmen im Rahmen der Zwischenergebniseliminierung, der Schulden-, Kapital- und Quotenkonsolidierung, der Equity-Methode sowie der Bereinigung von Gewinntransfers innerhalb des Konzerns beeinflußt (vgl. Schaubild K.1). Dabei entstehenden zeitlich genau absehbaren Differenzen ist Rechnung zu tragen, indem der Grundgedanke der latenten Steuern gemäß der Einheitstheorie auf die wirtschaftliche Einheit des Konzerns übertragen wird. Erneut ist nur zusätzlichen zeitlich genau absehbaren Differenzen Rechnung zu tragen, die bisher weder in der Handelsbilanz I noch in der Handelsbilanz II oder der Bilanz nach Währungsumrechnung berücksichtigt wurden.

Bei der Ermittlung latenter Steuern im Konzernabschluß ergeben sich allerdings grundsätzliche Probleme.

Das erste entsteht aus der bereits angesprochenen, teilweise unvermeidlichen Notwendigkeit, latente Steuern sukzessive auf die in den verschiedenen Stufen der Konzernrechnungslegung jeweils zusätzlich entstehenden zeitlich genau absehbaren Differenzen zu bilden. Der einfachere Weg einer Betrachtung der zeitlich genau absehbaren Differenz zwischen der Summe der Steuerbilanzgewinne der einbezogenen Unternehmen und dem Konzernergebnis ist mangels eigenständiger, originärer Konzernbuchhaltung versperrt.

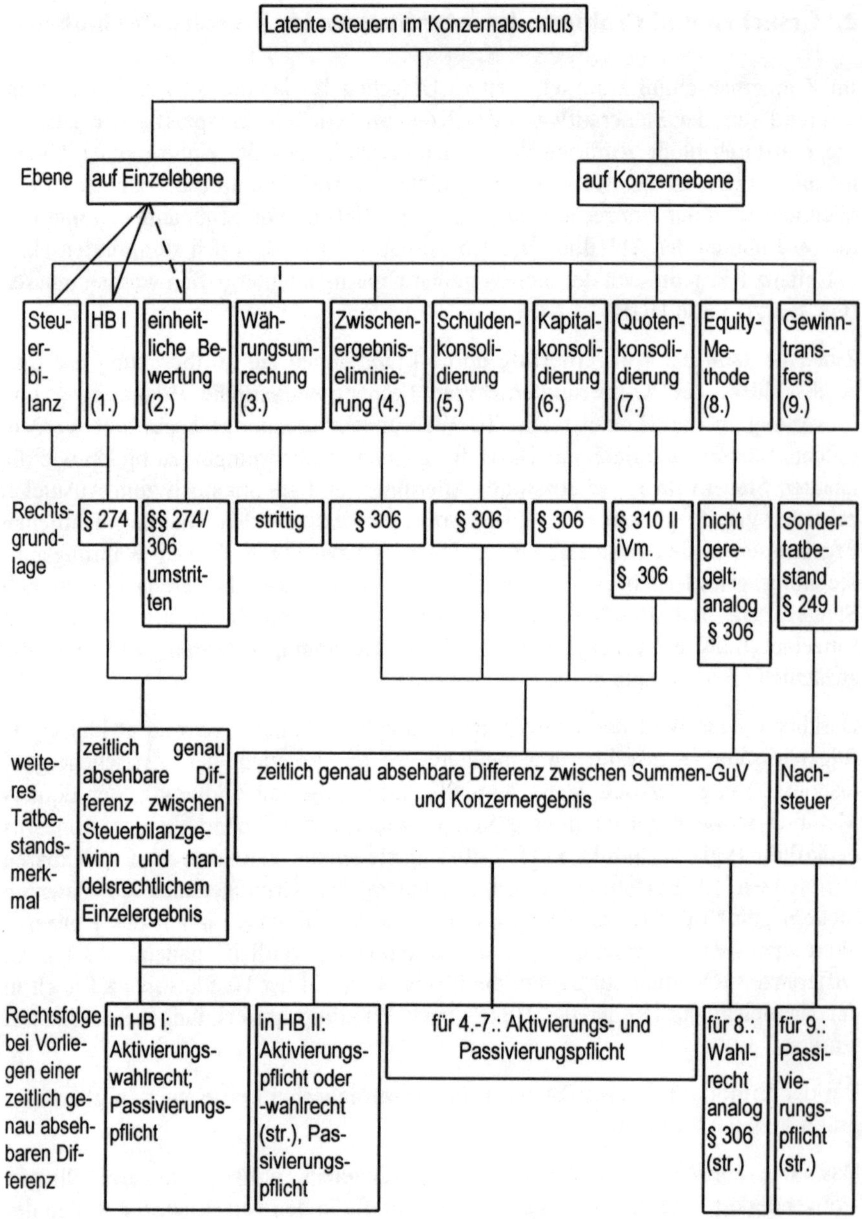

Schaubild K.1: Überblick über die Ursachen latenter Steuern im Konzernabschluß

Das Problem wird durch das Wahlrecht des § 274 Abs. 2 HGB zum Ansatz aktiver latenter Steuern verschärft. Verdeutlichen läßt es sich am einfachsten durch ein Beispiel.

Ein Unternehmen erwarte als Steuerbilanzergebnis in den Jahren 01 und 02 jeweils 100 DM. Diese Ergebnisse kommen unter anderem dadurch zustande, daß in der Steuerbilanz fertige Erzeugnisse zu Vollkosten bewertet werden, die im Jahr 01 erzeugt und im Jahr 02 abgesetzt werden. In der Handelsbilanz werden fertige Erzeugnisse mit Einzelkosten bewertet, die um 20 DM unter den Vollkosten liegen. Der handelsrechtliche Jahresüberschuß vor Steuern beläuft sich somit auf 80 DM im Jahr 01 und 120 DM im Jahr 02. Zwischen Handels- und Steuerbilanz besteht dann eine zeitlich genau absehbare Differenz, der bei einem Steuersatz von z.B. 40 % im Einzelabschluß durch aktive latente Steuern von 8 DM Rechnung getragen werden darf, denn für aktive latente Steuern gibt es im Einzelabschluß ein Ansatzwahlrecht. (Dieses Wahlrecht kann im Rahmen der Aufstellung einer Handelsbilanz II gemäß § 300 Abs. 2 HGB neu ausgeübt werden.)

Beispiel K.1: Latente Steuern in Handelsbilanz I und II

		Jahr 01		Jahr 02
Gewinn laut Steuerbilanz		100		100
40 % Steuern		./. 40		./. 40
Gewinn laut Steuerbilanz ./. Steuern		60		60
Jahresüberschuß (Handelsbilanz I) vor Steuern		80		120
./. Steuern laut Steuerbilanz	./. 40		./. 40	
+ ./. aktive latente Steuern (Wahlrecht)	+ 8		./. 8	
= Steuern laut Handelsbilanz I		./. 32		./. 48
Jahresüberschuß (Handelsbilanz I) nach Steuern		48		72
Aktive latente Steuer (Bilanz HB I)		8		0

Im Konzern, zu dem das betrachtete Unternehmen gehört, werden fertige und unfertige Erzeugnisse wie in der Steuerbilanz zu Vollkosten und damit anders als in der Handelsbilanz I dieses Unternehmens bewertet. Aufgrund der Pflicht zur konzerneinheitlichen Bewertung (§ 308 HGB) muß eine Handelsbilanz II aufgestellt werden, in der die gleichen Erfolge wie in der Steuerbilanz erscheinen, und die somit eine zeitlich genau absehbare Differenz im Vergleich zur Handelsbilanz I induziert. Bei sukzessivem Vorgehen wäre dieser zeitlich genau absehbaren Differenz durch latente Steuern Rechnung zu tragen.

Beispiel K.1 (Fortsetzung): Latente Steuern in Handelsbilanz I und II

		Jahr 01		Jahr 02
Jahresüberschuß (Handelsbilanz II) vor Steuern		100		100
./. Steuern laut Handelsbilanz I	./. 32		./. 48	
+ ./. passive latente Steuern	./. 8		+ 8	
= Steuern laut Handelsbilanz II		./. 40		./. 40
Jahresüberschuß (Handelsbilanz II) nach Steuern		60		60
Aktive latente Steuer (Bilanz HB II)		0		0

In dem gewählten Beispiel zeigt ein Vergleich zwischen Steuerbilanz und Handelsbilanz II allerdings, daß die Gewinne völlig übereinstimmen, daß also für latente Steuern kein Raum ist. Dieses Resultat wird auch durch Zusammenfassung der latenten Steuern in beiden Jahren bestätigt, denn die im Rahmen der Handelsbilanz II gebildeten latenten Steuern heben die latenten Steuern aus der Handelsbilanz I genau auf. Im Konzernabschluß müssen entsprechend der Einheitstheorie dann zwei mögliche Fehler vermieden werden:

- Die latenten Steuern dürfen nicht durch gleichzeitigen Ausweis aktiver und passiver latenter Steuern aufgebläht werden. Diese Gefahr wird vermieden, wenn latente Steuern nur mit ihrem Saldo ausgewiesen werden, was nach verbreiteter Ansicht ohnehin geboten ist.
- Das Wahlrecht bei aktiven latenten Steuern darf im Rahmen "vorläufiger" latenter Steuern nicht dahingehend ausgeübt werden, daß auf den Ansatz verzichtet wird. Ein solches Vorgehen würde nämlich gegebenenfalls dazu führen, daß nur die kompensierenden passiven latenten Steuern ausgewiesen werden, obwohl im Vergleich zwischen Steuerbilanz und Handelsbilanz II beispielsweise keine zeitlich genau absehbaren Differenzen vorliegen.

Die aufgezeigten möglichen Probleme werden allerdings auch dann vermieden, wenn latente Steuern so lange wie möglich nicht sukzessive, sondern durch den direkten Vergleich zwischen dem jeweiligen Ergebnis und dem Steuerbilanzgewinn ermittelt werden. Das müßte zumindest bei der Aufstellung der Handelsbilanz II, wahrscheinlich aber auch bei der Währungsumrechnung noch möglich sein.

Weitere Probleme entstehen aus Unklarheiten bei der Rechtsgrundlage. Latente Steuern sind für den Einzelabschluß in § 274 HGB und für den Konzernabschluß in § 306 HGB geregelt. Während § 274 HGB zeitlich genau absehbare Differenzen zwischen handelsrechtlichem Einzelergebnis und Steuerbilanzgewinn voraussetzt, stellt § 306 HGB auf zeitlich genau absehbare Differenzen zwischen dem Summenergebnis der einbezogenen Unternehmen und dem Konzernergebnis ab. Dabei wird der Geltungsbereich des § 306 HGB auf die Maßnahmen beschränkt, *"die nach den Vorschriften dieses Titels durchgeführt worden sind"*. Der entsprechende Titel des Gesetzes umfaßt mit den §§ 300 - 307 HGB allerdings nicht die konzerneinheitliche Bewertung (§ 308 HGB). Dementsprechend ist unklar, ob die latenten Steuern aus dem Übergang von der Handelsbilanz I zur Handelsbilanz II nach § 274 HGB oder nach § 306 HGB zu bilden sind. Die Frage hat materielle Bedeutung, weil nur nach § 274 HGB für aktive latente Steuern ein Ansatzwahlrecht besteht. § 306 HGB dagegen verpflichtet zum Ansatz passiver und aktiver latenter Steuern. Das Gewicht des Problems relativiert sich allerdings dann, wenn aktive latente Steuern ohnehin stets aktiviert werden, um die eben beschriebenen Probleme zu vermeiden.

3. Maßnahmen der Konzernrechnungslegung und latente Steuern

3.1 Die Währungsumrechnung

Für die Erstellung einer Summen-GuV als Ausgangspunkt für die Ableitung einer Konzern-GuV ist im Fall des internationalen Konzerns eine Währungsumrechnung erforderlich.

Für letztere existieren in der Theorie und in der Praxis eine Vielfalt von Verfahren, von denen nur einige dargestellt wurden (vgl. F.). Wenn der Jahresüberschuß eines ausländischen Konzernunternehmens entsprechend einer weitverbreiteten Praxis nach der Formel

"Jahresüberschuß in Konzernwährung =
Jahresüberschuß in ausländischer Währung · Stichtagskurs"

umgerechnet wird, dann bleiben Währungserfolge im Konzernergebnis unberücksichtigt, und es besteht mangels zeitlich genau absehbarer Differenzen keine Notwendigkeit zum Ansatz latenter Steuern (vgl. Gross/Schruff/v. Wysocki, Konzernabschluß, 1987, S. 211).

Gilt diese Berechnungsformel für die angewandte Währungsumrechnungsmethode nicht, dann werden Währungserfolge im Konzernergebnis erfaßt. Diese können mit Zeitverzögerung auch im Einzelabschluß der Mutter erscheinen, allerdings ist dies nur bei einer Veräußerung der Beteiligung an der in den Konzernabschluß einbezogenen Tochter oder bei einer Liquidation der Tochter der Fall. Zwar tritt somit formal eine Umkehr dieser Differenz ein, es handelt sich jedoch um eine quasi-permanente Differenz, für die nach herrschender Meinung dann keine latenten Steuern zu bilanzieren sind, wenn nicht konkret die Veräußerung der Beteiligung bzw. die Liquidation der in den Konzernabschluß einbezogenen Tochter geplant ist.

Bei einer konkreten Veräußerungsabsicht ist es allerdings fraglich, ob die Tochter gemäß § 296 Abs. 1 Nr. 3 HGB überhaupt in den Konzernabschluß einbezogen wurde, so daß sich - wenn dies nicht der Fall ist - das Problem latenter Steuern gar nicht erst stellt.

3.2 Die Kapitalkonsolidierung

Im Jahr der Erstkonsolidierung wird bei Anwendung der echten angelsächsischen Methode der Kapitalkonsolidierung (vgl. G.4.1.1.1) der Beteiligungsbuchwert der Mutter mit dem anteiligen Eigenkapital der Tochter aufgerechnet. Ein möglicher aktivischer Unterschiedsbetrag wird - soweit möglich - erfolgsneutral Vermögensgegenständen und Schulden zugeordnet und ein eventuell verbleibender Rest als Geschäftswert ausgewiesen. Soweit er nicht offen und erfolgsneutral mit den Rücklagen aufgerechnet wird (§ 309 Abs. 1 S. 3 HGB), muß der Geschäftswert in den Folgejahren abgeschrieben werden, und dies belastet den Konzernjahresüberschuß. Die stillen Reserven teilen das Schicksal der jeweiligen Konzernbilanzpositionen, so daß aufgedeckte stille Reserven insbesondere des abnutzbaren Anlage- oder Umlaufvermögens in den Folgeperioden den Konzern-Jahresüberschuß in Form von Abschreibungen, Materialaufwendungen etc. mindern. Diese Mehraufwendungen sowie die Geschäftswertabschreibung erscheinen jedoch regelmäßig nicht in den handels- oder steuerrechtlichen Einzelabschlüssen und somit auch nicht in der Summen-GuV.

Allerdings gibt es hierzu Ausnahmen:

- Soweit eine Ertragswertabschreibung auf den Beteiligungsbuchwert in der Einzelbilanz der Mutter wegen Gewinnlosigkeit der Tochter vorgenommen wird, kommt es auch im Einzelabschluß der Mutter und in der Summen-GuV zu Mehraufwendungen, welche den Geschäftswertabschreibungen im Konzernabschluß vergleichbar sind (vgl. Debus in: Beck HdR, C 440, Rz 138). Selbst wenn damit Geschäftswertabschreibungen aus dem Konzernabschluß im Einzelabschluß nachvollzogen, früher entstandene Differenzen also rückgängig gemacht werden, so geschieht diese Umkehr nicht planmäßig. Es geht folglich um quasi-permanente Differenzen, die keine latenten Steuern auslösen.
- Außerdem darf nicht übersehen werden, daß sowohl im Konzern- als auch im Einzelabschluß der Mutter in der Totalperiode jeweils die Anschaffungskosten

der Beteiligung an der Tochter erfolgsmindernd berücksichtigt werden. Somit werden in der Konzern-GuV mit der Geschäftswertabschreibung und der erfolgswirksamen Verrechnung der aufgedeckten stillen Reserven nur Teile des von der Mutter im Veräußerungszeitpunkt geltend zu machenden Aufwandes vorgezogen: Die Mehraufwendungen mindern im Veräußerungszeitpunkt in gleicher Höhe den auf Basis der Einzelabgangsfiktion errechneten Konzernabgangswert der Tochter in der Konzern-GuV. (Entsprechend der Einzelabgangsfiktion gehen bei der Veräußerung der Anteile an einer Tochter im Konzernabschluß die einzelnen Vermögensgegenstände ab, vgl. G.4.1.1.8). Der Verkaufserfolg fällt somit in der Einzel-GuV der Mutter und demzufolge auch in der Summen-GuV um die abgeschriebenen stillen Reserven niedriger aus als in der Konzern-GuV.

Da die Erwerbsmethode also im Konzernabschluß nur eine andere Periodisierung der Anschaffungskosten als im Einzelabschluß vornimmt, muß es sich um vorübergehende Differenzen handeln, für die grundsätzlich aktive latente Steuern in Frage kommen. Allerdings ist in der Regel der Verkauf der Tochter nicht geplant (vgl. auch das Konsolidierungswahlrecht des § 296 Abs. 1 Nr. 3 HGB). Folglich läßt sich der Zeitpunkt der Umkehr dieser vorübergehenden Differenz nicht absehen. Es handelt sich um eine für die Steuerabgrenzung irrelevante quasi-permanente Differenz (zu dieser Argumentation vgl. Debus in: Beck HdR, C 440, Rz 138-142; Hintze, DB 1990, S. 846; Ordelheide, BB 1986, S. 766-768). Auch ist umstritten, ob bei einer Abschreibung des Geschäftswerts nach § 309 Abs. 1 Satz 1 und 2 HGB überhaupt latente Steuern nach Maßgabe von § 306 HGB in Betracht kommen, denn nach § 306 Satz 1 HGB deckt die Vorschrift nur latente Steuern auf Maßnahmen des 4. Titels ab, § 309 jedoch gehört bereits zum 5. Titel.

Bei der Quotenkonsolidierung ergibt sich bezüglich der Steuerabgrenzungsproblematik ein ähnliches Bild wie bei der Vollkonsolidierung. Die anteilig aufgedeckten stillen Reserven und der Geschäftswert werden unter oben genannten Umständen erfolgsmindernd verrechnet, so daß auch hier i.d.R. quasi-permanente Differenzen vorliegen. Die Kapitalkonsolidierung nach der Pooling-of-Interests-Methode kann mangels Erfolgswirksamkeit keine latenten Steuern hervorrufen.

3.3 Die Zwischenergebniseliminierung

Zeitlich genau absehbare Differenzen zwischen dem Konzernergebnis und der Summe der Einzelergebnisse gemäß § 306 HGB können aus konzerninternen Lieferungen resultieren. Bei Lieferungen zu einem Preis, der oberhalb bzw. unterhalb der Konzernherstellungskosten liegt, ist das Zwischenergebnis erfolgswirksam zu eliminieren, während im handels- und steuerrechtlichen Einzelabschluß Zwischenergebnisse ausgewiesen werden (vgl. I.). Im Zwischengewinnfall unterschreitet und im -verlustfall überschreitet das

Konzernergebnis somit das Ergebnis laut Summen-GuV. Diese Differenz kehrt sich um, wenn

a) mit Zwischenergebnissen behaftete Vermögensgegenstände durch Verkauf an Dritte den Konzern verlassen, da in diesem Veräußerungsjahr der Materialeinsatz aus Konzernsicht um den Zwischengewinn niedriger bzw. um den Zwischenverlust höher ausfällt als aus einzelbilanzieller Sicht, oder wenn

b) planmäßige Abschreibungen auf die mit Zwischenergebnis gelieferten Wirtschaftsgüter vorgenommen werden. Der im Zwischengewinnfall beim liefernden Konzernunternehmen entstandene Gewinn wird für den Konzern sukzessive dadurch wirksam, daß im Konzernabschluß von den relativ niedrigeren Konzernanschaffungs- oder -herstellungskosten abgeschrieben wird. Im Zwischenverlustfall gilt das gleiche, nur mit umgekehrtem Vorzeichen.

Zwischengewinne und -verluste auf Umlauf- und abnutzbares Anlagevermögen führen also zu zeitlich genau absehbaren Differenzen und im Entstehungsjahr zu aktiven (passiven) latenten Steuern aus § 306 HGB, wie Beispiel K.2 zeigt.

Beispiel K.2: Zwischengewinne und latente Steuern

	Jahr 01	Jahr 02
Gewinn laut Steuerbilanz	L	E
(= Jahresüberschuß vor Steuern laut Handelsbilanz II)	600	100
40 % Steuern darauf	./. 240	./. 40
Jahresüberschuß (= Gewinn nach Steuern)	360	60
Konzernergebnis vor Steuern	0	700
./. Steuern aus der Summe der Einzelabschlüsse	./. 240	./. 40
+ ./. aktive latente Steuern	+ 240	./. 240
Konzernergebnis nach Steuern	0	420
Bilanzposition für aktive latente Steuern im Konzernabschluß	+ 240	0

Beispiel K.2 sieht folgende Ausgangsdaten vor:

Jahr 01: Lieferung von Produkten des Konzernunternehmens L an Konzernunternehmen E zum Preis von 1500 DM, die bei L sowohl in der Handelsbilanz II als auch in der Steuerbilanz zu 900 DM aktiviert waren. 900 DM seien zugleich die Konzern-Herstellungskosten.

Jahr 02: Lieferung dieser Produkte von E an Konzernexterne zum Preis von 1600 DM; Steuersatz s = 0,4. Sonstige Geschäftsvorfälle des L-E-Konzerns gab es nicht.

Erfolge aus konzerninternen Lieferungen in das nicht abnutzbare Anlagevermögen kehren sich im allgemeinen nicht in absehbarer Zukunft um und lösen damit als quasi-permanente Differenz auch keine latenten Steuern aus.

Im Rahmen der Quotenkonsolidierung werden latente Steuern allenfalls auf das quotal eliminierte Zwischenergebnis berechnet (§§ 306, 310 Abs. 2 HGB), da nur in dieser Höhe der Konzernjahresüberschuß von der Summe aus vollkonsolidierten und quotalen Jahresüberschüssen der Einzelbilanzen abweicht.

3.4 Die Schuldenkonsolidierung

Die aus konzerninternen Kreditgeschäften resultierenden Aufwendungen und Erträge, die in die Summen-GuV eingehen, müssen zwar aus dieser im Rahmen der GuV-Konsolidierung eliminiert werden, dies beeinflußt aber dann den Konzernerfolg nicht, wenn sich Aufwendungen und Erträge in gleicher Höhe gegenüberstehen. Für latente Steuern gibt es dann mangels zeitlich genau absehbarer Differenzen keinen Anknüpfungspunkt.

Anders ist die Lage zu beurteilen, wenn sich in einer Periode im Rahmen der Schuldenkonsolidierung Aufwendungen und Erträge in ungleicher Höhe gegenüberstehen. Derartige erfolgswirksam zu eliminierende Konsolidierungsdifferenzen im Rahmen der Schuldenkonsolidierung gründen sich auf verschiedene Ursachen (vgl. H.3.4). Regelmäßig führen diese dazu, daß von Anfang an absehbar ist, wie und wann sich die aufgetretenen Differenzen im Zeitablauf wieder aufheben. Damit kommt es also zu zeitlich genau absehbaren Differenzen, denen durch passive latente Steuern Rechnung zu tragen ist, denn bei der erfolgswirksamen Schuldenkonsolidierung sind die Erfolge der aufsummierten handelsrechtlichen Einzel-Gewinn- und Verlustrechnungen zunächst geringer als das Konzernergebnis (vgl. hierzu die Beispiele J.17 und J.18; ob die Erfolge in den Steuerbilanzen der Konzernunternehmen im gleichen Umfang geringer waren, ist zumindest häufig zu bezweifeln. Insoweit kann hier - wie in K.2. und im Beispiel J.18 dargestellt - durch passive latente Steuern aus § 306 HGB nur das rückgängig zu machen sein, was durch aktive latente Steuern nach § 274 HGB im Einzelabschluß ausgelöst wurde).

Die auf Basis der Vollkonsolidierung abgeleiteten Aussagen gelten analog auch für die Quotenkonsolidierung (§§ 310 Abs. 2, 306 HGB), allerdings nur in Höhe des Anteils der jeweiligen „Konzernmutter“ an dem Gemeinschaftsunternehmen.

3.5 Latente Steuern im Rahmen des innerkonzernlichen Gewinntransfers als Sondertatbestand

Die Literatur fordert im Falle der zeitverschobenen Gewinnvereinnahmung den Ansatz passiver latenter Steuern, um dem körperschaftsteuerlichen Anrechnungssystem mit seinem in Hinblick auf Thesaurierung und Ausschüttung gespaltenen Steuersatz besser Rechnung tragen zu können.

Innerkonzernliche Gewinnvereinnahmungen können in zwei Varianten ablaufen (vgl. J.3.3).

Bei der zeitkongruenten Gewinnvereinnahmung ergeben sich keine Gründe für die Berücksichtigung latenter Steuern. Der bei der Tochter im Jahr 01 erwirtschaftete Gewinn wird nicht nur in demselben Jahr bei der Mutter ausgewiesen, sondern in der Regel dort auch ausschließlich versteuert. Je nach Verwendung des Gewinnes durch die Mutter (Thesaurierung bzw. Ausschüttung) kommt der 45 %-ige oder der 30 %-ige Körperschaftsteuersatz zur Anwendung. Nach der erfolgsneutralen Aufrechnung der Ergebnisübernahmen im Fall des Gewinnabführungsvertrages bzw. nach der erfolgswirksamen Eliminierung des sonst erneut erfaßten Beteiligungsertrages im Fall ohne Gewinnabführungsvertrag weist die Konzern-GuV die originären Erträge und Aufwendungen der Tochter sowie den Steueraufwand aus, der sich aus der von der Mutter getroffenen Entscheidung über eine Ergebnisverwendung ergibt.

Im Rahmen der zeitverschobenen Gewinnvereinnahmung hingegen kann das Körperschaftsteuer-System zu Verzerrungen führen.

Das geschieht, wenn der von der Tochter im Jahr 01 erwirtschaftete Gewinn im Jahr 02 zwar an die Mutter ausgeschüttet und von der Tochter mit dem Ausschüttungssatz von 30 % versteuert wird, von der Mutter dann aber im Jahr 02 thesauriert werden soll. In diesem Fall ist der Gewinn von der Mutter im Jahr 02 unter Anrechnung der von der Tochter gezahlten Steuer mit dem höheren Steuersatz von 45 %, zusätzlich also mit einer "Nachsteuer" in Höhe von 15/30 der zuvor geleisteten Steuer, zu versteuern. Aus Konzernsicht stellt sich der Vorgang aber anders dar: Der erwirtschaftete Erfolg wurde schon im ersten Jahr thesauriert, weil die Ausschüttung von der Tochter an die Mutter konzernintern erfolgte und die Einbehaltung bei der Mutter absehbar war. Folglich muß im Konzernabschluß schon im Jahr 01 die Nachversteuerung durch den Ansatz passiver latenter Steuern antizipiert werden.

Durch ein einfaches Beispiel, bei dem von einem Gewinn der Tochter vor Körperschaftsteuer von 100 DM ausgegangen wird, sei dies verdeutlicht.

Beispiel K.3: Latente Steuern bei Gewinntransfer innerhalb des Konzerns

Jahr 01:	GuV Tochter	Konsolidierung der Gewinne	Konzern-GuV (ohne latente Steuer)	Konsolidierung der latenten Steuer	Konzern-GuV (mit latenter Steuer)
Erträge-Aufwendungen (ohne Steuern) = Steuerbilanzgewinn	100	0	100		100
Kst: effektiv	- 30	0	- 30		- 30
latent				- 15	- 15
Jahresüberschuß nach Steuern	70	0	70	- 15	55

Jahr 02:	GuV Mutter	Konsolidierung der Gewinne	Konzern-GuV (ohne latente Steuer)	Konsolidierung der latenten Steuer	Konzern-GuV (mit latenter Steuer)
Beteiligungsertrag * = Steuerbilanzgewinn	100	- 100			
Kst: effektiv *	- 45	+ 30	- 15		- 15
latent				+ 15	+ 15
Jahresüberschuß nach Steuern	55	- 70	- 15	+ 15	0

* In der Regel weist die Mutter in ihrer GuV die "Nachsteuer" (15 DM) zusammen mit ihrem Körperschaftsteuer-Anrechnungsanspruch (30 DM) als Steueraufwand aus - der Beteiligungsertrag muß dann natürlich brutto, d.h. um den Körperschaftsteuer-Anrechnungsanspruch erhöht, ausgewiesen werden. Diese Ausweisform wird als Bruttomethode bezeichnet.

Als notwendige Voraussetzung der Existenz latenter Steuern wurden bisher zeitlich genau absehbare Differenzen genannt. Zwar erfüllt der an dieser Stelle beschriebene Sondertatbestand diese Bedingung nicht. Die Literatur fordert dennoch in diesem Zusammenhang die Passivierung latenter Steuern aus § 249 HGB (strittig bzw. zum Teil unklar ist in der Literatur die Ansatzpflicht bzw. das Ansatzwahlrecht, vgl. Coenenberg/Hille, DBW 1979, S. 615; Scherrer in: Hofbauer/Kupsch, BHR § 306 Rz 23-26; Debus in: Beck HdR, C 440, Rz 181-185).

3.6 Die Equity-Methode

Da die Equity-Methode in § 311 HGB und somit nicht innerhalb des 4. Titels geregelt ist, auf den § 306 HGB Bezug nimmt, kommt keine Pflicht der Abgrenzung latenter Steuern wegen möglicher zeitlich genau absehbarer Differenzen nach § 306 HGB, sondern nur ein Wahlrecht in Betracht.

Bei Anwendung der Equity-Methode gehen die Aufwands- und Ertragspositionen des assoziierten Unternehmens ebensowenig in die Summen-GuV ein wie die Vermögensgegenstände und Schulden in die Summen-Bilanz (vgl. G.4.3.1). Dennoch führt die Equity-Methode in den folgenden Fällen zu erfolgswirksamen Differenzen zwischen Summenergebnis und Konzernergebnis:

In den auf die erstmalige Anwendung der Equity-Methode folgenden Jahren mindern gegebenenfalls Abschreibungen auf die aufgedeckten stillen Reserven sowie auf den als Restgröße ermittelten Geschäftswert den Wertansatz der Beteiligung in der Konzernbilanz. Sie führen auch zu erhöhten Aufwendungen in der Konzern-GuV. Diese erhöhten Konzernaufwendungen schlagen sich nur mit Verzögerung in dem Einzelabschluß der beteiligten Gesellschaft und damit in der Summen-GuV nieder:

- im Zeitpunkt der Liquidation oder des Verkaufs des assoziierten Unternehmens oder
- im Zeitpunkt einer Ertragswertabschreibung im Einzelabschluß des beteiligten Unternehmens wegen Gewinnlosigkeit.

In der Regel liegen analog zu der erfolgswirksamen Kapitalkonsolidierung quasi-permanente Differenzen vor, die nicht zu latenten Steuern führen.

Anteilige, der beteiligten Gesellschaft zuzurechnende Jahresüberschüsse bzw. -fehlbeträge des assoziierten Unternehmens schlagen sich im Konzern-Jahresüberschuß unmittelbar in dem Jahr nieder, in dem das Ergebnis beim assoziierten Unternehmen erwirtschaftet wurde. Für die Antwort auf die Frage, ob latente Steuern anzusetzen sind, ist eine Fallunterscheidung notwendig:

Zeitlich genau absehbare Differenzen zwischen Summen-GuV und Konzernergebnis liegen dann vor, wenn die Jahresüberschüsse des assoziierten Unternehmens aus dem Jahr 01 im Jahr 02 an das beteiligte Unternehmen ausgeschüttet und dort zeitverschoben - bei Zufluß der Dividende - vereinnahmt werden. Die Summen-GuV erfaßt somit das Ergebnis des assoziierten Unternehmens später als die Konzern-GuV. Bei deutschen assoziierten Unternehmen stellt sich das in K.3.5 erläuterte Nachsteuerproblem in ähnlicher Form erneut: Die im Konzernabschluß anteilig dem Beteiligungsbuchwert des beteiligten Unternehmens zugeordneten Jahresüberschüsse des assoziierten Unternehmens im Jahr 01 sind nämlich in der Regel bereits um die von dem assoziierten Unternehmen geleistete, anrechenbare Körperschaftsteuer gemindert.

Sofern der vom assoziierten Unternehmen ausgeschüttete Gewinn bei dem beteiligten Unternehmen thesauriert werden soll, sollte im Jahr 01 zusätzlich die passive latente "Nachsteuer" in Höhe von 15/30 der von dem assoziierten Unternehmen geleisteten Körperschaftsteuer antizipiert werden (vgl. von Wysocki/Wohlgemuth, Konzernrechnungslegung, 1996, S. 257; a.A. ADS, 6. Aufl., § 305 Tz. 83).

Im Beispiel K.4 erwirtschaftet das assoziierte Unternehmen im Jahr 01 einen anteiligen Jahresüberschuß vor Steuern von 100 DM. Dieser wird im Jahr 02 an das beteiligte Unternehmen ausgeschüttet und dort thesauriert.

Beispiel K.4: Equity-Methode und latente Steuern

Jahr 01	Summen-GuV		Konsolidierung		Konzern-GuV*	
	Aufw.	Ertr.	Soll	Haben	Aufw.	Ertr.
Erträge aus Beteiligungen/ assoziierten Unternehmen				100		100
Steueraufwand: effektiv			30		30	
latent			15		15	
Jahresüberschuß			55		55	

* Der Beteiligungsbuchwert am assoziierten Unternehmen in der Konzernbilanz ändert sich um den anteiligen Jahresüberschuß des assoziierten Unternehmens
= 100 - 30 = 70 DM.

Jahr 02	Summen-GuV		Konsolidierung		Konzern-GuV*	
	Aufw.	Ertr.	Soll	Haben	Aufw.	Ertr.
Erträge aus Beteiligungen/ assoziierten Unternehmen		100 *	1) 30 2) 70			
Steueraufwand: effektiv	45 *			1) 30	15	
latent				3) 15		15
Jahresüberschuß	55		3) 15	2) 70	0	

* enthält Körperschaftsteuer-Anrechnungsbetrag von 30 DM: auch in der GuV des beteiligten Unternehmens und somit in der Summen-GuV wird üblicherweise das Bruttoverfahren angewandt. Der Körperschaftsteuer-Anrechnungsbetrag ist im Rahmen der Konsolidierung genauso zu eliminieren (per Erträge aus assoziierten Unternehmen an Steueraufwand 30) wie die zugeflossene Bardividende (per Erträge aus assoziierten Unternehmen an Jahresüberschuß 70). Die Auflösung der passiven latenten Steuer mit der Buchung "per

Jahresüberschuß an latenter Steueraufwand 15" führt dazu, daß der Konzernerfolg durch den Zufluß der Dividende an ein beteiligtes Unternehmen nicht beeinflußt wird.

In der Konzern-GuV wird für die Position "Erträge aus assoziierten Unternehmen" das in der Literatur empfohlene Bruttoverfahren befürwortet: Diese Variante weist als Beteiligungsertrag das anteilige Jahresergebnis vor Körperschaftsteuern aus, dem gesondert die entsprechenden Körperschaftsteueraufwendungen gegenübergestellt werden (vgl. J.3.4, WP-Handbuch, Band I, M Tz. 597-601; ADS, 6. Aufl., § 305 Tz. 83).

Wenn das beteiligte Unternehmen die vom assoziierten Unternehmen empfangenen Dividendenzahlungen hingegen ausschüttet, wird das beteiligte Unternehmen keine Nachsteuer zu entrichten haben; es ist keine passive latente "Nachsteuer" im Jahr 01 zu bilden.

Strittig könnte der Ansatz passiver latenter Steuern für den Fall sein, daß nicht bereits die am assoziierten Unternehmen beteiligte Gesellschaft, sondern erst ein in der Konzernhierarchie höher angesiedeltes Konzernunternehmen die Gewinne des assoziierten Unternehmens thesauriert. Wenn eine solche Thesaurierung für die nahe Zukunft prognostizierbar ist, dann steht dem Ansatz passiver latenter "Nachsteuern" im Jahr 01 nichts im Wege.

Werden die Gewinne eines dem deutschen Körperschaftsteuer-System unterliegenden assoziierten Unternehmens bereits bei diesem thesauriert, dann scheidet der Ansatz latenter Steuern aus, weil in der Konzern-GuV bereits die höchstmögliche Körperschaftsteuer ausgewiesen wird.

Anteilige Fehlbeträge des assoziierten Unternehmens schlagen sich im Regelfall auf absehbare Zeit nur im Konzernergebnis, nicht aber im Einzelabschluß des beteiligten Unternehmens nieder und lösen somit keine latenten Steuern aus.

4. Berechnung der latenten Steuern

4.1 Wahl des Steuersatzes

4.1.1 Wahl gegenwärtiger oder zukünftiger Steuersätze

Abgesehen von der Analyse der möglichen Folgen des gespaltenen Körperschaftsteuersatzes auf die latenten Steuern in Teil 3.5 und 3.6 dieses Kapitels wurde bisher in den Überlegungen zur Bilanzierung latenter Steuern vereinfachend von einem festen periodenkonstanten Steuersatz ausgegangen.

Tatsächlich aber können sich die Steuersätze etwa als Folge einer Progression oder einer Steuerreform im Zeitablauf ändern. Wenn es zu solchen Änderungen kommt, wird der in der Literatur verbreitete Streit zwischen Liability- und Deferred-Methode relevant, der auf unterschiedlichen Auffassungen über die primäre Aufgabe latenter Steuern basiert und in der Wahl verschiedener Steuersätze seinen Ausdruck findet.

- Die Liability-Methode ist stark bilanzorientiert und deutet latente Steuerpositionen als Forderungen und Verbindlichkeiten (vgl. Hille, Latente Steuern, 1982, S. 165 f.). Sie antizipiert Steuersatzänderungen (im Beispiel K.5 die des Jahres 02), um die Forderungen und Verbindlichkeiten in der Entstehungsperiode der zeitlich genau absehbaren Differenz mit zukünftigen Steuersätzen der Umkehrperiode auszuweisen (vgl. hierzu auch den Wortlaut des an der Liability-Methode orientierten § 274 Abs. 1 S. 1 HGB: "..*in Höhe der voraussichtlichen Steuerbelastung nachfolgender Geschäftsjahre..*" Die Auflösung der latenten Steuern findet mit dem jeweils gültigen Steuersatz statt (siehe Beispiel K.5). Eine außerordentliche Anpassung der aufgelaufenen latenten Steuern in der Bilanz wird nur bei einer eingetretenen unvorhergesehenen Steuersatzänderung notwendig, was zu einem außerordentlichen Steueraufwand in der GuV führt.
- Die Deferred-Methode strebt allein den periodengerechten Gewinnausweis an (vgl. Hille, Latente Steuern, 1982, S. 167 f.). Neu auftretende zeitlich genau absehbare Differenzen werden bei der Deferred-Methode fiktiv mit dem aktuellen Steuersatz ihrer Entstehungsperiode besteuert. In der Umkehrperiode der zeitlich genau absehbaren Differenz wird starr an dem Steuersatz der Entstehungsperiode festgehalten, so daß Steuersatzänderungen im Zeitablauf keine Auswirkungen auf aufgelaufene latente Steuerpositionen in der Bilanz haben.

Für die Rechnung mit den jeweils aktuellen Steuersätzen als dritter Variante spricht ein praktisches Argument: Die Unmengen von zeitlich genau absehbaren Differenzen zwischen den summierten Steuerbilanzergebnissen der einbezogenen Unternehmen und dem Konzernergebnis etwa aufgrund unterschiedlich hoher Abschreibungen in Steuerbilanz und Handelsbilanz, aufgrund der Schuldenkonsolidierung oder der Lieferung mit Zwischenergebnissen können im Zeitablauf nicht einzeln verfolgt werden (Einzeldifferenzenanalyse), so daß der ursprünglich bei der Ermittlung zugrundegelegte Steuersatz gar nicht mehr verfügbar ist. Deshalb wird hier der jeweils aktuelle Steuersatz vorgeschlagen, wobei diese Vorgehensweise eine Anpassung der latenten Steuerposition an den neuen Steuersatz erzwingt. Die Anpassung der Bilanzposition für latente Steuern ergibt sich aus der Differenz zwischen der kumulierten zeitlich genau absehbaren Differenz der Vorperiode multipliziert mit dem neuen Steuersatz einerseits und der Bilanzposition für latente Steuern aus der Vorperiode andererseits. Die außerordentliche Anpassung in der GuV sollte gesondert ausgewiesen werden.

Die verschiedenen Vorgehensweisen macht das Beispiel K.5 auf der nächsten Seite deutlich.

Zwischen Handelsbilanz und Steuerbilanz trete im Jahr 01 eine zeitlich genau absehbare Differenz auf, die darauf beruht, daß in der Handelsbilanz II anders als in der Steuerbilanz allgemeine Verwaltungskosten in die Herstellungskosten fertiger und unfertiger Erzeugnisse einbezogen werden. Diese Differenz kehrt sich bei Veräußerung der Produkte im Jahr 03 um.
Der Steuersatz steige von 0,4 im Jahr 01 auf 0,5 in den Jahren 02 und 03.

4.1.2 Gesellschaftsbezogene Steuersatzwahl

Berücksichtigt man in einem nächsten Schritt, daß für den Konzern nicht ein einheitliches Steuerrecht gilt, sondern daß die einzelnen Gesellschaften einem nach Rechtsformen oder nach Sitzländern differenzierten Steuerrecht unterliegen, stellt sich die Frage nach dem "richtigen" Steuersatz.

Theoretisch befriedigt nur eine Lösung, die an effektiven Steuerzahlungen orientiert ist.

Für die latenten Steuern auf Einzelebene kommt somit der jeweils geltende Steuersatz der entsprechenden Konzerngesellschaft in Frage. Die zeitlich genau absehbaren Differenzen auf Konzernebene müßten auf die Konzerngesellschaften aufgeteilt werden, in denen sie steuerwirksam geworden sind bzw. werden (zu Problemen bei der Bestimmung des "richtigen" Steuersatzes vgl. Hintze, DB 1990, S. 849).

Allerdings ergeben sich Einwendungen praktischer Natur, da die Verteilung der zeitlich genau absehbaren Differenzen der Konzernebene auf die Einzelgesellschaften eine kostspielige Einzeldifferenzenbetrachtung erzwingt. Somit muß bei latenten Steuern der Konzernebene auf einen Durchschnittssteuersatz zurückgegriffen werden.

Allerdings ist es durchaus sinnvoll, für latente Steuern auf Einzel- und Konzernebene denselben Steuersatz zu verwenden, damit letztere gegebenenfalls erstere exakt neutralisieren können. Latente Steuern im Konzernabschluß resultieren aus zeitlich genau absehbaren Differenzen zwischen der Summe der Steuerbilanzgewinne der einbezogenen Unternehmen und dem Konzernergebnis. Durch die Aufteilung dieser Gesamtdifferenz in "künstliche" Teildifferenzen zwischen Handelsbilanz-Einzelergebnis und jeweiligem Steuerbilanzgewinn aller einbezogenen Gesellschaften einerseits sowie zwischen der Summe der Handelsbilanz-Ergebnisse und Konzernergebnis andererseits besteht bei unterschiedlichen Steuersätzen nämlich die Gefahr, daß latente Steuern im Kon-

Beispiel K.5: Steuersatzänderung

	Jahr 01 s= 0,4	Jahr 02 s= 0,5 (bereits in 01 bekannt)	Jahr 03 s= 0,5 (bereits in 01 bekannt)
	HB II STB 110 100	HB II STB 100 100	HB II STB 100 110
zeitlich genau absehbare Differenz	-10	0	+10
kumulierte zeitlich genau absehbare Differenz	-10	-10	0
effektive Steuer	-40	-50	-55
1. Deferred-Methode			
latenter Steueraufwand/ -ertrag	-4	0	+ 4
gesamter Steueraufwand	-44	-50	-51
aktive (+)/ passive latente Steuer (Bilanz)	-4	-4	0
2. Liability-Methode			
latenter Steueraufwand/ -ertrag	-5	0	+ 5
gesamter Steueraufwand	-45	-50	-50
aktive (+)/ passive latente Steuer (Bilanz)	-5	-5	0
3. jeweils aktuelle Steuersätze			
latenter Steueraufwand/ -ertrag	-4	0	+ 5
Anpassung der Bilanzposition latenter Steuern		-1	
gesamter Steueraufwand	-44	-51	-50
aktive (+)/ passive latente Steuer (Bilanz)	-4	-5	0

zernabschluß abgebildet werden, obwohl gar keine Differenz zwischen der Summe der Steuerbilanzgewinne und dem Konzernergebnis vorliegt (vgl. analog hierzu die Beispiele J.18 und K.1).

4.2 Gruppenbewertungsverfahren

Die Verfolgung des Schicksals jeder der unzähligen zeitlich genau absehbaren Differenzen ist wirtschaftlich kaum zumutbar. Der Gesetzgeber erlaubt deshalb den leichteren Weg einer Gesamtbetrachtung. Er stellt ab auf die gesamte zeitlich genau absehbare Differenz zwischen Steuerbilanzergebnis und Handelsbilanzergebnis einerseits (§ 274 HGB) bzw. auf die zwischen Summen- und Konzernergebnis (§ 306 HGB). Diese Gesamtdifferenz ist ein Saldo aus neuentstehenden und sich auflösenden zeitlich genau absehbaren Einzeldifferenzen, wie sich am Beispiel K.6 einer Gesamtdifferenz nach § 306 HGB im Jahr 02 leicht zeigen läßt.

Beispiel K.6: Gesamtbetrachtung

	Jahr 01 s= 0,4	Jahr 02 s= 0,4	Jahr 03 s= 0,5
1 zeitlich genau absehbare Differenz zwischen Summen- und Konzern-ergebnis L1	+ 600	- 600	
2 zeitlich genau absehbare Differenz zwischen Summen- und Konzern-ergebnis L2		- 200	+ 200
3 Gesamtsaldo zwischen Summen-ergebnis und Konzernergebnis	+ 600	- 800	+ 200
4 kumulierte Gesamtdifferenz	+ 600	- 200	0
5 Aufwand aus der Anpassung der Bilanzposition latenter Steuern			- 20
6 Lat. Steueraufwand (-)/-ertrag	+ 240	- 320	+100
7 Bilanzposition für aktive (+)/ passive latente Steuer	+ 240	- 80	0

Dabei wird davon ausgegangen, daß zwei konzerninterne Lieferungen, L1 und L2, erfolgen:

Konzerninterne Lieferung L1: Lieferung mit Zwischengewinn von 600 DM im Jahr 01, Verkauf an Konzernfremde im Jahr 02.

Konzerninterne Lieferung L2: Lieferung mit Zwischenverlust von 200 DM im Jahr 02; Verkauf an Konzernfremde im Jahr 03.

Die der Gesamtbetrachtung zugrundeliegende Net-Change-Methode wendet auf den Gesamtsaldo den jeweils aktuellen Steuersatz an und entspricht daher der unter K.4.1.1 vorgestellten dritten Methode (vgl. Hille, Latente Steuern, 1982, S. 224-225; für das Bruttoverfahren = Gross-Change-Methode sei verwiesen auf Hille, Latente Steuern, 1982, S. 222-224). Zur Berechnung latenter Steuern kann also der aktuelle Steuersatz auf die Differenz von Konzernergebnis vor Steuern und dem um die permanenten und quasi-permanenten Differenzen modifizierten Summenergebnis bezogen werden. Allerdings wird auch hier im Falle der Steuersatzänderung die bereits in K.4.1.1 beschriebene außerordentliche Anpassung des Abgrenzungspostens notwendig. Im Beispiel wird im Jahr 03 die Rückstellung für latente Steuern angepaßt. Sie ergibt sich aus der Differenz zwischen der kumulierten Gesamtdifferenz der Vorperiode multipliziert mit dem Steuersatz der laufenden Periode einerseits und der Position für latente Steuern am Ende der Vorperiode andererseits (= 200 • 0,5 - 80 = 20 DM). So wird gewährleistet, daß bei Auflösung aller Einzeldifferenzen sich der Abgrenzungsposten ebenfalls exakt auflöst.

Die Netto-Methode besitzt den Vorteil, durch das Abstellen auf den Gesamtsaldo als Ergebnis von sich neu bildenden und sich auflösenden zeitlich genau absehbaren Differenzen sehr praktikabel zu sein. Das Verhältnis zwischen der kumulierten Gesamtdifferenz und der bilanziellen Position für latente Steuern entspricht stets dem jeweils der Abgrenzung zugrundegelegten Steuersatz und ist daher leicht erklärbar.

4.3 Latente Steuern in Verlustsituationen

Besondere Schwierigkeiten bei der Bilanzierung latenter Steuern ergeben sich in Verlustsituationen einzelner Konzerngesellschaften sowie des Konzerns insgesamt.

Insbesondere über die Bedeutung steuerlicher Verlustvor- und -rückträge einzelner Konzerngesellschaften gehen in der Literatur die Meinungen auseinander:

Es ist strittig,

- ob steuerrechtliche Verluste als solche bereits besondere aktive latente Steuern aus Verlustvorträgen auslösen: Steuerrechtliche Verluste führen in zukünftigen Jahren zu einer Steuerminderung, sofern in diesen steuerliche Gewinne erwirtschaftet werden. Zumindest im allein der Informationsfunktion dienenden Konzernabschluß wäre daran zu denken, zukünftige erwartete Steuerersparnisse bereits im Jahr des steuerlichen Verlustes zu aktivieren (vgl. zu diesem Problemkreis Feldhoff/Langermeier, DStR 1991, S. 195-197),

- ob und wann im Falle einer bereits in der Einzelbilanz ausgewiesenen aktiven bzw. passiven latenten Steuer mit einer zukünftigen niedrigeren bzw. höheren Steuerbelastung nicht mehr zu rechnen ist, so daß die Bilanzposition für aufgelaufene latente Steuern aufzulösen ist (vgl. § 274 Abs. 1 S. 2, § 274 Abs. 2 S. 4; vgl. Baumann in: Küting/Weber, Rechnungslegung, § 274 Rn. 44 f.; Schnicke/Fischer in: Beck Bil-Komm., 3. Aufl., § 274 Anm. 64),

- ob bei der Entstehung oder Auflösung zeitlich genau absehbarer Differenzen in Verlustjahren und gleichzeitiger Existenz von steuerrechtlichen Verlustvortrags- oder -rücktragsmöglichkeiten planmäßig latente Steuern zu bilden oder aufzulösen sind. Hiermit könnte erreicht werden, daß nicht der steuerrechtliche, sondern der fiktive handelsrechtliche Verlustvortrags- oder -rücktragseffekt ausgewiesen wird (vgl. Baumann in: Küting/Weber, Rechnungslegung, § 274 Rn. 40; Schnicke/Fischer in: Beck Bil-Komm., 3. Aufl., § 274 Anm. 65 f.; Coenenberg/Hille in: HdJ, Abt. I/13, Rn 55-60). Sofern mit zukünftigen Gewinnen gerechnet werden darf, sollten unseres Erachtens latente Steuern planmäßig gebildet und aufgelöst werden,

- in welchem Ausmaß die Einheitstheorie eine Fiktion der steuerrechtlichen Einheit "Konzern" umfaßt,

- ob sich aus einer Fiktion der steuerrechtlichen Einheit etwa die Folgerung ergibt, daß eine passive latente Steuer nicht aus dem Einzelabschluß übernommen werden darf, wenn die Summen-GuV und das Konzernergebnis einen Verlust ausweisen, und ob somit eine Rückstellung für "zuwenig gezahlte Steuern" aufgrund der Verlustsituation des Konzerns sinnlos erscheint (vgl. Deutsche Treuhand-Gesellschaft, Einführung, 1986, S. 179; Debus in: Beck HdR, C 440, Rz 120-122). Da die einzelnen Konzerngesellschaften und nicht ein fiktives Steuersubjekt "Konzern" die Steuern zu entrichten haben, erscheint es angebracht, die Bildung und Auflösung von latenten Steuern von der zukünftigen erwarteten Gewinnsituation in den einzelnen Konzerngesellschaften abhängig zu machen. Eine Fiktion der steuerrechtlichen Einheit "Konzern" ist insofern wenig sinnvoll.

Allerdings würde eine theoretisch exakte Lösung eine Einzeldifferenzenbetrachtung erzwingen, die aber praktisch kaum durchführbar ist. Dementsprechend wird die Praxis gezwungen sein, Näherungslösungen abzuleiten, die aber der Spezialliteratur vorbehalten bleiben sollen.

5. Die Darstellung der latenten Steuern im Konzernabschluß

In der Bilanz ist für die passive latente Steuer nach § 274 HGB und § 306 HGB jeweils eine Rückstellung nach § 249 Abs. 1 S. 1 HGB zu bilden. Diese ist in der Einzel- bzw. Konzernbilanz oder im Anhang gesondert auszuweisen (§ 274 Abs. 1 S. 1, § 306 S. 2 HGB).

Aktive latente Steuern aus § 274 Abs. 2 sind - sofern das Aktivierungswahlrecht überhaupt wahrgenommen wird - als Abgrenzungsposten in der Bilanz auszuweisen. Der obligatorisch anzusetzende aktive Abgrenzungsposten nach § 306 HGB hingegen ist im Konzernanhang oder in der Bilanz gesondert auszuweisen. Wird die gesonderte Angabe im Konzernanhang gewählt, so ist der Steuerabgrenzungsposten in der Konzernbilanz im Rahmen der Rechnungsabgrenzungsposten zu erfassen (vgl. ADS, 6. Aufl., § 306 Tz. 47). Eine Erläuterungspflicht der aktiven latenten Steuerposition nach § 306 HGB ergibt sich aus § 274 Abs. 2 S. 2 iVm. § 298 Abs. 1 HGB (vgl. Debus in: Beck HdR, C 440, Rz 35; a.A. ADS, 6. Aufl., § 306 Tz. 47).

Aus § 306 HGB resultiert zulässigerweise nur ein Aktiv- oder Passivposten latenter Steuern, da der Gesetzgeber von einer Gesamtbetrachtung ausgeht, wenn er auf die Differenz zwischen dem Konzernergebnis und der Summe der Einzelergebnisse abstellt und in § 306 S. 2 HGB von "dem Posten" spricht (s.o.). Nach § 306 S. 3 HGB darf ein aktiver Abgrenzungsposten aus § 306 HGB mit allen anderen aktiven latenten Steuern aus § 274 HGB und ein passiver mit allen anderen passiven latenten Steuern aus § 274 HGB zusammengefaßt werden. In der Literatur wird überwiegend die Gesamtsaldierung des über alle Gesellschaften kumulierten aktiven mit dem kumulierten passiven Abgrenzungsposten als Wahlrecht bejaht. Für diese Auffassung spricht, daß ein Verrechnungsverbot des § 246 Abs. 2 HGB bereits gegen eine Gesamtbetrachtung und damit eine Saldierung auf der jeweiligen Einzelebene bzw. für latente Steuern auf Konzernebene spräche, was vom Gesetzgeber aber wohl nicht verhindert werden soll (vgl. Debus in: Beck HdR, C 440, Rz 103-105; ADS, 6. Aufl., § 306 Tz. 50; Scherrer in: Hofbauer/Kupsch, BHR § 306 Rz 46). Die zahlreichen Kompensierungen zwischen latenten Steuern auf Einzel- und Konzernebene sprechen sogar für ein Saldierungsgebot.

Der Ausweis der latenten Steuern in der GuV erfolgt mangels gesonderter Position im GuV-Gliederungsschema zusammen bzw. saldiert mit dem effektiven Ertragsteueraufwand, wobei allerdings eine freiwillige "davon"-Spalte wünschenswert wäre.

Gefordert wird in der Literatur außerdem die Angabe der Ermittlungsmethode latenter Steuern gemäß § 313 Abs. 1 Nr. 1 HGB sowie deren grundsätzliche Beibehaltung (§ 297 Abs. 3 S. 2 HGB) mit der Folge der Angabe- und

Begründungspflicht bei Nicht-Beibehaltung (§ 297 Abs. 3 S. 4 HGB; vgl. ADS, 6. Aufl., § 306 Tz. 49).

Literaturhinweise

in Ergänzung zu den Standard-Kommentaren:

Coenenberg, Adolf G./ Hille, Klaus: Latente Steuern in Einzel- und Konzernabschluß, in: DBW, 39. Jg., 1979, S. 601-621.

Coenenberg, Adolf G./ Hille, Klaus: Latente Steuern, in: Handbuch des Jahresabschlusses in Einzeldarstellungen (HdJ), hrsg. von Klaus von Wysocki und Joachim Schulze-Osterloh, Abt. I/13 (2. Neubearbeitung 1994), Köln 1985.

Debus, Christian: Latente Steuern, in: Beck'sches Handbuch der Rechnungslegung (Beck HdR), hrsg. von Edgar Castan, Gerd Heymann, Eberhard Müller, Dieter Ordelheide und Eberhard Scheffler, Teil C 440, München 1987.

Feldhoff, Michael/Langermeier, Claudia: Zur Aktivierbarkeit des Steuereffekts aus Verlustvortrag nach § 10 d EStG, in: DStR, 29. Jg., 1991, S. 195-197.

Hille, Klaus: Latente Steuern im Einzel- und Konzernabschluß, Frankfurt/Bern 1982.

Hintze, Stefan: Zur Bilanzierung latenter Steuern im Konzernabschluß, in: DB, 43. Jg., 1990, S. 845-850.

L. Die Darstellung der Ergebnisverwendung und der Entwicklung erfolgswirksamer Konsolidierungsdifferenzen im Konzernabschluß

1. Problemstellung

Die bislang beschriebenen Maßnahmen der Konzernrechnungslegung dienten den Aufgaben,

- die im Konzernabschluß zusammenzufassenden Einzelabschlüsse erforderlichenfalls in eine Währung umzurechnen und/oder auf eine einheitliche Bewertung auszurichten und
- Vermögen, Eigenkapital und Schulden sowie Aufwendungen, Erträge und Jahresergebnis (Jahresüberschuß bzw. Jahresfehlbetrag) von Doppelerfassungen zu befreien und so auszuweisen, wie es der Fiktion wirtschaftlicher Einheit entspricht.

Offen blieb dagegen bisher die Darstellung des Bilanzergebnisses (Bilanzgewinn bzw. Bilanzverlust) sowie der ganze Bereich der Ergebnisverwendung mit

- der Verwendung des Jahresüberschusses,
- der Berücksichtigung eventueller Ergebnisvorträge aus dem Vorjahr,
- der Auflösung von Rücklagen und
- der Verwendung des Bilanzgewinns.

Die Darstellung des Bilanzergebnisses und der Ergebnisverwendung ist im Konzernabschluß eng verbunden mit der Behandlung und Darstellung der Entwicklung der Differenzen aus den erfolgswirksamen Konsolidierungsmaßnahmen im Zeitablauf. Verdeutlicht sei dies am Beispiel von Zwischengewinnen. Sie müssen entsprechend ihrem jeweiligen Stand am Bilanzstichtag aus den Werten der Bestände in der Bilanz eliminiert werden. Das darf allerdings regelmäßig nicht in voller Höhe erfolgswirksam geschehen. Das Jahresergebnis ist nur in Höhe der Differenz zwischen den Beständen an Zwischengewinnen zu Beginn und am Ende der Periode zu korrigieren. War beispielsweise der in den Werten der Vermögensgegenstände des Konzerns verborgene Bestand an Zwischengewinnen am Jahresanfang 50 und am Jahresende 80, dann sind aus dem Jahresergebnis der Summenbilanz 30 erfolgswirksam zu eliminieren, um das Konzern-Jahresergebnis zu erhalten. Der Bestand am Jahresanfang von 50 muß zwar zusätzlich aus den Werten der entsprechenden Bestände am Jahresende herausgerechnet werden, dies darf aber das Jahresergebnis nicht tangieren.

Während für die in den früheren Kapiteln behandelten Maßnahmen der Konzernrechnungslegung aufgrund der gesetzlichen Vorschriften und der anerkannten Einheitstheorie - bei allen Divergenzen und Spielräumen im Detail - bezüglich der Grundlinien der Vorgehensweise ein hohes Maß an Übereinstimmung herrscht, gehen die Meinungen darüber, wie die Ergebnisverwendung und die Entwicklung erfolgswirksamer Konsolidierungsdifferenzen im Konzernabschluß dargestellt werden sollten, ganz grundsätzlich auseinander. Diese Meinungsvielfalt in grundlegenden Fragen darf nicht verwundern, denn auf dem in diesem Kapitel zu behandelnden Gebiet kann weder auf klare Rechtsgrundlagen noch auf die Einheitstheorie als Leitlinie zurückgegriffen werden.

Die Einheitstheorie versagt aus mehreren Gründen.

Anders als der Einzelabschluß erfüllt der Konzernabschluß keine Ausschüttungsbemessungsfunktion. An den im Konzernabschluß ausgewiesenen Konzern-Jahresüberschuß knüpfen ebensowenig gesetzlich abgesicherte Verwendungskompetenzen an wie an eventuell ausgewiesene Gewinnrücklagen oder an einen Konzern-Bilanzgewinn. Grundlagen der Ausschüttungsbemessung bleiben auch im Konzern die Einzelabschlüsse der einbezogenen Unternehmen.

Wer über welche Kompetenzen in bezug auf die Verwendung von Jahresergebnissen und in bezug auf die Auflösung nicht zweckgebundener Gewinnrücklagen verfügt, läßt sich im Konzern nicht einfach beantworten, zumal die Rechtslage in wichtigen Fragen - etwa des Rechts zur Gewinnthesaurierung bei Ergebnisübernahmeverträgen (vgl. Götz, AG 1984, S. 85 ff.; Goerdeler, WPg 1986, S. 229 ff.; Beiträge von Beusch, Lutter und Müller in FS Goerdeler, Düsseldorf 1987) - unklar ist. Zunächst muß eine gesetzlich unmittelbar geregelte von einer Ebene indirekter Einflußmöglichkeiten getrennt werden, die sich aus den mehr oder weniger großen Kompetenzen zur einheitlichen Leitung im Konzern und aus eventuellen Organverflechtungen ergibt. Außerdem hängen die Kompetenzen zur Ergebnisverwendung entscheidend davon ab, um welche Art der Konzernbindung es sich handelt. Im Vertragskonzern mit Ergebnisabführungsvertrag konzentrieren sich die Kompetenzen bei den Organen der Obergesellschaft, und der Jahresabschluß dieser Obergesellschaft ist - abgesehen von Ausgleichsansprüchen - alleiniger Anknüpfungspunkt für Ausschüttungsansprüche von Eignern. Im faktischen Konzern dagegen verteilen sich die Kompetenzen auf die Organe der einzelnen Konzerngesellschaften. Die Grenzen dieser Kompetenzen werden dann durch die jeweiligen Einzelabschlüsse gezogen.

Ein Konzern, der beide Arten der Konzernbindung vermischt, kombiniert auch in spezifischer Weise die verschiedenen Formen der Kompetenzverteilung, so daß im Ergebnis ein differenziertes Netz von Einflußmöglichkeiten und Gewinnverteilungsrechten besteht, das allerdings auf gesetzlicher Basis in keinem Fall an Größen aus dem Konzernabschluß anknüpft.

Aus der für die Konzernrechnungslegung mißlichen Lage, sich mit der Ergebnisverwendung einem Problem stellen zu müssen, das im Konzern weit differenzierter als im Einzelunternehmen geregelt ist und wo demzufolge die Einheitstheorie endgültig an ihre Grenzen stößt, wurden verschiedene Auswege gesucht. Die drei in der einschlägigen deutschen Literatur am meisten diskutierten Wege werden im folgenden nach einer Untersuchung der Rechtsgrundlagen genauer dargestellt und analysiert. Sie stützen sich entweder auf eine bestimmte einseitige Analogie zum Einzelabschluß oder meiden die Darstellung der Ergebnisverwendung weitestgehend.

2. Vorschriften zur Darstellung der Ergebnisverwendung im Konzernabschluß

Hinsichtlich der Darstellung der Ergebnisverwendung im Konzernabschluß sind zwei Ebenen zu unterscheiden.

Die erste betrifft die konzernspezifische Aufteilung des Jahresergebnisses auf Mehrheit und Minderheit, wenn dem Konzern nicht bei allen Tochterunternehmen 100 % der Anteile zustehen. Diese erste Ebene ist in § 307 Abs. 2 HGB explizit geregelt: *"In der Konzern-Gewinn- und Verlustrechnung ist der im Jahresergebnis enthaltene, anderen Gesellschaften zustehende Gewinn und der auf sie entfallende Verlust nach dem Posten 'Jahresüberschuß/Jahresfehlbetrag' unter entsprechender Bezeichnung gesondert auszuweisen."* Was allerdings als anderen Gesellschaftern zustehender Gewinn bzw. auf sie entfallender Verlust im Sinne dieser Vorschrift anzusehen ist, wird in der Kommentierung unterschiedlich beurteilt. Einerseits wird davon ausgegangen, daß es sich um den der Beteiligungsquote der Minderheiten entsprechenden Anteil an dem über die Handelsbilanz II des jeweiligen Tochterunternehmens in das Konzernergebnis eingeflossenen Erfolg handelt, der gemäß den differenzierten Zurechnungen von Erfolgswirkungen auf Mehrheit und Minderheit (vgl. etwa H.3.4.2 und I.4.) nur durch die Kapitalkonsolidierung zusätzlich bereinigt sein kann. (Vgl. Weber/Zündorf in: Küting/Weber, Konzernrechnungslegung, § 307 Rn. 13, Förschle in: Beck Bil-Komm., 3. Aufl., § 307 Anm. 61, im Fall ohne Gewinnabführungsvertrag auch ADS, 6. Aufl., § 307 Tz. 71 f.) Andererseits werden darunter die Beträge verstanden, auf die die Minderheiten entsprechend der Handelsbilanz I des jeweiligen Tochterunternehmens (vgl. Busse von Colbe/Ordelheide, Konzernabschlüsse, 1993, S. 451) oder gemäß dem im Unternehmensvertrag zugesicherten Ausgleich (so ADS, 6. Aufl., § 307 Tz. 71 und 76 ff.) Anspruch haben (vgl. Ordelheide in Beck HdR, C 402 Rz 80).

Gemessen an der Aufgabe des Konzernabschlusses, den Interessenten Informationen über die von ihnen zu erwartende Zielerreichung zu liefern, ist die zuletzt genannte Lösung vorzuziehen, weil sie Rückschlüsse auf die Verteilung des Erfolgs auf die verschiedenen Eignergruppen im Konzern zuläßt, die neben der Höhe des Erfolgs für die Zielerreichung aller Eigner im Konzern wichtig ist.

Die zweite Ebene betrifft die Darstellung der Verwendung von Jahresergebnis und Bilanzergebnis für Zwecke der Ausschüttung, der Rücklagendotierung oder des Vortrags auf neue Rechnung.

Die gemäß § 298 Abs. 1 HGB auf den Konzernabschluß analog anzuwendenden Vorschriften über den Einzelabschluß im HGB räumen hinsichtlich der Ergebnisdarstellung explizit ein Wahlrecht ein. Die Bilanz darf vor jeglicher, nach teilweiser oder nach vollständiger Verwendung des Jahresergebnisses aufgestellt werden (§ 268 Abs. 1 HGB). In den Gliederungsschemata des Handelsrechts kommt dieses Wahlrecht voll zum Ausdruck, denn sowohl in der Bilanz (§ 266 Abs. 3 HGB) als auch in der GuV (§ 275 Abs. 2 und 3 HGB) wird nur der gesonderte Ausweis des Jahresüberschusses/Jahresfehlbetrags vorgesehen; besondere Positionen zur Darstellung der Ergebnisverwendung werden nicht aufgeführt. Damit gibt es keine allgemeine Pflicht zur Darstellung der Ergebnisverwendung.

Durch die rechtsformspezifischen Vorschriften wird dieses Urteil letztlich nicht verändert. Aktiengesellschaften sind zunächst gemäß § 158 Abs. 1 AktG verpflichtet, in ihren Einzelabschlüssen die Gewinn- und Verlustrechnung nach dem Jahresüberschuß/Jahresfehlbetrag um genau bezeichnete Positionen der Ergebnisverwendung zu ergänzen, wobei die Darstellung der Ergebnisverwendung alternativ im Anhang zugelassen wird. Diese Verpflichtung zur Darstellung der Ergebnisverwendung fällt auch als rechtsformspezifische Vorschrift im Prinzip unter die Übertragungsregelung des § 298 Abs. 1 HGB. Letztlich aber scheitert die Übertragung der Verpflichtung zur Darstellung der Ergebnisverwendung aus dem Einzel- in den Konzernabschluß an dem speziellen Vorbehalt in § 298 Abs. 1 HGB. Einzelvorschriften sind auf den Konzernabschluß nur zu übertragen, soweit die Eigenart des Konzernabschlusses keine Abweichungen bedingt. Die besondere Eigenart des Konzernabschlusses, keine Ausschüttungsbemessungsfunktion zu besitzen, wodurch jede Darstellung der Verwendung eines von der Summe der Einzel-Jahresergebnisse der Konzernunternehmen abweichenden Konzern-Jahresergebnisses fiktiv sein muß, bedingt eine Abweichung. Ergebnisverwendungsrechnungen sind im Konzernabschluß nicht in vergleichbarer Form möglich und können daher schwerlich vorgeschrieben sein. (Vgl. WP-Handbuch, Band I, M Tz. 556)

Für die GmbH gibt es keine Spezialvorschriften.

3. Darstellung der Ergebnisverwendung unter Ausweis der Zwischenergebnisbestände am Ende der Vorperiode in der Position Gewinnvortrag/Verlustvortrag aus dem Vorjahr (Vorschläge des Sonderausschusses Neues Aktienrecht)

In Deutschland besitzen die Vorschläge des Sonderausschusses Neues Aktienrecht (NA 2/67 und NA 3/68) des IdW noch eine gewisse Bedeutung, die anläßlich der Einführung einer Konzernrechnungslegungspflicht durch das Aktiengesetz 1965 entwickelt wurden und damals zunächst auch großen Anklang fanden.

Nach diesen Vorschlägen ist die Konzern-GuV nicht nur um eine Ergebnisverwendung einschließlich der Berücksichtigung des Gewinnvortrags aus der Vorperiode und des Ausweises eines Konzern-Bilanzgewinns bzw. Konzern-Bilanzverlusts zu erweitern, diese Ergebnisverwendung dient zugleich der Berücksichtigung der erfolgswirksamen Konsolidierungsdifferenzen im Zeitablauf. Der kumulierte Bestand an Korrekturen bis zum Ende des Jahres (er umfaßt die am Jahresende in den Bilanzbeständen aus den verschiedensten Ursachen verborgenen Zwischenergebnisse und die aufgelaufenen erfolgswirksamen Wirkungen der Kapitalkonsolidierung) wird im Konzern-Bilanzergebnis aufgefangen. Wird das Konzern-Bilanzergebnis insoweit auf neue Rechnung vorgetragen, so geht dieser Bestand als Bestand zu Beginn des nachfolgenden Jahres über den Gewinnvortrag/Verlustvortrag aus dem Vorjahr in den Konzernabschluß des folgenden Jahres ein. Wenn nun die Veränderung dieses Bestandes erfolgswirksam in den einzelnen GuV-Positionen berücksichtigt wird, wie das die Einheitstheorie erfordert, so wirken sich diese Veränderungen in zutreffender Weise auf das Konzern-Jahresergebnis aus, und zugleich wird durch die Verbindung von Jahresergebnis und Gewinnvortrag der Bilanzgewinn in der gewünschten Weise fortgeschrieben.

Da eine verbale Beschreibung des Verfahrens kaum zur Erläuterung ausreichen dürfte, soll es anhand eines Beispiels verdeutlicht werden, das auch zur Klarstellung der übrigen Verfahren verwendet werden wird, und das auf dem Beispiel zur Kapitalkonsolidierung in Teil G. 4.1.1.2.1 fußt. Dabei sollen die dort für die Kapitalkonsolidierung unterstellten Verhältnisse auf das hier zu betrachtende zweite Jahr nach Erstkonsolidierung (Jahr 03) projiziert werden. Die Bilanzen von Mutter und Tochter werden weiter präzisiert, und es wird unterstellt, daß in dem einzigen Jahr 02 der Existenz des Konzerns vor dem im Detail zu betrachtenden Jahr 03 folgendes geschehen ist. (Die weitere Entwicklung im zu betrachtenden Jahr 03 wird - soweit erforderlich - zusätzlich angegeben):

- Zwischenergebnis: Im Jahr 02 hat die Mutter Stoffe zu 50 gekauft und für 150 an die Tochter verkauft. Die Tochter hat diese Stoffe mit zusätzlichem Aufwand von 30 bearbeitet und auf Lager genommen. Im Jahr 03 werden 3/4 dieses Bestandes verkauft.

- Schuldenkonsolidierung: Die Mutter hat der Tochter am Ende des Jahres 02 einen zinslosen Kredit von 200 eingeräumt, der nach Ablauf von 2 Jahren zu tilgen ist. Angemessen sei ein Zins von 10 % (vgl. auch H. 3.4.2).
- Ergebnisübertrag aus der Vorperiode: Der Jahresüberschuß der Tochter aus dem Jahr 02 wird im Jahr 03 in voller Höhe an die Mutter ausgeschüttet und erscheint in deren GuV unter Erträge aus Beteiligungen. Allerdings erfolgt der Ausweis brutto einschließlich der anrechenbaren Ertragsteuer.
- latente Steuern: Latente Steuern werden ebenso wie die effektiven Steuern auf der Basis eines vereinfachten Steuersatzes von 40 % berechnet, der in etwa der Körperschaftsteuer bei Vollausschüttung (30 %) und der Gewerbeertragsteuer Rechnung trägt.

Für das Ende des Basisjahres 02 ergibt sich dann nach Berücksichtigung der verschiedenen Konsolidierungsschritte aus den gegebenen Einzelbilanzen und Einzel-GuV von Mutter und Tochter der als Beispiel L.1 auf der folgenden Seite ausgewiesene Konzernabschluß. (An temporären Differenzen treten bei der Zwischengewinneliminierung 100 und bei der Schuldenkonsolidierung 35 auf. Auf den Saldo von 65 sind aktive latente Steuern von 0,4 • 65 = 26 zu bilden.)

Die Ableitung des Konzernabschlusses für das Jahr 03 aus den Einzelabschlüssen nach den Vorschlägen des Sonderausschusses Neues Aktienrecht zeigt Beispiel L.2 auf der übernächsten Seite.

Die für das Verfahren charakteristischen konzernspezifischen Gewinn- oder Verlustvorträge heben sich im Rahmen der Konsolidierung wieder auf, wenn es innerhalb des Konzerns keine zeitverschobenen Gewinnvereinnahmungen gibt und wenn die in den Beständen am Jahresende verborgenen Zwischenergebnisse sowie die aufgelaufenen Erfolgswirkungen aus der Kapitalkonsolidierung im Rahmen der Verwendung der Bilanzgewinne bei den Einzelgesellschaften auf das nächste Jahr übertragen werden. Wäre also im Beispiel etwa der Zwischengewinn der Mutter von 100 in der Gewinnverwendungsrechnung ihres Einzelabschlusses auf das Jahr 03 vorgetragen worden, dann wäre dieser Gewinnvortrag im Jahre 03 in der Einzel-GuV der Mutter auf der Habenseite ausgewiesen worden. Die Konsolidierungsbuchung im Rahmen der Zwischengewinneliminierung hätte diesen Gewinnvortrag genau kompensiert, so daß die Konzern-GuV insoweit keinen Ergebnisvortrag aufgewiesen hätte. Außerdem wäre der durch den Gewinnvortrag von 100 in der Summen-GuV um 100 größere Bilanzgewinn durch die Konsolidierung von 25 in der Konzern-GuV auf ein Mehr von 75 zurückgeführt worden. Um genau diesen Betrag liegt aber - bezogen auf die Zwischengewinnbehandlung - auch der Konzern-Jahresüberschuß im Jahr 03 höher als der Summen-Jahresüberschuß aus den Einzelbilanzen (vgl. H.3.4.2, insbesondere Beispiel H.2, wo der Zusammenhang anhand eines Verlustvortrags gezeigt wird).

Beispiel L.1: Konzernabschluß per 31.12.02 (Jahr vor der Betrachtungsperiode)

	Mutter	Tochter	Kapital-konsolidierung		Innenumsatz- und Zwischengewinn-eliminierung		Schulden-konsolidierung		latente Steuern		Konzernabschluß 31.12.02	
Bilanz												
Goodwill			150	10							140	
Grundstücke	300	100									400	
stille Reserven		(40)	40								40	
Maschinen	300	300									600	
stille Reserven		(60)	60	20							40	
Anteile an verb. Unternehmen	500			500							-	
Ausleihung an verb. Unternehmen	165							165			-	
Vorräte	400	180				100					480	
Forderungen	85	10									95	
aktive latente Steuern									26		26	
Summe	1750	590										
Gezeichnetes Kapital	600	150	150									600
Kapitalrücklage	300	100	100									300
Bilanzgewinn	100	140	30		100			35		26		171
Verbindlichkeiten	750	200					200					750
Summe	1750	590	530	530	100	100	200	200	26	26	1821	1821

Gewinn- und Verlustrechnung

	Mutter	Tochter	Kapital-konsolidierung		Innenumsatz- und Zwischengewinn-eliminierung		Schulden-konsolidierung		latente Steuern		Konzernabschluß 31.12.02	
Umsatzerlöse	4000	2000			150							5850
Bestandsänderungen		+180			100							80
Materialaufwand	2000	1000				150					2850	
Personalaufwand	1698	847									2545	
Abschreibungen	100	100	30								230	
Sonst. betr. Aufwand	35							35			-	
Erträge aus Beteiligungen												-
Erträge aus Ausleihungen												-
Steuern effektiv	67	93									160	
Steuern latent										26		26
Jahresüberschuß	(100)	(140)		(30)		(100)	(35)		(26)		(171)	
Gewinnvortrag Vorjahr												
Bilanzgewinn	100	140		30		100	35		26		171	
Summe	-	-	30	30	250	250	35	35	26	26	5956	5956

Beispiel L:2: Konzernabschluß per 31.12.03 nach den Vorschlägen des Sonderausschusses Neues Aktienrecht

	Mutter	Tochter	Kapital-konsolidierung		Innenumsatz- und Zwischengewinn-eliminierung		Schulden-konsolidierung		Ergebnis-übernahme von Tochter		latente Steuern		Konzernabschluß 31.12.03	
Bilanz														
Goodwill			150	20									130	
Grundstücke	300	100											400	
stille Reserven		(40)	40										40	
Maschinen	360	330											690	
stille Reserven		(60)	60	40									20	
Anteile an verb. Unternehmen	500			500									-	
Ausleihung an verb. Unternehmen	182							182					-	
Vorräte	440	120				25							535	
Forderungen	118	50											168	
aktive latente Steuern											3		3	
Summe	1900	600												
Gezeichnetes Kapital	600	150	150											600
Kapitalrücklage	300	100	100											300
Bilanzgewinn	240	150	60		25			18				3		326
Verbindlichkeiten	760	200					200							760
Summe	1900	600	560	560	25	25	200	200	-	-	3	3	1986	1986
Gewinn- und Verlustrechnung														
Umsatzerlöse	4200	2300												6500
Bestandsänderungen		-135				75							60	
Materialaufwand	2100	950											3050	
Personalaufwand	1830	855											2685	
Abschreibungen	120	110	30										260	
Erträge aus Beteiligungen	233								233					-
Erträge aus Ausleihungen	17						17							-
Steuern effektiv	160	100								93			167	
Steuern latent											23		23	
Jahresüberschuß	(240)	(150)		(30)	(75)			(17)		(140)		(23)	(255)	
Gewinnvortrag Vorjahr			30		100			35		140		26		71
Bilanzgewinn	240	150		60		25	18				3		326	
Summe	-	-	60	60	100	100	35	35	233	233	26	26	6571	6571

Gewinnverwendungspolitik dürfte allerdings unter anderen Zielen als dem der Heilung von Schwächen eines Rechnungslegungsverfahrens stehen, zumal es außerdem nicht leicht sein wird, die Umfänge der erforderlichen Gewinn- oder Verlustvorträge für die verschiedenen Konzernunternehmen zu ermitteln. Ferner dürfen die gegebenenfalls erforderlichen Verlustvorträge bei Vorliegen von Bilanzgewinnen nicht gebildet werden. Im Regelfall, in dem es zu zeitverschobenen Gewinnvereinnahmungen kommt oder wo eine andere Gewinnverwendungspolitik betrieben wird, führt damit das Verfahren des Sonderausschusses Neues Aktienrecht zu verzerrten Ergebnisvorträgen aus dem Vorjahr und zu verzerrten Bilanzgewinnen. Der Bilanzgewinn im Konzern ist in diesem Fall um die Gewinnvereinnahmungen aus Vorjahren sowie um die in den Beständen am Jahresende verborgenen Zwischenergebnisse und die aufgelaufenen Erfolgswirkungen aus der Kapitalkonsolidierung insoweit verfälscht, wie letzteren nicht durch Ergebnisvorträge in den Einzelabschlüssen der Konzernunternehmen Rechnung getragen wurde. Bis auf die Gewinnvereinnahmungen gilt mit zeitlicher Verzögerung gleiches für die Gewinn- oder Verlustvorträge aus dem Vorjahr. Da Außenstehende vielleicht noch die äußerst komplexen Zusammenhänge durchschauen, sicher aber nicht die zur Durchdringung erforderlichen Detailinformationen besitzen, dürfte das Verfahren schwerlich informativ sein (vgl. Koncok, DB 1968, S. 637).

4. Darstellung einer Ergebnisverwendung, die den Konzern-Bilanzgewinn dem Bilanzgewinn der Konzernmutter angleicht

Bei dem zweiten Verfahren wird davon ausgegangen, daß der Konzernabschluß allenfalls über den von der Konzernobergesellschaft ausschüttbaren Bilanzgewinn informieren kann, da es eine konzernübergreifende Ausschüttungsgrundlage nicht gibt, die Ansprüche sich vielmehr individuell gegen die einzelnen Konzernunternehmen richten (vgl. Busse von Colbe, WPg 1978, S. 657 f.; Harms/Küting, DB 1979, S. 2333 ff.). Diesem Ziel entsprechend wird in der Konzernbilanz ein "Ausgleichsposten aus der Erfolgskonsolidierung" gebildet, der die in den Beständen am Jahresende verborgenen Zwischenergebnisse, die bis zum Ende des Jahres aufgelaufenen Erfolgswirkungen aus der Kapitalkonsolidierung und die im jeweiligen Jahr erwirtschafteten, aber erst in einem späteren Jahr der Obergesellschaft zufließenden Bilanzgewinne der Töchter aufnimmt. Dieser Posten wird durch eine Zuführung der in dem betreffenden Jahr eingetretenen Veränderungen bei den angesprochenen Sachverhalten gespeist, die als Teil der Jahresüberschußverwendung im Rahmen der Konsolidierungsbuchungen fingiert wird. Zur Verdeutlichung des Verfahrens wird es ebenfalls auf unseren Beispielsfall angewendet, wobei sich der als Beispiel L.3 auf der übernächsten Seite abgeleitete Konzernabschluß ergeben würde. (Im Jahr 02 sind dem Ausgleichsposten 71 zugeführt worden, was zugleich dem Bestand am 31.12.02 entspricht, weil in 02 der Posten erstmals gespeist wurde. 71 = - 30 - 100 + 35 + 140 + 26 = 171 - 100, nämlich Konzernjahresüberschuß 02 - Bilanzgewinn Mutter 02.)

Die Ausrichtung der Ergebnisverwendungsrechnung im Konzernabschluß auf die Schaffung einer Übereinstimmung zwischen dem Konzernbilanzgewinn und dem Bilanzgewinn der Konzernobergesellschaft ist aus verschiedenen Gründen höchst problematisch. Zunächst widerspricht diese Vorgehensweise der Funktion des Konzernabschlusses diametral, denn obwohl es Aufgabe des Konzernabschlusses sein soll, zusätzliche Informationen über die Einzelabschlüsse hinaus zu liefern, wird das Verfahren genau so gewählt, daß die Angaben des Einzelabschlusses über das Bilanzergebnis lediglich reproduziert werden. Darüber hinaus ist das Verfahren geeignet, bei den Aktionären der Obergesellschaft völlig falsche Vorstellungen zu wecken. Der Bilanzgewinn einer Kapitalgesellschaft ist das Resultat einer bestimmten Politik der Jahresüberschußverwendung und eventuell der Rücklagenauflösung vor dem Hintergrund eines vorgegebenen Jahresüberschusses dieser Gesellschaft. Wenn die Gesellschaft eine Konzernobergesellschaft ist, können Aspekte der Konzernbindung bei dieser Politik eine Rolle spielen, müssen es aber nicht. Wird der durch Gewinnverwendungspolitik erzeugte Bilanzgewinn allerdings durch den Konzernabschluß genau bestätigt, kann der Eindruck entstehen, als komme ihm ein besonderes Maß an Objektivität und Richtigkeit zu, so daß Zweifel an der Zweckmäßigkeit der Gewinnverwendungspolitik vielleicht unberechtigterweise zurückgestellt werden. Obendrein wird die Vermutung genährt, daß im Bilanzgewinn der Mutter Konzernbelangen bereits Rechnung getragen sei, was aber nicht zutreffen muß. Der Gewinn der Mutter kann - wie in unserem Beispiel im Jahre 02 - in voller Höhe Zwischengewinn sein und trotzdem vom Konzernabschluß als Konzern-Bilanzgewinn bestätigt werden. Auch wenn viele diese Zusammenhänge kennen werden, reicht die Gefahr der Irreführung aus, um das Verfahren im Rahmen einer Informationsrechnung mit Nachdruck zu verwerfen.

5. Verzicht auf die Ergebnisverwendung

Aus der Schwierigkeit, Konzernabschlüsse und Ergebnisverwendungen im Konzern sinnvoll miteinander zu verbinden, kann ein radikaler Ausweg gesucht werden: Der Konzernabschluß wird ohne Ergebnisverwendung aufgestellt. Diesem Ausweg stehen - wie die Analyse in Teil 2. dieses Kapitels gezeigt hat - gesetzliche Vorschriften nicht entgegen. Die Verbindung zwischen der Darstellung des Ergebnisses und der Entwicklung erfolgswirksamer Konsolidierungsdifferenzen im Konzernabschluß macht es allerdings unmöglich, einen Konzernabschluß allein auf der Basis der in früheren Kapiteln entwickelten Regeln einfach so aufzustellen, daß Konzernbilanz und Konzern-GuV mit dem Jahresüberschuß enden.

Beispiel L.3: Konzernabschluß per 31.12.03 bei Gleichheit von Konzerngewinn und Bilanzgewinn der Obergesellschaft

	Mutter	Tochter	Kapital-konsolidierung		Innenumsatz- und Zischengewinn-eliminierung		Schulden-konsolidierung		Ergebnisübernahme aus dem Vorjahr		Umgliederung aktuelles Ergebnis		latente Steuern		Konzernabschluß 31.12.03	
Bilanz																
Goodwill			150	20											130	
Grundstücke	300	100													400	
stille Reserven		(40)	40												40	
Maschinen	360	330													690	
stille Reserven		(60)	60	40											20	
Anteile an verb. Unternehmen	500			500											-	
Ausleihung an verb. Unternehmen	182							182							-	
Vorräte	440	120				25									535	
Forderungen	118	50													168	
aktive latente Steuern													3		3	
Summe	1900	600														
Gezeichnetes Kapital	600	150	150													600
Kapitalrücklage	300	100	100													300
Bilanzgewinn	240	150									150					240
Ausgleichsposten Erfolgskonsol.			60		25			18				150		3		86
Verbindlichkeiten	760	200					200									760
Summe	1900	600	560	560	25	25	200	200	-	-	150	150	3	3	1986	1986
Gewinn- und Verlustrechnung																
Umsatzerlöse	4200	2300														6500
Bestandsänderungen		-135				75									60	
Materialaufwand	2100	950													3050	
Personalaufwand	1830	855													2685	
Abschreibungen	120	110	30												260	
Erträge aus Beteiligungen	233								233							-
Erträge aus Ausleihungen	17						17									-
Steuern effektiv	160	100								93					167	
Steuern latent													23		23	
Jahresüberschuß	(240)	(150)		(30)	(75)			(17)		(140)				(23)	(255)	
Zuführung Ausgleichsposten				30	75			17		140	150			23	15	
Bilanzgewinn	240	150										150			240	
Summe	-	-	30	30	75	75	17	17	233	233	150	150	23	23	6500	6500

Vielmehr müssen die bis zum Beginn der Betrachtungsperiode aufgelaufenen Erfolgswirkungen aus der Kapitalkonsolidierung, die in den Beständen am Jahresanfang verborgenen Zwischenergebnisse und die in Vorperioden bereits im Konzern-Jahresüberschuß erfaßten Erfolge von Töchtern, die der Mutter aber noch nicht zugeflossen sind, in einer Bilanzposition - hier einer besonderen Gewinnrücklage - erfaßt und ausgewiesen werden, um einen geschlossenen Konzernabschluß erhalten zu können. Die Entwicklung dieser Rücklage kann im Rahmen des Verfahrens verständlicherweise nicht erklärt werden, denn gespeist und aufgelöst werden muß sie über die Ergebnisverwendung, die aber gerade nicht dargestellt werden soll. Übertragen auf unseren Beispielsfall ergibt sich bei diesem Verfahren der als Beispiel L.4 auf der folgenden Seite abgeleitete Konzernabschluß.

Angesichts des unklaren Verhältnisses zwischen dem Konzernabschluß und der Ergebnisverwendung im Konzern erscheint die Zurückhaltung gegenüber einer Darstellung der Ergebnisverwendung im Konzernabschluß gerechtfertigt. Zumindest sollten Ergebnisverwendungsrechnungen nicht allen Konzernen unabhängig von ihrer rechtlichen Struktur gesetzlich vorgegeben werden. Im Sinne dieser Überlegungen ist der soeben beschriebene Lösungsweg zu begrüßen.

Allerdings wird durch die radikale Umgehung des Problems auch kein Beitrag zu seiner Lösung geleistet, obwohl hilfreiche Informationen vorstellbar sind und der Konzernabschluß der Information dienen soll. Wenn im folgenden mögliche ergänzende Informationen diskutiert werden, dann geschieht das nur, um mögliche Ansätze zur Verbesserung im Rahmen vertraglicher Vereinbarungen oder freiwilliger Erweiterungen aufzuzeigen. Diese Überlegungen sind nicht geltendes Recht, und sie sollten auch wegen der Vielfalt möglicher Konzernstrukturen nicht allgemeinverbindlich vorgeschrieben werden.

Die im Rahmen des Verfahrens erforderliche besondere Gewinnrücklage bedarf einer klaren Bezeichnung, die ihren Charakter deutlich werden läßt. Sollte dies durch die bloße Postenbezeichnung nicht gelingen, so liegt eine Erläuterung - etwa im Anhang - nahe. Freiwillig kann zudem eine Aufgliederung nach den verschiedenen Quellen erwogen werden.

Im Blick auf die Verwendung des Bilanzgewinns einer Konzernmutter können verschiedene Informationen interessant sein. Entsprechend der Darstellung der Verwendung des Jahresüberschusses bei einem Einzelunternehmen wird es aufschlußreich sein zu wissen, wie der Bilanzgewinn der Konzernmutter zustande kam. Im Konzernkontext sind zu diesem Zweck allerdings Angaben darüber erforderlich, welche Rücklagen auf den verschiedenen Ebenen des Konzerns gespeist wurden und welche Ursachen dafür verantwortlich sind (gesetzliche Pflichten, Vorschriften der Satzung, Entscheidungen feststellender Organe oder eventuell auch Verbote zum Gewinntransfer). Gründet sich der Gewinn der Mutter umgekehrt darauf, daß bei Töchtern Rücklagen aufgelöst wurden, dürften Angaben auch darüber wissenswert sein.

Beispiel L.4: Konzernabschluß per 31.12.03 bei Verzicht auf eine explizite Ergebnisverwendung

	Mutter	Tochter	Kapital-konsolidierung		Innenumsatz- und Zwischengewinn-eliminierung		Schulden-konsolidierung		Ergebnis-übernahme von Tochter		latente Steuern		Konzernabschluß 31.12.03	
Bilanz														
Goodwill			150	20									130	
Grundstücke	300	100											400	
stille Reserven		(40)	40										40	
Maschinen	360	330											690	
stille Reserven		(60)	60	40									20	
Anteile an verb. Unternehmen	500			500									-	
Ausleihung an verb. Unternehmen	182							182					-	
Vorräte	440	120				25							535	
Forderungen	118	50											168	
aktive latente Steuern											3		3	
Summe	1900	600												
Gezeichnetes Kapital	600	150	150											600
Kapitalrücklage	300	100	100											300
Besondere Gewinnrücklage			30		100			35		140		26		71
Bilanzgewinn	240	150	30			75	17		140		23			255
Verbindlichkeiten	760	200					200							760
Summe	1900	600	560	560	100	100	217	217	140	140	26	26	1986	1986
Gewinn- und Verlustrechnung														
Umsatzerlöse	4200	2300												6500
Bestandsänderungen		-135				75							60	
Materialaufwand	2100	950											3050	
Personalaufwand	1830	855											2685	
Abschreibungen	120	110	30										260	
Erträge aus Beteiligungen	233								233					-
Erträge aus Ausleihungen	17						17							-
Steuern effektiv	160	100								93			167	
Steuern latent											23		23	
Jahresüberschuß	240	150		30	75			17		140		23	255	
Summe	-	-	30	30	75	75	17	17	233	233	23	23	6500	6500

Nicht zuletzt in Relation zu den konzernweit aus den verschiedensten Gründen thesaurierten Überschüssen oder zu den aufgelösten Rücklagen wird es außerdem wichtig sein zu wissen, wie der Bilanzgewinn der Mutter aus Konzernsicht zu beurteilen ist. Dabei wäre klarzustellen, welche Teile des Gewinns aus konzerninternen Zwischengewinnen oder Abnahmen konzerninterner Zwischenverluste herrühren bzw. inwieweit der Gewinn aufgrund von konzerninternen Zwischenverlusten oder Abnahmen früherer konzerninterner Zwischengewinne vergleichsweise niedrig ausgefallen ist. In dem gleichen Zusammenhang wären Angaben etwa über die Erfolgswirkungen der Kapitalkonsolidierung oder darüber zu sehen, inwieweit die Gewinne der Mutter aus Gewinnen von anderen Konzernunternehmen in Vorperioden stammen. Die jeweils über die Verwendung der verschiedenen Ergebnisse im Konzern entscheidenden Organe können diese Informationen in ihre Entscheidungen einfließen lassen.

Literaturhinweise:

Harms, Jens E./Küting, Karlheinz: Zur Weiterentwicklung des Erfolgs- und Ergebnisausweises im Konzernabschluß, in: BB, 38. Jg., 1983, S. 344-355.

Harms, Jens E./Küting, Karlheinz/Weber, Claus-Peter: Ergebnisdarstellung im Konzern, in: Küting/Weber (Hrsg.), Handbuch der Konzernrechnungslegung, Stuttgart 1989, S. 571-584.

IdW (Hrsg.): Wirtschaftsprüfer-Handbuch 1996, 11. Aufl., Band I, Düsseldorf 1996, M Tz. 556 und Tz. 624-640.

Wysocki, Klaus von/Wohlgemuth, Michael: Konzernrechnungslegung, 4. Aufl., Düsseldorf 1996, S. 293-312.

M. Konzernanhang

1. Die Aufgaben des Konzernanhangs

Der Konzernabschluß hat nur die Aufgabe, die Adressaten über den Konzern zu informieren. Er unterscheidet sich in dieser Hinsicht vom Einzelabschluß, dem außer der Informationsfunktion auch eine Ausschüttungsbemessungs- und Kompetenzabgrenzungsfunktion zukommt und der über die Maßgeblichkeit auf komplexe Weise mit der Steuerbilanz verbunden ist. Die aus der Verschiedenartigkeit der Funktionen resultierende Notwendigkeit von Kompromissen beim Einzelabschluß existiert daher für den Konzernabschluß nicht, und es wäre zu erwarten, daß deshalb bereits die Konzernbilanz und die Konzern-GuV der Informationsaufgabe besser gerecht werden können, als dies beim Einzelabschluß der Fall ist. Trotzdem hat der Gesetzgeber in § 297 Abs. 1 HGB den Anhang wie beim Einzelabschluß als einen Pflichtbestandteil des Konzernabschlusses vorgesehen. Es lassen sich mehrere Gründe dafür anführen, warum auch der Konzernabschluß eines Anhangs bedarf.

Das Konzernbilanzrecht läßt dem Ersteller eine Fülle von Ansatz-, Bewertungs- und Ausweiswahlrechten bei der Aufstellung von Bilanz und GuV. Um angesichts der beträchtlichen Wirkungen dieser Wahlrechte dem Bilanzadressaten dennoch eine Beurteilung des Konzerns zu ermöglichen, wird der Bilanzersteller verpflichtet, Erläuterungen hinsichtlich der Ausübung der Wahlrechte zu geben. Dem Anhang kommt also eine Erläuterungsfunktion zu.

Ein dermaßen komplexes Gebilde wie ein Unternehmen oder gar ein Konzern läßt sich nicht vollständig durch eine Bilanz oder eine GuV abbilden. Um die von diesen beiden Teilen nur unvollkommen gewährleistete Abbildung des Unternehmensgeschehens abzurunden, sieht das Gesetz vor, daß im Anhang Informationen gegeben werden, die über eine Erläuterung hinausgehen. Der Anhang soll in bezug auf die Bilanz und die GuV eine Ergänzungsfunktion erfüllen.

Obwohl der Konzernabschluß für die Besteuerung völlig irrelevant ist, hat es der Gesetzgeber in § 308 Abs. 3 HGB zugelassen, daß in die Bilanz Wertansätze aufgenommen werden dürfen, die nur auf steuerlichen Vorschriften beruhen. Da diese Wertansätze mit handelsrechtlichen Bewertungsvorschriften eigentlich nicht vereinbar sind und der Informationsaufgabe des Konzernabschlusses nicht gerecht werden, müssen diese steuerlichen Werte im Anhang korrigiert werden. Der Anhang hat somit eine Korrekturfunktion.

Die vierte und letzte Aufgabe des Anhangs ist die Entlastungsfunktion. Um die Klarheit der Darstellung in der Bilanz und der GuV zu erhöhen, ist es dem Bilanzersteller gestattet, eine Reihe von Detailangaben nicht in diesen Rechenwerken zu machen, sondern sie gesondert im Anhang auszuweisen.

2. Die gesetzlichen Grundlagen

In § 297 Abs. 1 HGB wird folgendes festgelegt: *"Der Konzernabschluß besteht aus der Konzernbilanz, der Konzern-Gewinn-und Verlustrechnung und dem Konzernanhang, die eine Einheit bilden."* Eine entsprechende Regelung findet sich in § 13 Abs. 1 und 2 PublG. Der Anhang ist der Bilanz und der GuV also nicht etwa nachgeordnet, sondern er soll gleichberechtigt mit diesen die für den Konzernabschluß vom Gesetzgeber vorgesehene Aufgabe erfüllen, wie sie in § 297 Abs. 2 HGB formuliert wird: *"Er hat unter Beachtung der Grundsätze ordnungsmäßiger Buchführung ein den tatsächlichen Verhältnissen entsprechendes Bild der Vermögens-, Finanz- und Ertragslage zu vermitteln."* Die besondere Bedeutung, die dem Anhang bei der Vermittlung dieses Bildes zukommt, wird im nächsten Satz desselben Paragraphen deutlich, der vorsieht, daß im Anhang zusätzliche Angaben gemacht werden müssen, wenn ansonsten infolge besonderer Umstände der Konzernabschluß seiner in § 297 Abs. 2 HGB festgelegten Aufgabe nicht gerecht wird. Diese Bestimmung hat den Charakter einer Generalklausel, da sich im Gesetz keine nähere Beschreibung dieser zusätzlich zu tätigenden Angaben findet. Daraus kann gefolgert werden, daß alle Angaben zulässig sind, die geeignet scheinen, ein den tatsächlichen Verhältnissen entsprechendes Bild herbeizuführen. Als Beispiele für die "besonderen Umstände" werden in den Kommentaren schwebende Kartellverfahren, die Einfluß auf den Kreis der zu konsolidierenden Unternehmen haben könnten, oder Transferbeschränkungen für wesentliche Vermögensteile genannt (vgl. Budde/Lust in: Beck Bil-Komm., 3. Aufl., § 297 Anm. 13).

Viele der Bestimmungen zum Anhang finden sich in den §§ 313 und 314 HGB. Daneben werden einige Berichtspflichten in den anderen Paragraphen des Abschnitts über den Konzernabschluß kodifiziert. Durch den § 298 Abs. 1 HGB werden weitere, über den oben genannten Kreis von Paragraphen hinausgehende Gesetzesnormen für den Konzernabschluß verbindlich: *"Auf den Konzernabschluß sind, soweit seine Eigenart keine Abweichung bedingt oder in den folgenden Vorschriften nichts anderes bestimmt ist, die §§ 244 bis 256, §§ 265, 266, 268 bis 275, §§ 277 bis 283 über den Jahresabschluß und die für die Rechtsform und den Geschäftszweig der in den Konzernabschluß einbezogenen Unternehmen mit Sitz im Geltungsbereich dieses Gesetzes geltenden Vorschriften, soweit sie für große Kapitalgesellschaften gelten, entsprechend anzuwenden."*

Damit werden außer den genannten Paragraphen des HGB gegebenenfalls auch die Bestimmungen des GmbHG, des AktG, des KWG und anderer rechtsformspezifischer und geschäftsbereichspezifischer Gesetze relevant. Die Einschränkung, wonach die Normen nur dann zu übernehmen sind, wenn sie der Eigenart des Konzernabschlusses gerecht werden, ist interpretationsbedürftig und konnte bisher in der Literatur nicht abschließend geklärt werden. So folgert ein Teil des Schrifttums, daß die Angabepflichten des GmbHG und des AktG, die die Gewinnverwendung betreffen, für den Konzernabschluß nicht relevant sind, da dieser keine Gewinnverwendungsrechnung darstellt (So Ellrott in: Beck Bil-Komm., 3. Aufl., § 313 Anm. 35, aA Gzuk, in: Beck HdR, C 600, Rz 110 f., vgl. auch L.2). Ebenso ist umstritten, ob die Darstellung der Rücklagenbewegungen gem. § 152 AktG auf den Konzernabschluß zu übertragen ist (Gegen eine Übertragung Budde/Lust in: Beck Bil-Komm., 3. Aufl., § 298 Anm. 44, aA Selchert/Karsten, BB 1986, S. 1262).

In Konzernen, die aus Unternehmen unterschiedlicher Rechtsformen in unterschiedlichen Geschäftszweigen bestehen, tritt ein zusätzliches Problem auf. Ein derartiger Konzern kann in seinem Abschluß nicht zwischen den verschiedenen Rechtsformen und Geschäftszweigen differenzieren, da dies dem gesetzlichen Gebot widersprechen würde, wonach der Konzern als einheitliches Unternehmen darzustellen ist (§ 297 Abs. 3 S.1 HGB). Im Einzelfall muß deshalb immer geprüft werden, ob die Übernahme rechtsformspezifischer oder geschäftszweigspezifischer Normen zu einer verbesserten Darstellung führt. Wann dieser Fall vorliegt, ist in der Literatur jedoch strittig. Aufgrund der in diesem und im vorangegangenen Absatz dargestellten Unklarheiten wird auf eine Darstellung rechtsformspezifischer und geschäftsbereichsspezifischer Vorschriften in der Übersicht am Ende dieses Kapitels verzichtet. Hier sei deshalb auf die Kommentierung verwiesen.

Als Teil des Konzernabschlusses unterliegt der Anhang den in Kapitel O. dargestellten Prüfungspflichten und den Vorschriften über die Publizität des § 325 Abs. 3 HGB. Gem. § 298 Abs. 3 HGB dürfen der Konzernanhang und der Anhang des Jahresabschlusses des Mutterunternehmens zusammengefaßt werden. In diesem Fall müssen der Konzernabschluß und der Abschluß des Mutterunternehmens gemeinsam offengelegt werden.

3. Grundsätze für die Aufstellung des Anhangs

Für den Anhang gilt die Generalnorm des § 297 HGB. Er muß deshalb dem Grundsatz der Richtigkeit und Willkürfreiheit genügen. Ebenso ist er gem. § 297 Abs. 2 HGB *"klar und übersichtlich aufzustellen."* Diese Norm ist für den Anhang wichtig, da sich im Gesetz keinerlei Gliederungsvorschriften finden. Innerhalb des von dieser Norm abgesteckten Rahmens bleibt dem Anhangersteller völlige Gestaltungsfreiheit. Das Gebot der Klarheit wird ebenfalls bei der Beantwortung der Frage herangezogen, ob und inwieweit freiwillige Zusatzangaben im Anhang zulässig sind. Im Gesetzgebungsverfahren war seinerzeit diskutiert worden, die Möglichkeiten, freiwillige Zusatzangaben zu machen, zu beschränken, da diese dazu dienen könnten, den Blick auf die wichtigen Pflichtinformationen zu verstellen. Dieser Vorschlag wurde dann aber nicht in geltendes Recht umgesetzt, und Zusatzangaben sind nach Meinung der Literatur deshalb zulässig, solange sie nicht zu einem Verstoß gegen das Gebot der Klarheit und Übersichtlichkeit führen (vgl. Csik, in: Küting/Weber, Konzernrechnungslegung, §§ 313/314 Rn. 4).

Es ist ferner der Grundsatz zu beachten, wonach der Konzern als einheitliches Unternehmen darzustellen ist (§ 297 Abs. 3 S.1 HGB). Aus diesem Grundsatz läßt sich ableiten, daß sich die Angaben nicht auf einzelne oder mehrere einbezogene Unternehmen beschränken dürfen. Stattdessen hat eine Gesamtberichterstattung für den Konzern zu erfolgen. Es genügt deshalb auch nicht, einfach die Angaben aus den Anhängen der Einzelabschlüsse zu übernehmen, sondern diese sind selbständig, abgestellt auf die Verhältnisse im Konzern, zu ermitteln (vgl. Ellrott in: Beck Bil-Komm., 3. Aufl., § 313 Anm. 12). Dies kann u.U. eine Konsolidierung der Angaben erfordern. So folgt aus diesem Prinzip beispielsweise für die Offenlegung der Haftungszusagen gem. § 314 Abs. 1 Nr. 2 HGB, daß diejenigen Haftungszusagen, die sich Konzernunternehmen untereinander gegeben haben, im Anhang nicht aufzuführen sind.

Schließlich sollen in den Anhang nur Angaben aufgenommen werden, die das Kriterium der Wesentlichkeit (materiality principle) erfüllen (vgl. dazu C.3.6). Ob ein Sachverhalt wesentlich ist, muß dabei aus Sicht des Konzerns beurteilt werden. So können durchaus Angaben, die aus Sicht des einzelnen einbezogenen Unternehmens wesentlich sind, aus Konzernsicht von so untergeordneter Bedeutung sein, daß sie nicht in den Konzernanhang mit aufgenommen werden. Das Kriterium spielt allerdings keine Rolle bei den Pflichtangaben, die immer zu machen sind, sondern ist vor allem relevant für die in der Generalklausel geforderten Zusatzangaben, falls ohne diese ein den tatsächlichen Verhältnissen entsprechendes Bild der Unternehmenslage nicht erreicht werden kann. Auch ist in einigen Vorschriften des HGB geregelt, daß bestimmte Informationen nur zu geben sind, wenn "wesentliche" Veränderungen stattgefunden haben, größere Beträge betroffen sind oder wenn sie nicht von "untergeordneter Bedeutung" sind (vgl. dazu M.6.).

4. Formen der Berichterstattung

Im Gesetz werden bei der Festlegung der Berichtspflichten immer wieder dieselben Ausdrücke benutzt, woraus abgeleitet werden kann, daß bei den verschiedenen Ausdrücken jeweils unterschiedliche Formen der Berichterstattung gefordert sind. Im einzelnen wird zwischen folgenden verschiedenen Formen der Berichterstattung differenziert (vgl. Ellrott in: Beck Bil-Komm., 3. Aufl., § 284 Anm. 36):

- Angabe: Der jeweils anzugebende Sachverhalt ist im Anhang zu nennen, wobei dem Charakter des Sachverhalts entsprechend Zahlen, Methoden oder Namen aufzuführen sind.
- Aufgliederung: Die aufzugliedernde Größe ist quantitativ in Teilbeträge aufzuspalten, um die Zusammensetzung offenzulegen.
- Ausweis: Die geforderten Zahlen müssen genannt werden.
- Begründung: Die dem zu begründenden Verhalten zugrundeliegenden Überlegungen und Motive sind verbal zu nennen, wobei gegebenenfalls die Rechtsvorschriften zu nennen sind, die das Verhalten auslösten.
- Darstellung: Es muß entweder ein differenzierter, in Zahlen gefaßter Bericht über die Entwicklung bestimmter Größen oder ein detaillierter verbaler Bericht erfolgen, der geeignet ist, den betreffenden Sachverhalt nachvollziehbar darzustellen.
- Erläuterung: Der zu erläuternde Sachverhalt ist verbal so zu kommentieren, daß Inhalt, Charakter und Zustandekommen erkennbar werden.

5. Erläuterung ausgewählter Vorschriften

Versucht man die Berichtspflichten im Anhang hinsichtlich der Sachverhalte, die sie betreffen, zu systematisieren, so lassen sich Angaben zu den verschiedenen Unternehmen des Konzerns, zur Form ihrer Behandlung im Konzernabschluß, zur Konsolidierungsmethode, zu Bilanzansatz und Bewertung, zur Gliederung, zu einzelnen Positionen von Bilanz und GuV, sowie Angaben zu sonstigen Sachverhalten unterscheiden.

Die Angaben zu den Unternehmen des Konzerns und zur Form ihrer Einbeziehung in den Konzernabschluß sollen dazu dienen, dem Adressaten die Zusammensetzung des Konzerns transparent zu machen. Sie haben deshalb vor allem ergänzenden und erläuternden Charakter.

Hinsichtlich der Konsolidierungsmethoden ist vor allem über die Ausübung der verschiedenen Wahlrechte zu berichten. Ändert der Konzern im Laufe der Zeit seine Konsolidierungsmethoden, so müssen diese Abweichungen im Anhang angegeben und begründet werden, damit die Adressaten zumindest ungefähr die Auswirkungen der Änderungen abschätzen können. Dazu werden häufig Zahlenangaben erforderlich sein, u.U. kann auch eine verbale Darstellung ausreichen (vgl. Csik, in: Küting/Weber, Konzernrechnungslegung, §§ 313, 314 Rn. 275).

Die Berichtspflichten zum Bilanzansatz und zur Bewertung dienen ausschließlich der Erläuterung. So ist vor allem auszuführen,

- wie die Bilanzierungswahlrechte ausgeübt wurden;
- wie die Anschaffungskosten bei Vorräten ermittelt wurden;
- welche Bestandteile in die Herstellungskosten einbezogen wurden;
- welche Abschreibungsmethoden zur Anwendung kamen;
- wie geringwertige Wirtschaftsgüter behandelt wurden;
- wie Pensionsrückstellungen bewertet wurden.

Bei Änderungen der Bewertungs- und Bilanzierungsmethoden gelten die Ausführungen zu Änderungen der Konsolidierungsmethode analog.

Die Angaben zur Gliederung und zu einzelnen Positionen der Bilanz und der GuV sollen diese erläutern, ergänzen und korrigieren. Die Angaben zu den sonstigen Sachverhalten schließlich haben die Aufgabe, den Jahresabschluß um Informationen zu ergänzen, die in der Bilanz und der GuV nicht abgebildet werden. Hier ist vor allem auf die Vorschriften über die Angaben zu den Arbeitnehmern und den verschiedenen Organen des Konzerns hinzuweisen. Bedeutsam sind auch die Angaben zu den sonstigen finanziellen Verpflichtungen, worunter Zahlungsverpflichtungen aus schwebenden Geschäften, mehrjährigen Miet-, Pacht- oder Leasingverträgen und ähnliche Sachverhalte verstanden werden.

Aufschlußreich ist auch ein Vergleich zwischen den Berichtspflichten im Anhang des Einzelabschlusses und denjenigen des Konzernanhangs. Zwar sind die meisten Angaben, die im Anhang des Einzelabschlusses zu machen sind, auch für den Konzernanhang vorgeschrieben, es finden sich aber auch bedeutsame Angaben, die gesetzlich nur für den Anhang des Einzelabschlusses geregelt sind. Hier ist vor allem die Aufgliederung der Verbindlichkeiten mit einer Laufzeit über 5 Jahren zu nennen, die gem. § 285 Nr. 2 HGB von großen Kapitalgesellschaften vorzunehmen ist. Eine entsprechende Vorschrift existiert für den Konzernanhang nicht. § 285 HGB wird auch ausdrücklich nicht von § 298 HGB erfaßt. Diese Lücke bei der Kodifizierung der Berichtspflichten im Anhang muß verwundern, denn schließlich soll der Konzernabschluß gemäß der ihm zugedachten Informationsfunktion ein den tatsächlichen Verhältnissen entsprechendes Bild auch der Finanzlage des Konzerns vermitteln. Es kann deshalb aus der Zielsetzung des Konzernabschlusses abgeleitet werden, daß die Aufgliederung zu den zulässigen freiwilligen Zusatzangaben gehört.

Des weiteren wird im Konzernanhang nicht verlangt (vgl. Gzuk, in: Beck HdR, C 600, Rz 12):

- die Angabe und Aufgliederung des Materialaufwands bei Anwendung des Umsatzkostenverfahrens in der GuV gem. § 285 Nr. 8a HGB,
- die Aufgliederung des Personalaufwands gem. § 285 Nr. 8b HGB,

- die Angabe, inwieweit die Steuern vom Einkommen und vom Ertrag das Ergebnis der gewöhnlichen Geschäftstätigkeit und das außerordentliche Ergebnis belasten gem. § 285 Nr. 6 HGB,
- die Angabe von Unterschiedsbeträgen bei Anwendung von Bewertungsvereinfachungsverfahren gem. § 284 Abs. 2 Nr. 4 HGB,
- die Angabe, ob Fremdkapitalzinsen in die Herstellungskosten einbezogen wurden gem. § 284 Abs. 2 Nr. 5 HGB.

Von der Informationsfunktion des Konzernabschlusses ausgehend, läßt sich für diese Angaben gleichfalls folgern, daß sie zu den wünschenswerten freiwilligen Zusatzangaben zu zählen sind.

6. Übersicht über die Berichtsvorschriften für den Anhang

In der folgenden Übersicht wird kurz der Sachverhalt skizziert, über den zu berichten ist, und die Gesetzesnorm genannt, die die Berichtspflicht kodifiziert. Die Paragraphenangaben in der zweiten Spalte beziehen sich dabei immer auf das HGB, sofern nicht ein anderes Gesetz ausdrücklich angegeben ist. Römische Zahlen geben den betreffenden Absatz des zitierten Paragraphen an. In der letzten Spalte finden sich Hinweise, die auf Besonderheiten bei der jeweiligen Berichtspflicht aufmerksam machen. Dabei bedeutet:

1: Die Angabe kann gem. § 313 Abs. 4 HGB auch in einer Aufstellung des Anteilsbesitzes erfolgen. Auf diese Aufstellung und den Ort ihrer Offenlegung ist im Anhang hinzuweisen.
2: Die Angabe kann alternativ in Bilanz oder GuV erfolgen.
3: Die Angabe kann unterlassen werden bei untergeordneter Bedeutung für die Vermögens-, Finanz- und Ertragslage.
4: Die Angabe kann gem. § 313 Abs. 3 HGB unterlassen werden, falls einem der in § 313 Abs. 2 HGB aufgeführten Unternehmen erhebliche Nachteile entstehen können. Die Anwendung dieser Vorschrift ist im Anhang anzugeben. Die entsprechende Vorschrift findet sich für die Aufgliederung der Umsatzerlöse in § 314 Abs. 2 HGB.

Sachverhalt	Rechtsnorm	Hinweis
Generalnorm: Es sind im Anhang zusätzliche Angaben zu machen, falls ansonsten der Konzernabschluß kein den tatsächlichen Verhältnissen entsprechendes Bild gem. § 297 II HGB bietet.	§ 297 II S.2	
1. Konsolidierungskreis - Name und Sitz des Unternehmens - Anteil am Kapital, der dem MU und einbezogenen TU gehört oder für deren Rechnung gehalten wird		
1.1 sind anzugeben bei allen in den Konzernabschluß einbezogenen Unternehmen. Zusätzlich ist gegebenenfalls der Sachverhalt anzugeben, der zur Einbeziehung verpflichtet, sofern diese nicht aufgrund einer der Kapitalbeteiligung entsprechenden Stimmrechtsmehrheit erfolgt.	§ 313 II Nr.1	1,4
1.2 sind anzugeben bei assoziierten Unternehmen.	§ 313 II Nr.2	1,4
1.3 sind anzugeben bei quotenkonsolidierten Unternehmen und zusätzlich der Tatbestand, der die Anwendung der Quotenkonsolidierung erlaubt.	§ 313 II Nr.3	1,4
1.4 sind anzugeben bei Unternehmen, die gem. § 295, 296 HGB oder gem. § 311 II HGB nicht einbezogen wurden. Zusätzlich ist zu begründen, warum die Unternehmen nicht einbezogen wurden.	§ 313 II Nr.1 § 313 II Nr.2 S.2 § 295 III S.1 § 296 III	1,4 1,4
1.5 sind anzugeben bei Unternehmen, an denen das MU oder ein TU mindestens 20% des Kapitals hält und die nicht unter die Bestimmungen des § 313 II 1-3 fallen. Zusätzlich ist die Höhe des Eigenkapitals und das Ergebnis des letzten Geschäftsjahres anzugeben, falls das Unternehmen offenlegungspflichtig ist.	§ 313 II Nr.4	1,3,4
1.6 Hat sich der Konsolidierungskreis im Geschäftsjahr wesentlich geändert, müssen Angaben gemacht werden, die einen Vergleich erlauben.	§ 294 II S.1	

	Sachverhalt	Rechtsnorm	Hinweis
2.	Konsolidierungsmethoden		
2.1	Die gewählte Kapitalkonsolidierungsmethode und der Zeitpunkt für die Ermittlung der Wertansätze sind anzugeben, ein sich ergebender Goodwill oder Badwill ist zu erläutern. Haben sich wesentliche Veränderungen ergeben oder lagen Aufrechnungen von Good- und Badwill vor, sind diese zu erläutern.	§ 301 I § 301 II § 301 II § 301 III	
2.2	Bei der Quotenkonsolidierung ist entsprechend 2.1 zu verfahren.	§ 310 II	
2.3	Die Anwendung der Pooling of Interests Methode, die daraus resultierende Veränderung der Rücklagen und Name und Sitz der betroffenen Unternehmen sind anzugeben.	§ 302 III	
2.4	Bei der Equity-Methode ist - bei erstmaliger Anwendung der Buchwertmethode der Unterschiedsbetrag zwischen Beteiligungsbuchwert und dem anteiligen Eigenkapital am assoziierten Unternehmen anzugeben. - bei erstmaliger Anwendung der Kapitalanteilsmethode der Unterschiedsbetrag zwischen dem aus dieser Methode resultierenden Wertansatz für das assoziierte Unternehmen und dem Beteiligungsbuchwert anzugeben. - die gewählte Methode zu nennen. - der Zeitpunkt, der den Wertansätzen zugrundeliegt, anzugeben. - anzugeben, wenn das assoziierte Unternehmen die konzerneinheitliche Bewertung nicht anwendet.	§ 312 I S.2 § 312 I S.3 § 312 I S.4 § 312 III S.2 § 312 V S.2	
2.5	Abweichungen von den auf den vorhergehenden Abschluß angewandten Konsolidierungsmethoden sind anzugeben und zu begründen.	§ 297 III § 313 I Nr.3	
2.6	Weicht der Abschlußstichtag des Konzerns von demjenigen - des MU ab, so ist dies anzugeben und zu begründen. - eines einbezogenen Unternehmens ab und wird kein Zwischenabschluß aufgestellt, so sind die in der Zwischenzeit stattfindenden Vorgänge zu erläutern.	§ 299 I § 299 III	3
2.7	Wurde eine Zwischenergebniseliminierung bei einem einbezogenen Unternehmen unterlassen, ist dies anzugeben und zu erläutern.	§ 304 II S.2	2
2.8	2.6 und 2.7 sind bei quotenkonsolidierten Unternehmen ebenfalls anzuwenden.	§ 310 II	

Sachverhalt	Rechtsnorm	Hinweis
3. Bilanzansatz und Bewertung		
3.1 Die auf die Posten der Konzernbilanz und GuV angewandten Bilanzierungs- und Bewertungsmethoden sind anzugeben.	§ 313 I Nr.1	
3.2 Abweichungen von den Bilanzierungs- und Bewertungsmethoden sind anzugeben und zu begründen. Ihr Einfluß auf die Vermögens-, Finanz-, und Ertragslage ist darzustellen.	§ 313 I Nr.3	
3.3 Abweichungen der konzerneinheitlichen Bewertung von den auf den Abschluß des MU angewandten Bewertungsmethoden sind anzugeben und zu begründen.	§ 308 I S.3	
3.4 Wurde in Ausnahmefällen keine einheitliche Bewertung vorgenommen, ist dies anzugeben und zu begründen.	§ 308 II S.4	
3.5 Die Grundlagen für die Währungsumrechnung sind anzugeben, falls der Konzernabschluß Posten enthält, die aus einer fremden Währung in DM umgerechnet wurden.	§ 313 I Nr.2	
3.6 Auf die Übernahme von Wertansätzen, die auf Vorschriften für Kreditinstitute oder Versicherungen beruhen, ist hinzuweisen.	§ 308 II S.2	
3.7 Wurden im Konzernabschluß Wertansätze aus dem Einzelabschluß übernommen, die nur steuerlich zulässig sind, so sind die daraufhin vorgenommenen Abschreibungen, Wertberichtigungen, Zuführungen zu Sonderposten und die unterlassenen Zuschreibungen anzugeben und zu begründen.	§ 308 III S.2	
Außerdem ist anzugeben, wie sich solche im Geschäftsjahr oder früheren Jahren vorgenommenen Maßnahmen auf das Konzernergebnis auswirken und das Ausmaß der daraus resultierenden erheblichen künftigen steuerlichen Belastungen.	§ 314 I Nr.5	
4. Gliederung		
4.1 Abweichungen bei der Gliederung gegenüber dem Vorjahr sind anzugeben und zu begründen.	§ 265 I S.2	
4.2 Sind die angegebenen Zahlen mit denen des Vorjahres nicht zu vergleichen, oder wurden die Vorjahreszahlen entsprechend angepaßt, so ist dies anzugeben und zu erläutern.	§ 265 II	
4.3 Fällt ein Vermögensgegenstand oder eine Schuld unter mehrere Posten, so ist dies anzugeben.	§ 265 III	2

	Sachverhalt	Rechtsnorm	Hinweis
4.4	Ein Anlagengitter ist zu erstellen.	§ 268 II	
4.5	Bei erstmaliger Erstellung des Anlagegitters ist anzugeben, falls die Anschaffungswerte vereinfachend als Buchwerte des Vorjahres angenommen werden.	Art. 24 VI S.3 EGHGB	
4.6	Ist eine Erweiterung der Gliederung notwendig geworden, weil das Unternehmen in verschiedenen Geschäftszweigen tätig ist, für die unterschiedliche Gliederungsvorschriften bestehen, so ist dies im Anhang anzugeben und zu erläutern.	§ 265 IV	
4.7	Die aus Gründen der Klarheit zusammengefaßten Positionen der Bilanz und der GuV müssen gesondert angegeben werden.	§ 265 VII Nr.2	
5.	Angaben zu einzelnen Positionen der Konzernbilanz		
5.1	Ein aktiviertes Disagio ist anzugeben.	§ 268 VI	2
5.2	Die Position "Aufwendungen für die Ingangsetzung und Erweiterung des Geschäftsbetriebs" ist zu erläutern, und die zeitliche Entwicklung ist darzustellen.	§ 269 S.1 § 268 II	 2
5.3	Die Rechtsgrundlagen für die Bildung eines Sonderpostens mit Rücklageanteil sind anzugeben.	§ 273 § 281 I S.2	
5.4	Bei Aufstellung des Abschlusses nach teilweiser Gewinnverwendung ist der Gewinn- oder Verlustvortrag anzugeben.	§ 268 I	2
5.5	Größere Beträge in der Position "Sonstige Vermögensgegenstände", die erst nach dem Geschäftsjahr rechtlich entstehen, sind zu erläutern. (Antizipative RAP)	§ 268 IV	
5.6	Größere Beträge unter dem Posten "Verbindlichkeiten", die erst nach dem Geschäftsjahr rechtlich entstehen, sind zu erläutern. (Antizipative RAP)	§ 268 V	
5.7	Die latenten Steuern sind gesondert anzugeben, wobei eine Zusammenfassung der Beträge, die gem. § 274 und § 306 gebildet wurden, zulässig ist. Die aktiven latenten Steuern sind zu erläutern.	§ 306 § 274 II S.2	
5.8	Der Fehlbetrag bei den Rückstellungen für laufende Pensionen, Anwartschaften auf Pensionen und ähnliche Verpflichtungen ist anzugeben.	Art. 28 II EGHGB	

	Sachverhalt	Rechtsnorm	Hinweis
5.9	Die Abschreibungen des Geschäftsjahres sind anzugeben.	§ 268 II S.3	2
6.	Angaben zu einzelnen Positionen der GuV		
6.1	Angabe der außerplanmäßigen Abschreibungen gem. § 253 II S. 3 oder § 253 III S. 3.	§ 277 III	2
6.2	Außerordentliche Aufwendungen und Erträge sind nach Art und Betrag zu erläutern.	§ 277 IV	3
6.3	Periodenfremde Aufwendungen und Erträge sind nach Art und Betrag zu erläutern.	§ 277 IV	3
6.4	Die Umsatzerlöse sind nach Tätigkeitsbereichen sowie nach geographisch abgegrenzten Märkten aufzugliedern, sofern sich die Aktivitäten in den verschiedenen Bereichen und Märkten erheblich voneinander unterscheiden.	§ 314 I Nr.3	4
7.	Sonstige Sachverhalte		
7.1	Die durchschnittliche Zahl der Arbeitnehmer der einbezogenen Unternehmen, getrennt nach Gruppen, und der Personalaufwand sind anzugeben. Die Anzahl der Arbeitnehmer bei den quotenkonsolidierten Unternehmen ist gesondert anzugeben.	§ 314 I Nr.4	2
7.2	Der Gesamtbetrag der sonstigen finanziellen Verpflichtungen ist anzugeben. Gesondert ist der Betrag der sonstigen finanziellen Verpflichtungen und der Haftungsverhältnisse gem. § 251 HGB anzugeben, die gegenüber nicht einbezogenen Tochterunternehmen bestehen.	§ 314 I Nr.2	3
7.3	Der Bestand an Anteilen am MU, der von einem oder mehreren Konzernunternehmen gehalten wird, ist anzugeben.	§ 314 I Nr.7	
7.4	Die Gesamtbezüge der Mitglieder des Geschäftsführungsorgans, eines Aufsichtsrats, eines Beirats oder ähnlicher Einrichtungen eines Mutterunternehmens sind jeweils getrennt für jede Personengruppe anzugeben. Ferner sind die an diese Personengruppen gewährten Kredite und die eingegangenen Haftungsverhältnisse zu erläutern.	§ 314 I Nr.6a § 314 I Nr.6c	
7.5	Für die ehemaligen Mitglieder der unter 7.4 bezeichneten Organe sind die dort geforderten Angaben ebenfalls zu machen. Außerdem sind für diese Personengruppe Angaben zu den gebildeten und nicht gebildeten Pensionsrückstellungen zu machen.	§ 314 I Nr.6b § 314 I Nr.6c § 314 I Nr.6b	

Literaturhinweise

Grundsätzlich ist die einschlägige Kommentierung, die sich meist bei den §§ 313 und 314 findet, heranzuziehen.
Weitere Quellen:

Eisele, Wolfgang: Anhang, Prüfung des Konzernanhangs, in: HWRev, 2. Aufl., Stuttgart 1992, Sp. 1931-1938.

Harms, Jens E./Küting, Karlheinz: Der Konzernanhang nach künftigem Recht, in: BB, 39. Jg., 1984, S. 1977-1984.

Janz, Reinhard/Schülen, Werner: Der Anhang als Teil des Jahresabschlusses und des Konzernabschlusses, in: WPg, 39. Jg., 1986, S. 57-65.

Küffner, Peter: Der Anhang zum Jahresabschluß, München 1988.

Russ, Wolfgang: Der Anhang als dritter Teil des Jahresabschlusses, 2. Aufl., Bergisch Gladbach 1986.

Schnapauff, Andreas: Fragebogen zur Prüfung des Konzernanhangs nach § 297 Abs. 1 HGB, in: WPg, 40. Jg., 1987, S. 470-483.

Selchert, Friedrich/Karsten, Jürgen: Inhalt und Gliederung des Konzernanhangs, in: BB, 41. Jg., 1986, S. 1258-1264.

N. Konzernlagebericht

1. Grundlagen

Nach § 315 HGB und § 13 Abs. 1 und Abs. 3 S. 3 PublG ist außer einem Konzernabschluß auch ein Konzernlagebericht aufzustellen. Dieser ist - anders als der Anhang - nicht Teil des Konzernabschlusses, er unterliegt jedoch wie dieser der Prüfungspflicht gem. § 316 Abs. 2 HGB und den Vorschriften über die Publizität gem. § 325 Abs. 3 HGB. Die Vorschriften des § 315 HGB über die Inhalte des Konzernlageberichts entsprechen denjenigen des § 289 HGB über den Lagebericht eines Einzelunternehmens mit dem einen Unterschied, daß der Konzernlagebericht über die Rechnungslegungseinheit Konzern berichten soll. Da der Begriff des Konzerns im HGB nicht kodifiziert wird, ist erst zu prüfen, welcher Kreis von Unternehmen aufgrund dieser Vorschrift die Grundlage für den Konzernlagebericht bildet. Unzweifelhaft sind die vollkonsolidierten Unternehmen Teil des Konzerns, über den der Lagebericht informieren soll. Bei den quotenkonsolidierten und den assoziierten Unternehmen geht die Kommentarmeinung dahin, daß sie dann im Lagebericht berücksichtigt werden müssen, wenn von ihnen wesentliche Einflüsse auf die Lage des Konzerns ausgehen (vgl. ADS, 6. Aufl., § 315 Tz. 15, Ellrott, in: Beck Bil-Komm., 3. Aufl., § 315 Anm. 10). Gleiches gilt bei den gem. §§ 295 und 296 HGB in den Konzernabschluß nicht einbezogenen Unternehmen. Der Konzernlagebericht kann gem. § 315 Abs. 3 HGB iVm. § 298 Abs. 3 HGB mit dem Lagebericht des Mutterunternehmens zusammengefaßt und muß dann mit diesem gemeinsam offengelegt werden.

Aufgabe des Lageberichts ist es, Informationen über den Konzern zu geben, die nicht Eingang in den Konzernabschluß gefunden haben. Er dient somit der Ergänzung des Konzernabschlusses. Anders als bei den ergänzenden Angaben des Anhangs, die eng an die Bilanz und die GuV angelehnt und weitgehend vergangenheitsorientiert sind, können im Lagebericht völlig andersartige und zukunftsorientierte Informationen gegeben werden. Ähnlich wie der Konzernabschluß soll der Lagebericht ein den tatsächlichen Verhältnissen entsprechendes Bild der Lage des Konzerns und des Geschäftsverlaufs vermitteln. Konzernabschluß und Konzernlagebericht lassen sich deshalb als zwei Wege zur Erreichung desselben Ziels deuten. Die Vorzüge des Konzernabschlusses, die in seiner vergleichsweise weitgehenden Nachprüfbarkeit und Exaktheit der Angaben gesehen werden können, werden dadurch erkauft, daß er auch nur ein sehr unvollständiges Bild vermitteln kann. Der Lagebericht bietet hingegen der Konzernleitung die Möglichkeit, ihre Einschätzungen und Prognosen offenzulegen, die dementsprechend subjektiv und relativ schlecht nachprüfbar sind, aber für die Beurteilung der zukünftigen Entwicklung des Konzerns von großer Bedeutung sein können. Dadurch, daß der Gesetzgeber sowohl einen Konzernabschluß als auch einen Konzernlagebericht vorschreibt, gibt er den Adressaten die Möglichkeit, sich aus den verschiedenartigen Informationen diejenigen auszuwählen, die sie für ihr jeweiliges Entscheidungsproblem für relevant erachten.

2. Grundsätze der Berichterstattung

Die Forderung des § 315 Abs. 1 HGB, wonach der Konzernlagebericht ein den tatsächlichen Verhältnissen entsprechendes Bild der Lage des Konzerns und des Geschäftsverlaufs zu geben hat, impliziert, daß er den Geboten der Wahrheit, Klarheit und Vollständigkeit unterliegt.

Die Art der im Konzernlagebericht gegebenen Informationen erlaubt es nur in Einzelfällen festzustellen, ob die getroffene Aussage wahr ist oder falsch. Im Fall von Einschätzungen und Prognosen, in denen dies nicht festgestellt werden kann, müssen die Aussagen deshalb plausibel, realitätsnah und auf Basis von nachvollziehbaren Überlegungen zustande gekommen sein. Unabdingbare Voraussetzung ist dabei, daß die Konzernleitung selbst von der Richtigkeit ihrer Aussagen überzeugt ist. Anderenfalls ist das Kriterium der Wahrheit nicht erfüllt.

Die Forderung nach Klarheit des Konzernlageberichts gebietet eine übersichtliche Gliederung und eine eindeutige und verständliche Formulierung der getroffenen Aussagen. Um eine Vergleichbarkeit im Zeitablauf zu gewährleisten, muß bei der Erstellung des Lageberichts der Grundsatz der Stetigkeit hinsichtlich der Gliederung und der Darstellungsform beachtet werden.

Der Konzernlagebericht genügt dem Gebot der Vollständigkeit, wenn er alle Informationen gibt, die für die Beurteilung der Lage des Konzerns nötig sind. Ziel ist es dabei nicht, möglichst viele Detailinformationen zu geben, sondern es sollen gemäß dem Kriterium der Wesentlichkeit die wichtigen Informationen ausgewählt und die weniger bedeutenden in aggregierter Form präsentiert oder - falls unwesentlich - ganz weggelassen werden.

Schließlich soll der Konzernlagebericht wie auch der Konzernabschluß den Konzern als Einheit darstellen. Es kommt demnach nicht auf die Lage der einzelnen Unternehmen, sondern auf diejenige des Gesamtkonzerns an.

3. Berichtsinhalte

Die Berichtspflichten des § 315 HGB lassen sich grob untergliedern in eine Darstellung des Geschäftsverlaufs und der Lage, einen Nachtragsbericht, einen Prognosebericht und eine Darstellung des Bereichs Forschung und Entwicklung. Die drei letztgenannten Berichte sind in Form einer Sollvorschrift in § 315 Abs. 2 HGB kodifiziert. Nach einhelliger Literaturmeinung eröffnet diese Formulierung der Konzernleitung aber kein Wahlrecht, sondern es ist von einer Berichtspflicht auszugehen.

3.1 Die Darstellung des Geschäftsverlaufs und der Lage

Mit der in § 315 Abs. 1 HGB geforderten Darstellung des Geschäftsverlaufs ist eine Beschreibung der wichtigen Entwicklungen des vergangenen Geschäftsjahres gemeint. Die ebenfalls darzustellende *"Lage"* läßt sich als Zustand des Konzerns zum Bilanzstichtag deuten. Unklar und in der Literatur strittig bleibt dabei, inwieweit zur Beschreibung der *"Lage"* Prognosen notwendig sind.

Konkret ist zur Darstellung von *"Geschäftsverlauf"* und *"Lage"* vor allem auf die folgenden Punkte einzugehen, sofern sie für den jeweiligen Konzern von Bedeutung sind:

- die gesamtwirtschaftliche Entwicklung im Inland und - falls von Bedeutung - im Ausland;
- die Branchenentwicklung;
- Vorkommnisse, die für den gesamten Konzern von Bedeutung sind und die nicht aus dem Jahresabschluß ersichtlich sind, wie z.B. die Schließung ganzer Geschäftszweige;
- Änderungen in der Zusammensetzung des Konzerns;
- die Entwicklung im Absatzbereich, wie Umsatzzahlen, Auftragseingang und Auftragsbestand, Marktanteile etc.;
- die Entwicklung im Produktionsbereich, z.B. die Einführung neuer Produktionsverfahren;
- die Entwicklung im Beschaffungsbereich, z.B. die Schaffung von Just in time Zulieferbeziehungen;
- die Entwicklung im Finanzbereich;
- Angaben zum Personal-, Sozial- und Ausbildungswesen, z.B. zur Fluktuation, zur Altersstruktur und zur Altersversorgung.

3.2 Der Nachtragsbericht

Gem. § 315 Abs. 2 Nr. 1 HGB soll auf Vorgänge von besonderer Bedeutung, die nach dem Schluß des Konzerngeschäftsjahres eingetreten sind, eingegangen werden. Im Nachtragsbericht ist an ähnliche Angaben zu denken, wie sie in N.3.1 aufgeführt wurden. Diese müssen aber nur gemacht werden, wenn sie *"von besonderer Bedeutung"* sind. Insbesondere sollten aber dann Informationen gegeben werden, wenn sich die Zusammensetzung des Konzerns nach dem Bilanzstichtag verändert hat (vgl. ADS, 6. Aufl., § 315 Tz. 23).

3.3 Der Prognosebericht

Der Konzernlagebericht soll gem. § 315 Abs. 2 Nr. 2 HGB eingehen auf die voraussichtliche Entwicklung des Konzerns. Zwar sind solche Prognosen potentiell sehr wertvoll für die Beurteilung des Konzerns, sie sind aber auch schwer nachprüfbar und tangieren schnell die berechtigten Geheimhaltungsinteressen des Konzerns. Eine Offenlegung der Pläne könnte dem Konzern schaden, da dies Konkurrenzunternehmen veranlassen würde, geeignete Gegenmaßnahmen zu ergreifen. Deshalb sind weitgehende Anforderungen und große Hoffnungen in bezug auf Umfang und Präzision der Prognosen wohl kaum berechtigt. Auch ist zu bedenken, daß Prognosen mit Unsicherheit behaftet sind und es deshalb meist nicht möglich sein wird, exakte Vorhersagen im Sinne von konkreten Zahlenangaben zu machen. Im allgemeinen wird es bei einer groben verbalen Skizzierung von Plänen und Einschätzungen bleiben. Der Prognosezeitraum sollte gemäß der überwiegenden Literaturmeinung etwa zwei Jahre betragen, wobei es im Hinblick auf die Aussagefähigkeit sehr wünschenswert erscheint, daß der Zeitraum, auf den sich die Prognose bezieht, explizit angegeben wird (vgl. Ellrott in: Beck Bil-Komm., 3. Aufl., § 289 Anm. 35).

3.4 Die Darstellung des Bereichs Forschung und Entwicklung

Solche Konzerne, die eigene Forschungs- und Entwicklungsanstrengungen unternehmen, werden durch § 315 Abs. 2 Nr. 3 HGB verpflichtet, über diese zu berichten. Auch hier ist wie schon beim Prognosebericht angesichts der Sensibilität der Daten und des potentiellen Nutzens für die Konkurrenz Zurückhaltung bei der Offenlegung zu erwarten. Es wird deshalb weniger über konkrete, einzelne Forschungsprojekte als vielmehr über die Gesamtsituation in diesem Bereich, beispielsweise durch Angabe der Anzahl der in diesem Bereich beschäftigten Mitarbeiter oder der bereichspezifischen Aufwendungen, berichtet werden. Darüber hinaus kann eine verbale Beschreibung der Forschungsaktivitäten als ausreichend eingestuft werden (vgl. Ellrott in: Beck Bil-Komm., 3. Aufl., § 289 Anm. 42; ADS, 6. Aufl., § 289 Tz. 118).

Literaturhinweise

Außer der einschlägigen Kommentierung zu § 315 HGB und zu § 289 HGB können vor allem folgende Quellen herangezogen werden:

Emmerich, Gerhard/Künnemann, Martin: Zum Lagebericht der Kapitalgesellschaft, in: WPg, 39. Jg., 1986, S. 145-152.

Kanngiesser, Susanne: Konzernlagebericht, Prüfung, in: HWRev, 2. Aufl., Stuttgart 1992, Sp. 1040-1048.

Kropff, Bruno: Der Lagebericht nach geltendem und künftigem Recht, in: BFuP, 32. Jg., 1980, S. 514-532.

Reittinger, Wolfgang: Der Lagebericht, in: Handbuch des Jahresabschlusses in Einzeldarstellungen (HdJ), hrsg. von Klaus von Wysocki und Joachim Schulze-Osterloh, Abt. IV/3 (2. Neubearbeitung 1994), Köln 1985.

Stobbe, Thomas: Der Lagebericht, in: BB, 43. Jg., 1988, S. 303-311.

Literaturhinweis

[illegible] § 3 [illegible] und [illegible]

[illegible] Zum Lagewechsel der Konjunktur [illegible] 38 [illegible]

[illegible]

[illegible]

[illegible]

O. Prüfung des Konzernabschlusses

1. Grundlagen

Der Konzernabschluß und der Konzernlagebericht von Kapitalgesellschaften sind gem. § 316 Abs. 2 HGB durch einen Abschlußprüfer zu prüfen. Eine entsprechende Regelung findet sich in § 14 Abs. 1 S. 1 PublG, wobei S. 2 die sinngemäße Anwendung der § 316 Abs. 3 und §§ 317-324 HGB vorschreibt.

Die Prüfung hat das Ziel, die Vertrauenswürdigkeit von Konzernabschluß und -lagebericht sicherzustellen, damit die Konzernrechnungslegung die ihr zugedachte Aufgabe als Informationsinstrument für die Unternehmensexternen erfüllen kann. Dieser Adressatenkreis hat ein Interesse an glaubwürdigen bzw. nachprüfbaren Informationen, die benötigt werden, um ökonomisch sinnvolle Entscheidungen fällen zu können. Aus diesem Blickwinkel kommt der gesetzlich vorgeschriebenen Prüfung durch den Abschlußprüfer beim Konzernabschluß eher noch größere Bedeutung zu als im Falle des Einzelabschlusses, weil die Möglichkeiten für die Externen, die Informationen selber zu überprüfen, für den Konzernabschluß geringer einzuschätzen sind als für den Einzelabschluß. So hat jeder Gesellschafter einer GmbH gem. § 51a Abs. 1 GmbHG das Recht, die Bücher der Gesellschaft einzusehen. Dieses Recht erstreckt sich jedoch nicht auf etwaige Tochtergesellschaften. In der AG steht dieses Recht zwar nicht den einzelnen Aktionären, jedoch gem. § 111 Abs. 2 AktG den von ihnen entsandten Aufsichtsratsmitgliedern zu. Da im Aufsichtsrat häufig auch andere Externe, vor allem die kreditgebenden Banken, vertreten sind, haben auch diese gegebenenfalls die Möglichkeit, den Jahresabschluß durch Personen ihres Vertrauens zu überprüfen. Aber auch hier gilt, daß diese Einsichtsrechte nicht bei den Tochterunternehmen bestehen. Berücksichtigt man zusätzlich den hohen Schwierigkeitsgrad und den großen Aufwand, den eine Prüfung eines Konzernabschlusses mit sich bringt, so bleibt die Prüfung durch einen Abschlußprüfer die einzige realistische Möglichkeit, die Vertrauenswürdigkeit der Informationen für die Externen zu gewährleisten.

2. Bestellung und Auswahl der Abschlußprüfer

Wenn nicht ein eigener Prüfer für den Konzernabschluß besonders bestellt wird, gilt gemäß § 318 Abs. 2 HGB der Abschlußprüfer des Mutterunternehmens zugleich als Prüfer des Konzernabschlusses als bestellt. Beide werden durch die Gesellschafter der Muttergesellschaft auf der Hauptversammlung für das laufende Geschäftsjahr gewählt (§ 318 Abs. 1 HGB). Als Abschlußprüfer eines Konzernabschlusses kommen nur Wirtschaftsprüfer und Wirtschaftsprüfungsgesellschaften in Frage (§ 319 Abs. 1 S. 1 HGB). Ein Wirtschaftsprüfer kann dann nicht Prüfer eines Konzernabschlusses sein, wenn bei ihm die *"Besorgnis der Befangenheit"* (§ 318 Abs. 3 HGB und § 49 WPO) besteht. Diese besteht nach den Richtlinien der Wirtschaftsprüferkammer immer dann, wenn ein unabhängiger Dritter bei objektiver Betrachtung Zweifel an der Unbefangenheit des Abschlußprüfers haben könnte.

Ferner sind die in § 319 Abs. 2 und 3 HGB kodifzierten Ausschlußtatbestände zu beachten, die nach Abs. 4 auf den Abschlußprüfer des Konzernabschlusses entsprechend anzuwenden sind. Kurz gefaßt sieht § 319 HGB drei Arten von Ausschlußgründen vor (vgl. Budde/Steuber in: Beck Bil-Komm., 3. Aufl., § 319 Anm. 7):

- Verflechtung mit der zu prüfenden Gesellschaft,
- Mitwirkung bei der Erstellung der zu prüfenden Unterlagen und
- finanzielle Abhängigkeit von der zu prüfenden Gesellschaft.

Bei der entsprechenden Anwendung dieser Vorschriften auf den Konzernabschluß lassen sich in der Kommentierung eine restriktive und eine weniger restriktive Auffassung ausmachen. Die restriktive Auffassung, vertreten vor allem durch Baetge/Hense, sieht einen Ausschlußgrund für einen Konzernabschlußprüfer auch dann als erfüllt an, wenn er nur bei einem Tochterunternehmen gegeben ist, selbst wenn dieses durch einen anderen Wirtschaftsprüfer geprüft oder gem. §§ 295, 296 HGB nicht in den Konzernabschluß einbezogen wurde (vgl. Baetge/Hense, in: Küting/Weber, Konzernrechnungslegung, § 319 Rn. 85, 93, 104 und 108). Die weniger restriktive Interpretation, für die stellvertretend ADS und der Beck'sche Bilanzkommentar genannt seien, sieht in den oben angeführten Fällen die Ausschlußgründe als nicht verwirklicht an (vgl. Budde/Steuber in: Beck Bil-Komm., 3. Aufl., § 319 Anm. 43-50).

3. Inhalte der Konzernabschlußprüfung

Der Abschlußprüfer des Konzernabschlusses hat gem. § 317 Abs. 1 HGB zu prüfen, ob der Abschluß Gesetz und Satzung entspricht. Die Forderung des § 317 Abs. 1 S. 1 HGB, wonach bei der Prüfung des Einzelabschlusses die Buchführung mit einzubeziehen ist, wurde vom Gesetzgeber bewußt nicht auf die Konzernabschlußprüfung übertragen, weil der Konzern als solcher - anders als die Einzelunternehmen - nicht buchführungspflichtig ist (vgl. Baetge/Hense, Prüfung des Konzernabschlusses, in: Küting/Weber, Konzernrechnungslegung, S. 598 Rn. 1408). Darüberhinaus hat der Abschlußprüfer zu prüfen, ob der Konzernlagebericht mit dem Konzernabschluß im Einklang steht und nicht eine falsche Vorstellung von der Lage des Konzerns erweckt.

Am Beginn seiner Prüfung muß sich der Konzernabschlußprüfer vergewissern, ob die Voraussetzungen für die Konzernrechnungslegungspflicht überhaupt vorliegen. Ist dies nicht der Fall und besteht kein Interesse an einer freiwilligen Aufstellung, hat er das Mandat zurückzugeben (vgl. Baetge/Hense, Prüfung des Konzernabschlusses, in: Küting/Weber, Konzernrechnungslegung, S. 596 f. Rn. 1407).

Da der Konzernabschluß auf den Einzelabschlüssen der einbezogenen Unternehmen beruht, verlangt § 317 Abs. 2 HGB eine Prüfung, ob diese Abschlüsse den Grundsätzen ordnungsmäßiger Buchführung entsprechen und ob die für die Übernahme in den Konzernabschluß geltenden Vorschriften, also vor allem die konzerneinheitliche Bewertung, beachtet wurden. Konkret ist somit eine Prüfung der Handelsbilanz I und II der Tochterunternehmen gefordert. Um Doppelarbeiten bei denjenigen Tochtergesellschaften zu vermeiden, die freiwillig oder aufgrund gesetzlicher Vorschriften ihren Abschluß bereits haben prüfen lassen, erlaubt § 317 Abs. 2 S. 2 und S. 3 HGB eine Übernahme dieser Prüfungsergebnisse für den Konzernabschluß, falls die Prüfung den Normen des HGB entspricht und von einem Prüfer durchgeführt wurde, der den Ansprüchen der EG Richtlinie genügt ("Befreiende Prüfung"). Eine maximale Kostenersparnis ergibt sich, wenn auch die HB II bereits vom Abschlußprüfer des Tochterunternehmens geprüft wurde. Dies setzt jedoch voraus, daß diesem Abschlußprüfer eine hinreichend eindeutige Beschreibung der konzerneinheitlichen Bewertung vorliegt.

Der Konzernabschlußprüfer ist allein verantwortlich für die Vollständigkeit und Richtigkeit des Konzernabschlusses und hat deshalb durch geeignete Prüfungsmaßnahmen sicherzustellen, daß die Voraussetzungen für die Übernahme von Prüfungsergebnissen anderer Prüfer erfüllt sind. (vgl. dazu § 323 HGB und Förschle/Kofahl in: Beck Bil-Komm., 3. Aufl., § 317 Anm. 48). Gewinnt ein Konzernabschlußprüfer den Eindruck, daß ein befreiend geprüfter Einzelabschluß Mängel aufweist, so ist er deshalb verpflichtet, durch zusätzliche Prüfungshandlungen die Mängel zu beheben, falls diese für den Konzernabschluß wesentlich sind. (vgl. Baetge/Hense, Prüfung des Konzernabschlusses, in: Küting/Weber, Konzernrechnungslegung, S. 610 Rn. 1448). Wurde der Bestätigungsvermerk für den Einzelabschluß verweigert, so darf dieser nicht in den Konzernabschluß übernommen werden.

Durch den Wortlaut des § 317 Abs. 2 HGB sind die assoziierten Unternehmen nicht erfaßt. Der Konzernabschlußprüfer muß jedoch den mit Hilfe der Equity-Methode ermittelten Wertansatz prüfen, was zusätzliche Prüfungsmaßnahmen im assoziierten Unternehmen, etwa zur Feststellung der stillen Reserven, erforderlich macht.

Im nächsten Schritt hat der Konzernabschlußprüfer zu prüfen, ob der Konsolidierungskreis korrekt abgegrenzt und alle Konsolidierungen den Vorschriften entsprechend vorgenommen wurden. Anschließend ist sicherzustellen, daß die Angaben im Anhang zutreffend sind und die Grundsätze für seine Aufstellung beachtet wurden. Der Konzernlagebericht ist daraufhin zu prüfen, ob er mit dem Konzernabschluß in Einklang steht. Dies erfordert einen Vergleich der Aussagen des Lageberichts mit dem Konzernabschluß. Werden im Lagebericht Zahlenangaben gemacht, ist zu prüfen, ob diese mit den Daten aus dem Konzernabschluß zu vereinbaren sind. Weiter ist zu prüfen, ob der Konzernlagebericht nicht eine falsche Vorstellung von der Lage des Konzerns vermittelt. Dazu ist es insbesondere erforderlich festzustellen, daß der Lagebericht alle wesentlichen geforderten Informationen vermittelt ("Vollständigkeit") und daß die von der Konzernleitung offengelegten Einschätzungen und Prognosen nachvollziehbar und plausibel sind. Wurde der Konzernabschluß nachträglich geändert, so sind diese Änderungen gem. § 316 Abs. 3 HGB ebenfalls zu prüfen.

4. Die Informationsrechte des Konzernabschlußprüfers

Damit der Konzernabschlußprüfer seinen Aufgaben gerecht werden kann, stehen ihm weitgehende Informationsrechte zu, die in § 320 Abs. 3 HGB kodifiziert sind. So müssen ihm

- der Konzernabschluß und der Konzernlagebericht,
- die Jahresabschlüsse und Lageberichte des Mutterunternehmens und aller Tochterunternehmen und
- die Prüfungsberichte aller geprüften Einzelabschlüsse

vorgelegt werden.

Er hat gem. § 320 Abs. 3 iVm. Abs. 1 HGB

- ein Einsichtsrecht in die Bücher und Schriften des Mutterunternehmens und der Tochterunternehmen;
- ein Prüfungsrecht hinsichtlich der Vermögensgegenstände und der Schulden bei den oben genannten Unternehmen.

Gem. § 320 Abs. 3 iVm. Abs. 2 HGB kann er Aufklärungen und Nachweise sowohl von den gesetzlichen Vertretern des Mutterunternehmens und der Tochterunternehmen als auch von den Abschlußprüfern dieser Unternehmen verlangen.

Nicht geregelt sind die Informationsrechte bei den assoziierten Unternehmen, womit sich dieselben Probleme stellen, wie sie bei der Frage der Einbeziehung dieser Unternehmen bereits erörtert wurden (vgl. E.6 und Baetge, Konzernrechnungslegung und -prüfung, 1990, S. 196 f.).

5. Das Prüfungsergebnis

Nach Abschluß der Prüfung hat der Konzernabschlußprüfer gem. § 322 Abs. 1 HGB folgenden Bestätigungsvermerk zu erteilen:
"Der Konzernabschluß entspricht nach meiner/unserer pflichtgemäßen Prüfung den gesetzlichen Vorschriften. Der Konzernabschluß vermittelt unter Beachtung der Grundsätze ordnungsmäßiger Buchführung ein den tatsächlichen Verhältnissen entsprechendes Bild der Vermögens-, Finanz- und Ertragslage des Konzerns. Der Konzernlagebericht steht im Einklang mit dem Konzernabschluß."

Dieser Bestätigungsvermerk ist unter den in § 322 Abs. 2 und 3 HGB genannten Voraussetzungen zu ergänzen, einzuschränken oder gänzlich zu versagen. Er unterscheidet sich vom Bestätigungsvermerk für den Einzelabschluß dadurch, daß ein Verweis auf die Buchführung fehlt (vgl. O.3.).

Der Konzernabschlußprüfer hat gem. § 321 HGB einen Prüfungsbericht zu erstellen, in dem er

- feststellt, ob Konzernabschluß, Konzernlagebericht und die Einzelabschlüsse Gesetz und Satzung entsprechen (§ 321 Abs.1 S. 2 HGB);
- feststellt, ob er die geforderten Aufklärungen und Nachweise erhalten hat (§ 321 Abs. 1 S. 2 HGB);
- nachteilige Veränderungen der Vermögens-, Finanz-, und Ertragslage und wesentliche Verluste aufführt und ausreichend erläutert (§ 321 Abs. 1 S. 4 HGB);
- der sog. Redepflicht nachkommt, also über Tatsachen, die den Bestand des Konzerns gefährden, und über Verstöße der Konzernleitung berichtet (§ 321 Abs. 2 HGB und Budde/Kunz in: Beck Bil-Komm., 3. Aufl., § 321 Anm. 99);
- die Posten des Konzernabschlusses aufgliedert und erläutert (vgl. § 321 Abs. 1 S.3 HGB, strittig).

§ 321 HGB spricht den Konzernabschlußprüfer jedoch nur in Abs. 1 S. 2 explizit an, weshalb in der Literatur vor allem hinsichtlich des zuletzt genannten Punktes unterschiedliche Auffassungen vertreten werden, inwieweit die Bestimmungen auf den Konzernprüfungsbericht anzuwenden sind. (Für eine Diskussion siehe Baetge/Hense, Prüfung des Konzernabschlusses, in: Küting/Weber, Konzernrechnungslegung, S. 625-647, Rn. 1485-1532.)

Die Bestimmung des § 321 Abs. 3 HGB wird meist so gedeutet, daß der Konzernprüfungsbericht den gesetzlichen Vertretern des Mutterunternehmens unverzüglich vorzulegen ist. Diese haben, falls es sich bei dem Mutterunternehmen um eine AG handelt, gem. § 337 Abs. 1 AktG den Konzernabschluß, den Konzernlagebericht und den Prüfungsbericht der Konzernabschlußprüfer unverzüglich dem Aufsichtsrat vorzulegen. Für die GmbH werden die entsprechenden Berichtspflichten gegenüber den Gesellschaftern in § 42a Abs. 4 iVm. Abs. 1 GmbHG kodifiziert. Bei Konzernen, die unter das Publizitätsgesetz fallen und bei denen das Mutterunternehmen einen Aufsichtsrat hat, sind diesem gem. § 14 Abs. 3 PublG die oben genannten Unterlagen unverzüglich vorzulegen.

Literaturhinweise

Außer der Kommentierung zu den §§ 316-324 HGB, den einschlägigen Stichwortbeiträgen im HWRev, 2. Aufl. 1992 und der Darstellung im WP-Handbuch sei verwiesen auf:

Baetge, Jörg: Die Prüfung des Konzernabschlusses, in: Konzernrechnungslegung und -prüfung, hrsg. von Jörg Baetge, Düsseldorf 1990, S. 175-200.

Baetge, Jörg/Hense, Heinz Hermann: Prüfung des Konzernabschlusses, in: Küting/Weber (Hrsg.), Handbuch der Konzernrechnungslegung, Stuttgart 1989, S. 585-665.

P. Konzernabschlüsse nach US-GAAP und IAS

1. Unterschiede aufgrund abweichender Vorschriften zum Einzelabschluß

Konzernabschlüsse nach HGB einerseits und nach US-GAAP oder IAS andererseits weichen weniger aufgrund der spezifischen Vorschriften zum Konzernabschluß als vielmehr aufgrund der unterschiedlichen Vorschriften zur Gestaltung der zugrundeliegenden Einzelabschlüsse voneinander ab. Wichtige Unterschiede bei den Einzelabschlüssen ergeben sich vor allem aus

- der Pflicht zum Ansatz von Vollkosten als Herstellungskosten für Vorräte,
- der Zulässigkeit des Dollar-Value-Lifo,
- den Besonderheiten des Niederstwertprinzips in Form des „lower of cost or market",
- der anteiligen Gewinnrealisation bei langfristiger Fertigung („percentage of completion"),
- dem Aktivierungswahlrecht für selbsterstellte, abgrenzbare immaterielle Vermögensgegenstände des Anlagevermögens,
- der Aktivierung von Entwicklungskosten (nur IAS),
- der Aktivierung von „deferred charges",
- der Bewertung von Wertpapieren zum Zeitwert („mark to market") mit unmittelbarer Gewinnrealisation bei einem Teil dieser Wertpapiere,
- der Bewertung börsengängiger Produkte zum Zeitwert und Gewinnrealisation,
- der Bewertung von Fremdwährungspositionen zum Zeitwert und Gewinnrealisation,
- den detaillierten Regeln zur Bilanzierung von Leasing,
- dem umfassenderen Verständnis von latenten Steuern mit begrenzter Maßgeblichkeit und mit latenten Steuern auch für Verlustvorträge,
- dem eingeschränkten Ausweis von ungewissen Verbindlichkeiten („contingencies"),
- der Bestimmung der Pensionsverpflichtungen auf Basis des für die Verpflichtung maßgebenden Gehaltsniveaus entsprechend der „pension benefit formula" nach dem Anwartschaftsbarwertverfahren und auf der Grundlage der jeweils aktuellen „settlement rate", allerdings eventuell zeitlich verzögert,
- der Beschränkung der GuV auf das Umsatzkostenverfahren (nur US-GAAP), und
- den weit umfangreicheren Erläuterungspflichten im Anhang („notes" bzw. „disclosure").

2. Dynamik von US-GAAP und IAS

Während die deutschen Vorschriften zu Konzernabschlüssen weitgehend durch Gesetze geprägt sind, die nur in größeren zeitlichen Abständen reformiert werden, basieren die Konzernrechnungslegungsvorschriften von US-GAAP und IAS auf Verlautbarungen von Gremien, die einfacher und häufiger ihre Vorstellungen neufassen können. Insbesondere im Rahmen der IAS stehen zur Zeit viele Reformen bei Rechnungslegungsstandards an. Für den Leser ergibt sich daraus die Gefahr, daß die nachfolgenden Darstellungen rasch überholt sein können.

3. Überblick über die Vorschriften zur Konzernrechnungslegung nach US-GAAP und IAS

US-GAAP	IAS

3.1 Grundlagen

a) Verbindlichkeit der Konzernrechnungslegung (§ 290 HGB)

• Empfehlung: ARB 51.1, FAS 94.1 • nachdrückliche Empfehlung (SEC Regulation S-X, Rule 3A-02)	• Pflicht: IAS 27.7 und .9

b) zugrundeliegende Theorie (§ 297 Abs. 1 Satz 1 HGB)

= *Einheitstheorie und Interessentheorie* =

(FAS 94.1; vgl. Beams, Advanced Accounting 1996, S. 423-436)	(IAS 27.6; vgl. Baetge/Schulze in: Baetge/Dörner/Kleekämper/Wollmert, Rechnungslegung nach IAS, IAS 27 Tz. 20f.)

c) Aufgabe des Konzernabschlusses (§ 297 Abs. 2 HGB)

= *Information* =

(SFAC 2)	(Framework 6)

d) konzerneinheitliche Bewertung (§ 308 HGB)

• nicht erforderlich, aber zulässig (Einheitlichkeit wird wahrscheinlich angesichts weniger Wahlrechte als	• Vereinheitlichung von Bilanzansatz und Bewertung wird gefordert; Ausnahme: „if it is not practicable“,

gegeben unterstellt).	Nichtvereinheitlichung ist dann aber offenzulegen (IAS 27.21).

e) Vereinheitlichung der Stichtage der Einzelabschlüsse (§ 299 Abs. 2 und 3 HGB)

= Abweichungen bis zu 3 Monaten erlaubt; Verwerfungen müssen aber ausgeglichen werden =

(ARB 51.4)	(IAS 27.19 und .20)

f) Geschäftsjahr des Konzernabschlusses (§ 299 Abs. 1 HGB)

• Geschäftsjahr der Mutter (ARB 51.4; SEC Regulation S-X, Rule 3A-02)	• Hinweis auf Geschäftsjahr der Mutter in IAS 27.19

3.2 Aufstellungspflicht und Konsolidierungskreis

a) Kriterien für die Notwendigkeit der Konzernrechnungslegung (§ 290 HGB)

• Control (FAS 94.13) – direktes oder indirektes Eigentum einer Mehrheit der Stimmrechte – andere Kriterien werden vom FASB diskutiert, wurden aber nicht umgesetzt	• Control (IAS 27.12) – direktes oder indirektes Eigentum einer Mehrheit der Stimmrechte – Stimmrechtsmehrheit auf Basis einer Vereinbarung mit anderen – Möglichkeit zu beherrschendem Einfluß durch Vertrag oder Satzung – Macht zur Besetzung und Abberufung der Mehrheit des Leitungsorgans – Macht, die Stimmenmehrheit im Leitungsorgan auszuüben

b) Ausnahmen bei Aufstellungspflicht (§§ 291 - 293 HGB)

• keine Ausnahme wegen geringer Größe (aber US-GAAP nur für börsennotierte Kapitalgesellschaften) • keine Ausnahme vom Tannenbaumprinzip, es sei denn Teilkonzernmütter unterliegen nicht der Aufsicht durch die SEC.	• keine Ausnahme wegen geringer Größe • enge Ausnahme vom Tannenbaumprinzip, wenn Teilkonzernmutter zu 90 % oder mehr in Konzerneigentum steht und alle Minderheitsaktionäre zustimmen (IAS 27.8 und .10).

c) Konsolidierungskreis (§ 294 HGB)

= *Mutter und alle Töchter nach dem Weltabschlußprinzip* =

(FAS 94.9)	(IAS 27.11)

d) Ausnahmen bei Konsolidierungskreis (§§ 295 und 296 HGB)

• Einbeziehungsverbot in den Fällen: – Control wird nur vorübergehend ausgeübt, weil Anteile zum baldigen Verkauf bestimmt – Control kann nicht ausgeübt werden, weil z. B. Tochter im Konkurs oder Transfer aus dem Ausland unmöglich (FAS 94.10 und .13)	• Einbeziehungsverbot in den Fällen: – Control wird nur vorübergehend ausgeübt, weil Anteile zum baldigen Verkauf bestimmt – Control kann nicht ausgeübt werden, weil Kapitaltransfer zur Mutter schwer behindert (IAS 27.13)
• in engen Grenzen Wahlrecht auf Basis von materiality	• in engen Grenzen Wahlrecht auf Basis von materiality, evtl. auch bei Informationsproblemen (IAS Framework 29, 30, 44)

e) Behandlung der nicht-vollkonsolidierten Tochterunternehmen

• Bewertung „at equity" nicht vorgeschrieben, aber die Regel (FAS 94.15)	• Bewertung wie „investments" nach IAS 25; Ausweis „at equity" untersagt (IAS 27.13)

3.3 Währungsumrechnung

a) Grundkonzeption

Im Prinzip fußen beide Regelwerke auf den Gedanken, daß eine Umrechnung in die funktionale Währung erfolgswirksam, eine Umrechnung in eine abweichende Berichtswährung dagegen erfolgsneutral zu erfolgen hat und daß die Währung, in der ein Unternehmen „rechnet", weil der Großteil der Zahlungen, der Aufwendungen oder des Kapitals auf diese Währung lauten (vgl. auch die Indikatoren gemäß Abschnitt c)), die funktionale Währung dieses Unternehmens ist; durch Annahmen wird diese Sichtweise allerdings jeweils spezifisch eingeschränkt.

(FAS 52)	(IAS 21)

b) Annahmen

• Die heimische und Berichtswährung der Mutter ist zugleich deren funktionale Währung	• Die heimische und Berichtswährung der Mutter ist zugleich deren funktionale Währung.

• Bei Töchtern kann die funktionale Währung abweichen sowohl von der heimischen Währung der Tochter als auch von der funktionalen Währung der Mutter. (FAS 52.10)	• Funktionale Währung der Töchter ist entweder die funktionale Währung der Mutter (integral foreign operation) oder die heimische Währung der Tochter (foreign entity; IAS 21.25).

c) Indikatoren für funktionale Währung

• Cash-flows • Verkaufspreise • Verkaufsmärkte • Aufwendungen bzw. Ausgaben • Herkunft des Kapitals und Währung, in der das Kapital gemessen wird • Umfang der innerkonzernlichen Lieferungen und Leistungen (FAS 52.42)	• Umfang der Autonomie der Tochter • Umfang der innerkonzernlichen Lieferungen und Leistungen • Abhängigkeit von der Mutter bei der Finanzierung • Aufwendungen bzw. Ausgaben • Umsätze bzw. Verkaufspreise • Cash-flows (IAS 21.26).

d) Umrechnung in die funktionale Währung

• remeasurement (FAS 52.10) • Umrechnung, als wären die Bücher in der funktionalen Währung geführt worden (FAS 52.10) • Zeitbezugsmethode (FAS 52.47 und .48) • erfolgswirksame Erfassung der Umrechnungsdifferenzen (FAS 52.47) • Jahresdurchschnittskurse als Näherungen zur Umrechnung in der GuV erlaubt (vgl. Beams, Advanced Accounting 1996, S. 533).	• Umrechnung von integral foreign operations (IAS 21.27) • Umrechnung, als wären es Geschäfte der Mutter (IAS 21.27 und .28) • Zeitbezugsmethode (IAS 21.11) • erfolgswirksame Erfassung der Umrechnungsdifferenzen (IAS 21.15) • Wochen- und Monatsdurchschnittskurse generell als Näherung erlaubt, wenn Schwankungen nicht stark (IAS 21.29)

e) Umrechnung aus der funktionalen Währung in eine davon abweichende Berichtswährung

• translation (FAS 52.12 und .70) • Umrechnung, die die Relationen zwischen den Größen des Jahresabschlusses in funktionaler Währung bewahrt (FAS 52.74)	• Umrechnung von foreign entities (IAS 21.30)
• Stichtagskursmethode für die Bilanz - außer Eigenkapital (FAS 52.12)	• Stichtagskursmethode für die Bilanz (IAS 21.30a)
• erfolgsneutrale Erfassung der Umrechnungsdifferenzen im Eigenkapital (FAS 52.13)	• erfolgsneutrale Erfassung der Umrechnungsdifferenzen im Eigenkapital (IAS 21.30c und .32)
• Jahresdurchschnittskurse als Näherungen zur Umrechnung in der GuV er-	• Periodendurchschnitte als Näherungen in der GuV erlaubt (IAS 21.31)

laubt (FAS 52.12)

f) Besonderheit bei Töchtern in Ländern mit hoher Inflation

- die Berichtswährung der Mutter ist die funktionale Währung solcher Töchter
- hohe Inflation ab einer Rate von etwa 100 % Inflation in drei Jahren (FAS 52.11)

- Jahresabschlüsse von foreign entities müssen zunächst „inflationsbereinigt" und erst danach umgerechnet werden (IAS 21.36)
- mehrere Kriterien für hohe Inflation; darunter auch eine Inflationsrate über 100 % in drei Jahren (IAS 29.3)

3.4 Kapitalkonsolidierung

3.4.1 Zur Abgrenzung des Einsatzes von Erwerbs- und Interessenzusammenführungsmethode

a) Grundlagen

Teilweise unabhängig von der konkreten Form der Unternehmensverbindung gibt es zwei Betrachtungsweisen:

- purchases oder
- pooling of interests

- acquisitions oder
- unitings of interest

b) Bedingungen für das Vorliegen von pooling (uniting) of interests (§ 302 I HGB)

- Selbständigkeit der Unternehmen vor der Verbindung
- Unabhängigkeit der Unternehmen vor der Verbindung
- Verbindung gründet auf einem Vorgang nach einem Plan von maximal einem Jahr
- Verbindung nur durch Ausgabe von voll stimmberechtigten Aktien im Austausch gegen fast alle (90 % oder mehr) Aktien des anderen Unternehmens
- zwei Jahre vor und während des Vorgangs der Verbindung ändert keines der Unternehmen sein stimmberechtigtes Kapital zur Einflußnahme auf die

Verbindung	
• eigene Aktien werden von den Unternehmen nur in normalem Umfang und nicht zur Einflußnahme auf die Verbindung erworben	• alle oder zumindest weitgehend alle stimmberechtigten Aktien werden ausgetauscht oder zusammengefaßt
• die relativen Eigenkapitalanteile bezogen auf die anderen Eigner des gleichen Unternehmens verschieben sich durch die Verbindung nicht	• die Aktionäre der beiden Unternehmen behalten im Verhältnis zueinander im wesentlichen die gleichen Kapitalanteile und Stimmrechte
• eine in der Vereinbarung vorgesehene Barzahlung übersteigt nicht zehn vom Hundert des Nennbetrags oder, falls ein Nennbetrag nicht vorhanden ist, des rechnerischen Wertes der ausgegebenen Anteile.	
• die Stimmrechte aus den Aktien der neuen Obergesellschaft stehen den Aktionären zu	
• mit der Durchführung des Plans ist der Zusammenschluß abgeschlossen; es schweben daraus keine weiteren Rechte und Pflichten	
• das zusammengefaßte Unternehmen ist nicht verpflichtet, Aktien zurückzukaufen	
• das zusammengefaßte Unternehmen trägt keine zusätzlichen Verpflichtungen zugunsten früherer Anteilseigner der Teilunternehmen	
• das zusammengefaßte Unternehmen plant und beabsichtigt keine Verkäufe des zusammengefaßten Vermögens mit Ausnahme normaler Verkäufe oder des Abbaus doppelt vorhandener Kapazitäten	• die Zeitwerte der beiden Unternehmen weichen nicht wesentlich voreinander ab
alle Kriterien müssen erfüllt sein	alle Kriterien müssen erfüllt sein
(APB 16.45 - .48; Sonderfall in APB 16.99)	(IAS 22.16)

3.4.2 Erwerbsmethode

a) Anschaffungskosten

• cost of an acquired company (APB 16)	• cost of the acquisition
• Zeitwerte der hingegebenen Güter oder Zeitwerte der erlangten Güter - was sich eindeutig bestimmen läßt (APB 16.67) • bedingte Kaufpreisbestandteile - wenn mit großer Sicherheit bestimmbar, Teil der Anschaffungskosten - wenn unsicher, werden sie Teil der nachträglichen Anschaffungskosten, wenn sie absehbar werden und vom Gewinn des Konzerns abhängen (APB 16.77 - .81) • direkte Kosten des Kaufs (etwa „finders fees“) sind Anschaffungskosten (APB 16.76) • Kosten der Aktienausgabe werden vom Zeitwert der ausgegebenen Aktien abgezogen (APB 16.76) • Gemeinkosten des Erwerbs sind Aufwand der Periode (APB 16.76)	• hingegebene Geldwerte zuzüglich der Zeitwerte weiterer Gegenleistungen, wobei nach möglichst verläßlichen Ermittlungsmethoden gesucht wird (IAS 22.25) • bedingte Kaufpreisbestandteile sind Teil der Anschaffungskosten, wenn sie wahrscheinlich relevant werden und sich verläßlich ermitteln lassen; soweit sie sich erst im Zeitablauf konkretisieren, müssen die Anschaffungskosten geändert werden, sobald die Folgen ausreichend verläßlich abschätzbar werden • direkte Kosten des Kaufs, einschließlich der Kosten der Aktienausgabe, sind Anschaffungskosten • Gemeinkosten des Erwerbs sind Aufwand der Periode (IAS 22.22 - .26 und .52 - .57)

b) Fortschreibung der Anschaffungskosten

= nach der Equity-Methode =

c) Bewertung des Vermögens bei der Tochter

• Erwerb von 100 % - Bewertung aller erworbenen Vermögensgegenstände und Schulden - einschließlich der erworbenen abgrenzbaren immateriellen Anlagegüter (FIN 4) - vorläufig mit ihren Zeitwerten (APB 16.87) - Regeln zur Bestimmung der Zeitwerte werden vorgegeben (APB 16.88) - wenn investment cost > Zeitwert des Nettovermögens, ist die Differenz	• In den Konzernabschluß einzubeziehende abgrenzbare Vermögensgegenstände und Schulden liegen vor, wenn - deren künftige ökonomische Vorteile dem Erwerber zufließen oder von ihm abfließen - deren Kosten oder Zeitwerte sich verläßlich bestimmen lassen • Regeln zur Bestimmung der Zeitwerte, die von der Art der Nutzung ab-

goodwill (APB 16.87)
- wenn investment cost < Zeitwert des Nettovermögens, müssen die Werte des nichtmonetären Anlagevermögens proportional gesenkt werden; reicht Abwertung auf Null nicht aus, entsteht zusätzlich ein „deferred credit" (negativer goodwill) (APB 16.87).

- Erwerb von weniger als 100 % Wahlrecht zwischen
  - Buchwertmethode (parent company concept), bei der nur entsprechend dem Anteil des Konzerns auf Zeitwerte bei Vermögen und Schulden übergegangen wird, oder
  - Neubewertung (entity concept), bei der voll auf Zeitwerte übergegangen wird, so daß auch für die Minderheit stille Reserven aufgelöst werden (vgl. Delaney, GAAP 97, S. 361). Ob ein goodwill auf den Minderheitsanteil zu bilden ist, wird unterschiedlich beurteilt.
- Goodwill ist planmäßig über maximal 40 Jahre abzuschreiben, Abweichungen von linearer Abschreibung müssen begründet werden, außerplanmäßige Abschreibungen müssen vorgenommen werden, wenn der Wert gesunken ist. Die pauschale Sofortabschreibung ist verboten (APB 17.28 - .31)
- Der „deferred credit" (negative goodwill) ist über die Jahre, die er entlasten soll, max. aber über 40 Jahre, aufzulösen. (APB 16.91)

hängen, werden vorgegeben (IAS 22.38 und .39)

- Für das weitere Vorgehen gibt es zwei Wahlrechte:
- Die abgrenzbaren Vermögensgegenstände und Schulden dürfen
  - mit dem Konzernanteil zu Zeitwerten und mit dem Minderheitenanteil zu Buchwerten bewertet werden (Buchwertmethode; benchmark treatment IAS 22.31)
  - voll mit Zeitwerten bewertet werden (Neubewertungsmethode; allowed alternative IAS 22.33)
- Goodwill ist die Differenz zwischen cost of the acquisition und anteiligem Nettovermögen zu Zeitwerten. Er wird im Erwerbsjahr und später planmäßig - in der Regel linear - über max. 5 Jahre, bei Gründen für längere Frist über max. 20 Jahre abgeschrieben (IAS 22.42); außerplanmäßige Abschreibung ist gegebenenfalls nötig, Wiederzuschreibung ist verboten (IAS 22.47).
- Wenn cost of the acquisition < anteiliges Nettovermögen, darf
  - der Wert des nichtmonetären Vermögens (AV und UV) proportional reduziert werden, bis der negative goodwill ausgeglichen ist (wenn das möglich ist) (benchmark treatment IAS 22.49) oder
  - der negative goodwill ohne weitere Umbewertungen angesetzt werden (IAS 22.51)
- Ein negativer goodwill ist systematisch über max. 5 Jahre, bei Gründen für eine längere Frist über maximal 20 Jahre aufzulösen (IAS 22.49).
- Stellt sich nach Ablauf des ersten auf den Mehrheitserwerb folgenden Ge-

	schäftsjahrs heraus, daß im Kaufzeitpunkt - bei der Tochter zusätzliche abgrenzbare Vermögensgegenstände und Schulden vorlagen oder - die angesetzten abgrenzbaren Vermögensgegenstände und Schulden anders zu bewerten waren, werden nicht goodwill bzw. negativer goodwill angepaßt, sondern es entsteht ein Gewinn bzw. Verlust (IAS 22.58 - .60)

d) Basiszeitpunkt der Kapitalkonsolidierung (§ 301 II HGB)

Zeitpunkt, an dem die Mehrheit der Stimmrechte erworben wird; durch Vertrag kann ein Bilanzstichtag als Erwerbszeitpunkt bestimmt werden, wenn die „Macht" an diesem Tag übergeht (APB 16.93)	Zeitpunkt, an dem die Mehrheit der Stimmrechte erreicht wurde (IAS 22.21)

e) Verfahren der Aufrechnung bei sukzessivem Erwerb

step-by-step-Verfahren grundsätzlich anzuwenden außer bei Käufen in vielen kleinen Schritten (ARB 51.10)	step-by-step-Verfahren (IAS 22.23 und .35-.37)

3.4.3 Pooling of interests

• Werte in den Einzelbilanzen müssen GAAP konform gestaltet (APB 16.51) und dürfen konzerneinheitlich bewertet werden (APB 16.52) • Ansonsten werden die Buchwerte übernommen (APB 16.52) • Unterschiede zwischen der Gegenleistung (Aktien der „Mutter") und dem eingebrachten Kapital werden mit den Rücklagen - erst Kapitalrücklage, soweit nötig dann Gewinnrücklage - verrechnet (APB 16.53).	• Mit dem ersten Bilanzstichtag nach Interessenzusammenführung sind auch die Jahresabschlüsse zusammenzufassen (IAS 22.62). • Dabei werden die Buchwerte übernommen (IAS 22.62 und .64). • Unterschiede zwischen der Gegenleistung (Aktien, Geld) und dem eingebrachten Kapital werden mit dem Eigenkapital (Rücklagen) verrechnet (IAS 22.63).

- Ansprüche und Verpflichtungen, Zwischenerfolge und Innenumsätze werden eliminiert (APB 16.56).
- Aufwendungen für die Herbeiführung der Interessenzusammenführung sind erfolgswirksam zu erfassen. (APB 16.58)

- Ansprüche und Verpflichtungen, Zwischenerfolge und Innenumsätze werden eliminiert (IAS 22.65).
- Aufwendungen für die Herbeiführung der Interessenzusammenführung sind erfolgswirksam zu erfassen (IAS 22.66).

3.4.4 Behandlung von Gemeinschaftsunternehmen (joint ventures)

Gemeinschaftsunternehmen sind auf Basis der Equity-Methode in den Konzernabschluß einzubeziehen. (APB 18.16; FAS 94.15e)

Wahlrecht zwischen

- Quotenkonsolidierung auf Basis der Erwerbsmethode, wobei die quotalen Vermögens- und Schuldpositionen gesondert ausgewiesen oder in die entsprechenden Positionen des Konzernabschlusses einbezogen werden dürfen (benchmark treatment) oder
- Equity-Methode. (IAS 31.25 - .34)

Wenn die Anteile am Gemeinschaftsunternehmen zum baldigen Verkauf bestimmt sind oder der Kapitaltransfer zur „Mutter" stark behindert wird, sind die Anteile wie „investments" (IAS 25) zu behandeln. (IAS 31.35).

3.5 Equity-Methode

a) maßgeblicher Einfluß

Equity-Methode ist zu verwenden, wenn ein maßgeblicher Einfluß auf ein anderes Unternehmen ausgeübt werden kann. (APB 18.17)

Die Möglichkeit zu maßgeblichem Einfluß wird ab einem Anteil von 20 % an den Stimmrechten widerlegbar vermutet. (APB 18.17; Details in FIN 35)

Assoziierte Unternehmen sind solche, auf die ein anderer einen maßgeblichen Einfluß ausüben kann.
Die Möglichkeit zu maßgeblichem Einfluß wird ab einem Anteil von 20 % an den Stimmrechten widerlegbar vermutet. (Weitere Anzeichen nennt IAS 28.5)
Anteile an assoziierten Unternehmen

	müssen nach der Equity-Methode bewertet werden, es sei denn sie sind zum baldigen Verkauf bestimmt oder der Kapitaltransfer zur „Mutter“ ist stark behindert.

b) Vorgehen bei Entstehen des maßgeblichen Einflusses

Es ist nach den gleichen Grundsätzen wie bei der Erwerbsmethode vorzugehen: • Ermittlung der cost of an investment nach den gleichen Regeln, • Aufwertung des Vermögens und der Schulden in einer Nebenrechnung auf Zeitwerte, • soweit investment cost > Zeitwert des anteiligen Nettovermögens, entsteht ein abzuschreibender goodwill, • soweit investment cost < Zeitwert des anteiligen Nettovermögens, ist das nichtmonetäre Anlagevermögen proportional abzuwerten und danach erforderlichenfalls ein „deferred credit“ zu bilden (APB 18.19b).	Es wird auf die Grundsätze der Erwerbsmethode nach IAS 22 verwiesen. (IAS 28.17)

c) Bedingungen für Stichtage und Bewertung in den Abschlüssen der assoziierten Unternehmen

keine Vorgabe	Wenn die Stichtage der Abschlüsse des assoziierten Unternehmens von denen der „Mutter“ abweichen, werden andere Abschlüsse auf den Stichtag des Abschlusses der „Mutter“ erstellt. Ist das nicht möglich, werden die Abschlüsse mit abweichendem Stichtag zugrunde gelegt (IAS 28.18) und Verwerfungen bereinigt. Die Abschlüsse des assoziierten Unternehmens sollten auch konzerneinheitlich bewertet sein, es sei denn, das ist nicht möglich. (IAS 28.20)

d) Wertbasis und Wertfortschreibung

• Wertbasis sind die Anschaffungskosten (at cost, APB 18.6b; Buchwertmethode)	• Wertbasis sind die Anschaffungskosten (at cost, IAS 28.6; Buchwertmethode)

= zuzüglich anteiliger Jahresüberschüsse =

= abzüglich anteiliger Jahresfehlbeträge =

=abzüglich erhaltener Gewinnausschüttungen =

= zuzüglich/abzüglich anteiliger Veränderungen des Kapitals des assoziierten Unternehmens =

= abzüglich anteiliger Mehrabschreibungen oder Mehrverbräuche als Folge der Auflösung stiller Reserven und gegebenenfalls zuzüglich anteiliger Minderabschreibungen als Folge der Abwertung des nichtmonetären (Anlage-)Vermögens=

= abzüglich anteiliger Abschreibungen auf den goodwill nach Maßgabe der jeweiligen *Vorschriften zur Behandlung des goodwills bei der Erwerbsmethode =*

= zuzüglich anteiliger Auflösungen des negativen goodwill nach Maßgabe der jeweiligen *Vorschriften zur Behandlung des negativen goodwill bei der Erwerbsmethode =*

(APB 18)	(IAS 28.17)

e) außerplanmäßige Abschreibung

• nach dem üblichen Kriterium des FAS 121 (Summe der zu erwartenden Zahlungen < Buchwert)	• bei nicht vorübergehender Wertminderung (IAS 28.23)

f) Vorgehen bei Abwertungsnotwendigkeit über den Buchwert hinaus

= Wenn der Wert einer Beteiligung aufgrund der Zurechnung anteiliger Verluste auf einen negativen Wert gesenkt werden müßte, wird gleichwohl meist nur bis zum Wert Null abgesenkt. In einer Nebenrechnung werden die zusätzlichen Verluste aber festgehalten. Erst wenn sie durch spätere Gewinne wieder ausgeglichen wurden, lebt der Wert der Beteiligung in der Bilanz auf. Die anteilige Zurechnung von Verlusten führt allerdings dann zum Ausweis einer Verpflichtung in der Bilanz, soweit der Verlust zu Zahlungen oder Leistungen an das assoziierte Unternehmen verpflichtet. =

(APB 18.19i)	(IAS 28.22)

g) Zwischenergebniseliminierung

• Unabhängig ob upstream oder downstream, sind Zwischenergebnisse quotal zu eliminieren; volle Eliminierung aber dann, wenn die Transaktion nicht zu zwischen unabhängigen Parteien üblichen Konditionen (arm's length) geschlossen oder wenn das assoziierte Unternehmen abhängig (AIN-APB 18.1).	• keine Vorgabe

h) Vorgehen bei sukzessivem Erwerb der Anteile

• step-by-step-Verfahren (APB 18.19m)	• keine Vorgabe

i) Vorgehen bei Verlust des maßgeblichen Einflusses (z. B. Anteil sinkt unter 20 %)

=Buchwert zum Zeitpunkt des Einflußverlusts wird zu den neuen Anschaffungskosten =

(APB 18.19 l)	(IAS 28.11)

3.6 Schuldenkonsolidierung, Zwischenergebniseliminierung und GuV-Konsolidierung

a) Schuldenkonsolidierung

= konzerninterne Forderungen und Verbindlichkeiten sind voll zu eliminieren =

(ARB 51.6)	(IAS 27.17)

b) Zwischenergebniseliminierung

• Zwischenergebnisse sind voll zu eliminieren; dabei darf bei upstream-Verkäufen die Eliminierung anteilig auf Mehrheit und Minderheit verteilt werden. (ARB 51.14)	• Zwischenergebnisse sind voll zu eliminieren. (IAS 27.17 und .18) • Bei Gemeinschaftsunternehmen sind Erfolge aus up- oder downstream-Transaktionen anteilig zu eliminieren. Voll zu eliminieren sind aller-

	dings Verluste aus Transaktionen mit Gemeinschaftsunternehmen, hinter denen sich eigentlich notwendige außerplanmäßige Abschreibungen verbergen (IAS 31.40 und .41).

c) Innenumsatzkonsolidierung

= konzerninterne Umsätze, andere Erträge und Aufwendungen sind voll zu eliminieren =

(ARB 51.6)	(IAS 27.17)

d) Konsolidierung von Gewinntransfers innerhalb des Konzerns

= konzerninterne Gewinntransfers sind voll zu eliminieren =

(ARB 51.6)	(IAS 27.18)

3.7 Latente Steuern im Konzernabschluß

a) Grundkonzeption

= Latente Steuern sind für alle „temporary differences“ zu bilden. Diese liegen vor, wenn zwischen den Werten von Vermögensgegenständen oder Schulden in der Handels- bzw. der Konzernbilanz einerseits und der Steuerbilanz andererseits Unterschiede bestehen, die in Zukunft Anlaß geben, daß der steuerpflichtige Gewinn den handelsrechtlichen Gewinn übersteigen („taxable temporary differences“) oder unterschreiten wird („deductible temporary differences“), und wenn die kasuistischen Ausnahmeregelungen nicht greifen =

(FAS 109.9-.11)	(IAS 12.15 und .24)

b) Besonderheiten für aktive latente Steuern

= Ansatzpflicht, auch für latente Steuern aus Verlustvorträgen =

(FAS 109.16)	
• Abschreibung auf den Betrag, bei dem es gerade noch „more likely than not“	• Abschreibungen auf den Betrag, der die Realisierbarkeit der Steuervortei-

ist, daß die letzte Geldeinheit zu Steuereinsparungen führt (FAS 109.17e)

le „probable" erscheinen läßt (IAS 12.27-.29)

= da der Abschreibungsbedarf jährlich zu überprüfen ist, sind Wiederzuschreibungen möglich =

(FAS 109.17-.26)

(IAS 12.37)

c) Folgen der Aufwertung latenter Steuern im Zuge einer Unternehmensverbindung

- Erträge, die entstehen, weil zuvor nicht nutzbare latente Steuerentlastungen durch den Unternehmensverbund nutzbar werden, so daß Abschreibungen rückgängig gemacht werden dürfen, sind einzusetzen, damit der goodwill, dann die erworbenen immateriellen Anlagen abgeschrieben und schließlich die Steueraufwendungen gesenkt werden können. (FAS 109.30 und .267)

- Wenn der Übernehmer bisher nicht voll nutzbare latente Steuerentlastungen durch die Übernahme in Zukunft stärker nutzen kann, sind die Abschreibungen auf aktive latente Steuern soweit rückgängig zu machen, bis die Realisierbarkeit des aktivierten Betrags „probable" ist. Nachträglich bemerkte Wertsteigerungen bei aktiven latenten Steuern des erworbenen Unternehmens werden zur Kompensation von Abschreibungen auf den goodwill genutzt. (IAS 12.67 f.)

d) Latente Steuern aus der Umbewertung bei Unternehmensverbindungen

= Soweit im Zuge der Erwerbsmethode Vermögen und Schulden in der Handelsbilanz abweichend von der Steuerbilanz neu bewertet werden, entstehen temporary differences als Ursachen für latente Steuern. Das kann bei der Erwerbsmethode durch Auflösung stiller Reserven in den Werten von Vermögen und Schulden nur der Handelsbilanz ebenso geschehen, wie bei der Interessenzusammenführung durch Auflösung stiller Reserven in den Werten für Vermögen und Schulden nur in der Steuerbilanz. =

e) Latente Steuern bei Bildung eines goodwill im Rahmen der Erwerbsmethode

- Soweit der goodwill in Handels- und Steuerbilanz betraglich übereinstimmt, aber unterschiedlich abzuschreiben ist, entstehen latente Steuern. Für einen goodwill in der Konzernbilanz, der über den in der Steuerbilanz hinausgeht, dürfen keine la-

- Der goodwill im Rahmen der Erwerbsmethode ist eine der Ausnahmen, wo trotz temporary differences keine latenten Steuern gebildet werden dürfen. (IAS 12.21)

tenten Steuern angesetzt werden. Vielmehr sind „total tax benefits" zu berechnen und vom goodwill, den erworbenen immateriellen Anlagen und dann vom Ertragsteueraufwand abzuziehen. (FAS 109.262 und .263)

f) Latente Steuern bei Bildung eines negativen goodwill im Rahmen der Erwerbsmethode

= Im Zusammenhang mit der Bildung eines negativen goodwill dürfen keine latenten Steuern gebildet werden.

(FAS 109.30 und .259)

(IAS 12.32)

g) Latente Steuern aus Bewertungsunterschieden bei Beteiligungen

= Auf temporary differences zwischen den Werten von Beteiligungen in der Steuerbilanz und im Konzernabschluß sind grundsätzlich latente Steuern zu bilden. =

- Ausnahme: die Obergesellschaft kann den Zeitpunkt der Umkehr der Differenz kontrollieren und es ist wahrscheinlich, daß diese Umkehr für absehbare Zeit verhindert werden wird. (IAS 12.39 und .40)

h) Latente Steuern bei Zwischenergebnissen im Konzern

= Soweit die Ergebnisse aus konzerninternen Lieferungen oder Leistungen besteuert, im Konzernabschluß aber eliminiert werden, sind die Steuerlasten durch latente Steuern aufzuheben =

In USA können Konzerne ab einer Beteiligungsquote von 80 % wählen, ob sie auf Basis von Einzel- oder Konzernabschlüssen besteuert werden. Im letzteren Fall erübrigen sich latente Steuern aus Zwischenergebnissen.

i) Steuersatz

der erwartete durchschnittliche Steuersatz, bei genügend hohen Gewinnerwartungen der entsprechende lineare

für den Zeitpunkt der zusätzlichen Steuerlast bzw. Steuerentlastung erwartete Steuersätze auf Basis des derzeit gelten-

Steuersatz für hohe Einkommen auf Basis des gültigen Steuerrechts oder des abweichenden verabschiedeten Steuergesetzes für die Zukunft (FAS 109.8.c. und .18)	den oder des im wesentlichen verabschiedeten reformierten Steuergesetzes (IAS 12.47)

j) Ausweis latenter Steuern

• In der Bilanz sind latente Steuern nach der Einordnung des Aktivums bzw. des Passiviums, aus dessen Wertdifferenz sie entstehen, und bei Fehlen einer solchen Verbindung nach der Länge des Zeitraums bis zu ihrer Auflösung in kurzfristige und langfristige aufzugliedern. Weiter muß nach den Unternehmen, die steuerpflichtig sind, und nach zugrunde liegenden Steuervorschriften aufgegliedert werden. Innerhalb dieser Kategorien latenter Steuern sollen aktive und passive latente Steuern saldiert werden (FAS 109.42 und .42)	• Latente Steuern dürfen nicht im kurzfristigen Vermögen bzw. kurzfristigen Fremdkapital ausgewiesen werden. Aktive und passive latente Steuern dürfen nur saldiert werden, wenn ein Unternehmen aktuelle Steueransprüche und -verpflichtungen aufrechnen darf und die latenten Steueransprüche sowie -verpflichtungen entweder den gleichen Steuerpflichtigen betreffen oder verschiedene Steuerpflichtige, die ihren Rechten und Pflichten aber abgestimmt nachkommen wollen (IAS 12.70 und .74).

3.8 Push-Down-Accounting

• Die bei Erwerbs- und Equity-Methode für den Konzernabschluß notwendigen Neubewertungen und der eventuell notwendige Ansatz eines goodwill bzw. negativen goodwill werden beim push-down-accounting auch in den Einzelabschluß des Tochter- bzw. assoziierten Unternehmens übernommen. Nach US-GAAP selbst ist push-down-accounting nicht vorgeschrieben. Die SEC aber verlangt es bei Beteiligungen ab 97 %. Damit existiert nach US-GAAP faktisch ein Wahlrecht bei hohen Beteiligungsquoten.	• keine Vorgabe

4. Überblick über wichtige Pflichten zur Erläuterung von Konzernabschlüssen nach US-GAAP und IAS

4.1 Grundlagen

Die Aufgaben von Anhang und Lagebericht werden in den Konzernabschlüssen nach IAS und US-GAAP von den „Notes" übernommen. Sie sehen wesentlich umfangreichere Pflichtangaben vor als das HGB. Drei besonders wichtige Bereiche seien beispielhaft herausgegriffen:

- Bei der Segmentberichterstattung verlangt das HGB nur eine Aufgliederung der Umsatzerlöse. Sowohl IAS 14 als auch FAS 131 schreiben zusätzlich eine Aufgliederung der erzielten Ergebnisse, des im Segment gebundenen Vermögens und weitere Zusatzinformationen vor.
- Bei Leasing sind im Anhang Mindestzahlungsverpflichtungen und Mindestforderungen aus Leasingverträgen, Verlängerungs- oder Kaufoptionen, Refinanzierungsbeschränkungen und bedingte Leasingraten anzugeben (IAS 17 und FAS 13).
- Für derivative Finanzinstrumente verlangen IAS 32 und FAS 105 Zusatzinformationen. So verlangt IAS 32.47 die Angabe über Art und Umfang aller eingesetzten bilanzwirksamen und bilanzunwirksamen Finanzinstrumente sowie die angewandten Rechnungslegungsmethoden. Gehen vom Einsatz dieser Instrumente beachtliche Finanzrisiken aus, sind zusätzlich die Nennwerte, Fälligkeitsdaten, Optionen für die Wandlung oder vorzeitige Ablösung eines Finanzinstruments anzugeben. Ähnliche Offenlegungsvorschriften finden sich in FAS 105.10, 105.17, 105.20.

Die angeführten Beispiele belegen, daß eine Aufzählung aller erforderlichen Informationen den Umfang des Buches sprengen würde. Deshalb sei hier wie auch sonst in der Literatur üblich auf die von Wirtschaftsprüfungsfirmen eingesetzten Checklisten verwiesen, die bis zu mehreren hundert Seiten Umfang aufweisen (vgl. Niehus/Thyll, Konzernabschluß nach US-GAAP, 1998, S. 123 und die IAS-Checkliste in Baetge u.a., Rechnungslegung nach International Accounting Standards, 1997, S. 1403-1447). Die folgende Gegenüberstellung konzentriert sich daher auf die konzernabschlußtypischen Unterschiede.

4.2 Aufstellungspflicht, Konsolidierungskreis und konzerneinheitliche Bewertung

	• Bei Ausnahme vom Tannenbaumprinzip sind Gründe dafür sowie Name und Sitz der Muttergesellschaft zu nennen. (IAS 27.8)
	• Angabe wesentlicher Tochtergesellschaften (IAS 27.32)
• Angabe von Gründen bei Nicht-Einbeziehung von Tochtergesellschaften (ARB 51.5)	• Angabe von Gründen bei Nicht-Einbeziehung von Tochtergesellschaften (IAS 27.32)
	• Angabe der Beziehung zu verbundenen Unternehmen, falls Muttergesellschaft weder direkt noch mittelbar mehr als 50% Stimmrechte hält (IAS 27.32)
	• Nennung der Unternehmen, die wegen fehlenden Beherrschungsverhältnisses nicht konsolidiert werden, obwohl die Muttergesellschaft direkt oder mittelbar mehr als 50% der Stimmrechte hält (IAS 27.32)
	• Angabe der Auswirkungen des Kaufs bzw. Verkaufs von Tochtergesellschaften auf das Jahresergebnis des laufenden und des Vorjahres sowie die wirtschaftliche Lage am Bilanzstichtag (IAS 27.23)
• Bei allen Unternehmenszusammenschlüssen im abgelaufenen Geschäftsjahr: Angabe der Namen der Unternehmen, der angewandten Bilanzierungsmethode, des Zeitpunkts, ab dem die Ergebnisse des erworbenen Unternehmens in den Konzernabschluß einbezogen werden (APB 16); Angabe von Vergleichswerten, die sich ergeben hätten, wenn die Akquisition am Anfang des Geschäftsjahres erfolgt wäre (APB 16). Zusätzlich sind bei Zusammenschlüssen mit Anteilser-	• Bei allen Unternehmenszusammenschlüssen im abgelaufenen Geschäftsjahr: Angabe der Namen der Unternehmen, der angewandten Bilanzierungsmethode, des Zeitpunkts des Zusammenschlusses und evtl. im Zusammenhang zu veräußernde Geschäftsbereiche (IAS 22.71). Zusätzlich sind bei Zusammenschlüssen mit Anteilserwerb der erworbene Stimmrechtsanteil, der Wert der dafür aufgebrachten Gegenleistung und die Höhe der zurückgestellten oder bereits aufgebrachten Restruk-

werb der erworbene Stimmrechtsanteil, der Wert der dafür aufgebrachten Gegenleistung und der vereinbarten bedingten Zahlungen oder Optionen (APB 16) anzugeben.	turierungskosten (IAS 22.71) anzugeben.
	• Falls bei Vollkonsolidierung keine einheitliche Bewertung erfolgt: Angabe und Nennung betroffener Positionen (IAS 27.21)

4.3 Währungsumrechnung

• Angaben zur Veränderung des separaten Eigenkapitalpostens aus der Währungsumrechnung (FAS 52.31); sonst nur SEC-Empfehlungen.	• Angabe der Beträge und Auswirkungen der Umrechnungsdifferenzen, der Gründe für eine von der Landeswährung abweichende Berichtswährung, der Methode der Umrechnung des Goodwill sowie Angaben zu den Auswirkungen wesentlicher Kursschwankungen und beim Wechsel der Klassifizierung wesentlicher Tochtergesellschaften (IAS 21.42-.45)

4.4 Kapitalkonsolidierung

4.4.1 Vollkonsolidierung

	• Gesonderter Ausweis der Minderheitenanteile (Bilanz und GuV) (IAS 27.26 und IAS 27.15)
• Angabe der bilanziellen Behandlung eines Goodwills und der Abschreibungsdauer (APB 16).	• Angabe der bilanziellen Behandlung eines Goodwills, der Abschreibungsdauer (bei mehr als 5 Jahren mit Begründung), der Abschreibungsmethode sowie der historischen Anschaffungskosten, der Zu- und Abgänge, der Abschreibungen des Geschäftsjahres und der kumulierten Abschreibungen zu Beginn und Ende des Geschäftsjahres (IAS 22.72)
• Bei Pooling of Interests-Methode:	• Bei Pooling of Interests-Methode:

Angabe der Anzahl der ausgegebenen Anteile, der Summe der eingebrachten Vermögensgegenstände und Schulden, sowie der Umsatzerlöse, des Nettoergebnisses, der sonstigen betrieblichen Erträge, der außerordentlichen Aufwendungen und Erträge, der Veränderungen im Eigenkapital, von Umfang und Behandlung der im Geschäftsjahr vor dem Zusammenschluß getätigten Umsätze zwischen den Unternehmen sowie der Veränderungen bei Bilanzierungsmethoden und des Geschäftsjahres (APB 16).

Angabe der Anzahl der ausgegebenen Anteile, der Summe der eingebrachten Vermögensgegenstände und Schulden sowie der Umsatzerlöse, des Nettoergebnisses, der sonstigen betrieblichen Erträge, der außerordentlichen Aufwendungen und Erträge (IAS 22.74); Angabe der Umrechnungsmethode bei Goodwill für ausländische Gesellschaften (IAS 21.45).

- Angabe und Begründung für nur vorläufig festgestellte Werte bei Unternehmensakquisitionen (IAS 22.73)

4.4.2 Equity-Methode

- Im wesentlichen Angabe des Namens des assoziierten Unternehmens, des prozentualen Anteils, der Bilanzierungsmethode der Anteile, der Differenz zwischen Buchwert und anteiligem Eigenkapital, des Börsenwertes der Beteiligung und der eventuellen Gründe für einen Nichtansatz „at equity" bei über 20%-iger Beteiligung (APB 18.20).

- Im wesentlichen Angabe des Namens des assoziierten Unternehmens, einer kurzen Beschreibung des Unternehmens (Branche, Umsatz, Sitz), des prozentualen Anteils und - falls davon abweichend - Angabe des Stimmrechtsanteils, Angabe der Bilanzierungsmethode der Anteile und der Gründe, falls das assoziierte Unternehmen von den konzerneinheitlichen Bilanzierungsvorschriften abweicht (IAS 28.27).

5. Ergänzende Rechenwerke nach US-GAAP und IAS

5.1 Kapitalflußrechnung (cash flow statement)

IAS 7 und FAS 95 verlangen beide die Aufstellung einer Kapitalflußrechnung. Obwohl die Vorschriften in Details voneinander abweichen, akzeptieren IOSCO und SEC eine Kapitalflußrechnung nach IAS 7 als gleichwertig zu FAS 95. Die Kapitalflußrechnung stellt die im Berichtszeitraum erfolgte Veränderung des Finanzmittelfonds (Zahlungsmittel und -äquivalente) dar. Die Mittelzuflüsse und –abflüsse werden im Regelfall gegliedert nach

- laufender Geschäftstätigkeit (cash flows from operating income),
- Investitionstätigkeit (cash flows from investing activities) und
- Finanzierungstätigkeit (cash flows from financing activities).

Sie lassen sich direkt aus den Konten und indirekt aus dem Jahresüberschuß ableiten. Insbesondere bei Konzernen dürfte im Regelfall nur die indirekte Form praktikabel sein, weil die direkte Ermittlung zu aufwendig ist.

5.2 Gewinn pro Aktie (earnings per share)

In Deutschland wird von einigen Unternehmen als freiwillige Zusatzinformation der Gewinn pro Aktie nach DVFA/SG ausgewiesen. Dabei wird der Jahresüberschuß um periodenfremde Faktoren bereinigt und durch die Zahl der anspruchsberechtigten Aktien dividiert. IAS 33 und FAS 128 verlangen die Ermittlung eines Ergebnisses pro Aktie (earnings per share). Anders als DVFA/SG sehen IAS und FAS keine Bereinigung des Jahresüberschusses um periodenfremde Faktoren vor, da sie ihn als aussagekräftig unterstellen. Sie konzentrieren sich auf eine möglichst exakte Ermittlung der anspruchsberechtigten Anteile. Dies ist vor dem Hintergrund der in den angelsächsischen Ländern wesentlich stärker verbreiteten Optionsprogramme z.B. für Führungskräfte und sehr vielfältiger Finanzierungsformen (z.B. Vorzugsaktien, Genußscheine, Wandelanleihen etc.) zu sehen.

Es wird ein „unverwässertes Ergebnis pro Aktie“ (basic earnings per share) ermittelt, indem der Jahresüberschuß (abzüglich etwaiger Dividenden bzw. Zinsen auf Vorzugsaktien) durch die durchschnittlich im Berichtszeitraum ausgegebenen Stammaktien dividiert wird. Das „verwässerte Ergebnis pro Aktie“ (diluted earnings per share) erhöht den Jahresüberschuß um die Zinszahlungen (abzüglich zusätzlichem Ertragsteueraufwand) für jene Wertpapiere, die ein Anspruchsrecht auf Aktien gewähren (z.B. Wandelanleihen). Gleichzeitig wird im Nenner die Zahl der ausgegebenen Stammaktien um die Zahl der Aktien erhöht, auf deren Ausgabe Dritte potentiell Anspruch haben.

5.3 Eigenkapitalspiegel

Ähnlich dem deutschen Anlagespiegel sind nach IAS 1 und S-X Rule 3-04 Veränderungen des Eigenkapitals im Zeitablauf auszuweisen. Das Eigenkapital ist dabei zu differenzieren in

- Gezeichnetes Kapital,
  - Stammaktien,
  - Vorzugsaktien,
- Kapitalrücklagen,
- Gewinnrücklagen,
- Ergebnisvorträge aus Vorjahren,
- Neubewertungsrücklagen,
- Auffangpositionen aus Verstößen gegen die Bilanzkongruenz wie z.B.
  - translation adjustments oder
  - unrealized pension costs.

Bei den Bewegungen innerhalb eines Berichtszeitraums sind insbesondere zu nennen:

- Dividendenausschüttungen,
- Rücklagendotierung aus Jahresergebnis,
- Vorträge auf neue Rechnung,
- Kapitalerhöhungen,
- Dotierung der Kapitalrücklage aus Agio,
- Rücklagenauflösung,
- Rückkauf von Aktien,
- Umwandlung von Rücklagen in Kapital (Gratisaktien),
- Rücklagenveränderung durch Währungsumrechnung (translation) und
- Neubewertung von Finanzinstrumenten im Anlagevermögen.

5.4 Nahestehende Parteien (related parties disclosures)

IAS 24 und FAS 57 verlangen beide einen Bericht über nahestehende Rechtspersonen (related parties). Die Berichtsinhalte erinnern an den deutschen Abhängigkeitsbericht (§ 312 AktG). Während dieser aber nicht allgemein publiziert wird, gehört der Bericht über nahestehende Rechtspersonen zu den veröffentlichten Jahresabschlußinformationen. Auch ist der Begriff der nahestehenden Rechtsperson wesentlich weiter gefaßt als beim deutschen Abhängigkeitsbericht. Nach FAS 57 (ähnlich IAS 24) ist über Beziehungen zu folgenden related parties zu berichten:

- Unternehmen mit Stimmrechtsmehrheit,
- Unternehmen mit maßgeblichem Einfluß (Anwendung der Equity Bewertung),
- Sondervermögen, die unter Leitung desselben Managements stehen (z.B. Pensionsfonds des Unternehmens)
- Eigentümer, Vorstandmitglieder, Aufsichtsratsmitglieder, bestimmte leitende Angestellte sowie deren Familienangehörige.

Berichtspflichtig sind nach FAS 57.1 insbesondere folgende Vorgänge:
- Käufe, Verkäufe und andere Übertragungen,
- Erhalt und Erbringung von Dienstleistungen,
- Nutzung und Überlassung von Vermögen,
- Aufnahme und Gewährung von Kredit,
- Erhalt und Gewährung von Garantien und Bürgschaften sowie
- Lieferung auf Basis von Verrechnungspreisen.

Im Konzernabschluß entfällt nach FAS 57.2 die Berichtspflicht, falls der Vorgang konsolidiert wurde.

Literaturhinweise

Baetge, Jörg/Dörner, Dietrich/Kleekämper, Heinz/Wollmert, Peter (Hrsg.): Rechnungslegung nach International Accounting Standards (IAS), Kommentar auf der Grundlage des deutschen Bilanzrechts, Stuttgart 1997.

Baker, Richard E./Lembke, Valdean C./King, Thomas E.: Advanced Financial Accounting, 3. Aufl., New York u. a. 1996.

Beams, Floyd A.: Advanced Accounting, 6. Aufl., New Jersey 1996.

Delaney, Patrick R./Adler, James R./Epstein, Barry J./Foran, Michael F.: GAAP 97, Interpretation and Application of Generally Accepted Accounting Principles 1997, New York u. a. 1997.

Financial Accounting Standards Board (FASB): Original Pronouncements, Accounting Standards as of June 1, 1995, Vol. I und II, Norwalk 1995.

International Accounting Standards Committee (IASC): International Accounting Standards 1996, London 1996.

Wagenhofer, Alfred: International Accounting Standards, Wien 1996.

Abkürzungsverzeichnis

aA	anderer Ansicht
Abs.	Absatz, Absätze
Abschr.	Abschreibungen
Abt.	Abteilung
ADS	Adler/Düring/Schmaltz
AG	Aktiengesellschaft/Die Aktiengesellschaft (Zeitschrift)
AICPA	American Institute of Certified Public Accountants
AIN-APB	Accounting Interpretations of APB Opinion
AK	Anschaffungskosten
AK_E	Anschaffungskosten von E
AktG	Aktiengesetz
AN	neubewertetes assoziiertes Unternehmen
Anh.	Anhang
Anm.	Anmerkung
ant.	anteilig, -e
a.o.	außerordentlich
APB	Accounting Principles Board (Opinion)
ARB	Accounting Research Bulletin
Art.	Artikel
ASC	Accounting Standards Committee
Aufl.	Auflage
Aufw.	Aufwand bzw. Aufwendungen
AV	Anlagevermögen
BB	Betriebs-Berater (Zeitschrift)
Bd.	Band
bearb.	bearbeitet
BFuP	Betriebswirtschaftliche Forschung und Praxis (Zeitschrift)
BGBl.	Bundesgesetzblatt
BHR	Bonner Handbuch Rechnungslegung
Bil-Komm.	Bilanz-Kommentar
BT	Bundestag
bzgl.	bezüglich
bzw.	beziehungsweise

D	Deutschland
DB	Der Betrieb (Zeitschrift)
DBW	Die Betriebswirtschaft (Zeitschrift)
d.h.	das heißt
DK	Durchschnittskurs
DM	Deutsche Mark
d.V.	die Verfasser
DVFA/SG	Deutsche Vereinigung für Finanzanalyse / Schmalenbach-Gesellschaft
E	Enkelunternehmen/Konzernempfänger
EG	Europäische Gemeinschaft, -en
EGHGB	Einführungsgesetz zum Handelsgesetzbuch
EK	Eigenkapital
EN	neubewertetes Enkelunternehmen
Ertr.	Ertrag
EStG	Einkommensteuergesetz
etc.	et cetera
EU	Europäische Union
e.V.	eingetragener Verein
EW	Einzelbilanzwert
f.	folgende
FAS	Statement of Financial Accounting Standards
FASB	Financial Accounting Standards Board
ff.	fortfolgende
FIFO	First in First out
FIN	FASB Interpretation
FK	Fremdkapital
Fn.	Fußnote
FS	Festschrift
FWE	Fremdwährungseinheiten
G	Gemeinschaftsunternehmen
GAAP	Generally Accepted Accounting Principles
gem.	gemäß
ggf.	gegebenenfalls
GK	Gezeichnetes Kapital
GmbH	Gesellschaft mit beschränkter Haftung
GmbHG	Gesetz betreffend die Gesellschaften mit beschränkter Haftung
GmbHRdsch.	GmbH-Rundschau (Zeitschrift)

GoB	Grundsätze ordnungsmäßiger Buchführung
GQ	quotale Bilanz des Gemeinschaftsunternehmens
Grds.	Grundsatz
GuV	Gewinn- und Verlustrechnung
H	Haben
HB	Handelsbilanz
HdJ	Handbuch des Jahresabschlusses in Einzeldarstellungen
HdR	Handbuch der Rechnungslegung
HFA	Hauptfachausschuß
HGB	Handelsgesetzbuch
HIFO	Highest in First out
HK	Historischer Kurs
HK_L	Herstellungskosten von L
hM	herrschende Meinung
Hrsg.	Herausgeber
hrsg.	herausgegeben
HWRev	Handwörterbuch der Revision
IAS	International Accounting Standard
IASC	International Accounting Standards Committee
i.d.R.	in der Regel
IdW	Institut der Wirtschaftsprüfer e.V.
i.f.	im folgenden
imm.	immateriell
IOSCO	International Organization of Securities Commission
iSv.	im Sinne von
iVm.	in Verbindung mit
Jg.	Jahrgang
JLE	Journal of Law and Economics (Zeitschrift)
JÜ	Jahresüberschuß
Kap.Ges.	Kapitalgesellschaft
Kfz	Kraftfahrzeug
KG	Kommanditgesellschaft
KGaA	Kommanditgesellschaft auf Aktien
KHK	Konzernherstellungskosten
KIFO	Konzern in First out
KILO	Konzern in Last out
Komm.	Kommentar

KonBefV	Konzernabschlußbefreiungsverordnung
KSt.	Körperschaftsteuer
KV	vorläufiger Konzernabschluß
KW	Konzernbilanzwert
KWG	Gesetz über das Kreditwesen (Kreditwesengesetz)
L	Konzernlieferant
lat.	latent, -e
LIFO	Last in First out
Lit.	Literatur
M	Muttergesellschaft
M_0	Bilanz der Muttergesellschaft vor Kapitalerhöhung
M_1	Bilanz der Muttergesellschaft nach Kapitalerhöhung
M-Eigner	Eigner der Muttergesellschaft ("Mehrheitseigner")
M-Gläubiger	Gläubiger der Muttergesellschaft
Mio.	Millionen
mögl.	möglich, -e
MU	Mutterunternehmen
m.w.N.	mit weiteren Nachweisen
NA	(Sonderausschuß) Neues Aktienrecht
N.F.	Neue Folge
No.	Number
Nr.	Nummer
o.g.	oben genannt, -e
OHG	Offene Handelsgesellschaft
Para.	Paragraph
Pos.	Position
PublG	Gesetz über die Rechnungslegung von bestimmten Unternehmen und Konzernen (Publizitätsgesetz)
QJE	Quarterly Journal of Economics (Zeitschrift)
RAP	Rechnungsabgrenzungsposten
RdNr.	Rand-Nummer
RL	Rücklagen
Rn	Randnummer
Rz	Randziffer

s.	siehe
S	Soll
S.	Seite, -n, Satz, Sätze
s.a.	siehe auch
SABI	Sonderausschuß Bilanzrichtlinien-Gesetz
SEC	Securities and Exchange Commission
SFAC	Statement of Financial Accounting Concepts
sog.	sogenannter, -e
sonst.	sonstiger, -e
Sp.	Spalte, -n
STB	Steuerbilanz
str.	strittig
StuW	Steuer und Wirtschaft (Zeitschrift)
T	Tochtergesellschaft
T-Eigner	Minderheitseigner der Tochtergesellschaft
T-Gläubiger	Gläubiger der Tochtergesellschaft
TK	Tageskurs
TKA	Teilkonzernabschluß
TN	neubewertetes Tochterunternehmen
TU	Tochterunternehmen
Tz.	Textziffer
u.	und
u.a.	und andere/unter anderem
Umsatzkostenv.	Umsatzkostenverfahren
USA	United States of America
US-GAAP	Generally Accepted Accounting Principles
usw.	und so weiter
u.U.	unter Umständen
UV	Umlaufvermögen
Ver.	Vermögen
VG	Vermögensgegenstände
vgl.	vergleiche
Vol.	Volume
WiSt	Wirtschaftswissenschaftliches Studium (Zeitschrift)
WISU	Das Wirtschaftsstudium (Zeitschrift)
WP	Wirtschaftsprüfer
WPg	Die Wirtschaftsprüfung (Zeitschrift)
WPO	Wirtschaftsprüferordnung
WR	Wahlrecht

z.B.	zum Beispiel
ZE	Zwischenergebnis
ZfB	Zeitschrift für Betriebswirtschaft (Zeitschrift)
ZfbF	Zeitschrift für betriebswirtschaftliche Forschung (Zeitschrift)
ZG	Zwischengewinn
ZHR	Zeitschrift für das gesamte Handelsrecht und Wirtschaftsrecht (Zeitschrift)
ZV	Zwischenverlust
z.T.	zum Teil

Literaturverzeichnis

Adler, Hans/Düring, Walther/Schmaltz, Kurt (ADS): Rechnungslegung und Prüfung der Aktiengesellschaft, 4. Aufl., bearb. von Kurt Schmaltz, Karl-Heinz Forster, Reinhard Goerdeler und Hans Havermann, Bd. 3, Rechnungslegung im Konzern, Stuttgart 1972.

Adler, Hans/Düring, Walther/Schmaltz, Kurt (ADS): Rechnungslegung und Prüfung der Unternehmen, Kommentar zum HGB, AktG, GmbHG, PublG nach den Vorschriften des Bilanzrichtlinien-Gesetzes, neu bearb. von Karl-Heinz Forster, Reinhard Goerdeler, Josef Lanfermann, Hans-Peter Müller, Günter Siepe und Klaus Stolberg, 6. Aufl., Stuttgart ab 1995.

AIN-APB (Accounting Interpretations of APB Opinion): s. Financial Accounting Standards Board.

Akerlof, George A.: The Market for "Lemons": Quality Uncertainty and the Market Mechanism, in: Quarterly Journal of Economics, Vol. 84, 1970, S. 488-500.

Albach, Horst/Forster, Karl-Heinz (Hrsg.): Bilanzrichtlinien-Gesetz, ZfB-Ergänzungsheft 1/1987, Wiesbaden 1987.

APB (Accounting Principles Board Opinion): s. Financial Accounting Standards Board.

ARB (Accounting Research Bulletin): s. Financial Accounting Standards Board.

Arbeitskreis "Externe Unternehmensrechnung" der Schmalenbach-Gesellschaft - Deutsche Gesellschaft für Betriebswirtschaft e.V.: Aufstellung von Konzernabschlüssen, hrsg. von Walther Busse von Colbe, Eberhard Müller und Herbert Reinhard, 2. Aufl., Düsseldorf 1989.

Arbeitskreis "Weltabschlüsse" der Schmalenbach-Gesellschaft - Deutsche Gesellschaft für Betriebswirtschaft e.V.: Aufstellung internationaler Konzernabschlüsse, ZfbF-Sonderheft 9/1979.

Arbeitskreis Weltbilanz des IdW: Entwurf einer Verlautbarung zur Einbeziehung ausländischer Unternehmen in den Konzernabschluß ("Weltabschluß"), in: WPg, 30. Jg., 1977, S. 68-71.

Bälz, Ulrich: Einheit und Vielheit im Konzern, in: Funktionswandel der Privatrechtsinstitutionen, Festschrift für Ludwig Raiser, hrsg. von Fritz Baur, Josef Esser, Friedrich Kübler und Ernst Steindorff, Tübingen 1974, S. 287-338.

Baetge, Jörg (Hrsg.): Konzernrechnungslegung und -prüfung, - Vorträge und Diskussion zum neuen Recht -, Düsseldorf 1990.

Baetge, Jörg: Die Prüfung des Konzernabschlusses, in: Konzernrechnungslegung und -prüfung, hrsg. von Jörg Baetge, Düsseldorf 1990, S. 175-200.

Baetge, Jörg: Konzernbilanzen, 3. Aufl., Düsseldorf 1997.

Baetge, Jörg/Dörner, Dietrich/Kleekämper, Heinz/Wollmert, Peter (Hrsg.): Rechnungslegung nach International Accounting Standards (IAS), Kommentar auf der Grundlage des deutschen Bilanzrechts, Stuttgart 1997.

Baetge, Jörg/Hense, Heinz Hermann: Prüfung des Konzernabschlusses, in: Küting/Weber (Hrsg.), Handbuch der Konzernrechnungslegung, Stuttgart 1989, S. 585-665.

Baker, Richard E./Lembke, Valdean C./King, Thomas E.: Advanced Financial Accounting, 3. Aufl., New York u. a. 1996.

Bartels, Peter: Zwischenergebniseliminierung und konzerneinheitliche Bewertung, in: WPg, 44. Jg., 1991, S. 739-746.

Beams, Floyd A.: Advanced Accounting, 6. Aufl., New Jersey 1996.

Beck'scher Bilanzkommentar (Beck Bil-Komm.): Handels- und Steuerrecht - §§ 238 bis 339 HGB -, bearb. von Wolfgang Dieter Budde, Hermann Clemm, Helmut Ellrott, Gerhard Förschle und Christian Schnicke, 3. Aufl., München 1995.

Beck'sches Handbuch der Rechnungslegung (Beck HdR): hrsg. von Edgar Castan, Gerd Heymann, Eberhard Müller, Dieter Ordelheide und Eberhard Scheffler, München 1987.

Beusch, Karl: Rücklagenbildung im Konzern, in: Bilanz- und Konzernrecht, Festschrift für Reinhard Goerdeler, hrsg. von Hans Havermann, Düsseldorf 1987, S. 25-44.

Biener, Herbert: Die Konzernrechnungslegung nach der Siebenten Richtlinie des Rates der Europäischen Gemeinschaften über den Konzernabschluß, in: DB, 36. Jg., Beilage 19 zu Heft 35, 1983.

Biener, Herbert/Berneke, Wilhelm: Bilanzrichtlinien-Gesetz, Düsseldorf 1986.

Biener, Herbert/Schatzmann, Jürgen: Konzern-Rechnungslegung, Düsseldorf 1983.

Bössmann, Eva: Unternehmungen, Märkte, Transaktionskosten: Die Koordination ökonomischer Aktivitäten, in: WiSt, 12. Jg., 1983, S. 105-111.

Bonner Handbuch Rechnungslegung (BHR): hrsg. von Max A. Hofbauer, Werner Albrecht, Wolfgang Grewe, Peter Kupsch und Gerhard Scherrer, Bonn 1986.

Bores, Wilhelm: Konsolidierte Erfolgsbilanzen und andere Bilanzierungsmethoden für Konzerne und Kontrollgesellschaften, Leipzig 1935.

Bovermann, Brigitte: Die Umrechnung der Jahresabschlüsse ausländischer Tochtergesellschaften für den Weltabschluß in der EG unter dem Aspekt seiner Informationsfunktion, Frankfurt am Main 1988.

Bühner, Rolf: Strategische Führung im Bereich der Hochtechnologie durch rechtliche Verselbständigung von Unternehmensteilbereichen, in: DB, 39. Jg., 1986, S. 2341-2346.

Bundestags-Drucksache 10/4268: Beschlußempfehlung und Bericht des Rechtsausschusses (6. Ausschuß) zu dem von der Bundesregierung eingebrachten Entwurf eines Gesetzes zur Durchführung der Vierten Richtlinie des Rates der Europäischen Gemeinschaften zur Koordinierung des Gesellschaftsrechts (Bilanzrichtlinie-Gesetz) - Drucksache 10/317 - Entwurf eines Gesetzes zur Durchführung der Siebten und Achten Richtlinie des Rates der Europäischen Gemeinschaft zur Koordinierung des Gesellschaftsrechts - Drucksache 10/3440 - mit Begründung vom 18.11.1985.

Busse von Colbe, Walther: Neuere Entwicklungstendenzen in der Konzernrechnungslegung, in: WPg, 31. Jg., 1978, S. 652-660.

Busse von Colbe, Walther: Der Konzernabschluß im Rahmen des Bilanzrichtlinie-Gesetzes, in: ZfbF, 37. Jg., 1985, S. 761-782.

Busse von Colbe, Walther: Währungsumrechnung unter dem Einfluß neuer Rechnungslegungsvorschriften, in: Konzernrechnungslegung und -prüfung, hrsg. von Jörg Baetge, Düsseldorf 1990, S. 73-96.

Busse von Colbe, Walther/Chmielewicz, Klaus: Das neue Bilanzrichtlinien-Gesetz, in: DBW, 46. Jg., 1986, S. 289-347.

Busse von Colbe, Walther/Ordelheide, Dieter: Konzernabschlüsse, 5. Aufl., Wiesbaden 1984.

Busse von Colbe, Walther/Ordelheide, Dieter: Konzernabschlüsse, 6. Aufl., Wiesbaden 1993.

Coase, Ronald H.: The Nature of the Firm, in: Economica, New Series, Vol. 4, 1937, S. 386-405.

Coenenberg, Adolf G., unter Mitarbeit von Christian Federspieler, Susanne Gröner, Axel Haller und Georg Klein: Jahresabschluß und Jahresabschlußanalyse, Grundfragen der Bilanzierung nach betriebswirtschaftlichen, handelsrechtlichen, steuerrechtlichen und internationalen Grundsätzen, 16. Aufl., Landsberg am Lech 1997.

Coenenberg, Adolf G./ Hille, Klaus: Latente Steuern in Einzel- und Konzernabschluß, in: DBW, 39. Jg., 1979, S. 601-621.

Coenenberg, Adolf G./ Hille, Klaus: Latente Steuern, in: Handbuch des Jahresabschlusses in Einzeldarstellungen (HdJ), hrsg. von Klaus von Wysocki und Joachim Schulze-Osterloh, Abt. I/13 (2. Neubearbeitung 1994), Köln 1985.

Debus, Christian: Latente Steuern, in: Beck'sches Handbuch der Rechnungslegung (Beck HdR), hrsg. von Edgar Castan, Gerd Heymann, Eberhard Müller, Dieter Ordelheide und Eberhard Scheffler, Teil C 440, München 1987.

Delaney, Patrick R./Adler, James R./Epstein, Barry J./Foran, Michael F.: GAAP 97, Interpretation and Application of Generally Accepted Accounting Principles 1997, New York u. a. 1997.

Deutsche Treuhand-Gesellschaft: Einführung in das Bilanzrichtlinien-Gesetz, Berlin und Frankfurt am Main 1986.

Dreger, Karl-Martin: Der Konzernabschluß, Wiesbaden 1969.

Druey, Jean Nicolas (Hrsg.): Das St. Galler Konzernrechtsgespräch, Konzernrecht aus der Konzernwirklichkeit, Bern und Stuttgart 1988.

Eisele, Wolfgang: Anhang, Prüfung des Konzernanhangs, in: HWRev, 2. Aufl., Stuttgart 1992, Sp. 1931-1938.

Emmerich, Gerhard/Künnemann, Martin: Zum Lagebericht der Kapitalgesellschaft, in: WPg, 39. Jg., 1986, S. 145-152.

Emmerich, Volker/Sonnenschein, Jürgen: Konzernrecht, 6. Aufl., München 1997.

Enke, Rudolf: Bilanzierung von Beteiligungen nach der Equity-Methode, Diss. Berlin 1977.

Ewert, Ralf/Schenk, Gerald: Offene Probleme bei der Kapitalkonsolidierung im mehrstufigen Konzern, in: BB, 48. Jg., Beilage 14 zu Heft 20, 1993, S. 1-14.

FAS (Statement of Financial Accounting Standards): s. Financial Accounting Standards Board.

Federmann, Rudolf: Bilanzierung nach Handelsrecht und Steuerrecht, 10. Aufl., Berlin 1994.

Feldhoff, Michael: Die Regulierung der Rechnungslegung, Frankfurt am Main u.a. 1992.

Feldhoff, Michael/Langermeier, Claudia: Zur Aktivierbarkeit des Steuereffekts aus Verlustvortrag nach § 10 d EStG, in: DStR, 29. Jg., 1991, S. 195-197.

FIN (FASB Interpretation): s. Financial Accounting Standards Board.

Financial Accounting Standards Board (FASB): Original Pronouncements, Accounting Standards as of June 1, 1995, Vol. I und II, Norwalk 1995.

Fischer, Hans: Schuldenkonsolidierung, in: Beck'sches Handbuch der Rechnungslegung (Beck HdR), hrsg. von Edgar Castan, Gerd Heymann, Eberhard Müller, Dieter Ordelheide und Eberhard Scheffler, Teil C 420, München 1987.

Forster, Karl-Heinz/Havermann, Hans: Zur Ermittlung der konzernfremden Gesellschaftern zustehenden Kapital- und Gewinnanteile, in: WPg, 22. Jg., 1969, S. 1-6.

Friauf, Karl Heinrich: Die Publizitätspflicht für Gesellschaften mit beschränkter Haftung aus verfassungsrechtlicher Sicht, in: GmbHRdsch., 76. Jg., 1985, S. 245-253.

Fricke, Gabriele: Rechnungslegung für Beteiligungen nach der Anschaffungskostenmethode und nach der Equity-Methode, Bochum 1983.

Gebhardt, Günther: Vereinheitlichung der Recheneinheit durch Währungsumrechnung, in: Beck'sches Handbuch der Rechnungslegung (Beck HdR), hrsg. von Edgar Castan, Gerd Heymann, Eberhard Müller, Dieter Ordelheide und Eberhard Scheffler, Teil C 310, München 1987.

Geßler/Hefermehl/Eckardt/Kropff: Aktiengesetz, Kommentar, 6. Lieferung, §§ 291-318, München 1976.

Goerdeler, Reinhard: Rücklagenbildung nach § 58 Abs. 2 AktG 1965 im Konzern, in: WPg, 39. Jg., 1986, S. 229-237.

Götz, Heinrich: Die Sicherung der Rechte der Aktionäre der Konzernobergesellschaft bei Konzernbildung und Konzernleitung, in: AG, 29. Jg., 1984, S. 85-94.

Gross, Gerhard: Teilkonzernabschlüsse als Mittel des Minderheitenschutzes?, in: WPg, 29. Jg., 1976, S. 214-220.

Gross, Gerhard/Schruff, Lothar/Wysocki, Klaus von: Der Konzernabschluß nach neuem Recht, Aufstellung-Prüfung-Offenlegung, 2. Aufl., Düsseldorf 1987.

Großfeld, Bernhard: Aktiengesellschaft, Unternehmenskonzentration und Kleinaktionär, Tübingen 1968.

Gzuk, Roland: Konzernanhang, in: Beck'sches Handbuch der Rechnungslegung (Beck HdR), hrsg. von Edgar Castan, Gerd Heymann, Eberhard Müller, Dieter Ordelheide und Eberhard Scheffler, Teil C 600, München 1987.

Haase, Klaus-Dittmar: Kapitalkonsolidierung bei mehrstufiger und/oder wechselseitiger Konzernverflechtung - mit Hilfe der Matrizenrechnung, in: DB, 22. Jg., 1969, S. 713-718 u. 760-763.

Haase, Klaus-Dittmar: Zur Zwischenerfolgseliminierung bei Equity-Bilanzierung, in: BB, 40. Jg., 1985, S. 1702-1707.

Haegert, Lutz: Die Konsolidierung der Haftungsverhältnisse in der Konzernbilanz nach neuem Aktienrecht, in: WPg, 18. Jg., 1965, S. 501-504.

Handbuch des Jahresabschlusses in Einzeldarstellungen (HdJ): hrsg. von Klaus von Wysocki und Joachim Schulze-Osterloh, Köln 1985.

Handwörterbuch der Revision (HWRev): hrsg. von Adolf G. Coenenberg und Klaus von Wysocki, 2. Aufl., Stuttgart 1992.

Harms, Jens E./Knischewski, Gerd: Quotenkonsolidierung versus Equity-Methode im Konzernabschluß, in: DB, 38. Jg., 1985, S. 1353-1359.

Harms, Jens E./Küting, Karlheinz: Bilanzielle Probleme des Gewinnausweises im Konzernabschluß - Notwendigkeit einer gesetzlichen Regelung im Rahmen der 7. EG-Richtlinie -, in: DB, 32. Jg., 1979, S. 2333-2338.

Harms, Jens E./Küting, Karlheinz: Zur Anwendungsproblematik der angelsächsischen Methode der Kapitalkonsolidierung im Rahmen der 7. EG-Richtlinie, in: AG, 25. Jg., 1980, S. 93-100.

Harms, Jens E./Küting, Karlheinz: Sonderfragen des Equity-Accounting im Rahmen der Konzern-Rechnungslegung, in: DB, 33. Jg., 1980, S. 2458-2463.

Harms, Jens E./Küting, Karlheinz: Zur Weiterentwicklung des Erfolgs- und Ergebnisausweises im Konzernabschluß, in: BB, 38. Jg., 1983, S. 344-355.

Harms, Jens E./Küting, Karlheinz: Die Eliminierung von Zwischenverlusten nach der 7. EG-Richtlinie, in: BB, 38. Jg., 1983, S. 1891-1901.

Harms, Jens E./Küting, Karlheinz: Der Konzernanhang nach künftigem Recht, in: BB, 39. Jg., 1984, S. 1977-1984.

Harms, Jens E./Küting, Karlheinz: Konsolidierung bei unterschiedlichen Bilanzstichtagen nach künftigem Konzernrecht, Grundprobleme im Rahmen der Voll-, Quoten- und Equity-Konsolidierung, in: BB, 40. Jg., 1985, S. 432-443.

Harms, Jens E./Küting, Karlheinz/Weber, Claus-Peter: Ergebnisdarstellung im Konzern, in: Küting/Weber (Hrsg.), Handbuch der Konzernrechnungslegung, Stuttgart 1989, S. 571-584.

Hauptfachausschuß (HFA): Geänderter Entwurf einer Verlautbarung zur Währungsumrechnung im Jahres- und Konzernabschluß, in: WPg, 39. Jg., 1986, S. 664-667.

Havermann, Hans: Zur Bilanzierung von Beteiligungen an Kapitalgesellschaften in Einzel- und Konzernabschlüssen. Einige Anmerkungen zum Equity-Accounting, in: WPg, 28. Jg., 1975, S. 233-242.

Havermann, Hans: Offene Fragen der Konzernrechnungslegung, in: Bericht über die Fachtagung 1986 des Instituts der Wirtschaftsprüfer in Deutschland e.V.; 27. Juni 1986; Düsseldorf 1986, S. 43-51.

Havermann, Hans: Der Konzernabschluß nach neuem Recht - ein Fortschritt?, in: Bilanz- und Konzernrecht, Festschrift für Reinhard Goerdeler, hrsg. von Hans Havermann, Düsseldorf 1987, S. 173-197.

Heine, Klaus-Henning: Vorbereitung und Aufstellung des Konzernabschlusses, in: WPg, 20. Jg., 1967, S. 113-125 und 146-154.

Helmrich, Herbert: Umsetzung der Bilanz- und Konzernbilanzrichtlinie in das deutsche Recht, in: WPg, 37. Jg., 1984, S. 625-629.

Heydemann, Bettina/Koenen, Stefan: Die Abgrenzung des Konsolidierungskreises bei Kapitalgesellschaften in Theorie und Praxis, in DB, 45. Jg., 1992, S. 2253-2260.

Hieke, Max: Einbeziehung ausländischer Konzernunternehmen in den Konzernabschluß einer inländischen Aktiengesellschaft - Zur Kursumrechnung von Abschlußpositionen -, in: DB, 28. Jg., 1975, S. 113-117.

Hille, Klaus: Latente Steuern im Einzel- und Konzernabschluß, Frankfurt/Bern 1982.

Hintze, Stefan: Zur Bilanzierung latenter Steuern im Konzernabschluß, in: DB, 43. Jg., 1990, S. 845-850.

Hoffmann, Ira: Die Kapitalkonsolidierung bei Interessenzusammenführung gemäß § 302 HGB, Bergisch Gladbach/Köln 1992.

Hoffmann-Becking, Michael: Der qualifizierte faktische AG-Konzern - Tatbestand und Abwehransprüche -, in: Probleme des Konzernrechts, ZHR, Beiheft 62, Heidelberg 1989, S. 68-86.

Hommelhoff, Peter: Die Konzernleitungspflicht, Köln/Berlin/Bonn/München 1982.

Hommelhoff, Peter: Konzernpraxis nach "Video", in: DB, 45. Jg., 1992, S. 309-314.

Hopt, Klaus J. (Hrsg.): Groups of Companies in European Laws, Legal and Economic Analyses on Multinational Enterprises, Vol. II, Berlin/New York 1982.

IdW (Hrsg.): Wirtschaftsprüfer-Handbuch 1996, 11. Aufl., Band I und II, Düsseldorf 1996.

IdW: s. auch Arbeitskreis Weltbilanz.

IdW: s. auch Hauptfachausschuß.

IdW: s. auch Sonderausschuß Bilanzrichtlinien-Gesetz.

IdW: s. auch Sonderausschuß "Neues Aktienrecht".

International Accounting Standards Committee (IASC): International Accounting Standards 1996, London 1996.

Janz, Reinhard/Schülen, Werner: Der Anhang als Teil des Jahresabschlusses und des Konzernabschlusses, in: WPg, 39. Jg., 1986, S. 57-65.

Jonas, Heinrich H.: Der Konzernabschluß, Stuttgart 1986.

Kanngiesser, Susanne: Konzernlagebericht, Prüfung, in: HWRev, 2. Aufl., Stuttgart 1992, Sp. 1040-1048.

Kieso, Donald E./Weygandt, Jerry J.: Intermediate Accounting, 9. Aufl. , New York u. a. 1998.

Kirchner, Christian: Teilkonzernrechnungslegung - eine Regelung mit Funktionsmängeln, in: BB, 30. Jg., 1975, S. 1611-1617.

Klein, Klaus-Günter: Zwischenergebniseliminierung, in: Beck'sches Handbuch der Rechnungslegung (Beck HdR), hrsg. von Edgar Castan, Gerd Heymann, Eberhard Müller und Dieter Ordelheide, Teil C 430, München 1987.

Kloock, Josef/Sabel, Hermann: Verfahren zur Kapitalkonsolidierung mehrstufiger Konzerne nach § 331 Aktiengesetz, in: WPg, 22. Jg., 1969, S. 190-202.

Koncok, Gerhard: Zum Gewinnvortrag im konsolidierten Jahresabschluß, in: DB, 21. Jg., 1968, S. 637 f.

Krag, Joachim/Müller, Herbert: Zur Zweckmäßigkeit von Teilkonzernabschlüssen der 7. EG-Richtlinie für Minderheitsgesellschafter, in: BB, 40. Jg., 1985, S. 307-312.

Kropff, Bruno: Aktiengesetz, Textausgabe des Aktiengesetzes vom 6.9.1965 (Bundesgesetzbl. I, S. 1089) und des Einführungsgesetzes zum Aktiengesetz vom 6.9.1965 (Bundesgesetzbl. I, S. 1185) mit Begründung des Regierungsentwurfs, Bericht des Rechtsausschusses des Deutschen Bundestages, Verweisungen und Sachverzeichnis, Düsseldorf 1965.

Kropff, Bruno: Der Lagebericht nach geltendem und künftigem Recht, in: BFuP, 32. Jg., 1980, S. 514-532.

Kropff, Bruno: Konzerneingangskontrolle bei der qualifiziert konzerngebundenen Aktiengesellschaft, in: Bilanz- und Konzernrecht, Festschrift für Reinhard Goerdeler, hrsg. von Hans Havermann, Düsseldorf 1987, S. 259-278.

Kübler, Friedrich: Gesellschaftsrecht, 4. Aufl., Heidelberg 1994.

Küffner, Peter: Der Anhang zum Jahresabschluß, München 1988.

Küting, Karlheinz: Zur Problematik des Art. 18 der 7. EG-Richtlinie - Einbeziehung von Gemeinschaftsunternehmen in den Konsolidierungskreis auf der Grundlage der Quotenkonsolidierung, in: DB, 33. Jg., 1980, S. 5-11.

Küting, Karlheinz: Die Quotenkonsolidierung nach der 7. EG-Richtlinie, Anwendungsprobleme und kritische Würdigung, in: BB, 38. Jg., 1983, S. 804-814.

Küting, Karlheinz/Göth, Peter: Negatives Eigenkapital von Tochterunternehmen in der Kapitalkonsolidierung und die Auswirkungen auf den Konzernabschluß, in: BB, 49. Jg., 1994, S. 2446-2456.

Küting, Karlheinz/Weber, Claus-Peter: Einzelfragen der Eliminierung von Zwischenergebnissen nach neuem Bilanzrecht - unter besonderer Berücksichtigung konzernbilanzpolitischer Aspekte, in: Bilanzrichtlinien-Gesetz, ZfB-Ergänzungsheft 1/1987, S.299-319.

Küting, Karlheinz/Weber, Claus-Peter (Hrsg.): Handbuch der Konzernrechnungslegung, Stuttgart 1989.

Küting, Karlheinz/Weber, Claus-Peter (Hrsg.): Handbuch der Rechnungslegung, 4. Aufl., Band Ia, Stuttgart 1995.

Küting, Karlheinz/Zündorf, Horst: Die Ermittlung des Minderheitenanteils im Rahmen der Buchwert- und der Neubewertungsmethode des künftigen Konzernbilanzrechts, in: BB, 40. Jg., 1985, S. 1166-1173.

Küting, Karlheinz/Zündorf, Horst: Zurechnungsmodalitäten stiller Reserven im Rahmen der Kapitalkonsolidierung nach künftigem Konzernbilanzrecht, in: BB, 40. Jg., 1985, S. 1302-1311.

Küting, Karlheinz/Zündorf, Horst: Die Equity-Methode im deutschen Bilanzrecht, in: BB, 41. Jg., Beilage 7 zu Heft 21, 1986.

Lanfermann, Josef/Stolberg, Klaus: Zur Kapital- und Gewinnkonsolidierung bei gegenseitigen Beteiligungen, in: WPg, 23. Jg., 1970, S. 353-362.

Langenbucher, Günther: Umrechnung von Fremdwährungsabschlüssen, in: Küting/Weber (Hrsg.), Handbuch der Konzernrechnungslegung, Stuttgart 1989, S. 447-485.

Laux, Helmut/Liermann, Felix: Grundformen der Koordination in der Unternehmung: Die Tendenz zur Hierarchie, in: ZfbF, 39. Jg., 1987, S. 807-828.

Leffson, Ulrich: Die Grundsätze ordnungsmäßiger Buchführung, 7. Aufl., Düsseldorf 1987.

Lehertshuber, Bonaventura: Unternehmensvertragsrecht und Konzernhandelsbilanz, Frankfurt M./Bern/New York 1986.

Lutter, Bernd/Rimmelspacher, Dirk: Einheitstheorie und Kapitalkonsolidierung - mehr Konflikt als Konsens?, in: DB, 45. Jg., 1992, S. 485-491.

Lutter, Marcus: Rücklagenbildung im Konzern, in: Bilanz- und Konzernrecht, Festschrift für Reinhard Goerdeler, hrsg. von Hans Havermann, Düsseldorf 1987, S. 327-348.

Lutter, Marcus: Der qualifizierte faktische Konzern, in: AG, 35. Jg., 1990, S. 179-185.

Maas, Ulrich/Schruff, Wienand: Unterschiedliche Stichtage im künftigen Konzernabschluß? - Eine Stellungnahmen zur Transformation von Art. 27 der 7. EG-Richtlinie, in: WPg, 38. Jg., 1985, S. 1-6.

Maas, Ulrich/Schruff, Wienand: Der Konzernabschluß nach neuem Recht, in: WPg, 39. Jg., 1986, S. 201-210 und 237-246.

Mestmäcker, Ernst-Joachim: Verwaltung, Konzerngewalt und Rechte der Aktionäre, Karlsruhe 1958.

Mestmäcker, Ernst-Joachim: Zur Systematik des Rechts der verbundenen Unternehmen im neuen Aktiengesetz, in: Das Unternehmen in der Rechtsordnung, Festgabe für Heinrich Kronstein, 1967, S. 129-159.

Moxter, Adolf: Offene Probleme der Rechnungslegung bei Konzernunternehmen, in: ZfhF, N.F., 13.Jg., 1961, S. 641-653.

Müller, Eberhard: Konzernrechnungslegung deutscher Unternehmen auf der Basis der 7. EG-Richtlinie, in: DBW, 37. Jg., 1977, S. 53-65.

Müller, Hans-Peter: Zur Gewinn- und Verlustermittlung bei aktienrechtlichen Gewinnabführungsverträgen, in: Bilanz- und Konzernrecht, Festschrift für Reinhard Goerdeler, hrsg. von Hans Havermann, Düsseldorf 1987, S. 375-396.

Murray, Ronald J./Decker, William E./Dittmar, Nelson W.: The Coopers & Lybrand SEC Manual, 6. Aufl., Englewood Cliffs 1993.

NA: s. Sonderausschuß "Neues Aktienrecht".

Niehus, Rudolf J.: Die 7. EG-Richtlinie und die "Pooling-of-Interests"-Methode einer konsolidierten Rechnungslegung, in: WPg, 36. Jg., 1983, S. 437-446.

Niehus, Rudolf J.: Vor-Bemerkungen zu einer Konzernbilanzrichtlinie. Die 7. EG-Richtlinie und einige Probleme der Konsolidierungstechnik nach zukünftigem Recht, in: WPg, 37. Jg., 1984, S. 285-289 u. 320-326.

Niehus, Rudolf J./Thyll, A. : Konzernrechnungslegung nach US-GAAP - Grundlagen und Gegenüberstellung mit den deutschen Regeln, Stuttgart 1998.

Ordelheide, Dieter: Einheitliche Bewertung sowie Kapital- und Equity-Konsolidierung im Konzernabschluß, in: WPg, 38. Jg., 1985, S. 575-579.

Ordelheide, Dieter: Anschaffungskostenprinzip im Rahmen der Erstkonsolidierung gem. § 301 HGB, in: DB, 39. Jg., 1986, S. 493-499.

Ordelheide, Dieter: Endkonsolidierung bei Ausscheiden eines Unternehmens aus dem Konsolidierungskreis, in: BB, 41. Jg., 1986, S. 766-772.

Ordelheide, Dieter: Der Konzern als Gegenstand betriebswirtschaftlicher Forschung, in: BFuP, 38. Jg., 1986, S. 293-312.

Ordelheide, Dieter: Anwendungsbereich und Erstkonsolidierung, in: Beck'sches Handbuch der Rechnungslegung (Beck HdR), hrsg. von Edgar Castan, Gerd Heymann, Eberhard Müller, Dieter Ordelheide und Eberhard Scheffler, Teil C 401, München 1987.

Ordelheide, Dieter: Folgekonsolidierung nach der Erwerbsmethode, in: Beck'sches Handbuch der Rechnungslegung (Beck HdR), hrsg. von Edgar Castan, Gerd Heymann, Eberhard Müller, Dieter Ordelheide und Eberhard Scheffler, Teil C 402, München 1987.

Ordelheide, Dieter: Endkonsolidierung nach der Erwerbsmethode, in: Beck'sches Handbuch der Rechnungslegung (Beck HdR), hrsg. von Edgar Castan, Gerd Heymann, Eberhard Müller, Dieter Ordelheide und Eberhard Scheffler, Teil C 403, München 1987.

Picot, Arnold: Transaktionskostenansatz in der Organisationstheorie: Stand der Diskussion und Aussagewert, in: DBW, 42. Jg., 1982, S. 267-284.

Piltz, Detlev J.: Die Unternehmensbewertung in der Rechtsprechung, 3. Aufl., Düsseldorf 1994.

Pöppl, Franz: Aktienrechtlicher Minderheitenschutz durch den "Abhängigkeitsbericht", Stuttgart 1972.

Rammert, Stefan/Wilhelm, Harald: Die Kapitalkonsolidierung in der Bilanzierungspraxis deutscher Konzerne, in: WPg, 44. Jg., 1991, S. 98-104 und 131-136.

Reige, Jürgen: Offene Fragen der Erstkonsolidierung bei der Erwerbsmethode nach § 301 HGB, in: BB, 42. Jg., 1987, S. 1211-1219.

Reittinger, Wolfgang J.: Der Lagebericht, in: Handbuch des Jahresabschlusses in Einzeldarstellungen (HdJ), hrsg. von Klaus von Wysocki und Joachim Schulze-Osterloh, Abt. IV/3 (2. Neubearbeitung 1994), Köln 1985.

Richardt, Harald: Der aktienrechtliche Abhängigkeitsbericht unter ökonomischen Aspekten, Wiesbaden 1974.

Rowedder/Fuhrmann/Koppensteiner/Rasner/Ritter/Zimmermann/Wiedmann: Gesetz betreffend die Gesellschaften mit beschränkter Haftung (GmbHG), Kommentar, 2. Aufl., München 1990.

Russ, Wolfgang: Der Anhang als dritter Teil des Jahresabschlusses, 2. Aufl., Bergisch Gladbach 1986.

SABI: s. Sonderausschuß Bilanzrichtlinien-Gesetz.

Sahner, Friedhelm: Kapitalkonsolidierung nach der 7. EG-Richtlinie, in: Der konsolidierte Abschluß. Unter Berücksichtigung der 4. und 7. EG-Richtlinie, hrsg. von Hans H. Kempe, Würzburg/Wien 1983, S. 38-70.

Sahner, Friedhelm/Kammers, Heinz: Die Abgrenzung des Konsolidierungskreises nach der 7. EG-Richtlinie im Vergleich zum Aktiengesetz 1965 - ein Fortschritt?, in: DB, 36. Jg., 1983, S. 2149-2153 und 2209-2212.

Schäfer, Harald: Bilanzierung von Beteiligungen an assoziierten Unternehmen nach der Equity-Methode. Untersuchung über die Anwendbarkeit der Equity-Methode in der Bundesrepublik Deutschland, Thun/Frankfurt a.M. 1982.

Scheffler, Eberhard: Zur Problematik der Konzernleitung, in: Bilanz- und Konzernrecht, Festschrift für Reinhard Goerdeler, hrsg. von Hans Havermann, Düsseldorf 1987, S. 469-485.

Scheffler, Eberhard: Der qualifizierte faktische Konzern, in: AG, 35.Jg., 1990, S. 173-178.

Scherrer, Gerhard: Konzernrechnungslegung, München 1994.

Schildbach, Thomas: Jahresabschluß und Markt, Berlin u. a. 1986.

Schildbach, Thomas: Die neue Generalklausel für den Jahresabschluß von Kapitalgesellschaften - zur Interpretation des Paragraphen 264 Abs. 2 HGB, in: BFuP, 39. Jg., 1987, S. 1-15.

Schildbach, Thomas: Anmerkungen zu den neuen Konzernrechnungslegungsvorschriften, in : DBW, 47. Jg., 1987, S. 391-400.

Schildbach, Thomas: Überlegungen zu Grundlagen einer Konzernrechnungslegung, in: WPg, 42. Jg., 1989, S. 157-164 und 199-209.

Schildbach, Thomas: Der Konzernabschluß als Ausschüttungsbemessungsgrundlage, in: WPg, 46. Jg., 1993, S. 53-63 und S. 94-98.

Schildbach, Thomas: Der handelsrechtliche Jahresabschluß, 5. Aufl., Herne/Berlin 1997.

Schildbach, Thomas/Koenen, Stefan: Die GmbH & Co. KG ist grundsätzlich konzernrechnungslegungspflichtig, in: WPg, 44. Jg., 1991, S. 661-668.

Schindler, Joachim: Der Ausgleichsposten für die Anteile anderer Gesellschafter nach § 307 HGB, in: WPg, 39. Jg., 1986, S. 588-596.

Schindler, Joachim: Kapitalkonsolidierung nach dem Bilanzrichtlinien-Gesetz, Frankfurt a.M./Bern/New York 1986.

Schmalenbach Gesellschaft: s. auch Arbeitskreis Weltabschlüsse.

Schmalenbach Gesellschaft: s. auch Arbeitskreis Externe Unternehmensrechnung.

Schnapauff, Andreas: Fragebogen zur Prüfung des Konzernanhangs nach § 297 Abs. 1 HGB, in: WPg, 40. Jg., 1987, S. 470-483.

Schneider, Dieter: Marktwirtschaftlicher Wille und planwirtschaftliches Können: 40 Jahre Betriebswirtschaftslehre im Spannungsfeld zur marktwirtschaftlichen Ordnung, in: ZfbF, 41. Jg., 1989, S. 11-43.

Schubert, Werner: Konzern als Zusammenschlußform, in: Küting/Weber (Hrsg.): Handbuch der Konzernrechnungslegung, Stuttgart 1989, S. 151-188.

Schulz, Ursula: Der Stetigkeitsgrundsatz im Konzernabschluß, in: WPg, 43. Jg., 1990, S. 357-369.

Schulze, Joachim: Einheitliche Leitung von Konzernunternehmen durch mehrere Obergesellschaften und ihre Bedeutung für die Konzernrechnungslegung nach dem Aktiengesetz, in: WPg, 21. Jg., 1968, S. 85-90.

SEC Regulation S-X: s. Murray/Decker/Dittmar.

Selchert, Friedrich W.: Bewertungsstetigkeit nach dem Bilanzrichtlinie-Gesetz, in: DB, 37. Jg., 1984, S. 1889-1894.

Selchert, Friedrich W./Karsten, Jürgen: Inhalt und Gliederung des Konzernanhangs, in: BB, 41. Jg., 1986, S. 1258-1264.

SFAC (Statement of Financial Accounting Concepts): s. Financial Accounting Standards Board.

Siebente EG-Richtlinie: Siebente Richtlinie des Rates vom 13. Juni 1983 aufgrund von Artikel 54 Absatz 3 Buchstabe g.) des Vertrages über den Konsolidierten Abschluß (83/349/EWG), abgedruckt u.a. in: Bonner Handbuch der Rechnungslegung, hrsg. von Max A. Hofbauer, Werner Albrecht, Wolfgang Grewe, Peter Kupsch und Gerhard Scherrer, Fach 2, Bonn 1986.

Siebourg, Peter: Pflicht zur Aufstellung des Konzernabschlusses und Abgrenzung des Konsolidierungskreises, in: Konzernrechnungslegung und-prüfung, hrsg. von Jörg Baetge, Düsseldorf 1990, S. 39-61.

Sigle, Hermann: Betriebswirtschaftliche Aspekte der Quotenkonsolidierung, in: Bilanzrichtlinien-Gesetz, ZfB-Ergänzungsheft 1/1987, S. 321-337.

Sonderausschuß Bilanzrichtlinien-Gesetz: Stellungnahme 1/1987: Probleme des Umsatzkostenverfahrens, in: WPg, 40. Jg., 1987, S. 141-143.

Sonderausschuß Bilanzrichtlinien-Gesetz: Stellungnahme SABI 2/1987: Zum Grundsatz der Bewertungsstetigkeit (§ 252 Abs. 1 Nr. 6 HGB) und zu den Angaben bei Abweichungen von Bilanzierungs- und Bewertungsmethoden (§ 284 Abs. 2 Nr. 3 HGB), in: WPg, 41. Jg., 1988, S. 48-50.

Sonderausschuß Bilanzrichtlinien-Gesetz (SABI): Stellungnahme SABI 1/1988: Zur Aufstellungspflicht für einen Konzernabschluß und zur Abgrenzung des Konsolidierungskreises, in: WPg, 41. Jg., 1988, S. 340-343.

Sonderausschuß Bilanzrichtlinien-Gesetz (SABI): Stellungnahme SABI 2/1988: Behandlung des Unterschiedsbetrags aus der Kapitalkonsolidierung, in: WPg, 41. Jg., 1988, S. 622-625.

Sonderausschuß "Neues Aktienrecht" (NA): Stellungnahme 2/1967, Zur Rechnungslegung im Konzern, in: WPg, 20. Jg., 1967, S. 488-490.

Sonderausschuß "Neues Aktienrecht" (NA): Stellungnahme 3/1968, Zur Rechnungslegung im Konzern, in: WPg, 21. Jg., 1968, S. 133.

Stimpel, Walter: "Durchgriffshaftung" bei der GmbH: Tatbestände, Verlustausgleich, Ausfallhaftung, in: Bilanz- und Konzernrecht, Festschrift für Reinhard Goerdeler, hrsg. von Hans Havermann, Düsseldorf 1987, S. 601-621.

Stobbe, Thomas: Zur Umsetzung der Art. 7 und 8 der 7. EG-Richtlinie, Anmerkungen zum Beitrag von Krag/Müller, in: BB, 40. Jg., 1985, S. 1508-1510.

Stobbe, Thomas: Die konzerneinheitliche Bewertung - Eine Herausforderung für Theorie und Praxis? -, in: DB, 39. Jg., 1986, S. 1833-1840.

Stobbe, Thomas: Der Lagebericht, in: BB, 43. Jg., 1988, S. 303-311.

Streim, Hannes/Kugel, Birgit: GmbH & Co KG und Rechnungslegungsreform - Analyse der Zweckmäßigkeit der geplanten Regelungen, in: BFuP, 37. Jg., 1985, S. 102-117.

Stützel, Wolfgang: Aktienrechtsreform und Konzentration, in: Die Konzentration in der Wirtschaft, Band 2: Ursachen der Konzentration, hrsg. von Helmut Arndt, Schriften des Vereins für Socialpolitik, Neue Folge, Band 20/II, Berlin 1960, S. 907-987.

Theisen, Manuel René: Vorüberlegungen zu einer Konzernunternehmungslehre, in: DBW, 48. Jg., 1988, S. 279-297.

Theisen, Manuel René: Der Konzern. Betriebswirtschaftliche und rechtliche Grundlagen der Konzernunternehmung, Stuttgart 1991.

Thoennes, Horst: Die Rechtsprechung zur Unternehmensbewertung aus der Sicht der Berufspraxis, in: 50 Jahre Wirtschaftsprüferberuf, Bericht über die Jubiläumsfachtagung vom 21. bis 23. Oktober 1981 in Berlin, Düsseldorf 1981, S. 265-275.

Tillmann, Bert: Umwandlung auf doppelstöckige GmbH & Co KG - Ein Ausweg aus der Publizitätspflicht der GmbH? -, in: DB, 39. Jg., 1986, S. 1319-1323.

Treuarbeit (Hrsg.): Konzernabschlüsse '89, Düsseldorf 1990.

Trützschler, Klaus: Konsolidierungsgrundsätze, in: Küting/Weber (Hrsg.), Handbuch der Konzernrechnungslegung, Stuttgart 1989, S. 429-446.

Uecker, Peter: Der Vorteils- Nachteils- Ausgleich beim Abhängigkeitsbericht, Düsseldorf 1972.

Ulmer, Peter: BFuP Meinungsspiegel 2/1985 zum Thema GmbH & Co KG und Rechnungslegungsreform, in: BFuP, 37. Jg., 1985, S. 147.

Wagenhofer, Alfred: International Accounting Standards, Wien 1996.

Weber, Eberhard: Grundsätze ordnungsmäßiger Bilanzierung für Beteiligungen, Düsseldorf 1980.

Williamson, Oliver E.: Markets and Hierarchies: Analysis and Antitrust Implications, New York 1975.

Williamson, Oliver E.: Transaction-Cost Economics: The Governance of Contractual Relations, in: The Journal of Law and Economics, Vol. 22, 1979, S. 233-261.

Wöhe, Günter: Zur Bilanzierung und Bewertung des Firmenwerts, in: StuW, 57. Jg., 1980, S. 89-108.

Wohlgemuth, Michael: Die Schuldenkonsolidierung, in: Handbuch des Jahresabschlusses in Einzeldarstellungen (HdJ), hrsg. von Klaus von Wysocki und Joachim Schulze-Osterloh, Abt. V/4 (2. neubearbeitete Aufl. 1993), Köln 1985.

Wohlgemuth, Michael: Schuldenkonsolidierung, Prüfung der, in: HWRev, 2. Aufl., Stuttgart 1992, Sp. 1747-1757.

Wysocki, Klaus von: Weltbilanzen als Planungsobjekte und Planungsinstrumente multinationaler Unternehmen, in: ZfbF, 23. Jg., 1971, S. 682-700.

Wysocki, Klaus von: Das Dritte Buch des HGB 1985 und die Grundsätze ordnungsmäßiger Konzernrechnungslegung, in: WPg, 39. Jg., 1986, S. 177-181.

Wysocki, Klaus von: Die Konsolidierung der Innenumsatzerlöse nach § 305 Abs. 1 Nr.1 HGB, in: Bilanz- und Konzernrecht, Festschrift für Reinhard Goerdeler, hrsg. von Hans Havermann, Düsseldorf 1987, S. 723-749.

Wysocki, Klaus von: Konzernabschluß: Aufstellungs- und Einbeziehungspflichten nach neuem Recht, in: WPg, 40. Jg., 1987, S. 277-281.

Wysocki, Klaus von/Kohlmann, Ulrike: Konzernrechnungslegung III: Schuldenkonsolidierung (I,II), in: WISU, 9. Jg., 1980, S. 538-542 und 592-594.

Wysocki, Klaus von/Kohlmann, Ulrike: Konzernrechnungslegung IV: Zwischenerfolgseliminierung (I,II), in: WISU, 10. Jg., 1981, S. 533-542 und 589-592.

Wysocki, Klaus von/Wohlgemuth, Michael: Konzernrechnungslegung, 3. Aufl., Düsseldorf 1986.

Wysocki, Klaus von/Wohlgemuth, Michael: Konzernrechnungslegung, 4. Aufl., Düsseldorf 1996.

Zehner, Klaus: Unternehmensbewertung im Rechtsstreit, in: DB, 34. Jg., 1981, S. 2109-2117.

Zündorf, Horst: Quotenkonsolidierung versus Equity-Methode, Stuttgart 1987.

Zündorf, Horst: Der Anlagenspiegel im Konzernabschluß, Stuttgart 1990.

Stichwortverzeichnis